辽金史论集

【第十六辑】

LIAOJINSHI LUNJI

韩世明◎主编

黑龙江人民出版社

图书在版编目（CIP）数据

辽金史论集.第十六辑／韩世明主编. —哈尔滨：
黑龙江人民出版社,2017.10（2021.3重印）
ISBN 978 – 7 – 207 – 11185 – 2

Ⅰ.①辽… Ⅱ.①韩… Ⅲ.①中国历史—辽金时代
—文集 Ⅳ.①K246.07 – 53

中国版本图书馆 CIP 数据核字（2017）第 265960 号

责任编辑：姚虹云
封面设计：张　涛

辽金史论集（第十六辑）
　　韩世明　主编

出版发行	黑龙江人民出版社	
地　　址	哈尔滨市南岗区宣庆小区 1 号楼	
邮　　编	150008	
网　　址	www. longpress. com	
电子邮箱	hljrmcbs@ yeah. net	
印　　刷	三河市华东印刷有限公司	
开　　本	787 毫米×1092 毫米	1/16
印　　张	18.5	
字　　数	460 千字	
版　　次	2017 年 10 月第 1 版　2021 年 3 月第 2 次印刷	
书　　号	ISBN 978 – 7 – 207 – 11185 – 2	
定　　价	78.00 元	

序

　　《辽金史论集（第十六辑）》是中国民族史学会辽金暨契丹女真史分会主办的连续出版物。本论集收入文章是从 2016 年 8 月在黑龙江省绥滨县举办的"第十三届中国辽金契丹女真史学术研讨会"提交的 90 多篇论文中精选出来的，反映了辽金史学界近年来最新研究成果。

　　此次年会的举办地设在黑龙江省绥滨县。绥滨县位于我国东部，地处黑龙江中游、松花江下游，以河流众多大平原著称，优越自然环境为人类生息提供重要的物质资源。因而，很早以前就有许多人生活在这里。据文献记载，从先秦到近代，除华夏族——汉族之外，先后有肃慎、挹娄、勿吉、靺鞨、女真，以及满、赫哲、鄂伦春、鄂温克等民族生活在这一地区。由于文献记载阙疑，很多族群的来源、分布、迁徙及社会生活状况等语焉不详，现在已很难窥其全貌，通过考古学方法获取先人社会生活资料是研究古代历史的重要手段之一。20 世纪 70 年代以来，考古工作者先后调查发掘了这些人们生活过的同仁遗址、蜿蜒河遗址、四十连遗址、萝北团结墓地、滚兔岭遗址、凤林遗址等遗迹。经过多年的考古发掘和调查，结合文献记载，初步得出以下结论：以滚兔岭遗址为代表的遗存为汉魏时期的遗存，分布区域大体在松花江以南，佳木斯、桦南以东，南至牡丹江，是文献记载的古挹娄人的生活区域，应是挹娄人遗存。以凤林遗址为代表的遗存大体是在南北朝时期，这类遗存的分布区域北越松花江、西达第二松花江，应属勿吉人遗存。而以同仁文化为代表的遗址最早出现在汉魏时期，发源于现今贝加尔湖附近，以后逐步向南迁徙，则应是靺鞨人遗存。

　　女真族是由靺鞨黑水部演化而来的，前苏联在黑瞎子岛发掘的科尔萨科沃墓地对研究靺鞨黑水部文化向女真文化演变提供了实物证据。17 世纪以来对黑龙江沿岸地区进行的民族调查，为研究明代野人女真的分化提供了重要资料，也对研究靺鞨向女真演化及女真族的发展分化提供了重要的实物佐证。今后还需加强对靺鞨黑水部演化的研究，尤其对建立金朝的女真完颜部研究，有助于加大绥滨地区蜿蜒河流域的普查挖掘工作，既有历史价值也有现实意义。

以往文献对肃慎族系的记载认为"肃慎—挹娄—勿吉—靺鞨—女真—满族"继承发展而来的。现在从发现考古学遗存来看，肃慎族的情况还不清楚，挹娄和勿吉有连续的承接关系，靺鞨和女真有继承关系。挹娄—勿吉系与靺鞨—女真系是并行发展的两种文化，没有承继关系，但他们之间的共性要比东胡系的匈奴、鲜卑、契丹、蒙古，以及秽貊系的夫余、高句丽文化遗存共性大得多，因而把我国东北地区的古代少数族群分为东胡系、秽貊系、肃慎系是有道理的。至于黑龙江以北地区是否还可以区分出其他族系，由于文献记载不详和考古调查成果所限，现在还不十分清楚。

目前学界虽然取得一定的成果，但由于在这一带进行的考古调查、发掘所取得的成果还相对较少，所取得的成绩也仅仅停留在东北地区个别人类共同体的遗存物上，考古学意义上的区系类型并没有完全建立起来，这对以遗迹遗物为基础研究历史问题来说是一个重大的缺欠。特别是与隔江相望的俄罗斯所进行的考古调查、发掘取得的成绩相比，更是相形见绌。这种情况不仅对于认识黑龙江流域历史状况不利，对于我国现当代边境问题的研究也不利，这正是需要我们亟待解决的。同时，文献记载的各种人类共同体不同的概念和考古学的文化及文化类型是什么样的对应关系，更是值得考古学界和历史学界认真探讨的问题。以往学界虽然在相互借用但并没有明显界定，以后对此问题需要加以进一步的研究，这也是一个回避不了的课题。

韩世明

2017 年 7 月 9 日

目　录

·辽史研究·

唐代契丹君长相关问题考辨 …………………………… 辛时代（2）

辽圣宗耶律隆绪的尊号与谥号 ………………………… 肖爱民（17）

辽朝后族世系问题研究 ………………………………… 史风春（26）

辽代职官俸禄制度考述 ………………………………… 武玉环（40）

辽代使职述论 …………………………………………… 任仲书（50）

试析辽代耿崇美家族的沙陀血统 ……………… 齐　伟　都惜青（61）

辽代汉人契丹化现象述略 ……………………… 肖忠纯　汪　妮（68）

辽代西辽河流域农田开发与环境变迁 ………………… 夏宇旭（74）

大安出土的契丹小字铜镜介绍 ………………………… 刘凤翥（82）

也谈《萧旼墓志铭》真伪问题 ………………………… 都兴智（85）

《辽史》中的"土河""潢水"名称考 …………… 李俊义　孙国军（90）

辽代兴州考 ……………………………………………… 周向永（120）

·金史研究·

论金章宗与金朝国势逆转的关系 ……………………… 王德忠（128）

金代致仕官员待遇问题管窥 …………………………… 张双双（147）

金朝的国家监护丧事考 ………………………………… 苗霖霖（171）

金代军事后勤制度探微 ………………………………… 王 峤（178）

辽金交替期的渤海人 …………………………………… 罗永男（192）

红袄军首领时青、时全生平考释与评价 ……………… 曹文瀚（201）

金代的德政去思碑 ……………………………………… 王明荪（215）

金源郡王神道碑碑文的记事特点 ……………………… 王久宇（241）

《儒门事亲》史料价值研究 …………………………… 李浩楠（248）

金代顺化营和新市地望考

　　——《鸭江行部志》再释 ………………………… 张翠敏（265）

《高夫人葬记》考释 ………………………… 李智裕　苗霖霖（275）

《永宁寺记》女真文碑文

　　——兼谈明代女真语与满语的关系 ………………… 綦 岩（281）

后　　记 ……………………………………………………（292）

辽史研究

唐代契丹君长相关问题考辨

辛时代[①]

有唐一代,契丹社会进入部落联盟时期。契丹联盟长,又称契丹君长,作为契丹社会研究的重点对象,已经引起学界的广泛关注。比如陈述先生[②]、张正明先生[③]、于宝林先生[④],都进行过不同程度的考察。虽然如此,笔者仍然认为有继续研究的空间。本文在前人研究的基础上,对唐代契丹君长相关问题进一步加以探讨。

一 唐代契丹君长考

(1)咄罗。首位见诸文献的唐代契丹君长。唐高祖武德年间,契丹君长遣使贡名马、丰貂。《唐会要·契丹》《新唐书·契丹传》均不载君长名字,《旧唐书·契丹传》则明确记载:"(武德)六年(623年),其君长咄罗遣使贡名马、丰貂。"[⑤]《续通志·氏族略》作"咄罗"为"绰罗",达呼哩氏(大贺氏译音)首君。如所言不错,契丹联盟进入大贺氏君长时代。

(2)摩会。唐太宗贞观二年(629年),契丹君长摩会率众来降;贞观三年(630年),摩会亲自入朝,唐朝赐予鼓纛。《册府元龟·外臣部》称"太贺摩会"。

---

① 辛时代,渤海大学东北亚走廊研究院。
② 陈述:《契丹政治史稿》,北京:人民出版社1986年版。
③ 张正明:《契丹史略》,北京:中华书局1979年版。
④ 于宝林:《契丹古代史论稿》,合肥:黄山书社1998年版。
⑤ 《旧唐书》卷199《契丹传》,北京:中华书局1975年版,第5350页。

古时"太"与"大"通用，可知拳会出自大贺氏。

（3）窟哥。贞观十八年（644年），唐太宗亲征高句丽，诏命"契丹蕃长于勾折"①率众从征。次年，唐太宗班师，途经营州"尽召其长窟哥及老人，差赐缯采，以窟哥为左武卫将军"。通过文献前后比对，加之于勾折与窟哥音近，我们认为于勾折和窟哥当为同一人。贞观二十二年（648年）十一月，窟哥率部内属。唐朝在契丹本土设置了松漠都督府，"以窟哥为使持节十州诸军事、松漠都督，封无极男，赐氏李"②。契丹君长任松漠都督自李窟哥始。《旧唐书·契丹传》载："显庆初，又拜窟哥为左监门大将军"③。不久，李窟哥病死。窟哥病死的时间仍在显庆年间。显庆是唐高宗的年号，使用了5年零1个月，即从656年正月至661年二月。

（4）阿卜固。文献又作阿不固、阿不哥。窟哥死后，阿卜固继为新任松漠都督。不久，契丹与奚联合叛乱，唐高宗显庆五年（660年）五月，唐朝"以定襄都督阿史德枢宾、左武侯将军延陀梯真、居延州都督李合珠并为冷岍道行军总管，各将所部兵以讨叛奚，仍命尚书右丞崔余庆充使总护三部兵，奚寻遣使降。更以枢宾等为沙砖道行军总管，以讨契丹，擒契丹松漠都督阿卜固送东都"④。薛仁贵也参与了这次征讨，《新唐书·薛仁贵传》记载："俄与辛文陵破契丹于黑山，执其王阿卜固献东都。"⑤

（5）李延。《李永定墓志》载，李永定的曾祖李延，"皇朝本蕃大都督、兼赤山州刺史"⑥。李永定死于唐玄宗天宝十年（751年），享年65岁，可知他生于唐睿宗垂拱三年（687年）。当时契丹婚龄较早，若以18年为一代推算，则李永定的曾祖李延出生于隋末唐初，他的人生盛期正好处于唐高宗统治时期（650—683年）。而李延担任的松漠都督应该在阿卜固之后，李尽忠之前。

（6）李尽忠。李尽忠是李窟哥的孙子，一说曾孙，"为武卫大将军、松漠都督"⑦。《册府元龟·继袭》记载："（武则天）万岁通天中，窟哥之裔李尽忠为松漠

① 《全唐文》卷7《命将征高丽诏》，北京：中华书局1983年版，第87页。

② 《新唐书》卷219《契丹传》，北京：中华书局1975年版，第6168页。

③ 《旧唐书》卷199《契丹传》，北京：中华书局1975年版，第5350页。

④ 《资治通鉴》卷200"显庆五年五月戊辰"条，北京：中华书局1956年版，第6320页。

⑤ 《新唐书》卷111《薛仁贵传》，北京：中华书局1975年版，第4140—4141页。

⑥ 周绍良、赵超主编：《唐代墓志汇编续集》天宝073《唐故云麾将军左威卫将军兼青山州刺史上柱国陇西李公墓志铭并序》，上海：上海古籍出版社2001年版，第635页。

⑦ 《新唐书》卷219《契丹传》，北京：中华书局1975年版，第6168页。

都督。"①单从文脉上看,李尽忠似乎是在万岁通天元年(696年)初开始担任松漠都督。万岁通天元年五月,松漠都督李尽忠与归诚州刺史孙万荣共同起兵杀死营州都督赵文翙,发动了著名的"营州之乱"。不久,李尽忠自称无上可汗。同年十月,李尽忠病死。

(7)李失活。李尽忠的从父弟。唐玄宗开元二年(714年),李失活"以默啜政衰",率部落内附,唐玄宗赐丹书铁券。开元四年(716年),唐朝"复置松漠都督府。封失活为松漠郡王,拜左金吾卫大将军兼松漠都督"②。开元五年(717年),李失活入朝,尚唐朝永乐公主。次年,李失活病死。

(8)李娑固。李失活的弟弟,一说是李失活的从父弟。唐玄宗开元六年(718年)李失活死后,唐朝"以其弟中郎将娑固袭封及所领。明年,娑固与(永乐)公主来朝,宴赉有加"③。开元八年(720年),李娑固死于契丹内部权力争斗。其原委大致如下:"娑固大臣可突于骁勇,颇得众心,娑固谋欲除之。可突于反攻娑固,娑固奔营州。(营州)都督许钦澹令薛泰帅骁勇五百人,又征奚王李大酺者及娑固合众以讨可突于。官军不利,娑固、大酺临阵皆为可突于所杀,生拘薛泰"④。

(9)李郁于。李娑固的从父弟。开元八年(720年),李娑固被杀以后,可突于立李郁于为契丹王,"俄又遣使请罪,上(玄宗)乃令册立郁于,令袭娑固官爵,仍赦可突于之罪"⑤。开元十年(722年),李郁于入朝请婚,唐玄宗赐燕郡公主,与郁于为妻,仍封郁于为松漠郡王,授左金吾卫员外大将军兼静析军经略大使,赐物千段。李郁于病死时间当在开元十二年(724年)。《旧唐书·契丹传》载:开元十年(722年)"郁于还蕃,可突于来朝,拜左羽林将军,从幸并州。明年,郁于病死"⑥。按:开元十一年(723年)正月己巳,唐玄宗车驾自东都北巡⑦……辛卯,至并州⑧。唐玄宗北巡并州的"明年"即为开元十二年(724年)。

(10)李吐于。李郁于的弟弟。开元十二年(724年),李郁于病死,"弟吐于

---

① 《册府元龟》卷967《外臣部·继袭第二》,北京:中华书局1989年版,第11373页。
② 《旧唐书》卷199《契丹传》,北京:中华书局1975年版,第5351页。
③ 《新唐书》卷219《契丹传》,北京:中华书局1975年版,第6170页。
④ 《旧唐书》卷199《契丹传》,北京:中华书局1975年版,第5352页。
⑤ 《旧唐书》卷199《契丹传》,北京:中华书局1975年版,第5352页。
⑥ 《旧唐书》卷199《契丹传》,北京:中华书局1975年版,第5352页。
⑦ 《资治通鉴》卷212"开元十一年正月己巳"条,北京:中华书局1956年版,第6755页。
⑧ 《资治通鉴》卷212"开元十一年正月辛卯"条,北京:中华书局1956年版,第6755页。

代统其众,袭兄官爵,复以燕郡公主为妻。吐于与可突于复相猜阻。(开元)十三年(725 年),携公主来奔,便不敢还,改封辽阳郡王,因留宿卫。可突于立李尽忠弟邵固为主"①。

(11)李邵固。李尽忠的弟弟,大贺氏末主。开元十三年(725 年),李吐于奔唐以后,可突于"奉尽忠弟邵固统众,诏许袭王"。邵固因随从封禅泰山,得拜左羽林军员外大将军、静析军经略大使,改封广化郡王。唐朝赐东华公主,与李邵固为妻。② 开元十八年(730 年),可突于杀死李邵固,挟契丹、奚众投降于后东突厥。《辽史·世表》云:"今以唐史、辽史参考,大贺氏绝于邵固"③,大贺氏君长时代至此终结。

(12)屈烈。文献又作屈剌、据埒、屈列。开元十八年(730 年),可突于杀李邵固,立屈烈为王,挟契丹、奚众降于后东突厥。开元二十二年(734 年)十二月,可突于多次为唐朝幽州节度使张守珪所败,"阳请臣而稍趋西北倚突厥"④。张守珪派人诱降契丹衙官李过折,李过折夜勒兵斩屈烈、可突于。《辽史·地理志》记载上京道境内有"屈劣山"⑤,"屈劣山"很可能是以契丹王命名。

关于屈烈的系出,《辽史·世表》载:"萧韩家奴有言,先世遥辇可汗洼之后,国祚中绝,自夷离堇雅里立阻午可汗,大位始定。今以唐史、辽史参考,大贺氏绝于邵固,雅里所立则怀秀也,……唐史称泥里为可突于余党,则洼可汗者,殆为屈列耶?"⑥

《辽史·世表》认为洼可汗就是屈烈,当然这是一种推测。尽管如此,这种推测是基于两个前提,一个是"大贺氏绝于邵固",一个是雅里所立的阻午可汗是李怀秀。(言外之意,洼可汗只能在李邵固和李怀秀之间寻找。)

爱宕松男先生根据萧韩家奴的话,认为大贺氏绝于李尽忠时期,洼可汗是李尽忠⑦。问题是李尽忠死后,李失活、李娑固、李郁于、李吐于、李邵固先后成为契丹首领,他们都是和李尽忠出自一系。这根本不符合萧韩家奴所说的"遥辇洼可

---

① 《旧唐书》卷 199《契丹传》,北京:中华书局 1975 年版,第 5352 页。
② 《新唐书》卷 219《契丹传》,北京:中华书局 1975 年版,第 6171 页。
③ 《辽史》卷 63《世表一》,北京:中华书局 1974 年版,第 956 页。
④ 《新唐书》卷 219《契丹传》,北京:中华书局 1975 年版,第 6171 页。
⑤ 《辽史》卷 37《地理志一》,北京:中华书局 1974 年版,第 439 页。
⑥ 《辽史》卷 63《世表一》,北京:中华书局 1974 年版,第 956—957 页。
⑦ 〔日〕爱宕松男著,邢复礼译:《契丹古代史研究》,呼和浩特:内蒙古人民出版社 1987 年版,第 150—151 页。

汗之后国祚中绝"①。相比之下,《辽史·世表》对于基本问题的框定、推论比较缜密、合理。从《辽史·百官志》中遥辇氏九可汗的排序来看,洼可汗排在第一位,阻午可汗排在第二位。目前来看,学术界普遍接受屈烈就是遥辇氏洼可汗的结论。

《辽史·营卫志》"楮特部"条载:"其先曰洼,阻午可汗以其营为部"②。可知,洼可汗的后裔为楮特部人。

(13)李过折。文献又作李遇折。文献记载李过折为衙官,与可突于"分典兵马,争权不已"。开元二十二年(734年)十二月,幽州节度使张守珪派人招诱李过折,李过折乘夜勒兵,斩杀可突于及契丹王屈烈,率余众来降。次年正月,唐朝诏授李过折为"特进、北平郡王、松漠都督兼同幽州节度副使"③。

开元二十三年(735年),"过折为可突于余党泥礼所杀,并其诸子,唯一子剌乾走投安东得免"④。据西安东郊出土的《李过折墓志》记载,李过折被杀时42岁,一同被杀的还有妻子羊氏。⑤

关于李过折系出,《辽史·世表》载:"隋、唐之际,契丹之君号大贺氏。武后遣将击溃其众,大贺氏微,别部长过折代之。过折寻灭,迭剌部长涅里立迪辇组里为阻午可汗,更号遥辇氏。"⑥

杨树森先生认为,李过折代表大贺氏旧权贵的复辟势力,阴附唐朝,拥有一定的军事力量,便与代表遥辇新权贵可突于展开斗争⑦。张正明先生认为,李过折并非出自遥辇氏,而是大贺氏复辟势力的首领,李近折与可突于之争即为大贺氏旧贵与遥辇氏新贵争夺统治权。⑧ 爱宕松男先生认为,李过折一贯坚持臣属于

---

① 万岁通天元年(696年)十月,李尽忠病死。次年六月,营州之乱被镇压,契丹余部降附后东突厥。和李尽忠同出一系的从父弟李失活至少在开元二年(714年)已经以契丹首领的身份出现在史籍当中。我们不能因为契丹降附后东突厥之后中原文献记载缺失,就武断地说李失活不是李尽忠之后的直接继承者。换句话说,现在没有证据说李尽忠固有或者没有继承人而导致"国祚中绝"。爱宕松男先生虽然声称李尽忠之后"国祚中绝",但缺少合理的论证和有力的文献依据。

② 《辽史》卷33《营卫志下》,北京:中华书局1974年版,第385页。
③ 葛承雍:《对西安市东郊唐墓出土契丹王墓志的解读》,《考古》2003年第9期。
④ 《旧唐书》卷199《契丹传》,北京:中华书局1975年版,第5353页。
⑤ 葛承雍:《对西安市东郊唐墓出土契丹王墓志的解读》,《考古》2003年第9期。
⑥ 《辽史》卷63《世表一》,北京:中华书局1974年版,第950页。
⑦ 杨树森:《辽史简编》,沈阳:辽宁人民出版社1984年版,第10页。
⑧ 张正明:《契丹史略》,北京:中华书局1979年版,第202页。

唐,这是大贺氏的本来面貌,以可突于为代表的遥辇氏对此既反对又抵制。①

综上所述,我们可以得出如下两点认识:一是李过折的掌权在某种程度上代表了大贺氏的复辟;二是李过折并非出自大贺氏。

(14)涅礼。文献又称雅里、涅里、泥礼、泥里。当初,契丹衙官可突于为李过折所斩杀后,可突于余党涅礼复杀李过折,"上言过折用刑残虐,众情不安,故杀之"。唐玄宗"赦其罪,因以涅礼为松漠都督。……(后东)突厥寻引兵东侵奚、契丹,涅礼与奚王李归国击破之"②。

涅礼既为松漠都督,旋又"让阻午而不肯自立"③。任爱君先生认为,涅礼遵循可突于拥立洼可汗的习惯,重新选定遥辇氏家族的迪辇俎里为新可汗,保证了契丹新可汗的世选在遥辇氏家族重新稳定下来。从涅礼辅佐契丹阻午可汗所作出的具体贡献来看,其政治生涯应该延续到天宝四年(745年)前后。④

(15)李怀秀。文献又作李怀节,其契丹名为"迪辇俎里"。李怀秀即阻午可汗,为涅礼所立。天宝四年(745年),李怀秀率部来降,唐朝拜李怀秀为松漠都督,封崇顺王,复以静乐公主与之为妻。⑤ 由于安禄山"欲以边功市宠,数侵掠奚、契丹"。李怀秀遂杀静乐公主以叛⑥。天宝十年(751年)八月,安禄山"发幽州、云中、平卢、河东兵十余万"以讨契丹⑦。《辽史·世表》载,契丹迭剌部夷离堇耨里思"遣将只里姑、括里,大败范阳安禄山于潢水","禄山大败,自是与禄山兵连不解"。⑧

---

① 〔日〕爱宕松男著,邢复礼译:《契丹古代史研究》,呼和浩特:内蒙古人民出版社2014年版,第166—167页。

② 《资治通鉴》卷214"开元二十三年十二月乙亥"条,北京:中华书局1956年版,第6813页。

③ 《辽史》卷2《太祖本纪下》,北京:中华书局1974年版,第24页。

④ 任爱君:《往事与现实:耶律阿保机的先辈们创造的历史(一)》,《赤峰学院学报(汉文哲社科)》2008年第9期。

⑤ 《新唐书》卷219《契丹传》,北京:中华书局1975年版,第6172页。

⑥ 《资治通鉴》卷215《唐纪三十一》"天宝四年九月癸未"条,北京:中华书局1956年版,第6868页。

⑦ 《新唐书》卷219《契丹传》,北京:中华书局1975年版,第6172页。

⑧ 《辽史》卷63《世表一》,北京:中华书局1974年版,第956—957页。任爱君先生认为,从时间上看,与安禄山进行军事对峙的是阿保机的六世祖毗牒,而不是四世祖耨里思。参见任爱君著《往事与现实:耶律阿保机的先辈们创造的历史(一)》,《赤峰学院学报(汉文哲社科版)》2008年第9期。

阻午可汗创制柴册、再生仪①。《辽史·国语解》曰:"柴册,礼名。积薪为坛,受群臣玉册。礼毕,燔柴,祀天。"②又云:"再生礼:国俗,每十二年一次,行始生之礼,名曰再生。惟帝与太后、太子及夷离堇得行之,又名覆诞。"③

(16)李楷落。文献又作李楷洛。《新唐书·契丹传》载:天宝四年(745年)李怀秀杀静乐公主后叛唐,"范阳节度使安禄山讨破之。(唐朝)更封其酋楷落为恭仁王,代松漠都督"④。《辽史·世表》载:"楷落,以唐封恭仁王,代松漠都督,遂称契丹王。"⑤《资治通鉴》卷215将楷洛封恭仁王事系于天宝五年(746年)四月癸未。李怀秀率领契丹主体叛附回鹘后,唐朝为了填补契丹的权力真空,授予李楷落契丹王的头衔,李楷落统领的不过是契丹余部而已。

从《辽史·百官志》未将李楷落置遥辇九可汗之列来看,说明李楷落不是出自遥辇氏。

(17)胡剌可汗。名字、事迹不详。胡剌可汗创制祭山仪⑥。陈述先生及《辽史》校勘记认为,胡剌可汗是李楷落。⑦ 恐怕不妥。

胡剌可汗及以下六可汗都出自遥辇氏。

(18)苏可汗。名字、事迹不详。苏可汗创制瑟瑟仪⑧。"瑟瑟仪:若旱,择吉日行瑟瑟仪以祈雨。"⑨

(19)昭古可汗。文献又作嘲古可汗,名字、事迹不详。

(20)耶澜可汗。名屈戌,文献又作鹘戌。唐武宗会昌二年(842年),回鹘汗国覆亡后,屈戌率部落归附唐朝,唐朝授屈戌云麾将军、守右武卫将军员外置同正员。屈戌请以唐朝新印替换回鹘旧印,唐武宗遂赐"奉国契丹之印"⑩。会昌年间(841—846年)屈戌又两次遣使献马匹、贺正。

(21)鲜质可汗。名习尔之,文献又作锡里济。习尔之执政期间,契丹逐渐强大起来,积极向周边地区扩张。《辽史·营卫志》载:鲜质可汗讨破奚王吐勒斯,

① 《辽史》卷116《国语解》,北京:中华书局1974年版,第1536—1537页。
② 《辽史》卷116《国语解》,北京:中华书局1974年版,第1536页。
③ 《辽史》卷116《国语解》,北京:中华书局1974年版,第1537页。
④ 《新唐书》卷219《契丹传》,北京:中华书局1975年版,第6172页。
⑤ 《辽史》卷63《世表一》,北京:中华书局1974年版,第956页。
⑥ 《辽史》卷49《礼志一》,北京:中华书局1974年版,第833页。
⑦ 陈述:《契丹政治史稿》,北京:人民出版社1986年版,第53页。
⑧ 《辽史》卷49《礼志一》,北京:中华书局1974年版,第833页。
⑨ 《辽史》卷49《礼志一》,北京:中华书局1974年版,第835页。
⑩ 《旧唐书》卷199《契丹传》,北京:中华书局1975年版,第5354页。

"俘其拒敌者七百户,摭其降者"①。《册府元龟·外臣部·朝贡》载,咸通年间(860—874年),习尔之多次遣使贡方物。②

(22)巴剌可汗。名字、事迹不详。

(23)痕德堇可汗。遥辇氏末主,名痕德堇,文献又作沁丹、痕德、钦德。天复元年(901年)钦德即位。唐朝末年,契丹部落悄然崛起,奚、室韦"小小部种皆役服之,因入寇幽、蓟"。幽州节度使刘仁恭"岁燎塞下草,使不得留牧,马多死。契丹乃乞盟,献良马求牧地,……复败约入寇,刘守光戍平州,……禽其大将。……钦德输重赂求之,乃与盟,十年不敢近边"③。钦德平庸无能,治理无方。部落联盟大权为夷离堇阿保机所掌控。唐哀帝天祐三年(906年)十二月,钦德病死,遥辇氏君长时代至此终结。

(24)耶律阿保机。文献又作耶律安巴坚,汉名耶律亿,辽太祖。阿保机生于唐懿宗咸通十三年(872年)。唐哀帝天复元年(901年)痕德堇可汗立,以阿保机为本部夷离堇,专掌征讨。"连破室韦、于厥及奚帅辖剌哥,俘获甚众。冬十月,授大迭烈府夷离堇。"④次年七月,阿保机率兵四十万伐河东,攻下九郡,获生口九万五千。⑤ 九月,建龙化州于潢河之南。次年,阿保机晋升于越、总知军国事。天祐元年(904年)九月,阿保机大破刘仁恭将赵霸于武州。次年,征讨刘仁恭,其后又破奚、霫、女真诸部。⑥ 天祐四年(907年)正月,在群臣的拥戴下,阿保机顺利登上可汗的宝座。

另外,《辽史·地理志》还提及大贺氏君长勒得王:"(上京道境内有)勒得山,唐所封大贺氏勒得王有墓存焉。"⑦勒得山和勒得王墓的具体地点,《辽史·地理志》也有记载:"宁州,本大贺氏勒得山,横帐管宁王放牧地。在豫州(今内蒙古自治区通辽市扎鲁特旗巴雅尔吐胡硕苏木镇)东八十里,西南至上京三百五十里。户三百。"⑧勒得王生卒、事迹不详。

---

① 《辽史》卷33《营卫志下》,北京:中华书局1974年版,第387页。
② 《册府元龟》卷972《外臣部·朝贡第五》,北京:中华书局1989年版,第11419页。
③ 《新唐书》卷219《契丹传》,北京:中华书局1975年版,第6172—6173页。
④ 《辽史》卷1《太祖本纪上》,北京:中华书局1974年版,第1—2页。
⑤ 《辽史》卷1《太祖本纪上》,北京:中华书局1974年版,第2页。
⑥ 《辽史》卷1《太祖本纪上》,北京:中华书局1974年版,第2页。
⑦ 《辽史》卷37《地理志一》,北京:中华书局1974年版,第439页。
⑧ 《辽史》卷37《地理志一》,北京:中华书局1974年版,第450页。

二　朝贡使者邵固与契丹王李邵固

《册府元龟》卷971《外臣部·朝贡》有两处邵固于开元十四年（726年）朝贡的记载：一处为"开元十四年（726年）正月……契丹遣其臣邵固来朝……"①，一处为"（开元十四年）三月丙戌，契丹遣其臣邵固来朝，授郎将，放还"②。张正明先生认为这里的"邵固"就是契丹王李邵固③。这一点颇值得商榷，理由有三：

第一，李邵固是契丹王，《册府元龟》卷971《外臣部·朝贡》中"邵固"是契丹的大臣。

第二，《册府元龟》卷971《外臣部·朝贡》中的"邵固"与契丹王李邵固身份不符。开元十四年（726年）正月，唐玄宗对参加封禅的契丹人员大加封赏。《新唐书·契丹传》载："天子封禅，邵固与诸蕃长皆从行在，明年，拜左羽林卫大将军，徙王广化郡，以宗室出女陈为东华公主，妻邵固，诏官其部酋长百余人。"④对于李邵固随行人员的封赏，《册府元龟·外臣部》记载得较为详细："（开元十四年正月）丙午……契丹衙官熟苏进阶镇军大将军，契丹县令属固家进位右领军员外大将军，契丹部落冤离等百余人，并授郎将，各赐紫袍，放还蕃。以陪位泰山，修行赏之典也。"⑤在这些人中间，就连普通首领的授官也授到郎将。两个月后，也就是《册府元龟·外臣部》记载，开元十四年（726年）三月丙戌，契丹入唐朝贡的使者邵固在还蕃之际，所授官职只不过是郎将。从授官来看，这里"邵固"的身份与普通首领无异，而与契丹王风马牛不相及。

第三，《册府元龟·外臣部》中"邵固"和契丹王李邵固赴唐时间不符。我们知道，开元十三年（725年）十月辛酉，唐玄宗车驾从东都出发，将赴泰山封禅，"百官、贵戚、四夷酋长从行"⑥。十一月丙戌，至泰山下，御马登山。⑦《旧唐书·契丹

---

① 《册府元龟》卷971《外臣部·朝贡第四》，北京：中华书局1989年版，第11407页。
② 《册府元龟》卷975《外臣部·褒异第二》，北京：中华书局1989年版，第11450页。
③ 张正明：《契丹史略》，北京：中华书局1979年版，第201页。
④ 《新唐书》卷219《契丹传》，北京：中华书局1975年版，第6170—6171页。
⑤ 《册府元龟》卷975《外臣部·褒异第二》，北京：中华书局1989年版，第11450页。
⑥ 《资治通鉴》卷212"开元十三年十月辛酉"条，北京：中华书局1974年版，第6766页。
⑦ 《资治通鉴》卷212"开元十三年十一月丙戌"条，北京：中华书局1974年版，第6766页。

传》载:"其冬,车驾东巡,邵固诣行在所,因从至岳下。"①《新唐书·契丹传》载:"天子封禅,邵固与诸蕃长皆从行在。"②也就是说,契丹王李邵固至少在开元十三年(724年)十月就已到达东都洛阳。开元十四年(725年)正月,唐朝在对参加封禅大典的契丹人员大加封赏之后"放还蕃"——契丹王李邵固和其他随行人员开始踏上返回契丹本土的征途。问题是,《册府元龟·外臣部》载使者"邵固"是在开元十四年(725年)正月来朝,三月放还蕃。以当时的交通条件,契丹王李邵固不可能用不到一个月时间在东都洛阳、松漠都督府之间往返一个来回。总而言之,契丹王李邵固与《册府元龟》卷971《外臣部·朝贡》中的"邵固"是同一时期,但不是同一个人。

三 契丹王李楷落与李光弼的父亲李楷洛

"楷落"又作"楷洛""楷锥"。在文献中存在着三个楷落或楷洛,并且他们三个都是契丹首领:一个是契丹使者楷落;一个是契丹王李楷落;一个是入朝蕃将李楷洛,即李光弼的父亲。

契丹使者李楷落的记载见于《册府元龟》卷975《外臣部·褒异》:开元十年(722年)"七月甲戌,契丹遣使大首领楷落来朝,授郎将,放还蕃。"③我们无法肯定的是,契丹使者楷落就是或者不是二十多年后的契丹王李楷落,但可以肯定的是他不是入朝蕃将李楷洛。

《新唐书·李光弼传》载:"李光弼,营州柳城人。父楷洛,本契丹酋长,武后时入朝,累官左羽林大将军,封蓟郡公。吐蕃寇河源,楷洛率精兵击走之。初行,谓人曰:'贼平,吾不归矣。'师还,卒于道。赠营州都督,谥曰忠烈。"④

《旧唐书·李光弼传》载:"李光弼,营州柳城人。其先,契丹之酋长。父楷洛,开元初,左羽林将军同正、朔方节度副使,封蓟国公,以骁果闻。"⑤

《唐赠范阳大都督忠烈公李公神道碑铭并序》载:"久视中,以骁骑岁入于辽,西临太原,南震燕赵。云火照于河上,天兵宿于北门。朝庭忧之,有命招谕,合以

① 《旧唐书》卷199《契丹传》,北京:中华书局1975年版,第5352页。
② 《新唐书》卷219《契丹传》,北京:中华书局1975年版,第6170页。
③ 《册府元龟》卷975《外臣部·褒异第二》,北京:中华书局1989年版,第11448页。
④ 《新唐书》卷136《李光弼传》,北京:中华书局1975年版,第4583页。
⑤ 《旧唐书》卷110《李光弼传》,北京:中华书局1975年版,第3303页。

信誓，际于天人。话言感寤，抚剑叹息。是岁以控弦之士七百骑，垂橐入塞，解甲来朝。"①

由此看来，李光弼的父亲李楷洛是在武则天久视元年（700 年）投降唐朝。此后他一直活跃在唐朝军事系统当中："始自天后之末，至于圣皇之朝，前后录功凡二十四命，食邑二千七百户。封蓟郡开国公，又加云麾将军。参定国者两朝，拖侯服者四纪，会兵车者百胜，出帐下者千人。国有事，未尝不勤劳，无私可谓知礼。故得大命三锡，重侯累封，略车山元，藏于太室。"②我们注意到，契丹使者楷落在开元十年（722 年）七月完成朝贡任命后，唐朝"授郎将，放还蕃"。说明使者楷落来自契丹本土。从同期的官职来看，契丹使者楷落明显要低于入朝蕃将李楷洛。入朝蕃将李楷洛"开元初，左羽林将军同正、朔方节度副使"。所以，契丹使者楷落和入朝蕃将李楷洛不是同一个人。

那么契丹王李楷落与李光弼的父亲李楷洛是同一个人吗？

《资治通鉴》胡注首先将两个李楷洛混淆。《资治通鉴》卷 215 载，"光弼，契丹王楷落之子也。"胡三省注："开元初，李楷洛封为契丹王。"③现代研究者张正明先生、任爱君先生等继续沿用前人的说法。④

针对这个问题，唐史研究者马驰先生已经指出，李光弼的父亲李楷洛自久视元年（700 年）以契丹酋长身份归降唐朝，在此后 43 年中他始终是典型的入朝蕃将，或在京城禁卫北军供职，或受遣出征，没有任何迹象表明他曾被遣归本蕃，更不曾授封恭仁王或松漠都督。而契丹王、松漠都督李楷落只具有唐朝在蕃的蕃将身份，与光弼的父亲、入朝蕃将李楷洛，除了同出于契丹王族和姓名雷同以外，两者在其他方面，则毫无相干。⑤ 最为关键的是，契丹王李楷落受封时间为天宝五年（745 年）四月，而李光弼的父亲于天宝元年（742 年）五月二十日病死在从河源

① 《全唐文》卷 422《唐赠范阳大都督忠烈公李公神道碑铭并序》，北京：中华书局 1983 年版，第 4310—4311 页。

② 《全唐文》卷 422《云麾将军李府君神道碑》，北京：中华书局 1983 年版，第 4309—4310页。

③ 《资治通鉴》卷 215"天宝六年十月己酉"条，北京：中华书局 1956 年版，第 6878 页。

④ 张正明先生的相关观点参见《契丹史略》，北京：中华书局 1979 年版，第 202 页。任爱君先生的相关观点参见《往事与现实：耶律阿保机的先辈们创造的历史（一）》，《赤峰学院学报（汉文哲社科）》2008 年第 9 期；《唐代契丹羁縻制度与幽州契丹的形成》，《中国边疆史地研究》2008 年第 1 期。

⑤ 马驰：《李光弼生父生母考》，载于史念海主编《唐史论丛》第六辑，西安：陕西人民出版社 1995 年版，第 379—380 页。

到灵州怀远县班师的路上。因此,契丹王李楷落与李光弼的父亲李楷洛不可能是同一个人。

四 契丹三"涅礼"

涅礼又作"捏礼""泥里""雅里""涅里",是契丹男子常用的名字。文献资料中有三个涅礼:

第一个涅礼是松漠都督、辽太祖耶律阿保机的六世祖。开元二十二年(734年)底,契丹衙官可突于为李过折所斩杀,唐朝封李过折为契丹王。次年,可突于余党涅礼复杀李过折,"涅礼上言,过折用刑残虐,众情不安,故杀之"。唐玄宗"赦其罪,因以涅礼为松漠都督……(后东)突厥寻引兵东侵奚、契丹,涅礼与奚王李归国击破之"①。

第二个涅礼是归化唐朝的契丹将领。《大唐故冠军大将军行右武卫大将军啜禄夫人郎氏墓志铭并序》载:"夫人讳实活,本涅加部落,鲜卑人也。……出适于冠大将军、右武卫大将军啜禄之偶也。……开元十八年,属林胡不宁,酋首背伴。夫人霜操不易,忠志不移,乃赞谋运奇。与男涅礼等,出死入生,率众投汉。……十八年八月十三日,制授男涅礼袭父冠军大将军、右武卫将军、左羽林军上下,赐锦袍钿带。开元二十八年七月,制充河东道军前讨击副使,仍充云州十将使,特赐姓李,名徇忠,更与紫袍金带。"②

第三个涅礼是契丹朝贡使者。《册府元龟》卷971《外臣部·朝贡》载:"(开元)十二年二月,契丹遣使涅礼来贺正并献方物,各赐帛五十匹,放还蕃。"③《册府元龟》卷975《外臣部·褒异》载:"(开元)十二年二月丁巳,契丹遣使涅礼来贺正,并献方物。授将军,赐采一百匹,放还蕃。"④

契丹三个涅礼在开元中期出现交集,以开元十八年(730年)可突于叛唐事件为标志,第一个涅礼和第二个涅礼人生际遇发生了根本性的改变:第一个涅礼作

---

① 《资治通鉴》卷214"开元二十三年十二月乙亥"条,北京:中华书局1956年版,第6813页。

② 周绍良、赵超主编:《唐代墓志汇编续集》开元181《大唐故冠军大将军行右武卫大将军啜禄夫人郑氏墓志铭并序》,第577页。

③ 《册府元龟》卷971《外臣部·朝贡第四》,北京:中华书局1989年版,第11407页。

④ 《册府元龟》卷972《外臣部·褒异第二》,北京:中华书局1989年版,第11449页。

为可突于的党羽,继续活动在契丹本土,后来成为松漠都督;第二个涅礼和母亲率部落南下投降唐朝,后来改名李徇忠,担任河东道军前讨击副使。因此,这两个涅礼肯定不是同一个人。第三个涅礼出现时间在开元十二年(724年),他和前两个涅礼是否有区别或者是否有重叠?我们都无法骤下结论。

五 六可汗世次考

这里的六可汗是指胡剌可汗、苏可汗、鲜质可汗、昭古可汗、耶澜可汗、巴剌可汗。

六可汗执政时限介于阻午可汗与痕德堇可汗之间。六可汗执政的下限为痕德堇可汗即位。《辽史·太祖本纪》载:"唐天复元年,岁辛酉,痕德堇可汗立,以太祖为本部夷离堇。"[①]即六可汗执政下限为天复元年(901年)。

六可汗执政的上限,应从阻午可汗的历史活动当中加以探求。文献资料中对阻午可汗记载比较少。我们只知道,阻午可汗在开元、天宝之际为涅礼所立。天宝四年(745年),率部落降唐,随即又杀和亲公主叛唐而去。天宝十年(751年)八月,安禄山发"幽州、云中、平卢之众数万人,就潢水南契丹衙与之战,禄山大败而还"[②]。《辽史·世表》明确地说这个事件"适当怀秀(阻午可汗)之世"。以天宝十年(751年)潢水之战为基点,我们或许可以将阻午可汗的历史活动延伸到安史之乱时期("安史之乱"发生于755年十一月,结束于763年正月)。

通过上面论述,我们将六可汗执政的上限取"安史之乱"的中值759年,下限取901年,那么六可汗人均执政年限为23.5年左右。契丹可汗是从遥辇家族当中世选产生,由健康的、有阅历的遥辇氏家族成年男子充任,我们假定可汗执政时的平均年龄为35周岁,人均寿命按65周岁计算,那么可汗执政年龄会呈现出在28.5岁[35 − (65 − 35 − 23.5)]~41.5岁[35 + (65 − 35 − 23.5)]范围内的摆动。当然,人均寿命的下调或者可汗执政平均年龄的上移,都会使可汗执政年龄的摆动幅度减小、摆动点趋于集中。反之,则会使可汗执政年龄的摆动幅度增大、摆动点趋于发散。

《辽史·百官志》六可汗的排序为胡剌可汗、苏可汗、鲜质可汗、昭古可汗、耶澜可汗、巴剌可汗。学界基本认同胡剌可汗、苏可汗在《辽史·百官志》的排序,

---

① 《辽史》卷1《太祖本纪上》,北京:中华书局1974年版,第1页。
② 《旧唐书》卷199《契丹传》,北京:中华书局1975年版,第5353页。

而对于鲜质可汗、耶澜可汗的排序存在较大争议。

关于鲜质可汗的排序问题。鲜质可汗执政下限与阿保机登上可汗相差 100 年左右(23.5＊4+6)。其中,(23.5＊4)=94 是指从鲜质可汗到痕得董可汗首尾相隔 4 代可汗,按每代人均执政年限 23.5 年计算出的结果;6 年为钦德可汗实际执政年限。然而,这个结论与文献资料记载的相悖。

文献资料显示,鲜质可汗与阿保机父亲属于同时代人。《辽史·营卫志》载:"遥辇鲜质可汗讨之,俘其拒敌者七百户,撫其降者。"这七百户如何处理了呢?同卷载:"奚迭剌迭达部:本鲜质可汗所俘奚七百户,太祖即位,以为十四石烈,置为部。"那么,奚迭剌迭达部为什么划到太祖名下呢?《辽史·太祖本纪》载:"先世德祖俘奚七千户,徙饶乐之清河,至是创为奚迭剌部,分为十三县。"①这里的"七千户"是"七百户"的讹误,契丹语称县(或大乡)为"石烈",德祖是阿保机的父亲撒剌的,也就是说德祖俘奚七百户是发生鲜质可汗时期,文献表述虽然有出入,但实际说的是同一回事。由此不难看出,德祖和鲜质可汗人生时段存在着或长或短的交集。从阿保机生于咸通十三年(872 年)来看,德祖与鲜质可汗共同生活的时代正在唐懿宗统治时期(860—874 年)前后。不仅如此,鲜质可汗的儿子还辅佐过阿保机。遥辇鲜质可汗有个儿子叫耶律敌剌,"善骑射,颇好礼文","太祖践阼,与敌稳海里同心辅政。太祖知其忠实,命掌礼仪,且诿以军事。后以平内乱功,代辖里为奚六部吐里,卒"②。显而易见,耶律敌剌和阿保机是同时代人。话到此处,我们应该明白《辽史·百官志》中鲜质可汗的排序明显存在着错误。那么,鲜质可汗何许人也?

鲜质即习尔之的音转,显然鲜质可汗是以人名命名。《册府元龟》卷 972《外臣部·朝贡》载:"咸通末,契丹王习尔之累来朝贡方物。"③契丹既然是"累来朝",显然不可能都集中在咸通末,这里的"末"改为"中"似乎表述更准确。我们不难得出这样的结论:咸通年间(860—874 年)是习尔之执政的重要时期。依据六可汗人均执政年限为 23.5 年,则习尔之执政时期可以延伸到僖宗光启年间(885—888 年)及以后。或许有人会问,为什么习尔之的执政时期是向后延伸,而不是向前延伸呢?这个问题关系到我们接下来要探讨耶澜可汗的排序。

关于耶澜可汗的排序,张正明先生指出《辽史》以为耶澜可汗即唐会昌二年

---

① 《辽史》卷 1《太祖本纪上》,北京:中华书局 1974 年版,第 2 页。
② 《辽史》卷 74《耶律敌剌传》,北京:中华书局 1974 年版,第 1229 页。
③ 《册府元龟》卷 972《外臣部·朝贡第五》,北京:中华书局 1989 年版,第 11419 页。

来附于唐之契丹酋长屈成。会昌二年为 842 年,在辽太祖生年(872 年)之前三十年,而早于耶澜可汗之鲜质可汗却与辽太祖之父同代,由是可知耶澜可汗必非屈成,《辽史》之说不可信。[①] 张正明先生的潜在逻辑是将鲜质可汗视为正确的参照物,来评价耶澜可汗的是非曲直。现在的问题是鲜质可汗已然失去了作为参照物的意义。所以,对于耶澜可汗的排序我们需要重新考察。

我们先来看一下现有文献对于耶澜可汗的相关记载。

《辽史·仪卫志》载:"遥辇氏之世,受印于回鹘。至耶澜可汗,请印于唐,武宗始赐'奉国契丹印'。"[②]

《旧唐书·契丹传》载:"会昌二年(842 年)九月,制:'契丹新王屈成,可云麾将军、守右武卫将军员外置同正员。'幽州节度使张仲武上言:'屈成等云,契丹旧用回纥印,今恳请闻奏,乞国家赐印。'许之,以'奉国契丹之印'为文。"[③]

从上述史料我们可以得知:第一,《辽史·仪卫志》中的"耶澜可汗"就是《旧唐书·契丹传》中的屈成。第二,耶澜可汗执政始于会昌初年。会昌二年(842 年)九月明确称"契丹新王",说明耶澜可汗即位时间不长。第三,以六可汗人均执政 23.5 年为参照,耶澜可汗执政时限可以延伸到咸通(860—874 年)时期。

耶澜可汗的执政上限也可以从《辽史·世表》记载中找到佐证。《辽史·世表》记载:"楷落至于屈成几百年,国势复振",这里的"几"是接近的意思。从李楷落到屈成中间间隔了四代可汗,大概 94 年(23.5 ＊ 4)左右。这与"几百年"说法基本吻合。

通过上述研究,我们大致理清耶澜可汗与鲜质可汗的排序:耶澜可汗为鲜质可汗的前任,二者之间不存在其他可汗。从鲜质可汗执政年限来看,他与痕得堇可汗之间明显还有一位可汗,这个可汗应该就是巴剌可汗。

最后,我们将遥辇氏六可汗排序具列如下:胡剌可汗、苏可汗、昭古可汗、耶澜可汗、鲜质可汗、巴剌可汗。

---

① 张正明:《契丹史略》,北京:中华书局 1979 年版,第 201 页。

② 《辽史》卷 57《仪卫志三》,北京:中华书局 1974 年版,第 913 页。

③ 《旧唐书》卷 199《契丹传》,北京:中华书局 1975 年版,第 5354 页。

辽圣宗耶律隆绪的尊号与谥号①

肖爱民②

在中国古代有给皇帝上"尊号"的制度,宋末元初的胡三省认为开始于唐玄宗开元元年(713 年)。③ 在皇帝死后,还有上"谥号"的制度,一般认为早在西周时就已经实行④。辽朝是契丹迭剌部贵族耶律阿保机在汉人的帮助下,于公元 10世纪初在中国北方建立的政权,其显著特征用宋神宗赵顼的话来说就是"有城国,有行国"⑤。为了统治游牧和农耕两大区域,契丹统治者实行了"以国制治契丹,以汉制待汉人"的"因俗而治"统治政策⑥,对属于汉制的皇帝尊号和谥号制度也进行了吸收和借鉴。但是,由于契丹人在很多方面并没有完全放弃传统制度,如契丹皇帝仍然保持着故有的游牧渔猎四时捺钵生产生活方式等⑦,导致虽吸收和借鉴了汉制,却又与汉制有所差异,具有鲜明的草原行国政治文化特色。比如,辽圣宗耶律隆绪的尊号和谥号问题就体现了这一特点。

---

① 本文为国家社科基金一般项目"中国古代北方行国君主继承制度研究"(项目编号14BMZ018)的阶段性成果。

② 肖爱民,河北大学宋史研究中心。

③ 〔宋〕司马光:《资治通鉴》卷 229 胡注,北京:中华书局 1956 年版,第 7389 页。

④ 黄怀信、张懋镕、田旭东:《逸周书汇校集注》卷 6,上海:上海古籍出版社 1995 年版,第668 页。

⑤ 〔宋〕李焘撰:《续资治通鉴长编》卷 328"神宗元丰五年(1082 年)七月乙未",上海师范大学古籍整理研究所、华东师范大学古籍整理研究所点校,北京:中华书局 1992 年版,第7900 页。

⑥ 〔元〕脱脱等:《辽史》卷 45《百官志一》,北京:中华书局 1974 年版,第 685 页。

⑦ 肖爱民:《辽朝政治中心研究》,北京:人民出版社 2014 年版,第 75 页。

一　圣宗的生平概述

据《辽史》记载:耶律隆绪,小字文殊奴,辽景宗耶律贤之嫡长子,母亲为承天皇太后萧绰(燕燕),为辽朝第六位皇帝。生于保宁三年(971年)十二月,乾亨二年(980年)正月封为梁王。

乾亨四年(982年)九月,其父景宗耶律贤病死于焦山,奉遗诏隆绪即皇帝位于柩前,时年十二岁。皇后奉遗诏摄政,"军国大事听皇后命"。十月,开始临朝,尊母萧绰为皇太后。统和元年(983年)六月,率群臣给母后上尊号曰"承天皇太后",大赦,改元统和。① 七月,皇太后听政。二年十二月,派耶律速撒率军讨阻卜。三年十一月,派兵东征女真。四年五月,击败来犯宋军,西路军耶律斜轸擒获宋将杨业。九月,纳皇后萧氏。十二月,诏以王子帐节度使耶律襄之女汀封义成公主,下嫁党项李继迁。

统和五年(987年)四月,率百僚册上皇太后尊号②。六年八月,南下伐宋。此年,诏开贡举。九月,再次遣军南伐。九年十月,封李继迁为西平王。十年十二月,遣东京留守萧恒德伐高丽。十一年正月,高丽遣使奉表谢罪。

统和十二年八月,诏王太妃③领西北路乌古等部兵及永兴宫分军,抚定西边;以萧挞凛督其军事。三年后西征取胜。十月,诏定均税法。十二月,下诏重组奚六部。十三年十一月,遣使册王治为高丽国王。十四年三月,高丽王治请婚,以东京留守,驸马萧恒德女嫁之。四月,改诸部令稳为节度使。

统和十九年三月,皇后萧氏以罪降为贵妃。五月,册萧菩萨哥为"齐天皇后"。二十年三月,遣北府宰相萧继元等率兵南伐。二十一年六月,修可敦城为镇州。二十二年七月,遣使封夏国李德昭为西平王。十二月,与宋签订"澶渊之盟"。

统和二十七年(1009年)十一月,行柴册礼。十二月,皇太后崩。二十八年八月,亲征高丽,焚其都城开京。次年正月,班师,所降诸城复叛。

---

① 〔元〕脱脱等:《辽史》卷10《圣宗本纪一》,北京:中华书局1974年版,第107页。
② 〔元〕脱脱等:《辽史》卷12《圣宗本纪三》,北京:中华书局1974年版,第129页。
③ 辽太宗耶律德光次子齐王耶律罨撒葛的妃子胡辇,承天皇太后萧绰(燕燕)之姊,因在保宁四年(972年)时景宗追赠罨撒葛为皇太叔,故其妃子称皇太妃。

开泰元年（1012年）八月，高丽王询遣使奉表。十一月，改元开泰①。开泰三年六月，合拔里、乙室二国舅为一帐，以乙室夷离毕萧敌烈为详稳以总之。四年正月，诏耶律世良再伐迪烈得，讨乌古。七年十月，诏以东平王萧排押为都统伐高丽，在茶、陀二河辽军失利。九年五月，高丽王询表请称藩纳贡。

太平元年（1021年）三月，封王子班郎君胡思里女可老为公主，嫁大食（喀喇汗王朝）国王。四月，取五代后晋所上玉玺于中京。十一月，改元太平，册皇子梁王耶律宗真为皇太子②。六年五月，遣西北路招讨使萧惠将兵伐甘州回鹘。八月，萧惠攻甘州不克，师还，自是阻卜诸部皆叛。诏遣惕隐耶律洪古、林牙化哥等将兵进讨。九年八月，渤海人大延琳反叛，至次年八月叛乱被平定。

太平十一年（1031年）六月，崩于大福河之北行宫，终年61岁，在位49年。景福元年（1031年）闰十月，上尊谥号"文武大孝宣皇帝"，庙号"圣宗"。③

总的来说，辽圣宗在母亲承天皇太后萧绰的辅佐下，对内进行改革、整顿吏治、减免税赋、改革法制、实行科举、任用汉人、尊宗敬祖、重谱牒、别嫡庶、睦兄弟，④使辽朝的政治、经济和文化获得了发展，基本上完成了封建化；对外东征女真高丽、西讨阻卜乌古、南和西夏伐宋，辽朝的国势日益强盛，尤其是与北宋签订"澶渊之盟"，使辽宋间出现了长达120年之久的和平友好时期，推动了两国的经济文化交流。因此，圣宗耶律隆绪是辽朝诸帝中较有作为的一位，在其统治时期辽朝达到了鼎盛。

二 圣宗的尊号

关于圣宗的尊号，我们先看《辽史》的记载：乾亨四年（982年）十月，群臣上尊号"昭圣皇帝"。统和元年（983年）六月，群臣上尊号"天辅皇帝"⑤。统和五年四月，群臣上尊号"至德广孝昭圣天辅皇帝"⑥。统和二十四年（1006年）十

---

① 〔元〕脱脱等：《辽史》卷15《圣宗本纪六》，北京：中华书局1974年版，第171页。

② 〔元〕脱脱等：《辽史》卷16《圣宗本纪七》，北京：中华书局1974年版，第189页。

③ 〔元〕脱脱等：《辽史》卷17《圣宗本纪八》，北京：中华书局1974年版，第206页。

④ 肖爱民：《白马㕮(伸)盟与辽圣宗睦亲重谱牒》，载于刘宁主编《辽金史论集》第十三辑，北京：中国社会科学出版社2013年版，第14—23页。

⑤ 〔元〕脱脱等：《辽史》卷10《圣宗本纪一》，北京：中华书局1974年版，第107页。

⑥ 〔元〕脱脱等：《辽史》卷12《圣宗本纪二》"校勘记"，北京：中华书局1974年版，第136页。

月，百官上尊号"至德广孝昭圣天辅皇帝"①。开泰元年（1012年）十一月，百官上尊号"弘文宣武尊道至德崇仁广孝聪睿昭圣神赞天辅皇帝"②。太平元年（1021年）十一月，群臣上尊号"睿文英武遵道至德崇仁广孝功成治定昭圣神赞天辅皇帝"③。在上述尊号中，统和五年和二十四年的相同，二者必有一误。中华书局校勘记认为统和"五年无此事，疑此系重出"④，即统和五年辽朝没有给圣宗上尊号之举。

辽代碑刻中所记载的圣宗尊号可补《辽史》之不足。首先看其在位期间碑刻中的记载，按照刻碑时间的先后顺序，统和九年（991年）的《韩瑜墓志》⑤中有"昭圣皇帝"，此为其即位时的尊号。统和二十三年（1005年）的《重修云居寺碑记》⑥有"至德广孝昭圣皇帝"，此尊号与《辽史》中统和五年和二十四年的尊号不同，按照上述《辽史》中华书局校勘记所言，统和五年无上尊号之举，则此尊号当为统和二十四年尊号的略称。可是此碑记撰文于统和二十三年，比统和二十四年早一年，撰文者自然不可能提前知道次年所要上的尊号。对此问题，向南先生考证说："圣宗初即位，群臣上尊号曰昭圣皇帝。统和元年六月，上尊号曰天辅皇帝。五年四月，上尊号曰至德广孝昭圣天辅皇帝。二十四年十月，上尊号曰至德广孝昭圣天辅皇帝。今碑建于二十三年，尊号无天辅二字，是二十四年以前，圣宗尊号只云至德广孝昭圣皇帝，如碑所记。至二十四年，则合元年尊号'天辅'二字以称之，否则二十四年所上尊号与五年无异，何用群臣复上乎？窃疑《辽史》亦有误。"⑦就是说，向南先生认为统和五年圣宗有加尊号之事，尊号就是《重修云居寺碑记》所记的"至德广孝昭圣皇帝"。他的这一论断有碑刻作为佐证，较中华书局校勘记更为可信。开泰二年（1014年）的《白川州陀罗尼经幢记》⑧中有"神赞天辅皇帝"尊号，当是开泰元年尊号"弘文宣武尊道至德崇仁广孝聪睿昭圣神赞天辅皇帝"的略称。开泰四年（1016年）的《耶律元

① 〔元〕脱脱等：《辽史》卷14《圣宗本纪五》，北京：中华书局1974年版，第162页。
② 〔元〕脱脱等：《辽史》卷15《圣宗本纪六》，北京：中华书局1974年版，第171页。
③ 〔元〕脱脱等：《辽史》卷16《圣宗本纪七》，北京：中华书局1974年版，第189页。
④ 〔元〕脱脱等：《辽史》卷12《圣宗本纪二》"校勘记"，北京：中华书局1974年版，第136页。
⑤ 向南：《辽代石刻文编》，石家庄：河北教育出版社1995年版，第93页。
⑥ 向南：《辽代石刻文编》，石家庄：河北教育出版社1995年版，第117—118页。
⑦ 向南：《辽代石刻文编》，石家庄：河北教育出版社1995年版，第118页。
⑧ 向南：《辽代石刻文编》，石家庄：河北教育出版社1995年版，第146页。

宁墓志》①中有"天辅皇帝"尊号,此既是统和二十四年和开泰元年尊号的略称,也是统和元年的尊号。其次看其死后碑刻中的尊号。按照撰文时间的先后顺序,由张俭撰写于兴宗太平十一年(1031年)的《圣宗皇帝哀册》应是关于圣宗去世前尊号的最权威记载,该哀册在中华人民共和国成立前从庆陵(今内蒙古自治区赤峰市巴林右旗白塔子苏木西王坟沟)中被盗掘出来,其中记载圣宗去世前的尊号为"睿文英武宗道至德崇仁广孝功成治定启元昭圣神赞天辅皇帝"②。这应该是圣宗于太平元年最后一次上尊号,但与《辽史》所记略有不同,可以证明《辽史》一是遗漏了"启元"二字,此或许是与道宗朝发动叛乱的皇太叔耶律重元(原作宗元,因避兴宗耶律宗真的名讳而改)名字有关,在辽晚期修"实录"时因恶其名字而故意去掉,元末修《辽史》时照录未做考订,当然这只是一种推测,还需有资料佐证。二是"遵道"当为"宗道",其中的"遵"字非《辽史》有误,应该也是后来为避兴宗的名讳耶律宗真而改。同样,开泰元年尊号中"尊道"的"尊",也是后来为避兴宗的名讳而改。道宗清宁八年(1062年)的《耶律宗政墓志》③中称圣宗为"天辅皇帝"或略称"天辅",道宗咸雍八年(1072年)的《耶律宗愿墓志》④中也略称其尊号为"天辅"。如前所述此尊号既是统和二十四年和开泰元年尊号的略称,也是统和元年的尊号。

在宋人典籍中也有圣宗尊号的记载,如《续资治通鉴长编》中记载:"隆绪封梁王,继立,号天辅皇帝。"⑤《东都事略》中记其尊号为"洪文宣武至德广道孝皇帝"⑥。《宋会要辑稿》载:"契丹改元统和,……隆绪自号天辅皇帝。"⑦又载:景德

①　向南、李宇峰、张国庆辑注:《辽代石刻文续编》,沈阳:辽宁人民出版社2010年版,第58页。

②　向南:《辽代石刻文编》,石家庄:河北教育出版社1995年版,第193页。

③　向南:《辽代石刻文编》,石家庄:河北教育出版社1995年版,第306—308页。

④　向南、李宇峰、张国庆辑注:《辽代石刻文续编》,沈阳:辽宁人民出版社2010年版,第148—150页。

⑤　〔宋〕李焘撰:《续资治通鉴长编》卷23"天平兴国七年闰十二月辛亥",上海师范大学古籍整理研究所、华东师范大学古籍整理研究所点校,北京:中华书局1992年版,第533页。

⑥　〔宋〕王偁:《东都事略》卷123《附录一》,孙言诚、崔国光点校,济南:齐鲁书社2000年版,第1072、1073页。

⑦　〔清〕徐松辑:《宋会要辑稿》"蕃夷一"之"辽上",刘琳、刁忠民、舒大刚等校点,上海:上海古籍出版社2014年版,第9716页。

元年(1004年)称隆绪为"昭圣皇帝"①。《宋大诏令集》所载北宋皇帝所发布的诏书中称耶律隆绪为"睿文英武宗道至德崇仁广孝功成治定启元昭圣神赞天辅皇帝"②,略称"昭圣皇帝"③。看来宋人记载圣宗即位时的尊号是"天辅皇帝"。"昭圣皇帝"也是尊号,但不是即位时的尊号,这一点有讹误。在位期间曾加尊号"洪文宣武至德广道孝皇帝"和"睿文英武宗道至德崇仁广孝功成治定启元昭圣神赞天辅皇帝",但这两个尊号与《辽史》所记略有不同。其中,前者当是开泰元年尊号的略称,《辽史》中的"弘文"之"弘"或许是后来为避道宗耶律洪基的名讳而改,也许是宋人记载有讹误。但因为后来圣宗的尊号中弃用此字,而《辽史》中所记乃辽末修实录时为避讳而改,故宋人的记载可能准确。后者与《圣宗皇帝哀册》中的尊号完全相同,再次证明《辽史》所记太平元年尊号有疏漏和因避讳改字,同时也说明北宋皇帝所发布诏书的认真和严肃,相对来说私人所撰史书就没有那么严谨了。

从圣宗的尊号来看,既有中原王朝皇帝尊号的特点,如反映君权神授、尊崇褒美之词过多过烂等;同时也有古代北方草原行国君主尊号的特点,如在尊号中带有"天"字,体现了对萨满教最高神祇天神的崇拜和其即位及统治期间获得了天神的护佑辅助。这说明辽朝皇帝的尊号制度是在吸收和借鉴了中原汉制的基础上,掺杂有契丹旧制的因素,是两种制度的融合。

三　圣宗的谥号

皇帝去世后,后继者给其上谥号,此乃中原汉制。辽朝契丹皇帝虽然从开国皇帝太祖耶律阿保机开始继承了这一制度,但是景宗耶律贤之前的诸帝也有在死后没有上谥号的,如太宗耶律德光和穆宗耶律璟父子④,说明这一制度在辽朝早期并没有严格执行。景宗之后的诸帝在死后都上谥号,表明这一制度得到了

---

① 〔清〕徐松辑:《宋会要辑稿》"蕃夷二"之"辽下",刘琳、刁忠民、舒大刚等校点,上海:上海古籍出版社2014年版,第9745、9746页。

② 《宋大诏令集》卷228"政事八十一·四裔一·契丹一"条,北京:中华书局1962年版,第882页。

③ 《宋大诏令集》卷228"政事八十一·四裔一·契丹一"条,北京:中华书局1962年版,第883—884页。

④ 肖爱民:《辽太宗耶律德光的尊号与谥号探析》,《内蒙古社会科学》2016年第5期,第65—68页。

完善。

关于圣宗的谥号,《辽史》中记载:太平十一年(1031年)六月,崩于大福河之北行宫。兴宗景福元年(1031年)闰十月,上谥号"文武大孝宣皇帝",庙号"圣宗"。①《圣宗皇帝哀册》中所记谥号与《辽史》相同②。在其他碑刻中也有其谥号的记载,如重熙六年《韩橁墓志》③、清宁九年《圣宗淑仪赠寂善大师墓志》④、寿昌二年《耶律弘世妻秦越国妃墓志》⑤中的"孝宣皇帝",重熙十四年《秦国太妃墓志》⑥、重熙十五年《秦晋国大长公主墓志》⑦、清宁四年《萧旻墓志》⑧中的"大孝宣皇帝",清宁四年《圣宗皇帝钦爱皇后哀册》⑨中的"孝宣",三者均是谥号"文武大孝宣皇帝"的略称。

宋人典籍中所记的圣宗谥号与《辽史》《圣宗皇帝哀册》不同,如《续资治通鉴长编》引《十朝纲要》载:"契丹主隆绪卒,在位五十年,谥天辅皇帝,庙号圣宗。"⑩《契丹国志》记载:"谥曰天辅皇帝,庙号圣宗。"⑪《文献通考》记载:"隆绪卒,立四

---

① 〔元〕脱脱等:《辽史》卷17《圣宗本纪八》,北京:中华书局1975年版,第206页。

② 向南:《辽代石刻文编》,石家庄:河北教育出版社1995年版,第193页。

③ 向南:《辽代石刻文编》,石家庄:河北教育出版社1995年版,第203—207页。

④ 向南、李宇峰、张国庆辑注:《辽代石刻文续编》,沈阳:辽宁人民出版社2010年版,第119—120页。

⑤ 向南、李宇峰、张国庆辑注:《辽代石刻文续编》,沈阳:辽宁人民出版社2010年版,第229—230页。

⑥ 向南、李宇峰、张国庆辑注:《辽代石刻文续编》,沈阳:辽宁人民出版社2010年版,第91—92页。

⑦ 向南:《辽代石刻文编》,石家庄:河北教育出版社1995年版,第248—251页。

⑧ 向南、李宇峰、张国庆辑注:《辽代石刻文续编》,沈阳:辽宁人民出版社2010年版,第113—114页。

⑨ 向南:《辽代石刻文编》,石家庄:河北教育出版社1995年版,第181—283页。

⑩ 〔宋〕李焘撰:《续资治通鉴长编》卷110"仁宗天圣九年六月丁丑朔",上海师范大学古籍整理研究所、华东师范大学古籍整理研究所点校,北京:中华书局1992年版,第2559页。

⑪ 〔宋〕叶隆礼撰:《契丹国志》卷7《圣宗天辅皇帝》,贾敬颜、林荣贵点校,上海:上海古籍出版社1985年版,第83页。关于《契丹国志》一书,刘浦江先生认为此书乃是元代的坊肆书贾为了盈利,杂抄宋人的记载,伪托南宋的叶隆礼而编纂的伪书,因取材于宋人的记载,且成书早于《辽史》,故还有重要的参考价值(刘浦江:《关于〈契丹国志〉的若干问题》,载于刘浦江著《辽金史论》,沈阳:辽宁大学出版社1999年版,第323—334页。原载《史学史研究》1992年第2期)。因该书取材于宋人的记载,故这里仍旧视其为宋人的观点。

十九年,年六十一,谥天辅皇帝,庙号圣宗。"①综合前引可知,宋人的记载有分歧:同样是"天辅皇帝",有的记载是尊号,如前引《宋会要辑稿》;有的记载是谥号,如《契丹国志》和《文献通考》;有的同一部典籍还前后矛盾,如前引《续资治通鉴长编》既记"天辅皇帝"是圣宗即位时的尊号,又引《十朝纲要》记载是圣宗去世后的谥号。《圣宗皇帝哀册》的出土,证明宋人把"天辅皇帝"记为谥号有误。

按照正常情况来说,辽宋之间自"澶渊之盟"以后出现了长达百年之久的和平友好时期,两国年年互派使节,吉庆凶吊,贺正旦生辰,宋人应该不会把辽朝皇帝的谥号弄错。那么,为何宋人的典籍会出现误记呢,究其原因主要有两点。一是因为辽朝契丹人继承了古代北方草原行国的政治传统,可汗在即位时就拥有了自己专属的可汗尊号,死后不再有谥号②。如遥辇氏部落联盟的九个可汗③,所以尽管辽朝契丹皇帝在死后有谥号(太宗、穆宗父子的谥号是圣宗和兴宗时追谥的),但人们仍习惯用生前的尊号或尊号的略称来称呼之,前引碑刻可以证明对圣宗也有这种习惯。当这种习惯称谓传到宋境后,按照中原的礼法,宋人误以为是皇帝的谥号而记载下来。二是诸种宋人典籍的史料来源不同,前引《续资治通鉴长编》《契丹国志》和《文献通考》均是私人修撰的史书,难以参考到像诏书这类的文书,自然不像北宋官方文书那么严谨,加之像《契丹国志》又是元末书贾伪造的史书,所以存在讹误在所难免。

四 结 语

综合上述分析,圣宗耶律隆绪尊号的详细情况如下:乾亨四年即皇帝位,尊号为"昭圣皇帝",统和元年的尊号为"天辅皇帝",统和五年的尊号为"至德广孝昭圣皇帝",统和二十四年的尊号为"至德广孝昭圣天辅皇帝",开泰元年尊号为"洪文宣武宗道至德崇仁广孝聪睿昭圣神赞天辅皇帝",太平元年的尊号为"睿文英武宗道至德崇仁广孝功成治定启元昭圣神赞天辅皇帝"。在辽代碑刻中,《圣宗

---

① 〔元〕马端临:《文献通考》卷346"四裔考"之二十三"契丹下",北京:中华书局1986年版,第2710页。因为马端临是宋末元初人,加之其撰写《文献通考》中辽代内容基本上取材于宋人记载,故视《文献通考》为宋人的观点。

② 罗新:《可汗号之性质》,载于罗新著《中古北族名号研究》,北京:北京大学出版社,第1—26页,原载《中国社会科学》2005年第2期。

③ 分别是洼可汗、阻午可汗、胡剌可汗、苏可汗、鲜质可汗、昭古可汗、耶澜可汗、巴剌可汗、痕德堇可汗。见《辽史》卷45《百官志一》,北京:中华书局1974年版,第711页。

皇帝哀册》是关于其去世前尊号的最权威记载,可补《辽史》之不足。在其他碑刻中所见的尊号有"天辅皇帝""天辅",为其统和元年的尊号,也是统和二十四年和开泰元年尊号的略称。宋人典籍中关于其尊号的记载,也可补《辽史》之不足,但略有讹误。耶律隆绪谥号为"文武大孝宣皇帝",《圣宗皇帝哀册》证明《辽史》记载无误,其他辽代碑刻中的"大孝宣皇帝""孝宣皇帝""孝宣"等是此谥号的略称。在有些宋人的典籍中,误把其尊号"天辅皇帝"记为谥号。

总之,圣宗耶律隆绪的尊号和谥号呈现出蕃汉杂糅的现象,说明契丹皇帝是境内蕃汉各族的共主,体现了辽朝"以国制治契丹,以汉制待汉人"的"因俗而治"统治政策。

耶律隆绪的尊号与谥号简表

尊号(时间)	谥号(时间)
昭圣皇帝(乾亨四年,982 年) 天辅皇帝(统和元年,983 年) 至德广孝昭圣皇帝(统和五年,987 年) 至德广孝昭圣天辅皇帝(统和二十四年,1006 年) 洪文宣武宗道至德崇仁广孝聪睿昭圣神赞天辅皇帝(开泰元年,1012 年) 睿文英武宗道至德崇仁广孝功戎治定启元昭圣神赞天辅皇帝(太平元年,1021 年)	文武大孝宣皇帝(景福元年,1031 年)

辽朝后族世系问题研究

史风春[①]

后族指皇后及皇妃之家族,也就是外戚。辽朝后族与其他朝代不同,他们对皇族不仅不构成危害,而且还与皇家共同治理国家。"宗室、外戚,势分力敌,相为唇齿,以翰邦家。是或一道"[②]。对于这样一个仅次于皇家地位的特殊群体,《辽史·外戚表》却记载得十分混乱,家族脉络世系不清,虽有多方学者研究,但整体概括梳理其发展脉络的还是比较少。

一 辽朝后族采用萧姓的时间及原因

《辽史》记载的辽建国以来的 16 名后妃中,除世宗皇后甄氏之外皆姓萧,而后族何时何因采用萧姓,学界存在不同观点。第一种观点认为辽朝后族以萧为姓在太祖时,萧姓源于西汉萧何[③]。第二种观点认为辽朝后族以萧为姓始于太宗灭晋之后,因太宗妻弟小汉谐音为萧翰,自此后族皆为萧[④]。第三种观点认为辽朝后族萧姓是契丹语的汉语音译。日本学者爱宕松男从契丹图腾崇拜出发,联系青牛白马传说,认为"牛—审密—萧—石抹"是不同时期的称呼[⑤]。蔡美彪先生认为

---

① 史风春,内蒙古师范大学历史文化学院。
② 〔元〕脱脱等:《辽史》卷 67《外戚表》,北京:中华书局 1974 年版,第 1027 页。
③ 都兴智:《辽金史研究》,北京:人民出版社 2004 年版,第 246—251 页。
④ 李桂芝:《辽金简史》,福州:福建人民出版社 1996 年版,第 183 页。
⑤ 〔日〕爱宕松男:《契丹古代史研究》,邢复礼译,呼和浩特:内蒙古人民出版社 1987 年版,第 23 页。

"萧"是审密的异译①。王民信先生认为"述律"的音急读时与萧的音很接近,这或许是以萧为姓的主要原因②。

依据《文昌杂录》卷5③、《辽史·后妃传》④、《辽史·国语解》⑤、《契丹国志·族姓原始》⑥之载,以及《萧阊墓志铭》载"会我太祖圣元皇帝之王天下也,立其国舅之族,封以萧氏之姓"⑦,太祖时即封后族萧姓当可信。至于太祖赐后族姓萧的原因,《辽史·后妃传》明确记载太祖因萧何之缘故而赐后族姓萧。2015年内蒙古多伦出土辽代贵妃墓志,称辽皇族耶律氏为汉室之宗刘氏,后族系出兰陵。而兰陵萧氏之祖为汉宰相萧何子孙,故辽代皇族追慕汉高祖以称刘、后族比萧何而为萧。虽有附会成分,但有一定的可信度。

二　辽朝后族房帐族属划分及演变

辽朝后族的房帐族属划分问题是学界长期争论的话题,至今尚未定论。实际上辽朝后族房帐族属经历了不断重组演变的过程,据《辽史·外戚表》,契丹建国前外戚已有"二审密",即乙室已氏和拔里氏,太祖时又增淳钦皇后父族述律氏。但是,乙室已氏、拔里氏、述律氏三族并非一直平行发展下去,太宗天显十年四月,"丙戌,皇太后父族及母前夫之族二帐并为国舅,以萧缅思为尚父领之"⑧。表明述律氏父族与母前夫之族合并。母前夫之族也即敌鲁、室鲁家族,属于拔里氏,因此太宗天显十年述律氏即被合并到前夫拔里氏之中了。世宗为提高其母"柔贞皇后"家族的地位而设立了国舅别部,圣宗"合拔里、乙室已二国舅帐为一,与别部为二"⑨,

①　蔡美彪:《试说辽耶律氏萧氏之由来》,《历史研究》1993年第5期。

②　王民信:《契丹古八部与大贺遥辇迭剌的关系》,载于《契丹史论丛》,台北:学海出版社1973年版,第58页。

③　〔宋〕庞元英:《文昌杂录》,北京:中华书局1958年版,第65—66页。

④　〔元〕脱脱等:《辽史》卷71《后妃传》,北京:中华书局1974年版,第1198页。

⑤　〔元〕脱脱等:《辽史》卷116《国语解》,北京:中华书局1974年版,第1534页。

⑥　〔宋〕叶隆礼:《契丹国志》卷23《族姓原始》,贾敬颜、林荣贵点校,上海:上海古籍出版社1985年版,第221页。

⑦　《萧阊墓志铭》,参见刘凤翥、唐彩兰、青格勒编著《辽上京地区出土的辽代碑刻汇辑》,北京:社会科学文献出版社2009年版,第159页。

⑧　〔元〕脱脱等:《辽史》卷3《太宗上》,北京:中华书局1974年版,第36页。

⑨　〔元〕脱脱等:《辽史》卷67《外戚表》,北京:中华书局1974年版,第1027页。

成为辽内四部族之一的"国舅帐拔里乙室已族"①。拔里、乙室已二国舅帐合并后，很有可能拔里少父房与乙室已小翁帐合并为一帐，拔里大父房与乙室已大翁帐合并为一帐。这样名称就变得较为复杂，拔里大父房、拔里少父房有可能又被冠称乙室已大父房、乙室已少父房；而乙室已大翁帐、乙室已小翁帐有可能又被冠称拔里大翁帐、拔里小翁帐。这也是《辽史》为什么载阿古只后代为少父房而契丹小字墓志载阿古只后代为国舅别部小翁帐的原因。

淳钦皇后父族即月椀、阿古只家族属于拔里少父房，合并后又称为别部小翁帐。

母前夫之族属于拔里大父房，除敌鲁之外还有室鲁，《辽史·后妃传·太宗靖安皇后萧氏》《辽史·公主表》载室鲁为淳钦皇后之弟有误。室鲁又音译为实鲁、实六，字阿钵（阿钵堇）。室鲁与《契丹国志·后妃传·太宗皇后萧氏》所载"辽兴节度使萧延思"②是否为一人还有争论。室鲁之妻为太祖之妹余卢睹姑，《辽史·公主表》所载太祖之女质古下嫁萧室鲁有误，质古下嫁之人当是敌鲁之子屈列。前夫之族还有欲稳，《辽史·韩知古传》载："知古六岁，为淳钦皇后兄欲稳所得。"③耶律老古之母也属于前夫之族，《辽史·老古传》载："老古，字撒懒，其母淳钦皇后姊也。"④可知老古之母为淳钦皇后之姊。

母前夫之族的旁系属于乙室已大翁帐，成员有忽没里，"宰相敌鲁之族弟"⑤。大父房与大翁帐合并后又称别部大翁帐。

三　阿古只世系

（一）阿古只先辈及子

阿古只为辽太祖淳钦皇后之弟，其家族是辽后族中最重要的一支。其父第一个名（即孩子名）月椀（容我），第二个名婆姑（竹），任过梅里和阿扎豁只等职。

　① 〔元〕脱脱等：《辽史》卷33《营卫志下》，北京：中华书局1974年版，第384页。

　② 〔宋〕叶隆礼撰：《契丹国志》卷13《后妃传·太宗皇后萧氏》，贾敬颜、林荣贵点校，上海：上海古籍出版社1985年版，第140页。

　③ 〔元〕脱脱等：《辽史》卷74《韩知古传》，北京：中华书局1974年版，第1233页。

　④ 〔元〕脱脱等：《辽史》卷73《老古传》，北京：中华书局1974年版，第1224—1225页。

　⑤ 〔元〕脱脱等：《辽史》卷78《萧思温传》，北京：中华书局1974年版，第1267页。

《辽史·后妃传·太祖淳钦皇后述律氏》载:其家族演变顺序:糯思—魏宁舍利—慎思梅里—婆姑梅里—述律氏及阿古只①。

《辽史·阿古只传》载其"子安团,官至右皮室详稳"②。根据其他文献,特别是2015年内蒙古多伦出土的辽代贵妃墓志,称阿古只子迷古德,且与安团官职一致,故为一人。眉古得、迷古里、迷古宁均为迷古德的同音异译,为契丹第一个名,演乌鲁即禅奴,为契丹第二个名,萧海真(萧海贞)为汉名,均为一人。乌拉熙春解读契丹小字《梁国王墓志铭》,称阿古只之子家太师③;万雄飞解读为铁剌太师④。家太师(铁剌太师)当为阿古只之子,但不知是否为安团。

(二)阿古只四世孙萧和之子女

萧和乃阿古只四世孙,其契丹第一个名(小名)陶瑰、桃隈、桃隗、突忽等,均为音同字不同,第二个名(字)谐领、谐里、解里等,萧和为其汉名。萧和有子孝穆、孝先、孝诚、孝友、孝惠。《辽史》所载孝忠为孝惠而非孝诚;萧惠与孝惠非一人,道宗宣懿皇后之父为孝惠而非萧惠。高九为契丹小名,六温为契丹第二个名,汉名孝诚。《辽史》只载其契丹小名高九而不载汉名孝诚,且《辽史·外戚表》将高九置于圣宗仁德皇后父陶医之下,显误。《契丹国志》所载圣宗钦哀皇后之"三兄二弟"即孝穆、解里、陈六、徒古撒、高九。其中,解里即孝先,陈六即孝友,徒古撒即孝惠(孝忠),高九即孝诚。

萧和与秦国太妃有四个女儿,其中长女先嫁漆水郡王耶律宁,后改嫁长沙郡王耶律宗允(谢家奴);二女儿即圣宗钦哀皇后;三女儿为耶律忠妻;四女儿先后嫁耶律延宁、耿元吉、耶律元。

(三)阿古只五世孙、萧和之长子萧孝穆世系

萧孝穆乃萧和长子、阿古只五世孙,有二子,即知足(阿剌)和无曲(撒八)。

---

① 〔元〕脱脱等:《辽史》卷71《后妃传·太祖淳钦皇后述律氏》,北京:中华书局1974年版,第1199页。

② 〔元〕脱脱等:《辽史》卷73《阿古只传》,北京:中华书局1974年版,第1224页。

③ 爱新觉罗·乌拉熙春、王禹浪:《契丹小字〈梁国王位志铭〉考》,《辽东史地》创刊号2006年,第10页。

④ 万雄飞、韩世明、刘凤翥:《契丹小字〈梁国王墓志铭〉考释》,《燕京学报》2008年新25期,第27页。

有二女即长女兴宗仁懿皇后（崇圣皇后），次女耶律元佐妻撒板。知足（阿剌）有
五子，即德温（别里剌、鼇里剌）、德良（余里也）、德恭、德俭、德让（萧霞抹、萧末）。
德温有子酬斡（酬窝）、鲁八，有女八人，即道宗惠妃、斡特懒、鲁姐等。德恭有子
萧莹（善光），有女蒲苏娘子、小女姚哥娘子，另有二男二女早卒。萧莹（善光）有
子五人，即长子马也、次子继文、三子（不详）、四子继忠、五子继信，有女二人，即
宝髻娘子、圆祥。

　　萧孝穆一系见图示1：

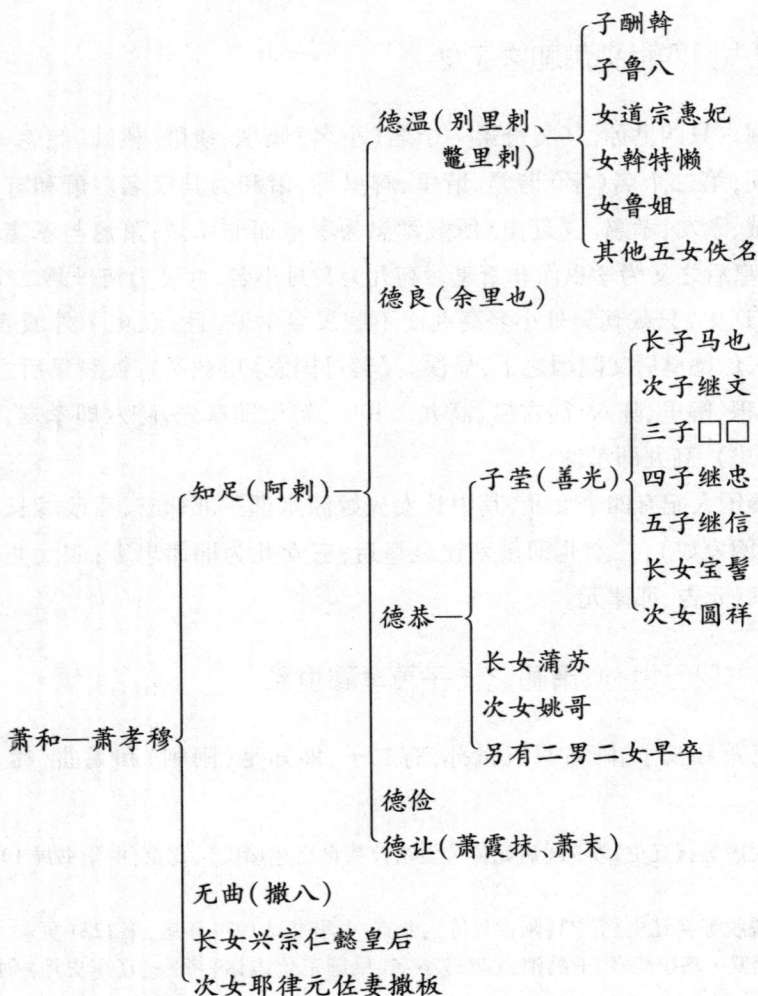

德温（别里剌、鼇里剌）
　子酬斡
　子鲁八
　女道宗惠妃
　女斡特懒
　女鲁姐
　其他五女佚名

德良（余里也）

子莹（善光）
　长子马也
　次子继文
　三子□□
　四子继忠
　五子继信
　长女宝髻
　次女圆祥

知足（阿剌）

德恭
　长女蒲苏
　次女姚哥
　另有二男二女早卒

萧和—萧孝穆

德俭

德让（萧霞抹、萧末）

无曲（撒八）
长女兴宗仁懿皇后
次女耶律元佐妻撒板

图示1　萧孝穆一系

（四）阿古只五世孙、萧和之三子萧孝诚世系

萧孝诚为萧和第三子，小名高九，第二个名六温。据《萧知行墓志》载，萧孝诚有子七人：知章、知□、知微、知人、知行、知善、知玄。① 契丹小字《梁国王墓志铭》记载，长子涅邻纱里（尼里宁·沙里）、次子只剌、三子即梁国王、四子蒲速衍实六（蒲速实六）、五子乌卢本除钵（讹里本·除钵）、六子刘四哥（龙虎）、七子时时邻迪烈（时时里·迪烈）。②

其中，第三子梁国王萧知徽，小名（小字）术里者（术者、术哲），第二个名石鲁隐。有二子，早卒。有二女，长女骨浴，即顺宗（道宗子濬）贞顺皇后；幼女丑女哥娘子。③ 第五子萧知行，小名（小字）除钵，第二个名讹里本（乌卢本），还有一名涿古，有一子药师奴。第六子萧知善，小名（小字）龙虎，第二个名刘四哥，至少有一子保郎君。第七子萧知玄，小名（小字）迪烈，第二个名时时里（时时邻，夏邻）。

萧知玄有子六人，大者讹里本、第二个挞不也、第三个讹都斡（乌鲁武卫）、第四个乙辛（乙信、义信、阿信）、第五个特每、第六个智不困（扎不古）。④ 乌拉熙春又将讹都斡（乌鲁武卫）译为华严奴，其有子昭明郎君，有女闰哥娘子、文安娘子⑤。

萧知玄有女五人，隋哥娘子、阿木葛（阿姆哈）娘子、讹都斡（宋魏国妃）、特美（特勉）娘子、乌特兰（斡特剌）娘子。阿姆哈娘子有两个儿子，老大韩家奴郎君，

① 《萧知行墓志》，参见向南、张国庆、李宇峰辑注《辽代石刻文续编》，沈阳：辽宁人民出版社2010年版，第124—125页。
② 爱新觉罗·乌拉熙春、王禹浪：《契丹小字〈梁国王位志铭〉考》，《辽东史地》创刊号2006年，第10—11页；万雄飞、韩世明、刘凤翥著《契丹小字〈梁国王墓志铭〉考释》，《燕京学报》2008年新25期，第27—28页。
③ 汉字《梁国太妃墓志》，参见向南、张国庆、李宇峰辑注《辽代石刻文续编》，第257页；契丹小字《梁国王墓志铭》，参见爱新觉罗·乌拉熙春、王禹浪著《契丹小字〈梁国王位志铭〉考》，《辽东史地》创刊号，2006年9月，第13页。韩世明、〔日〕吉本智慧子（爱新觉罗·乌拉熙春）：《梁国王墓志铭文初释》，《民族研究》2007年第2期，第89页。万雄飞、韩世明、刘凤翥：《契丹小字〈梁国王墓志铭〉考释》，《燕京学报》2008年新25期，第34页。
④ 契丹小字《宋魏国妃墓志铭》，参见刘凤翥、唐彩兰、青格勒编著《辽上京地区出土的辽代碑刻汇辑》，北京：社会科学文献出版社2009年版，第269—270页；〔日〕爱新觉罗·乌拉熙春：《辽金史与契丹、女真文》，京都：东亚历史文化研究会2004年版，第52—53页。
⑤ 爱新觉罗·乌拉熙春：《辽金史与契丹、女真文》，京都：东亚历史文化研究会2004年版，第75页。

小的□□(契丹字)郎君;一个女孩子,福得尔(富得尔)娘子。①。

关于萧孝诚之女,契丹小字《梁国王墓志铭》只载六温·高九(萧孝诚)有"女孩子五人",具体名字不详。《萧和妻秦国太妃耶律氏墓志铭》载,秦国太妃十三孙女中第四孙女胡都姑、第六孙女皇太弟妃即兴宗弟重元妃、第九孙女达贝演(挞不也、挞不衍)为萧孝诚之女。②

萧孝诚世系见图示2:

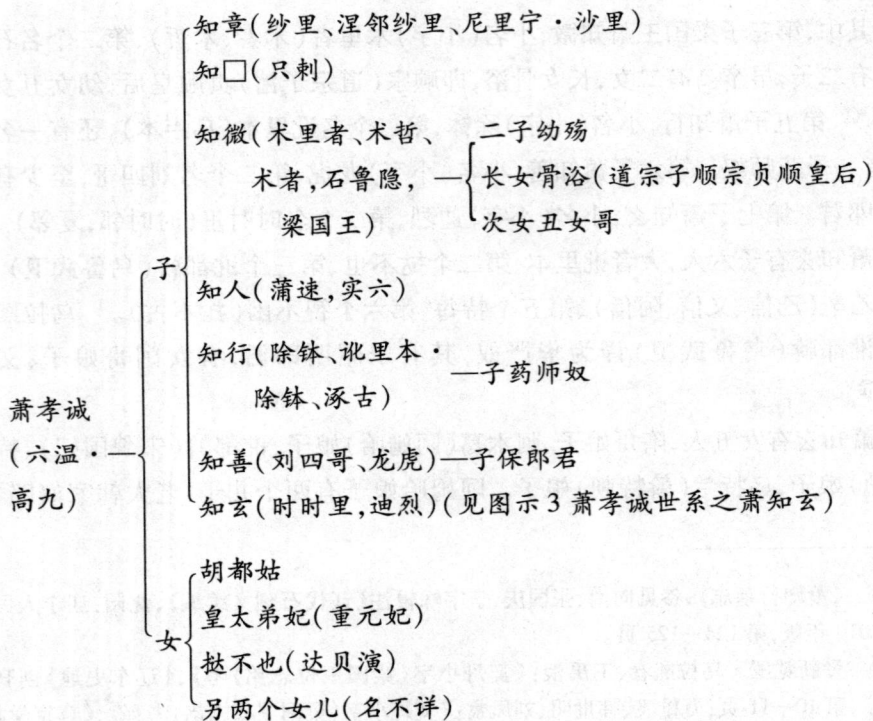

```
                    ┌ 知章(纱里、涅邻纱里、尼里宁·沙里)
                    │
                    │ 知□(只剌)
                    │
                    │ 知微(术里者、术哲、      ┌ 二子幼殇
                    │   术者,石鲁隐, ─┤ 长女骨浴(道宗子顺宗贞顺皇后)
                    │   梁国王)       └ 次女丑女哥
              ┌ 子 ─┤
              │     │ 知人(蒲速,实六)
              │     │
              │     │ 知行(除钵、讹里本·
              │     │   除钵、涿古)    ─子药师奴
              │     │
              │     │ 知善(刘四哥、龙虎)─子保郎君
  萧孝诚       │     │
 (六温· ─┤     └ 知玄(时时里,迪烈)(见图示3 萧孝诚世系之萧知玄)
  高九)       │
              │     ┌ 胡都姑
              │     │
              │     │ 皇太弟妃(重元妃)
              └ 女 ─┤
                    │ 挞不也(达贝演)
                    │
                    └ 另两个女儿(名不详)
```

图示2　萧孝诚世系

① 契丹小字《耶律弘用墓志铭》,参见刘凤翥、唐彩兰、青格勒编著《辽上京地区出土的辽代碑刻汇辑》,北京:社会科学文献出版社2009年版,第196页;〔日〕爱新觉罗·乌拉熙春:《辽金史与契丹、女真文》,京都:东亚历史文化研究会2004年版,第53、196页。契丹小字《宋魏国妃墓志铭》,参见刘凤翥、唐彩兰、青格勒编著《辽上京地区出土的辽代碑刻汇辑》,北京:社会科学文献出版社2009年版,第269—270页。

② 《萧和妻秦国太妃耶律氏墓志铭》,参见刘凤翥、唐彩兰、青格勒编著《辽上京地区出土的辽代碑刻汇辑》,北京:社会科学文献出版社2009年版,第149页。

萧知玄
（时时里·迪烈）

子
- 讹里本
- 挞不也
- 讹都斡（华严奴、与鲁武卫）—
  - 子昭明郎君（严留）
  - 长女闰哥
  - 次女文安
- 乙辛（乙信、义信、阿信）
- 特每
- 智不围（扎不古）

女
- 隋哥
- 阿姆哈（阿木葛）—
  - 子韩家奴
  - 幼子□□（契丹字）
  - 女福得尔（富得尔）
- 讹都斡（宋魏国妃）
- 特美（特勉、特每）
- 乌特兰（斡特剌）

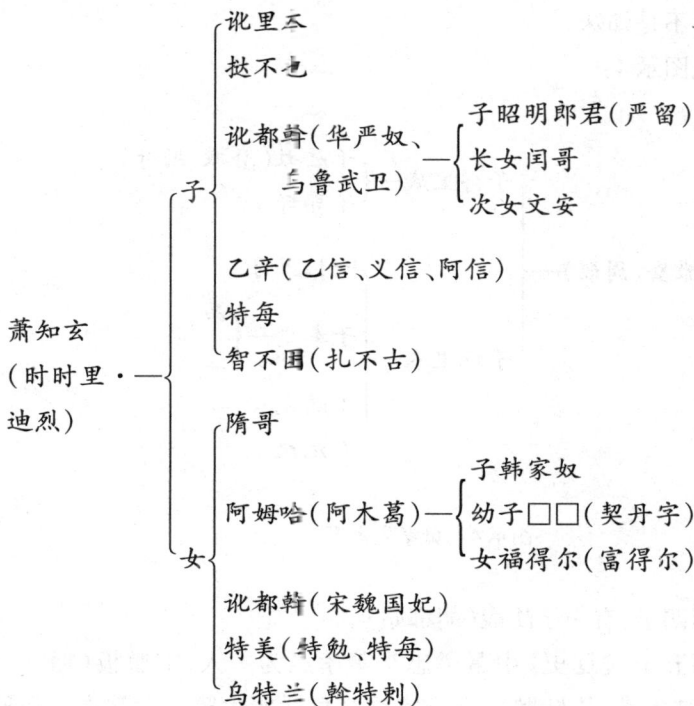

图示3　萧孝诚世系之萧知玄

（五）阿古只五世孙、萧和之子孝先、孝友、孝惠世系

萧孝先为萧和第二子，据《辽史·外戚表》[①]、《辽史·萧得里底传》[②]、《金史·完颜昌传》[③]和契丹小字《故耶律氏铭石》[④]、《萧和妻秦国太妃耶律氏墓志铭》[⑤]

① 〔元〕脱脱等：《辽史》卷67《外戚表》，北京：中华书局1974年版，第1030页。

② 〔元〕脱脱等：《辽史》卷100《萧得里底传》，北京：中华书局1974年版，第1428—1429页。

③ 〔元〕脱脱等：《金史》卷77《完颜昌传》，北京：中华书局1975年版，第1762—1763页。

④ 〔日〕爱新觉罗·乌拉熙春：《辽金史与契丹、女真文》，京都：东亚历史文化研究会2004年版，第66页。

⑤ 《萧和妻秦国太妃耶律氏墓志铭》，参见刘凤翥、唐彩兰、青格勒编著《辽上京地区出土的辽代碑刻汇辑》，北京：社会科学文献出版社2009年版，第149页。

等,可知萧孝先世系。得里底为天祚元妃之叔,奉先、保先与天祚元妃是兄妹,天祚元妃与天祚皇后不是姊妹。

萧孝先世系见图示4:

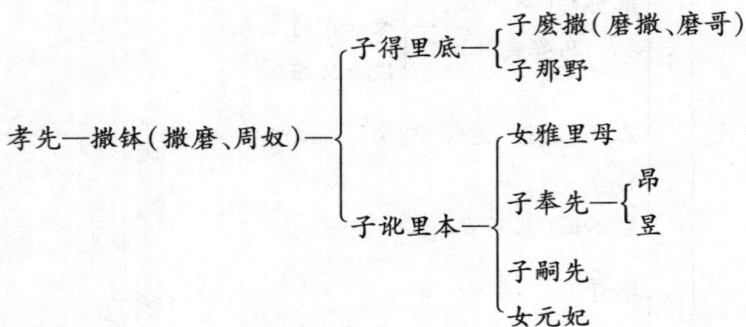

图示4　萧孝先世系

孝友为萧和第四子,有一子胡靓(胡都姑)。

孝惠为萧和第五子,《辽史》中萧孝忠与萧孝惠为一人,字撒板(撒八、撒八宁),小字图古斯(徒古撒、徒姑撒),尚圣宗钦哀皇后所生第二女槊古,有子阿速(阿素)。妙行大师萧志智是否为孝惠之长子还有待于考证。道宗宣懿(懿德)皇后之父应是萧孝惠而非萧惠。

(六)阿古只五世孙萧排押世系

萧排押属于何系颇有争议,排押当是《秦晋国妃墓志》中妃之父曷宁,其家族演变当为:阿古只—演乌鲁(安团)—割烈—曷宁(萧排押)—秦晋国妃[①]。排押之父不是萧挞凛,割烈与萧挞凛不是一人,《辽史·圣宗本纪三》载:统和七年四月"乙卯,国舅太师萧闼览为子排亚请尚皇女延寿公主,许之"[②],有误。挞凛之父术鲁列,挞凛之子慆古与排押无涉。排押有弟恒德(勤德、肯头),其子萧匹敌(萧昌裔),其女嫁给高丽王治。排押还有弟即萧柳之父□□和札剌。景宗睿智皇后之第二女为"长寿奴"非"长寿女",下嫁萧排押非萧恒德。景宗睿智皇后之第三女

---

① 《秦晋国妃墓志》,参见向南编《辽代石刻文编》,石家庄:河北教育出版社1995年版,第340—341页。

② 〔元〕脱脱等:《辽史》卷12《圣宗本纪三》,北京:中华书局1974年版,第134页。

为"延寿奴"非"延寿女",下嫁萧恒德非萧排押。目前仅知道萧排押有三个弟弟,萧札剌不是萧柳之父。萧排押有侄萧柳。其家族演变世系见图示5:

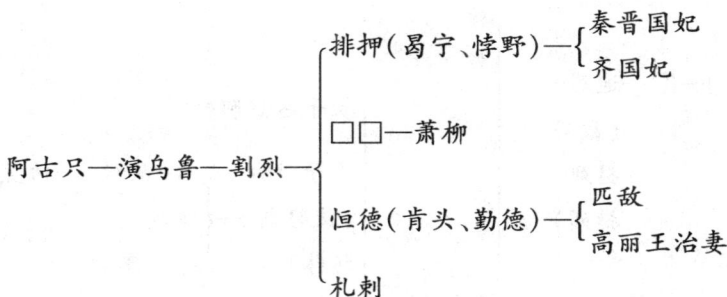

图示5 萧排押之世系

四 敌鲁世系

据《萧义墓志》①、《辽史·萧敌鲁传》②、《辽史·外戚表》③、《契丹国志·外戚传·述律鲁速》④、《资治通鉴》卷266《唐余录》⑤等文献,敌鲁属于淳钦皇后母前夫之族,与《萧义墓志》之萧义先祖"迪烈宁"为一人。其五世祖⑥胡母里,同父同母兄弟姊妹当有老古之母、欲稳、室鲁,同母异父之妹弟当有淳钦皇后、阿古只。敌鲁之子有翰、幹,还有屈列(沙姑)。萧义之曾祖萧恭即《辽史》之萧敌烈。天祚帝之德妃乃萧义之次女,出于敌鲁之系。《辽史·外戚表》将敌鲁后人挞烈、忽

① 《萧义墓志》,参见向南编《辽代石刻文编》,石家庄:河北教育出版社1995年版,第622—624页。

② 〔元〕脱脱等:《辽史》卷73《萧敌鲁传》,北京:中华书局1974年版,第1222—1223页。

③ 〔元〕脱脱等:《辽史》卷67《外戚表》,北京:中华书局1974年版,第1028页。

④ 〔宋〕叶隆礼撰:《契丹国志》卷15《外戚传·述律鲁速》,贾敬颜、林荣贵点校,上海:上海古籍出版社1985年版,第156页。

⑤ 〔宋〕司马光:《资治通鉴》卷266《后梁纪一》,北京:中华书局1956年版,第8678页。

⑥ 康鹏解读契丹小字《萧敌鲁副使墓志铭》,认为胡母里为敌鲁四世祖。参见康鹏:《契丹小字〈萧敌鲁副使墓志铭〉考释》,载于《辽金历史与考古》(第四辑),沈阳:辽宁教育出版社2013年版,第263—267页。

古、拔剌列入少父房阿古只系,造成后族族系混乱。

敌鲁世系见图示6:

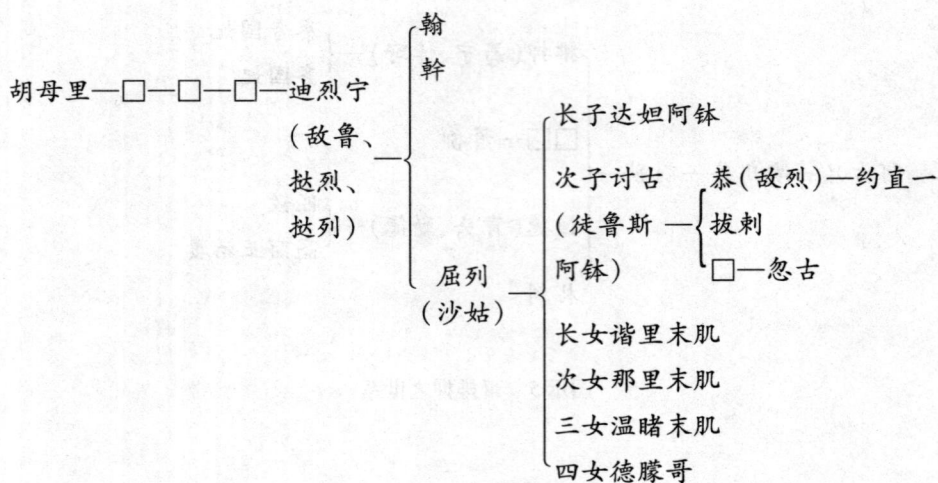

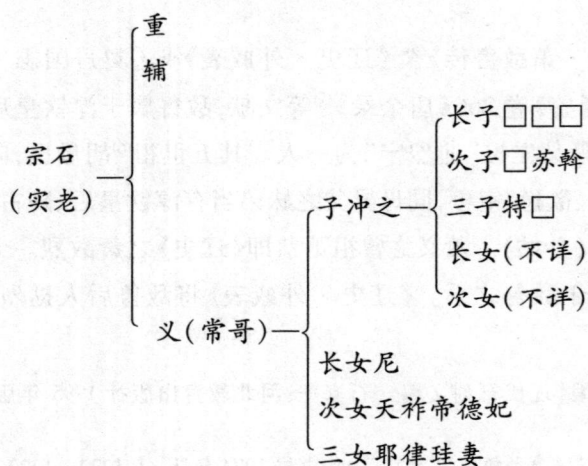

胡母里—□—□—□—迪烈宁
(敌鲁、
挞烈、
挞列)

翰
斡

屈列
(沙姑)

长子达妲阿钵

次子讨古
(徒鲁斯—
阿钵)

恭(敌烈)—约直一
拔剌
□—忽古

长女谐里末肌
次女那里末肌
三女温睹末肌
四女德朦哥

重
辅

宗石
(实老)

子冲之—

长子□□□
次子□苏斡
三子特□
长女(不详)
次女(不详)

义(常哥)—

长女尼
次女天祚帝德妃
三女耶律珪妻

图示6 敌鲁世系

六　忽没里世系

《辽史·萧思温传》记载:"萧思温,小字寅古,宰相敌鲁之族弟忽没里之子。"①忽没里是否为敌鲁"族弟"学界颇有争议。乌拉熙春解读契丹小字《大中央契丹国外戚国舅帐特里坚审密位志》和《外戚国舅帐耶鲁宛迪鲁古副使位志碑铭》②,康鹏解读契丹小字《萧敌鲁副使墓志铭》③,揭示了忽没里与敌鲁的家族关系及演变情况,解决了这一难题。根据契丹小字墓志,敌鲁当是忽没里隔了两代的"族弟",《辽史·萧思温传》所载敌鲁为忽没里"族弟"正确,忽没里属于淳钦皇后母前夫之族旁系。胡母里是敌鲁四世祖,《辽史·外戚表》载胡母里为敌鲁五世祖有误。《辽史·萧挞凛传》所载萧挞凛系"思温再从侄"④正确。慨古不是排押,尤鲁列也不是割烈。排押不是挞凛之子,排押与挞凛不是一个族系。其世系演变见图示7:

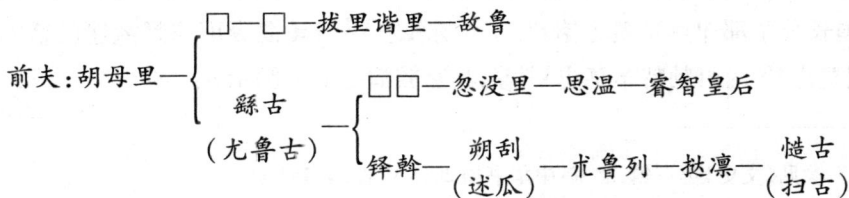

前夫:胡母里

　　□—□—拔里谐里—敌鲁

　　䍐古　　□□—忽没里—思温—睿智皇后
　　(尤鲁古)　铎斡　朔刮　—尤鲁列—挞凛　慨古
　　　　　　　　　 (述瓜)　　　　　　 (扫古)

后夫:月椀—阿古只—演乌鲁—割烈—曷宁(排押)

图示7　淳钦皇后母前夫后夫家族演变关系

关于忽没里之名,2015 年中华书局出版的《文史》第三辑刊登了《萧绍宗墓志铭》和《萧绍宗妻秦国公主耶律燕哥墓志铭》,载萧绍宗之"曾祖讳胡毛里,赠韩

---

①　〔元〕脱脱等:《辽史》卷78《萧思温传》,北京:中华书局1974年版,第1267页。

②　爱新觉罗·乌拉熙春:《萧挞凛与国舅夷离毕帐》,载于《辽金历史与考古》(上),沈阳:辽宁教育出版社2012年版,第153页。

③　康鹏:《契丹小字〈萧敌鲁副使墓志铭〉考释》,载于《辽金历史与考古》(第四辑),沈阳:辽宁教育出版社2013年版,第263—267页。

④　〔元〕脱脱等:《辽史》卷85《萧挞凛传》,北京:中华书局1974年版,第1313页。

王。祖讳守兴，……烈考讳继远"①，进一步印证了《辽史·萧思温传》载"忽没里"、《辽史·景宗本纪上》载"胡母里"为一人，胡毛里、忽没里、胡母里为同音异译。而《契丹国志·萧守兴传》和《辽史·外戚表》所载"忽里没"当为"忽没里"之倒误。忽没里乃敌鲁之"族弟"，其子萧思温又名萧守兴，胡鲁古、尼古只为思温兄，《辽史·景宗本纪上》和《辽史·萧继先传》所载萧思温排行第三比较可信，《契丹国志·萧守兴传》所载萧守兴（萧思温）为"长子"有误。萧思温有一子隗因（猥恩、思猥），《辽史·外戚表》载"思温无嗣"有误。萧思温有一女景宗睿智皇后，《辽史·后妃传·圣宗仁德皇后萧氏》载隗因为"睿智皇后弟"正确。隗因（猥恩、思猥）至少有二子一女，长子萧绍矩、次子萧绍业（鉏不、鉏不里、浞卜、啜不），但萧绍业不是《契丹国志》和《续资治通鉴长编》所载萧徒姑撒，萧徒姑撒为钦哀皇后之弟萧孝惠。隗因一女即圣宗仁德皇后。

萧继远（萧继先、萧宁远）为萧思温之继子，其妻秦晋国大长公主为景宗与睿智皇后之长女观音女（燕哥）。据《秦晋国大长公主墓志》②、《秦晋国大长公主墓地残志》（一）③、《秦晋国大长公主墓地残志》（三）④、《萧绍宗墓志铭》⑤、《萧绍宗妻秦国长公主耶律燕哥墓志铭》⑥、《萧闇墓志》⑦、《萧闇妻耶律骨欲迷已墓志》⑧、《萧闛墓志》⑨、《萧勃特本墓志》⑩等，其家族演变如下图示8：

---

① 参见《文史》第三辑，北京：中华书局2015年版，第187页。

② 《秦晋国大长公主墓志》，参见向南编《辽代石刻文编》，石家庄：河北教育出版社1995年版，第248—250页。

③ 《秦晋国大长公主墓地残志》（一），参见盖之庸编著《内蒙古辽代石刻文研究》，呼和浩特：内蒙古大学出版社2007年版，第356页。

④ 《秦晋国大长公主墓地残志》（三），参见盖之庸编著《内蒙古辽代石刻文研究》，呼和浩特：内蒙古大学出版社2007年版，第364页。

⑤ 《萧绍宗墓志铭》，参见《文史》第三辑，北京：中华书局2015年版，第187页。

⑥ 《萧绍宗妻秦国长公主耶律燕哥墓志铭》，参见《文史》第三辑，北京：中华书局2015年版，第187页。

⑦ 《萧闇墓志》，参见盖之庸编著《内蒙古辽代石刻文研究》，呼和浩特：内蒙古大学出版社2007年版，第331页。

⑧ 《萧闇妻耶律骨欲迷已墓志》，参见盖之庸编著《内蒙古辽代石刻文研究》，呼和浩特：内蒙古大学出版社2007年版，第320页。

⑨ 《萧闛墓志》，参见盖之庸编著《内蒙古辽代石刻文研究》，呼和浩特：内蒙古大学出版社2007年版，第341—342页。

⑩ 《萧勃特本墓志》，参见盖之庸编著《内蒙古辽代石刻文研究》，呼和浩特：内蒙古大学出版社2007年版，第350页。

胡毛里(忽没里)—守兴(思温)—继远—{ 绍宗(匹里)
　　　　　　　　　　　　　　　　　　　　秦国妃(适隆庆)
　　　　　　　　　　　　　　　　　　　　齐国妃(适隆裕)

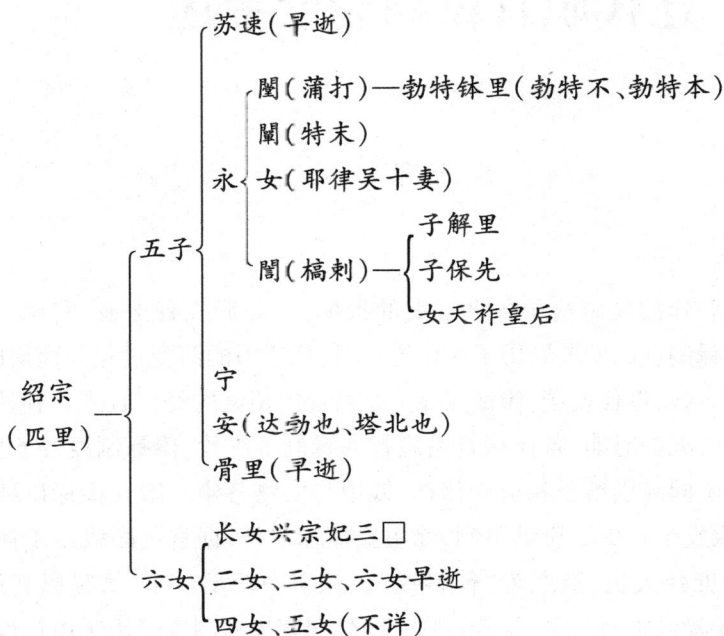

绍宗(匹里)—{ 五子—{ 苏速(早逝)
　　　　　　　　　永—{ 閤(蒲打)—勃特钵里(勃特不、勃特本)
　　　　　　　　　　　　闛(特末)
　　　　　　　　　　　　女(耶律吴十妻)
　　　　　　　　　　　　闍(槁剌)—{ 子解里
　　　　　　　　　　　　　　　　　　子保先
　　　　　　　　　　　　　　　　　　女天祚皇后
　　　　　　　　　宁
　　　　　　　　　安(达勃也、塔北也)
　　　　　　　　　骨里(早逝)
　　　　　　六女—{ 长女兴宗妃三□
　　　　　　　　　二女、三女、六女早逝
　　　　　　　　　四女、五女(不详)

图示 8　萧继远之世系

　　萧閤有可能就是《契丹国志》中天祚皇后之父槁剌,解里、保先、天祚皇后有可能是萧閤之子女。倘如此,天祚皇后与解里、保先是兄弟姊妹,而奉先、嗣先与天祚皇后无涉,他们与元妃是兄弟姊妹。天祚皇后与元妃非姊妹,得里底为元妃之叔,二者是叔姪,得里底与奉先并非一人。《辽史·后妃传·天祚皇后萧氏》所载天祚皇后乃萧继先(萧继远)五世孙正确。

辽代职官俸禄制度考述

武玉环[①]

俸禄是古代朝廷按规定给予各级官吏的报酬，主要形式有土地、实物、货币等。中国古代俸禄制度的发展经历了由田邑、实物到货币的演变过程。商周时期因官职与爵位相一致，世代相袭，俸禄实际上是封地内田邑的经济收入。春秋时，逐渐实行谷禄制。战国时期，各侯国普遍施行谷禄制。汉代，俸禄制度开始正规化。朝廷按官吏不同级别给予相应的俸禄，钱币与实物各半。隋代俸禄以粟计，一年分春、秋两次发给官吏。唐继隋制，除主要俸禄之外，据官吏品级给予俸食，用于雇佣警卫及庶仆人员，称之为"俸料钱"。从唐中期至清末，俸禄以货币为主。辽承唐制，俸禄以货币为主，兼给实物。辽代职官俸禄制度经历了由初设、发展到衰落的过程。

一　辽初期的职官俸禄制度

关于辽代职官俸禄制度的研究，由于史料缺乏，因此导致这方面的研究成果寥若晨星，相关的研究也较为简略。通史类专著有《中国俸禄制度史》[②]，论文有《辽金俸禄制度》[③]，其他论文多是宏观论述的文章，涉及辽代职官俸禄方面的很

---

① 武玉环，吉林大学文学院。
② 黄慧贤、陈锋：《中国俸禄制度史》，武汉：武汉大学出版社 1996 年版。
③ 杨果：《辽、金俸禄制度研究》，台北：《大陆杂志》第 94 卷第 5 期。

少,如《俸禄厚薄与吏治清浊——〈中国俸禄制度史〉给我们的启示》①、《中国历史上俸禄制度研究及其启示》②、《中国古代的俸禄水平与廉政》③,等等。因此,有关这方面的研究还有较大的空间,有待深入。

关于辽代职官的俸禄制度,黄慧贤、陈锋在《中国俸禄制度史》中认为:辽穆宗应历十八年以前已有自己的俸禄制度,但是并没有指出具体实施的时间。④

从辽代俸禄制度的历史演变轨迹来划分,我们把辽代职官俸禄制度分为三个时期:辽太祖至穆宗时期为职官俸禄制度的初设时期;景宗至兴宗时期为职官俸禄制度的发展与完善时期;道宗至天祚帝时期为职官俸禄制度的破坏时期。

辽代职官俸禄制度起始于辽初。辽初诸事草创,职官俸禄制度是随着职官各项管理制度的逐步建立而设立、发展起来的。

关于辽代初期的职官俸禄制度,史书中对其记载寥寥。据石刻资料记载,太祖平渤海,"乃授公(耶律羽之)中台右平章事……封东平郡开国公,食邑一千户"⑤。可知,在太祖时期已经设立了封爵食邑制。《辽史》记载与其大体相同:"太祖天显元年二月,改渤海国为东丹,忽汗城为天福。册皇太子倍为人皇王以主之……耶律羽之为右次相"⑥。这里的右次相,即中台省的右平章事。耶律羽之又被封东平郡开国公,食邑一千户。辽太宗时期,授予朝廷大臣不同的爵秩。会同元年九月,"诏群臣及高年,凡授大臣爵秩,皆赐锦袍、金带、白马、金饰鞍勒,著于令"⑦。这里的群臣是指当朝在职职官,而高年是指致仕后的官员。无论是在职或致仕后的职官,都享有朝廷授予的爵秩。爵秩即爵禄,说明太祖、太宗时期已经设立了百官爵秩与官品。据《辽史·赵延寿传》载:"太宗克汴,上命迁延寿秩。翰林学士承旨张砺进拟'中京留守、大丞相、录尚书事,都督中外诸军事'。上涂'尚书事,都督中外诸军事'"。这里的"秩"包括两层含义:(1)官吏的职位或品级。《左传·文公六年》:"教之防利,委之常秩"。(2)官吏的俸禄。《周礼·宫

---

① 张俊超:《俸禄厚薄与吏治清浊——〈中国俸禄制度史〉给我们的启》,《武汉大学》1997 年第 6 期。

② 王军:《中国历史上俸禄制度研究及其启示》,《经济研究参考》2003 年第 2 期。

③ 侯建良:《中国古代的俸禄水平与廉政》,《理论学刊》1997 年第 2 期。

④ 黄慧贤、陈锋:《中国俸禄制度史》,武汉:武汉大学出版社 1996 年版,第 310 页。

⑤ 向南、张国庆、李宇峰辑注:《耶律羽之墓志》,载于《辽代石刻文续编》,沈阳:辽宁人民出版社 2010 年版,第 3 页。

⑥ 〔元〕脱脱等:《辽史》卷 2《太祖本纪》,北京:中华书局 1974 年版,第 22 页。

⑦ 〔元〕脱脱等:《辽史》卷 3《太宗本纪》,北京:中华书局 1974 年版,第 44 页。

伯》："行其秩叙。"注："（秩）禄禀也。"正如《史记·商君列传》所说："明尊卑爵秩等级，各以差次名田宅，臣妾衣服以家次。"爵秩标志着官员的官品高下，俸禄厚薄。《辽史》中的"授大臣爵秩"，说明辽太祖、太宗时期已经设立了标明职官官品高下、俸禄厚薄的俸禄制度。

在辽初的石刻资料中也有相关记载。《刘承嗣墓志》载："嗣圣皇帝都城大礼，圣德无私，崇德报功，行爵出禄"①。这里是指太宗会同二年受晋册，赏赐群臣。"行爵出禄"，是指既有封爵又有俸禄。

穆宗时期，对于官员年纪大者，增加俸禄，让其在家休养。《辽史·穆宗本纪》载：应历十八年夏四月，"诏左右从班有材器干局者，不次擢用；老耄者，增俸以休于家"②。虽然具体俸禄无所考，但是从"老耄者，增俸以休于家"的记载来看，致仕官员享有一定的退休金，"增俸"是说当时朝廷给即将退休的官吏增加薪金。

穆宗应历年间，王守谦曾任职永丰库。"时监永丰库，大凡邦国丘井之赋，山泽泉货之物，受纳免贪渎之谤。百官将校之俸，诸司程作之用，给遣度刻咸之弊，迹无缁磷，岁有丰羡。"③王守谦任职永丰库期间，不但掌管全国赋税等收入，也掌管"百官将校之俸"的支出，说明辽代百官俸禄是由国库支出的，百官俸禄是以钱币为主要支付手段。以上文献资料与石刻资料相互补充，都充分说明辽朝早在太祖、太宗时期已经设立了职官俸禄制度。

二 辽中期的职官俸禄制度

景宗至兴宗时期为辽中期，是辽代职官俸禄制度的发展完善时期。圣宗统和十六年，"罢民输官俸，给自内帑"④，说明以前职官的俸禄来自民众的租税，属于租税税种之一，圣宗把以前的民输官俸改由国库支出。但是，这一记载与穆宗时期《王守谦墓志》记载相矛盾："时监永丰库，大凡邦国丘井之赋，山泽泉货之物，

---

① 向南：《刘承嗣墓志》，载于《辽代石刻文编》，石家庄：河北教育出版社1995年版，第48页。

② 〔元〕脱脱等：《辽史》卷7《穆宗本纪》，北京：中华书局1974年版，第85页。

③ 向南、张国庆、李宇峰辑注：《王守谦墓志》，载于《辽代石刻文续编》，沈阳：辽宁人民出版社2010年版。第10页。

④ 〔元〕脱脱等：《辽史》卷14《圣宗本纪五》，北京：中华书局1974年版，第153页。

受纳免贪渎之谤。百官将校之俸,诸司程作之用,给遣度刻咸之弊,迹无缁磷,岁有丰羡。"①说明辽穆宗应历年间已经实行了百官将校之俸给自国库。那么,究竟何时"罢民输官俸,给自内帑"？这里的官俸,是指朝官还是地方官？路振在《乘轺录》中给出了答案。《乘轺录》作者路振(957—1014年),为宋朝永州祁阳人。大中祥符元年(1008年),即辽统和二十七年,路振以知制诰的身份充任贺契丹国主生辰使。出使期间,将所见所闻笔录成《乘轺录》,上于朝廷。路振在《乘轺录》中说:"岁开贡举以登汉民之俊秀者。榜帖授官,一效中国之制。其在廷之官,则有俸禄。(原注:"李询为工部郎中,月得俸钱万,米麦各七石。")典州县则有利润庄。"②(贾敬颜谓:"此投(头)下制度之施于汉地州县者,亦犹元初州县将吏之赋敛百姓,各私其入也。"③)这里说到辽代职官俸禄分为朝官与地方头下官两种,朝官的俸禄国家发放,有钱、实物两种,按月发放;而地方官中普通州县和头下州县之官,其官吏的俸禄以前均由地方百姓的赋税中支出。这样我们就明白了,圣宗统和十六年所谓"罢民输官俸,给自内帑"是指地方州县官的俸禄,以前是由百姓的赋税中支出,在统和十六年开始由国库支给。而头下官的俸禄,在路振出使契丹时的圣宗统和二十七年,仍旧由头下州百姓的租税中支给。

把地方州县官吏的俸禄改由国家发放,是俸禄制度的一个重要变革。这样做的结果,在一定程度上减轻了百姓的负担,同时也说明当时经济发展繁荣、国库充裕,才把地方州县官俸禄由过去百姓承担改为国家承担。

这一时期职官俸禄还有一个特点,就是在官员的俸禄中仍是实物与钱帛并用。《辽史》卷85《萧观音奴传》记载,统和十二年,萧观音奴迁奚六部大王,"先是,俸秩外,给獐鹿百数,皆取于民,观音奴奏罢之"④。圣宗时期,奚族官员在俸禄之外还给予当地的土特产品獐鹿。

辽朝官吏俸禄之中除了有土特产品獐鹿外,还有俸羊、米麦等。《辽史》卷60《食货志》:统和二十三年,"时北院大王耶律室鲁以俸羊多阙,部人贫乏,请以羸老之羊及皮毛易南中之绢,上下为便"。朝廷听从北院大王耶律室鲁建议,用羸老

---

① 《王守谦墓志》,载于向南、张国庆、李宇峰辑注《辽代石刻文续编》,沈阳:辽宁人民出版社2010年版。第10页。

② 路振:《乘轺录》,载于赵永春编注《奉使辽金行程录》,长春:吉林文史出版社1995年版,第20页。

③ 路振:《乘轺录》,载于赵永春编注《奉使辽金行程录》,长春:吉林文史出版社1995年版,第27页。

④ 〔元〕脱脱:《辽史》卷85《萧观音奴传》,北京:中华书局1974年版,第1314页。

之羊及皮毛交换南方的绢帛,仍作为职官俸禄的一部分。

职官俸禄中除獐鹿、俸羊之外还有米麦,即《乘轺录》中所说的李询"月得俸钱万,米麦各七石"。李询为汉族官员,每月俸钱之外还有米麦。

从上例可以看出,辽朝职官俸禄带有民族特点。奚族官员的俸禄,除了俸钱外,还有獐鹿;契丹官员的俸禄除了俸钱外,还有俸羊;汉族官员的俸禄除了俸钱外,还有米麦。辽朝百姓要向朝廷缴纳一定的土特产品充当俸禄的一部分,实物占官员俸禄的一定份额。职官的实物俸禄基本是由百姓承担,而俸钱则由国库支给。实物与金钱并用,是辽朝前中期官员俸禄的基本支付方式,直至圣宗统和十二年免除。

辽代官吏除了每月的俸禄外,还有不定期的赏赐。《辽史》卷60《食货志》:"每岁春秋,以官钱宴飨将士,钱不胜多,故东京所铸至清宁中始用。"即将士除了俸禄外还有奖赏之钱。

圣宗时期,经济发展,国库充盈,因此圣宗下令给枢密使以下的官员涨薪金。开泰三年二月,"诏增枢密使以下月俸"①。据此可知,辽朝官员的俸禄是按照月份发放,每月领取一定数额的俸禄。

到了兴宗朝,官员的俸禄似乎较为充裕,除了生活费用外还有一定剩余。《辽史》卷89《杨佶传》:"漯阳水失故道,岁为民害,乃以己俸创长桥,人不病涉。"②造一座桥需要不少钱,杨佶以自己的薪俸建造长桥,说明他的月俸足以养家并且应有不少的剩余。

不久,杨佶除吏部尚书,兼门下侍郎、同中书门下平章事。"三请致政,许之,月给钱粟僎隶,四时遣使存问。"③从杨佶退休之后的俸禄看,不仅有钱,还有粟米,并有僎隶,即仆从。

萧惠为兴宗朝北枢密使。"兴宗使惠恣取珍物,惠曰:'臣以戚属据要地,禄足养廉,奴婢千余,不为阙乏。陛下犹有所赐,贫于臣者何以待之。'帝以为然。"④北枢密使萧惠自称"禄足养廉,奴婢千余",其俸禄的丰厚可见一斑。不仅仅是俸禄足,此外家中还养奴婢千余。奴婢千余需要大量的钱、财、物才能养得起,可知其家之富有,也可从中看出兴宗朝高级官员俸禄的优厚。

---

① 〔元〕脱脱:《辽史》卷15《圣宗本纪》,北京:中华书局1974年版,第175页。
② 〔元〕脱脱:《辽史》卷89《杨佶传》,北京:中华书局1974年版,第1353页。
③ 〔元〕脱脱:《辽史》卷89《杨佶传》,北京:中华书局1974年版,第1354页。
④ 〔元〕脱脱:《辽史》卷93《萧惠传》,北京:中华书局1974年版,第1375页。

兴宗朝经济发展稳定,社会风俗趋于奢靡,以致朝廷中的有识之士对此深怀忧虑。左丞相、中书令张俭"衣唯绸帛,食不重味,月俸有余,赒给亲旧。方冬,奏事便殿,帝见衣袍弊恶,密令近侍以火夹穿孔记之,屡见不易。帝问其故,俭对曰:'臣服此袍已三十年。'时尚奢靡,故以此微讽喻之。上怜其清贫,令恣取内府物,俭奉诏持布三端而出,益见奖重。"①兴宗时期社会风俗崇尚奢靡,张俭才以常服旧袍三十年用来讽谏奢靡之风。可见这一时期辽朝官员的俸禄也较为丰厚。

三 辽末期的职官俸禄制度

道宗至天祚帝时期为辽末期,是职官俸禄制度的衰落时期。这一时期,北部女真族迅速崛起,辽朝境内天灾人祸不断,各种水旱蝗灾接连发生。朝廷内,契丹贵族内部政争迭起,夫杀妻、父弑子的朝廷悲剧不断上演,极大地削弱了统治集团内部力量。

在这个时期职官俸禄的一个重要变化是地方官员的俸禄可以根据各地财政收入加以调整,地方政府把调整方案上报朝廷,经审批就可实行。《辽史·耶律俨传》记载,道宗大安六年冬,耶律俨"改山西路都转运使。刮剔垢弊,奏定课额,益州县俸给,事皆施行"②。耶律俨任山西路都转运使时,他"奏定课额,益州县俸给",说明各地方州县根据当地财政收支情况可以上奏朝廷,增加州县官员的俸禄。即地方官员的俸禄是由地方赋税中支给。

这一时期职官俸禄制度已经遭到破坏,由于天灾人祸,朝廷财政拮据,发不出官饷。天祚帝乾统年间,萧陶苏斡"迁漠南马群太保,以大风伤草,马多死,鞭之三百,免官。九年,徙天齐殿宿卫。明年,谷价翔踊,宿卫士多不给,陶苏斡出私廪赒之,召同知南院枢密使事"③。天祚帝时期,由于宫中宿卫多发不下食粮,萧陶苏斡拿出自家仓库所藏之粮周济宿卫士。可知辽朝末年朝廷官员及一般的宫中宿卫士已经无钱物得了,职官俸禄制度已遭破坏。在《辽史·食货志》中记载的较为清楚:"至天祚之乱,赋敛既重,交易法坏,财日匮而民日困矣。"与之相反的是,身居相位的朝廷命官却家藏巨金。道宗朝的宰相张孝杰,久在相位,贪得无厌,

---

① 〔元〕脱脱:《辽史》卷80《张俭传》,北京:中华书局1974年版,第1277页。

② 〔元〕脱脱:《辽史》卷98《耶律俨传》,北京:中华书局1974年版,第1415页。

③ 〔元〕脱脱:《辽史》卷101《萧陶苏斡传》,北京:中华书局1974年版,第1433页。

"时与亲戚会饮,尝曰:'无百万两黄金,不足为宰相家.'"①可知辽末官员贪腐数目巨大,早已超出应得的俸禄标准。而百姓由于苛捐杂税多如牛毛,水旱灾害频发,生活日益陷入贫困。

四　俸禄之外的补充

辽代职官在俸禄之外,还有抚恤与补助,以及不定期的赏赐。致仕后有加官晋爵等方面的补充。

(一)辽代官员的俸禄额度及其抚恤

辽代官员的俸禄有多少?是否优厚?由于史书没有专门记载,给研究者留下了一团迷雾,只能依据间接史料进行推测。黄慧娴、陈锋认为,辽代高级官员的俸禄优厚,除了俸禄外还有食邑和其他赐予。②我们认为,辽代官员的俸禄因时而异,年代不同,官员的俸禄多少也有所区别。辽圣宗、兴宗朝,经济发展繁荣,朝廷官员的俸禄较其他朝代充裕。但是,也有的官员死后无钱下葬,由朝廷出钱下葬似乎说明生前俸禄并不充裕。例如景宗末圣宗初,南院大王耶律海里"在南院十余年,镇以宽静,户口增给,时议重之。薨,诏以家贫给葬具"③。兴宗重熙十七年冬十月,北院大王耶律韩八薨,"(耶律韩八)再为北院大王。卒,年五十五。上闻,悼惜。死之日,箧无旧蓄,椸无新衣,遣使吊祭,给葬具"④。从上述两例史料看,身为南院大王的耶律海里和北院大王耶律韩八,死后均无钱下葬,由朝廷给予葬具才能下葬。造成这种情况有以下几种原因:一是上述官员所处的时代,他们一为景宗末圣宗初期、一为兴宗末期。景宗、圣宗时,与宋朝交战正酣,国力消耗较大,社会生产遭到很大破坏,经济尚未恢复,官员的俸禄自然不是很充裕。兴宗末期,社会经济逐渐走下坡路,官员的俸禄减少也是意料之中的事情。二是说明上述官员的俸禄不高,官员的俸禄仅够衣食,没有剩余。耶律韩八、耶律海里死亡之日,箧无旧蓄,椸无新衣,应该属于清廉之官并且俸禄不高。

---

① 〔元〕脱脱:《辽史》卷110《张孝杰传》,北京:中华书局1974年版,第1487页。

② 黄慧贤、陈锋:《中国俸禄制度史》,武汉:武汉大学出版社1996年版,第310页。

③ 〔元〕脱脱:《辽史》卷84《耶律海里传》,北京:中华书局1974年版,第1311页。

④ 〔元〕脱脱:《辽史》卷91《耶律韩八传》,北京:中华书局1974年版,第1361页。

不但辽朝官员有贫穷者,就连皇族三父房中也有贫穷者。《辽史》卷19《兴宗本纪》记载:重熙十二年闰月癸未,耶律仁先遣人报,宋岁增银、绢十万两、匹,文书称"贡",送至白沟;帝喜,宴群至于昭庆殿。是日,振恤三父族之贫者。正是由于这一时期辽朝官员俸禄不是很优厚,辽朝官员乃至契丹贵族之中出现"家贫""贫者",所以朝廷才给予适当的抚恤。而在圣宗中期至兴宗中期,是辽朝发展的鼎盛时期,官员的俸禄应该较其他时期充裕。史书中没有具体记载其俸禄额度,据路振《乘轺录》所载,"李询为工部郎中,月得俸钱万,米麦各七石"。这一时期辽朝官员的俸禄应该是很优厚。

(二)不定期的赏赐

辽朝的官员除俸禄外还有不定期的赏赐,赏赐的数目有时远远超过其俸禄所得。辽朝对官员的赏赐,有加官晋爵,也有金钱、财物、土地、人口等。

加官晋爵。圣宗统和四年五月,圣宗御元和殿,大宴从军将校,封休哥为宋国王,加蒲领、筹宁、蒲奴宁及诸有功将校爵赏有差。[①] 圣宗奖赏对宋作战有功人员,虽然史书中没有记载赏赐的数目与具体的物品,但是从记载看既有加官晋爵又有各种物品。

赏赐金银钱财。穆宗应历十二年,赐闸撒钧思金带、金盏,银二百两。应历十五年,赐俞鲁古银二千两[②]。北宋降官王继恩,"好清谈,不喜权利,每得赐赉,市书至万卷,载以自随,诵读不倦"[③]。圣宗赏赐给王继恩的金钱,数目应该不少,才能够市书至万卷。道宗对臣下的赏赐也很慷慨。《辽史·萧兀纳传》记载:"以佛殿小底王华诬兀纳借内府犀角,诏鞫之。兀纳奏曰:'臣在先朝,诏许日取帑钱十万为私费,臣未尝妄取一钱,肯借犀角乎!'天祚愈怒,夺太傅官,降宁边州刺史,寻改临海军节度使。"[④]上文是说道宗时曾诏许萧兀纳日取帑钱十万为私费,可以看出皇帝赏赐给官员的金钱数目庞大,远超过其日常的俸禄。

赐予财产。景宗乾亨元年八月壬申,宴耶律沙、抹只等将校,赐物有差。[⑤] 道宗清宁九年秋,闻重元乱,姚景行收集行旅,得三百余骑勤王。比至,贼已平。帝

---

① 〔元〕脱脱:《辽史》卷11《圣宗本纪》,北京:中华书局1974年版,第122页。
② 〔元〕脱脱:《辽史》卷7《穆宗本纪》,北京:中华书局1974年版,第82页。
③ 〔元〕脱脱:《辽史》卷109《王继恩传》,北京:中华书局1974年版,1480页。
④ 〔元〕脱脱:《辽史》卷98《萧兀纳传》,北京:中华书局1974年版,第1414页。
⑤ 〔元〕脱脱:《辽史》卷9《景宗本纪》,北京:中华书局1974年版,第102页。

嘉其忠,赐以逆人财产。上(道宗)从容问治道,引入内殿,出御书及太子书示之,赐什器车仗。① 道宗赐予姚景行逆人财产,数目应该远超出每月的俸禄。

赐予衣物、鞍马。穆宗应历十二年,赐给北院枢密使萧护思对衣、鞍马。②

赏赐人口。南院大王、采访使耶律吼由于有拥立世宗之功,世宗赐予宫户五十③。耶律安搏,有拥立世宗之功,任命安搏为北院枢密使,并赐予他奴婢百口。耶律洼,世宗赐予他宫户五十④。穆宗曾经赐给夷腊葛掖庭户⑤。圣宗时期,赐予北院枢密副使、契丹行宫都部署萧德宫户十五⑥。圣宗以王继忠家无奴隶,赐予宫户三十⑦。道宗时期,"(耶律)玦不喜货殖,帝(道宗)知其贫,赐宫户十"⑧。

赐予土地。穆宗应历十八年,赐夷腊葛黑山东抹真之地数十里⑨。道宗大康元年,乙辛请求赐牧地,引吉奏曰:"今牧地褊狭,畜不蕃息,岂可分赐臣下。"帝乃止⑩。

从上述辽朝皇帝赐予官员的财物看,其数量远远超过职官每月领取的俸禄,甚至一次赏赐可享用终生。

(三)官员致仕,迁升官职,增加俸禄

此外,官员致仕时朝廷给予迁升官职、赐予相应品级的俸禄,以示优宠。例如耶律仁先,改塌母城节度使,以疾致仕,加兼侍中,赐一品俸。⑪ 耶律仁先致仕,皇帝赐予他一品俸禄,具体数额虽然没有记载,说明当时辽朝发放俸禄较为灵活,皇帝可以下诏赐予退休官员品级,致仕官员按照品级领取退休金。

刘景,历武定、开远二军节度使,统和六年致仕,加兼侍中。⑫ 杨皙,屡请归

---

① 〔元〕脱脱:《辽史》卷96《姚景行传》,北京:中华书局1974年版,第1402页。
② 〔元〕脱脱:《辽史》卷6《穆宗本纪》,北京:中华书局1974年版,第77页。
③ 〔元〕脱脱:《辽史》卷77《耶律吼传》,北京:中华书局1974年版,第1259页。
④ 〔元〕脱脱:《辽史》卷77《耶律洼传》,北京:中华书局1974年版,第1261页。
⑤ 〔元〕脱脱:《辽史》卷7《穆宗本纪》,北京:中华书局1974年版,第86页。
⑥ 〔元〕脱脱:《辽史》卷96《萧德传》,北京:中华书局1974年版,第1400页。
⑦ 〔元〕脱脱:《辽史》卷81《王继忠传》,北京:中华书局1974年版,第1287页。
⑧ 〔元〕脱脱:《辽史》卷91《耶律玦传》,北京:中华书局1974年版,第1364页。
⑨ 〔元〕脱脱:《辽史》卷7《穆宗本纪》,北京:中华书局1974年版,第86页。
⑩ 〔元〕脱脱:《辽史》卷97《耶律引吉传》,北京:中华书局1974年版,第1409页。
⑪ 〔元〕脱脱:《辽史》卷98《耶律仁先传》,北京:中华书局1974年版,第1402页。
⑫ 〔元〕脱脱:《辽史》卷86《刘景传》,北京:中华书局1974年版,第1323页。

政,益赐保节功臣,致仕。① 杨佶,三请致政,许之,月给钱粟僆隶,四时遣使存问。② 可见,致仕后的辽朝高级职官待遇是很优遇的,除了迁升官职外,还月给钱粟僆隶。至于中下级官员退休后的待遇,史书记载不详,我们不得而知。

综上所述,辽代职官俸禄制度经历了初设、发展完善与逐步衰落的过程。辽朝官员除俸禄之外,还有不定期的赏赐。官员致仕时,朝廷给予迁升官职,赐予相应品级的俸禄。辽代职官俸禄制度的设立,对于保障职官的日常生活、提高职官尽职尽责的积极性、防腐抑贪起到了重要的作用。

---

① 〔元〕脱脱:《辽史》卷89《杨晢传》,北京:中华书局1974年版,第1351页。
② 〔元〕脱脱:《辽史》卷89《杨佶传》,北京:中华书局1974年版,1351页。

辽代使职述论

任仲书①

　　使职大量出现是在隋唐时期,五代、辽、宋各政权相继延续隋唐以来使职制度并有诸多改革与变化,出现新的格局与特征。然而,前人对使职的研究多集中在隋唐、五代及两宋时期,对辽代使职却很少涉及。目前除傅乐焕《辽史丛考》中对辽宋间聘使做过统计研究外,仅见何天明《辽代西南面招讨司探讨》②、李桂芝《辽朝提辖司考》、张国庆《辽代理农使考略》③和《辽代临时差遣使职及其职掌考探》④、高劲松和孙佳佳《略论辽代南京统军司》⑤等数量不多的论文,也主要是探讨招讨使、提辖使、理农使、统军使及其他临时差遣使职。因此,进一步对辽代使职问题进行梳理和探讨,弥补这一领域研究的不足,应具有一定的价值和意义。

一　辽代使职数量与分类

　　辽代使职数量可观,种类繁多,是构成其官制的重要内容。《辽史·百官志》记述了辽政权因袭唐制而建立国制的大体情况。其一:"契丹旧俗,事简职专,官制朴实,不以名乱之,其兴也勃焉。太祖神册六年,诏正班爵。至于太宗,兼治中

---

① 　任仲书,渤海大学政治与历史学院。
② 　何天明:《辽代西南面招讨司探讨》,《内蒙古社会科学》1990 年第 6 期。
③ 　张国庆:《辽代理农史考略》,《中国农史》2008 年第 1 期。
④ 　张国庆:《辽代临时差遣使职及其职掌考探》,载于《辽金历史与考古》(第二辑),沈阳:辽宁教育出版社 2010 年版,第 74—88 页。
⑤ 　高劲松、孙佳佳:《略论辽代南京统军司》,《鸡西大学学报》2010 年第 1 期。

国,官分南、北,以国制治契丹,以汉制待汉人。国制简朴,汉制则沿名之风固存也。辽国官制,分北、南院。北面治宫帐、部族、属国之政,南面治汉人州县、租赋、军马之事。因俗而治,得其宜矣。"①

其二:"契丹国自唐太宗置都督、刺史,武后加以王封,玄宗置经略使,始有唐爵矣。其后习闻河北藩镇受唐官名,于是太师、太保、司徒、司空施于部族。太祖因之。"②

其三:"节度、观察、防御、团练、刺史,咸在方州,如唐制也。"③

所谓"诏正班爵""因俗而治""始有唐爵矣""如唐制也",即按唐制而设立官爵,差遣使职。因此,辽代大量使职也是由唐代传承下来的。

(一)辽代使职名目及数量

依据《辽史》《辽代石刻文编》《辽代石刻文续编》《契丹国志》《辽会要》等文献材料记载,以及研究辽朝使职差遣的文章论述,检索辽代使职名目大致如下:观察使、处置使、制置使、门下平章事、知制诰、枢密使、节度使、团练使、巡检使、巡逻使、山河使、洛莞使④、仪鸾使⑤、军器库使、茶酒使、招安使、都巡检、都监、安抚使、部族使、屯田使、劝农使、阅稼使、天积库使、大盈库使、绫锦使、翰林使、都提辖使、都提举使、都提纪使、提辖使、供军使、都军使、酒坊使、酒务使、贡物使、贡物库使、盐铁使、盐院使、榷盐使、曲院使、商曲铁院使、按察使、版筑使、都尽使、防御使、宣徽使、客省使、统军使、飞龙使、招讨使、颁给使、颁给库使、武德使、引进使、三司使、度支使、勾检使、转运使、户部使、中门使、四方馆使、回图使、群牧使、总典群牧部籍使、采访使、按问使、都指挥使、采斫使、衙内军使、马军指挥使、盖造军都指挥使、监城使、茶床使、纳降军使、营田使、斫斫使、毡毯使、节院使、皇城使、二仪殿使、山河都指挥使、通检使、闲厩使、如京使、六宅使、杂支使、警巡使、商点使、随驾生料使、前厨司军使、家令使、内菌使、中作使、石作院使、银院使、打棺银院使、洛院使、染院使、发引使、排阵使、卖册使、泛使、宫使、宫院使、宫苑使、都宫使、行宫

---

① 〔元〕脱脱等:《辽史》卷54《百官志一》,北京:中华书局1974年版.第685页。

② 〔元〕脱脱等:《辽史》卷74《百官志三》,北京:中华书局1974年版,第771页。

③ 〔元〕脱脱等:《辽史》卷74《百官志三》,北京:中华书局1974年版,第772页。

④ 向南:《辽代石刻文编》,石家庄:河北教育出版社1995年版,第134页。其注云:"应是洛苑使"。

⑤ 向南:《辽代石刻文编》,石家庄:河北教育出版社1995年版,第132页,有"仪鸾副使"之名,亦当有仪鸾使。

市场巡检使、五坊使、坊使、仓司给使、围场使、局使、尚厩使、尚食使、通问使、东上合门使、西上合门使、登闻鼓使、知匦使、内省使、翰林使、文思使、军巡使、都巡捕使、牢城指挥使、节度都知使、节度都军使、宋军使、青白军使、教练使、都练使、豪刺军使、乣使、都亭驿使、特使、公使、南院使、修国使、承宣使、尚衣裤使、宣谕使、请和使①、抚谕使②、谕告使③、归赗使、东京回礼使、持礼使、礼宾使、鹰坊使、围场使、蕃落使、法物库使、分决诸道滞狱使、按察诸道刑狱使、贺正旦使、贺生辰使、国信使、侍仪使、告哀使、祭奠使、吊慰使、贺嗣(即)位使、遗留使、告谢使、册封使、押册使、传宣使、起复使、横宣使、接伴使、馆伴使、送伴使、籍军使、报捷使、山陵使、护灵使、敕葬使、敕祭使、敕祭发引使、攒厝使、营造使。这些具有使职称谓的和虽未有明确称谓但根据具体出使任务可确定其名称的,共182个。这些使职,有的虽称谓不同而职任相同,亦并列其内,如制置使和提辖使、吊慰使和祭奠使、都练使和教练使等。另外还有一些是承办具体事务而没有明确称谓的,其数量并不多,均未统计在内。何汝泉考证唐代使职有168个,宁志新在前人研究的基础上,依据《全唐文》、唐代碑刻、笔记小说、出土文书等资料,又统计出170个。二者加之计有338个使职。"如果再加上出使、和亲、盟会等各类使职,总数当在350个左右。"④这是唐代使职的数量。唐代使职大大超过以往各代,是使职数量最多的朝代。辽代使职数量与唐代相比减少了很多,其原因主要是由辽朝政权的民族性决定的。建立辽政权的契丹族是中国北方游牧民族。在辽朝,除契丹族外还有其他的少数民族也主要从事游牧业,因此辽朝社会中游牧民族占有较大比重,游牧经济也就成为辽朝社会主要的经济形态。所以,辽朝社会从宫廷到民间生活习俗都反映游牧民族特点,与以汉人为主体、农业经济占主导地位的中原地区有较大差异。辽代的宫廷礼仪及社会事务与唐代相比也都有很大不同,其突出特点就是简单、便捷、灵活、适宜,没有那么多的繁文缛节。因俗而治,因事而异,是辽朝治国理政和社会生活的基本特色。使职的设置与唐代相比不尽相同也正是辽朝社会自身特征的反映,其中最大的差异就是使职数量减少了很多。

① 张国庆:《辽与高丽关系演变中的使职差遣》,载于《辽金历史与考古》(第四辑),沈阳:辽宁教育出版社2013年版,第151页。
② 张国庆:《辽与高丽关系演变中的使职差遣》,载于《辽金历史与考古》(第四辑),沈阳:辽宁教育出版社2013年版,第153页。
③ 张国庆:《辽与高丽关系演变中的使职差遣》,载于《辽金历史与考古》(第四辑),沈阳:辽宁教育出版社2013年版,第153页。
④ 宁志新:《唐朝使职若干问题研究》,《历史研究》1999年第2期。

（二）辽代使职分类

辽代使职是从唐朝沿袭过来的，其职能也与唐朝大体相似。宁志新按职能将唐朝使职分为五大系统，即财经系统、军事系统、行政监察系统、宫廷服务系统、立法杂类系统。[①] 张国庆对辽代临时差遣使职考察中，将其划分为：承办外交事务及与外事相关的差遣使职，承办军政刑罚事务类差遣使职，承办经济民生及丧葬祭祀事务类差遣使职。[②] 就辽代全部使职的划分，大体亦不超出上述范围。

军事类使职：节度使、团练使、防御使、招讨使、统军使、制置使等。

行政监察类使职：观察使、处置使、巡检使、按察使、采访使、按问使、安抚使、勾检使、分决诸道刑狱使、按察诸道刑狱使等。

财经类使职：营田使、屯田使、劝农使、阅稼使、盐铁使、盐院使、版筑使、山河使、三司使、转运使、户部使、毡毯使等。

宫卫礼仪类使职：警巡使、东上阁门使、西上阁门使、皇城使、武德使、二仪殿使、宫使、宫院使、发引使、排阵使、读册使、礼使、持礼使、礼宾使、侍仪使、告谢使、册封使、押册使、传宣使、起复使、横宣使、接伴使、馆伴使、送伴使等。

丧葬祭祀类使职：山陵使、护灵使、赦祭使、攒厝使、告哀使、祭奠使、吊慰使等。

辽代使职的数量虽不及唐代，但也涵盖了辽朝社会政治、经济、军事、外交等各个领域及社会生活各个方面，举凡国家政权能及的地方和领域，都有相应的使职执行皇帝的使命和朝廷的政令。

由于辽朝是在不断对外征伐过程中建立起来的，对外战争及防御任务繁重，加之内部的矛盾冲突一直持续不断，因而军事类使职在政权机构中占有突出地位，统军使、招讨使、防御使、节度使等遍布于各京道及诸州县，尤其诸州县大多赐有军额、驻有军队。朝廷差遣军事类使职统领军队，战时随驾出征，平时镇守一方，承担防御任务。在一些冲要地区设有制置司，以制置使负责军事及相关事务。在各部族，也有部族节度使。

辽代各类使职的分布也是较为广泛和合理的，有的领域分工亦很细密，这主要是直接承袭和借鉴了唐五代以至宋朝使职设置的做法和制度，并结合自身民族及政权特点而形成。相对完备的使职设置，是辽政权稳定发展的基本保证。

[①] 宁志新：《唐朝使职若干问题研究》，《历史研究》1999 年第 2 期。

[②] 张国庆：《辽代临时差遣使职及其职掌考探》，载于《辽金历史与考古》（第二辑），沈阳：辽宁教育出版社 2010 年版，第 74—88 页。

二 辽代使职机构

《辽史·百官志》记载辽朝官制机构,其中大多数属于使职机构。在各类使职机构中,配备人员也有差异。

契丹北枢密院。"掌兵机、武铨、群牧之政,凡契丹军马皆属焉。"[1]北枢密院所属官员主要有:北院枢密使、知北院枢密使事、知枢密院事、北院枢密副使、知北院枢密副使事、同知北院枢密使事及签书北枢密院事。

契丹南枢密院。"掌文铨、部族、丁赋之政,凡契丹人民皆属焉。"[2]其所属官员主要有:南院枢密使、知南院枢密使事、知南院枢密事、南院枢密副使、知南院枢密副使事、同知南院枢密使事、签书南枢密院事。

北院都统军司。"掌北院从军之政令。"[3]其官员有北院统军使、北院副统军使、北院统军都监。

南院都统军司。"掌南院从军之政令。"[4]机构官员主要有南院统军使、南院副统军使、南院统军都监。

宣徽北院。"掌北院御前祇应之事。"[5]官员主要有北院宣徽使、知北院宣徽事、北院宣徽副使、同知北院宣徽事。

宣徽南院。"掌南院御前祇应之事。"[6]主要官员有南院宣徽使、知南院宣徽事、南院宣徽副使。

著帐郎君院。其使职有著帐郎君节度使、著帐郎君司徒。

著帐户司。置著帐节度使、著帐殿中。

遥辇帐节度使司。置节度使、节度副使。

辽代诸宫斡鲁朵亦有使职设置。辽代共有 12 宫,一般皆称为某宫使、某宫副使。如萧德恭弟德俭即为彰愍宫使。[7]

---

① 〔元〕脱脱等:《辽史》卷 45《百官志一》,北京:中华书局 1974 年版,第 686 页。
② 〔元〕脱脱等:《辽史》卷 45《百官志一》,北京:中华书局 1974 年版,第 688 页。
③ 〔元〕脱脱等:《辽史》卷 45《百官志一》,北京:中华书局 1974 年版,第 691 页。
④ 〔元〕脱脱等:《辽史》卷 45《百官志一》,北京:中华书局 1974 年版,第 692 页。
⑤ 〔元〕脱脱等:《辽史》卷 45《百官志一》,北京:中华书局 1974 年版,第 693 页。
⑥ 〔元〕脱脱等:《辽史》卷 45《百官志一》,北京:中华书局 1974 年版,第 694 页。
⑦ 向南、张国庆、李宇峰辑注:《辽代石刻文续编》,沈阳:辽宁人民出版社 2010 年版,第 153 页。

辽朝对部族的管理,设置部族节度使司。使职有某部族节度使、某部族节度副使、某部族节度判官。[①]"乙室部。在朝曰乙室王府。有乙室府迪骨里节度使司。"[②]《辽史》中列出小部族为49个,置49个节度使。

辽朝在北面系统中置坊场局冶牧厩等管理机构。诸坊置某坊使、某坊副使。围场置围场使、围场副使。诸局设某局使、某局副使,具体有客省局、器物局、太医局、医兽局等,在使职之下还设有掌文翰的都林牙。群牧机构置某路群牧使司、总典群牧使司、某群牧司等。总典群牧使司下置总典群牧部籍使、群牧都林牙。某群牧司下设群牧使、群牧副使。《辽史》记载的群牧机构主要有西路群牧使司、倒塌岭西路群牧使司、浑河北马群司、漠南马群司、漠北滑水马群司、牛群司等。实际上还有一些群牧机构未记载,这些机构也都有使职存在。尚厩机构置尚厩使、尚厩副使。飞龙院有飞龙使、飞龙副使。

辽"居四战之区,虎踞其间"[③],因而在北面官系统中建有边境防御体系。其中使职机构有:(1)诸指挥使机构,有某军都指挥使、某军副指挥使、某军都监;(2)诸统军使机构,有都统军使、副使、都监等官;(3)置契丹、奚、汉、渤海四军都指挥使司,即契丹奚军都指挥使司、奚军都指挥使司、汉军都指挥使司、渤海军都指挥使司。在辽阳路置有东京统军使司、铜州北兵马指挥使司、涞州南兵马指挥使司,主要是控扼高丽;在长春路置有东北路统军使司,主要控扼东北诸国;在西南面设有西南面安抚使司、西南面招讨使司,是控制西夏的机构中一个组成部分;在西北路,有西北路招讨使司、西北路统军司、西北路禁军统军司、西北路巡检司;在东北路置东北路监军马司,有东北路监军马使,有管押东北路军马事官;在东路有东路统军使司,还有九水诸夷安抚使;在西南面有西南面都统军司;在西路诸司中,有西路招讨使司、夏州管内蕃落使、倒塌岭节度使司、倒塌岭统军司、塌西节度使司、塌母城节度使司。

北面边防体系的确立和不断完善,使周边政权及部族势力"莫敢与撄"[④]。辽北面行军机构中有先锋使司、东征先锋使司。

在北面属国机构中,置有某国某部节度使司。使职有某国某部节度使、某国某部节度副使。在阻卜国大王府设阻卜扎剌部节度使司、阻卜诸部节度使司、阻

① 〔元〕脱脱等:《辽史》卷46《百官志二》,北京:中华书局1974年版,第724页。
② 〔元〕脱脱等:《辽史》卷46《百官志二》,北京:中华书局1974年版,第726页。
③ 〔元〕脱脱等:《辽史》卷46《百官志二》,北京:中华书局1974年版,第744页。
④ 〔元〕脱脱等:《辽史》卷46《百官志二》,北京:中华书局1974年版,第742页。

卜别部节度使司。

《辽史》卷47《百官志三》记载辽南面官情形,其中涉及使职的主要有以下机构。

汉人枢密院。"掌汉人兵马之政,初兼尚书省"①。官员有枢密使、知枢密使事、知枢密院事、枢密副使、同知枢密院事,枢密直学士等。

门下省机构。其下有东上閤门司、西上閤门司、登闻鼓院、甌院等,置有使职,主要官员有东上閤门使、东上閤门副使、西上閤门使、西上閤门副使、登闻鼓使、知甌院使。

宣徽院机构。有宣徽使、宣徽副使、同知宣徽使事等使职。

内省机构。有内省使、内省副使等使职。

内侍省机构。有左承宣使、右承宣使等使职。

尚衣库。有尚衣库使。

客省中。有客省使、左客省使、右客省使、客省副使。

四方馆。置四方馆使、四方馆副使。

引进司。有引进使。

礼宾使司。有礼宾使。

太常寺诸署机构。设有法物库,置法物库使、法物库副使,主要职责为掌图籍。

在南面京官系统中,有诸京内省客省,即某京某省使、某京某省副使、上京内省司、东京内省司;五京诸使职,有某京某使、知某京某使事、某京某副使,都有相应的使职机构有上京盐铁使司、东京户部使司、中京度支使司、南京三司使司、南京转运使司,以及五京警巡院、五京处置使司等使职机构。如王棠,重熙中为上京盐铁使;张孝杰,清宁间为知户部使事;刘伸,重熙中为三司副使;道宗大康三年挞不也任同知度支使事,圣宗太平九年为户部使判官。以上这些都是在各使职机构任职的官员。

此外,还有上京城隍使司,置上京皇城使,韩德让在景宗时曾为上京皇城使;有东京安抚使司;有东京军巡院;有中京文思院,马人望父佺为中京文思使;有中京路按问使司,耶律和尚在重熙二十四年(1055年)为中京路按问使;有中京巡逻使司,耶律古昱,开泰年间为中京巡逻使;有南京宣徽院,置南京宣徽使、知南京宣徽院事、南京宣徽副使、同知南京宣徽院事,道宗寿昌元年(1095年),耶律特末为

① 〔元〕脱脱等:《辽史》卷47《百官志三》,北京:中华书局1974年版,第772页。

南京宣徽使;有南京处置使司,圣宗开泰元年见秦王隆庆为燕京管内处置使;有南京侍卫亲军马步军都指挥使司,萧讨古于乾亨初为南京侍卫亲军都指挥使;有南京侍卫亲军马军都指挥使司、南京侍卫亲军步军都指挥使司,置南京侍卫亲军马军都指挥使、南京侍卫亲军步军都指挥使;有云州宣谕招抚使司,统和四年韩毗哥、邢抱质为云州管内宣谕招抚使。

黄龙府与兴中府为南面大蕃府,在黄龙府中设有负责军事指挥的使职,即黄龙府侍卫亲军马步军都指挥使及其下属黄龙府侍卫亲军都指挥使、黄龙府侍卫亲军副指挥使、黄龙府侍卫马军都指挥使、黄龙府侍卫步军都指挥使、黄龙府侍卫马军副指挥使、黄龙府侍卫步军副指挥使。黄龙府应该有侍卫亲军马步军都指挥使司这样的机构。

在南面地方州官设置安排上,《辽史》有言:"至辽,五京列峙,包括燕、代,悉为畿甸。二百余年,城郭相望,田野益辟。冠以节度,承以观察、防御、团练等使,分以刺史、县令,大略采用唐制。其间宗室、外戚、大臣之家筑城赐额,谓之'头下州军';为节度使朝廷命之,后往往皆归王府。"①

辽朝在各节度州置有节度使机构,官员有某州某军节度使、某州某军节度副使、同知节度使事。其下还有行军司马、军事判官、掌书记等职。

在军事指挥方面,有某马步军都指挥使司,设都指挥使和副指挥使。据《辽史》记载,上京道设置12个节度使司,东京道设置21个,中京道设置7个,南京道设置2个,西京道设置6个。

诸道观察使为某州军观察使、某州军观察副使、某州军观察判官。上京道有观察使司2个,东京道有4个,中京道有3个,上京道有2个。

团练使司有某州团练使、某州团练副使、某州团练判官。如东京道有安州团练使。

防御使司使职有某州防御使、某州防御副使。《辽史》记载东京道有防御使司4个,其他道未见记载。

五京诸州属县亦有公使。"县有驿递、马牛、旗鼓、乡正、厅隶、仓司等役。有破产不能给者,良民患之。马人望设法,使民出钱免役,官自募人,仓司给使以公使充,人以为便。"②

南面分司官皆由使职担任。"平理庶狱,采摭民隐,汉、唐以来,贤主以为恤民

① 〔元〕脱脱等:《辽史》卷48《百官志四》,北京:中华书局1974年版,第812页。
② 〔元〕脱脱等:《辽史》卷48《百官志四》,北京:中华书局1974年版,第821页。

之令典。官不常设，有诏，则选材望官为之"①，有分决诸道滞狱使、按察诸道刑狱使、采访使等。

南面财赋官中转运司为使职机构，有山西路都转运使司、奉圣州转运使司、蔚州转运使司、应州转运使司、朔州转运使司、保州转运使司及西山转运使司。

南面军官系统多置有使职机构，"辽自太祖以来，攻掠五代、宋境，得其人，则就用之，东、北二鄙，以农以工，有事则从军政。计之善者也"②。诸指挥使司机构中有某军都指挥使司、某军副指挥使司，其使职有某军都指挥使、某军副指挥使、某军都监。另外还有侍卫亲军马步军都指挥使司、侍卫控鹤兵马都指挥使司、侍卫汉军兵马都指挥使司、四军兵马都指挥使司；有归圣军兵马都指挥使司、宣力军都指挥使司、四捷军都指挥使司、天圣军都指挥使司、汉军都指挥使司；诸军团练机构亦为使职，即某军都团练使、某军团练副使、某军团练判官；汉军亦置汉军都团练使司。

南面边防官系统也皆为使职机构，主要有易州飞狐招安使司、易州安抚司、易州飞狐招抚司、西南面招安使司、巡检使司、五州制置使司（即霸、建、宜、白川、锦五州）、三州处置使司（即平、滦、营三州）、霸州处置使司。

《辽史》记载辽朝官制多有疏漏，其使职机构也有缺失。就现有记载而言，多数使职机构基本沿袭唐制，并且呈常态化、固定化趋势。辽代使职机构在其官制机构中占有多数，也说明辽朝是以使职为主而建立官制体系的。

三　辽代使职的职能与作用

辽朝中央对地方的管辖与控制，主要是通过使职实现的。辽朝州县机构中大多数是使职机构，在地方上发挥军事、行政的职能，为维护辽政权的巩固和统一起到了重要作用。

辽代使职职能之一就是在军队建设中发挥作用，也使其军事制度更加完善。"辽宫帐、部族、京州、属国，各自为军，体统相承，分数秩然。雄长二百余年，凡以此也。"③辽代的军队组织系统和军事制度有其自身特点，这是由其游牧民族生产生活传统因素决定的。无论是皇帝统领的宫帐军，还是各部族的军队；也无论是

① 〔元〕脱脱等：《辽史》卷48《百官志四》，北京：中华书局1974年版，第821页。
② 〔元〕脱脱等：《辽史》卷48《百官志四》，北京：中华书局1974年版，第823—824页。
③ 〔元〕脱脱等：《辽史》卷46《百官志二》，北京：中华书局1974年版，第735页。

五京道各州所属军队,还是大臣贵戚头下州的军队,都有各级各类统军使、指挥使、制置使负责相应事务。这些使职既是执行皇帝诏令,在防务或征战中负责具体指挥军队,同时也负责军队的管理与建设。在执行朝廷大政方针和皇帝诏令的同时,军队的各类使职大多根据实际情况自行处理遇到的问题,在军队建设中发挥重要作用。辽朝的军事制度在突出本民族特色的同时,也虚心学习、引进和吸收中原地区先进的制度和文化,其中使职的广泛任用,便是沿袭和借鉴唐朝及五代至宋的做法,使其军事制度更加完善,军事力量也处于优势地位,保证了疆域的稳定与政权的巩固。

辽代使职职能的另一个表现,就是能够在社会经济发展与生产生活中起到掌控、协调和管理等作用。灵活权变、果断及时是使职的优势,可以避免出现推诿、壅滞的现象。辽代管理农耕事务的劝农使、屯田使、营田使、阅稼使,以及兼理农业事务的节度使、安抚使、统军使、观察使等,对农业生产的发展都起到了积极的推动作用。劝农使主要职责是:"巡按人邑,安抚户口,所在与官僚及百姓商量处分。乃至赋役差科,于人非便者,并量事处分,续状奏闻,务令安辑,勿使劳烦。"①这是唐玄宗发布"置劝农使诏"所规定的,辽代劝农使职责与唐代大体相同,亦应按此行事。道宗时曾"遣使分道平赋税,缮戎器,劝农桑,禁盗贼"②。《王泽妻李氏墓志》记载,王泽为"知涿州军州事,兼管内巡检安抚屯田劝农等使"③。《涿州白带山云居寺东峰续镌成四大部经记》有载:"安国军节度、邢洺磁等州观察处置等使、崇禄大夫、检校太师、左金吾卫上将军、使持节邢州诸军事、邢州刺史、知涿州军州事,兼管内巡检安抚屯田劝农等使、兼御史大夫、上柱国、兰陵郡开国公、食邑三千二百户、食实封三百二十户萧惟平"④。可知萧惟平担任过屯田使、劝农使。耶律隆庆长子宗政于开泰元年夏六月,"判武定军节度、奉圣、归化、儒、可汗等州观察、处置、巡检、屯田、劝农等使"⑤;清宁六年,又"移判武定军节度、奉圣、归化、儒、可汗等州观察、处置、巡检、屯田、劝农等使"⑥。宗政"连典巨镇,所至称治"⑦。《耶律遂正墓志》载:遂正任职为"辽兴军节度、平、滦、营等州观察、处置、

---

① 《册府元龟》卷70《帝王部·务农》,北京:中华书局1989年版。
② 〔元〕脱脱等:《辽史》卷21《道宗一》,北京:中华书局1974年版,第254页。
③ 向南:《辽代石刻文编》,石家庄:河北教育出版社1995年版,第240页。
④ 向南:《辽代石刻文编》,石家庄:河北教育出版社1995年版,第286页。
⑤ 向南:《辽代石刻文编》,石家庄:河北教育出版社1995年版,第306页。
⑥ 向南:《辽代石刻文编》,石家庄:河北教育出版社1995年版,第307页。
⑦ 向南:《辽代石刻文编》,石家庄:河北教育出版社1995年版,第306页。

巡检、屯田、劝农等使"①。《萧福延墓志》注引《造经题记》提到墓主人为"兼管内巡检、安抚、屯田、劝农等使"②。这些负责农业生产的使职官员，为推动辽代农业的区域开发和生产发展都做出了巨大贡献。

盐铁使、盐院使、版筑使、山河使、三司使、转运使、户部使等，在手工业、商业发展及赋税征收等社会经济管理中也都积极发挥职能作用。

节度使、处置使、采访使、按问使、安抚使、勾检使、分决诸道刑狱使、按察诸道刑狱使等，在维护社会稳定、维持社会公正方面起到非常重要的作用。

唐代规定采访使职权，"其天下诸道，宜依旧逐要便置使，令采访处置，若牧宰无政，不能纲理，吏人有犯，所在侵渔，及物土异宜，人情不便，差科赋税，量事取安，朕所责成，贵在简要，其余常务，不可横干。其便宜令中书门下即简择奏闻"③。辽代采访使的职权范围也应与此大体相当。

巡按使职权，"监司按四季巡视所部州县者，古因汉高帝游云梦之后，渐废巡守述职之制，故遣奉使以代之"④。

安抚使职权，"安抚之权，可以便宜行事，如俗谓先施行后奏之类是也。通辖一路之兵民，若宰执出镇，或曰安抚大使。若沿边又有管内安抚，谓只辖本州也。"⑤

这些唐代或宋代相关使职职权的规定，也同样是辽代相应使职的职权，灵活权变、便宜行事是他们共同的特点。

另外，辽朝在对外交往中临时差遣性的使者有着重要的贡献，他们维护了国家的利益和尊严，也使辽政权扩大了在周边国家和地区中的影响。

辽代使职是辽政权巩固的重要基础，也是维持疆域稳定的重要力量。辽代使职从名称到职责基本都是沿袭唐朝，也有参照北宋的。由于使职在执行政令时具有方便灵活、积极主动及办事效率高等特点，更主要的是便于皇帝掌控，因而大量设置使职官员。随着社会变化，辽代使职已经常态化、固定化和职官化，这说明辽代使职已大不同于隋唐时期的使职，临时差遣的越来越少，纳入职官系统的越来越多，这也是官制演变的重要特点和趋势。

---

① 向南、张国庆、李宇峰辑注：《辽代石刻文续编》，沈阳：辽宁人民出版社 2010 年版，第 68 页。

② 向南、张国庆、李宇峰辑注：《辽代石刻文续编》，沈阳：辽宁人民出版社 2010 年版，第 133 页。

③ 《唐大诏令集》卷 100，上海：商务印书馆 1959 年版，第 509 页。

④ 《朝野类要》卷 4，北京：中华书局 1985 年版，第 47 页。

⑤ 《朝野类要》卷 4，北京：中华书局 1985 年版，第 49 页。

试析辽代耿崇美家族的沙陀血统

齐 伟　都惜青[①]

　　唐末以降,尤其是"安史之乱"以后,以沙陀三部落为核心的胡人主要活动于今天的山西北部、河北西部和内蒙古中部地区,即代北地区。据学者考证,沙陀三部落包括突厥族沙陀、娑葛(萨葛)即依兰族粟特部落(中亚昭武九姓胡)、安庆部落。李克用控制沙陀三部落后,又融合了奚、突厥、回鹘、吐谷浑、鞑靼等所谓五部众及汉人[②],所以五代时期胡人多是以沙陀名义活动的。后唐、后晋、后汉及北汉政权的建立者都是以正统自居的沙陀人,而活跃于五代政权中的沙陀人更是比比皆是,甚至是统治中枢的核心人物,有的在地方或边关担任要职,有的以军功见长,有的以家族入仕[③]。以阿保机领导的契丹族在早期建国阶段,吸收了很多代北和河东人士,不乏以家族入仕者。很多胡族冠以汉姓,胡汉之别实难区分。学界将石重贵、刘继文等人基本列入辽代汉人集团中,而另一家族也应值得关注,即耿崇美家族。对此,目前学者关注较多的是汉人耿氏家族与辽政权之间的关系[④],对耿

---

①　齐伟,辽宁省博物馆;都惜青,辽宁省博物馆。

②　樊文礼:《试论唐末五代代北集团的形成》,《民族研究》2002 年第 2 期。

③　韩香:《五代十国时期中亚人在内地的活动》,《青海民族大学学报(社会科学版)》2013 年第 4 期。

④　朱子方、徐基:《辽耿氏墓志考略》,载于《考古学集刊》(3 集),北京:中国社会科学出版社 1983 年版,第 196—204 页;郝维彬:《辽"故圣宗皇帝淑仪赠寂善大师墓志铭"考释》,载于《内蒙古文物考古文集》(第二辑),北京:中国大百科全书出版社 1997 年版,第 537—543 页;张力:《辽〈耿崇美墓志考〉》,载于《辽宁省博物馆馆刊》(第 1 辑),沈阳:辽海出版社 2006 年版,第 130—138 页;刘凤翥:《〈耿崇美墓志铭〉校勘》,载于《辽金历史与考古》(第二辑),沈阳:辽宁教育出版社 2010 年版,第 320—325 页;齐伟:《辽代耿崇美家族的婚姻与政治》,《东北史地》2011 年第 5 期。

氏家族五方墓志的考证也是在其汉人身份的基础上进行的，然而其血统问题鲜有问津者。根据耿崇美的外貌特征及最初担任的"通事"，有学者注意到了耿氏的胡人血统，但将其定位为契丹汉人①，有待商榷。而发掘报告称其出身应为契丹皇族②，显然表述有误。这里以耿氏家族墓地考古发掘为线索，试探讨其种族来源问题，仅以此文作抛砖引玉，敬请学者雅量指正。

一 墓志对耿崇美的描述

辽开泰九年（1020 年）《耿延毅墓志》中描述，耿崇美"姿貌魁梧，面紫黑，虬髯，凡赫怒之时，鬓毛如蝟。善骑射，聪敏绝伦，晓北方语"③。这段描述可以从如下三方面来考虑：

一是外貌，耿崇美身材魁梧，面部紫黑，尤其是他的"虬髯"，明显是沙陀人的典型外貌特征。已有学者做过论证，此不赘述。

二是耿崇美善于骑射。晚唐至五代时期，沙陀人皆以骁勇善战著称，无论是西北边疆民族的战争，还是河北等地藩镇割据势力集团的混战，甚至是镇压农民起义，沙陀人都扮演着重要角色④。出自"昭武九姓"之一的沙陀将领史俨，是李克用手下以武功见长的干将，他擅长骑射，任帐中亲将，"骁果绝众，善擒生设伏，望尘揣敌，所向皆捷"，追随李克用、李承嗣转战各地⑤。还有出自"昭武九姓"之一的安叔千，与其祖、父皆行伍出身，为李克用所用，安叔千本人因擅长骑射，以军功担任后唐、后晋要职⑥。诸如此类，此不赘述。耿崇美与其子耿绍纪、耿绍忠、耿绍邕（雍），孙耿延毅皆"事军门"，以武略著称，屡次参加辽朝的重大军事活动。契丹助石晋讨伐后唐李从珂，以及灭晋战役中，耿崇美"临贼敢先"，身先士卒；耿延毅随圣宗南伐，"斩贼首千余级"。这展现了耿崇美及其后人作为沙陀人骁勇善战的一面。

三是耿崇美通晓北方语言，这是沙陀诸部之人在各统治集团中安身立命的优

---

① 李月新：《走进契丹汉人耿崇美》，《内蒙古社会科学（汉文版）》2014 年第 1 期。

② 韩国祥：《辽宁朝阳市姑营子辽代耿氏家族 3、4 号墓发掘简报》，《考古》2011 年第 8 期。

③ 向南编：《辽代石刻文编》，石家庄：河北教育出版社 1995 年版，第 159 页。

④ 徐庭云：《晚唐五代时期的沙陀》，《中央民族学院学报》1987 年第 1 期。

⑤ 《旧五代史》卷 55《史俨传》，北京：中华书局 1976 年版，第 743 页。

⑥ 《旧五代史》卷 123《安叔千传》，北京：中华书局 1976 年版，第 1622 页。

势之一。安禄山因通晓六种蕃语,为互市牙郎①。后唐武将隶福,善说"诸蕃语",后唐明宗时常以蕃语奏之②。保宁二年(970年),《耿崇美墓志》记载耿崇美为"国通事",子耿绍纪为"太后宫通事",子耿绍邕(雍)为"国通事"③。契丹统治者利用耿氏沙陀人的语言天赋为其所用。

二 耿氏家族墓葬出土的典型遗物

据发掘简报介绍,目前已发现并发掘的四座耿氏家族墓葬中,葬具均应采用木质小帐。耿崇美墓虽被盗严重,但仍可见后室棺床上置石棺室。据考察,石棺室内原应有木棺,且石棺室可能有木质平顶;3号墓(墓主人不详)墓室内尤其是棺床上有大量带榫卯的木质材料,可能也存在木棺和木质小帐④。耿延毅夫妻合葬墓与耿知新墓中均有简单的木质小帐⑤。耿延毅夫妻合葬墓中还发现了银丝手套,说明当时墓主人采用的是络尸葬。

在四座墓葬中,有三座均出土有鸡冠壶。3号墓出土划花鸡冠壶两件(第34页),耿延毅夫妻合葬墓出土绿釉贴花鸡冠壶两件(第182页),耿知新墓出土绿釉划花鸡冠壶两件(第171页),均为扁身双孔式。鸡冠壶是契丹族使用的典型器物之一,一般只见于辽代契丹人的墓葬。

此外,在3号墓中出土马具饰件,包括马镫、缨罩;耿延毅夫妻合葬墓出土铁剑、铁镞;耿知新墓出土铁马镫、铁镞。马具和兵器的出土,说明了耿氏家族的行伍世家与尚武精神。

3号墓还出土三足桶、铁叉等生活器皿;耿延毅夫妻合葬墓出土铁器包括铁穿、双耳三足铁桶、鸣镝;耿知新墓出土猎钩、铁穿。据学者分析,三足桶是挤奶用具,铁穿、铁叉是契丹族冬季捕鱼的必备工具之一,鸣镝则用于狩猎,后来运用于战争中。这些生活用具均与游猎生活密切相关。

---

① 《旧唐书》卷200《安禄山传》,北京:中华书局1975年版。

② 《旧五代史》卷91《康福传》,北京:中华书局1976年版,第1200页。

③ 向南、张国庆、李宇峰辑注:《辽代石刻文续编》,沈阳:辽宁人民出版社2010年版,第13—14页。

④ 韩国祥:《辽宁朝阳市姑营子辽代耿氏家族3、4号墓发掘简报》,《考古》2011年第8期。

⑤ 朝阳地区博物馆:《辽宁朝阳姑营子辽耿氏墓发掘报告》,载于《考古学集刊》(3),北京:中国社会科学出版社1983年版,第170、178页。

综上所述,耿氏所采用的葬具为棺床小帐或木质小帐,并有络尸葬现象。目前已知出土有棺床小帐的如辽庆陵的"靖宁宫"、法库叶茂台辽墓①、耶律延宁墓②和内蒙古通辽二林场辽墓③,墓主为辽代契丹皇帝和贵族。络尸葬也是契丹族典型的葬俗,随葬的鸡冠壶、金属马具、兵器及生活用具,都是契丹墓葬中常见的随葬品。

以上所阐述的契丹族葬俗,在来自沙陀血统的耿氏墓中皆有所体现,当作何种解释?这说明与契丹族接触较早的耿氏家族在民族习惯上与契丹趋同,并逐渐契丹化,其葬俗与契丹族更为接近。同时也反映了五代以来各种政治势力间的角逐,促使各种文化因素相互碰撞、相互渗透。辽政权在这样的历史背景下建立,其辖境内的各族人民以各种形式相互影响、相互融合。出自沙陀的耿氏家族受到北方草原文化和中原汉文化的影响,并以耿姓汉人的身份活动于辽朝社会中。

此外,一些契丹人独有的随葬品亦出现在耿氏家族墓中。耿延毅夫妻合葬墓中出土了只有契丹墓葬中才有的琥珀饰品、心形饰件④。据研究,琥珀饰品的兴盛除与辽代佛教盛行有关外,契丹与西域政治、经济交往而引发的文化互动和影响也不能忽视。而心形饰件则不见于辽文化圈之外的中国历史上任何时代和地区⑤。这一研究侧面证明了耿氏家族的特殊文化背景。同时该墓葬出土了只有契丹贵族使用的奢侈品——玻璃器,也应值得注意。目前只有陈国公主与驸马合葬墓⑥和法库叶茂台辽墓⑦出土了玻璃器,但耿氏家族墓出土的这件绿色玻璃杯,颇有异域风格,据研究应不是中国传统制法,可能是由国外输入的⑧。

该墓葬还有殉羊现象。殉牲是游牧民族的传统,古代北方草原民族如匈奴、鲜卑、突厥、契丹等都有殉牲的葬俗。目前考古发现的契丹墓中报道有殉牲现象

① 辽宁省博物馆、辽宁省铁岭地区文物组发掘小组:《法库叶茂台辽墓纪略》,《文物》1975年第2期。
② 辽宁省博物馆文物工作队:《辽代耶律延宁墓发掘简报》,《文物》1980年第7期。
③ 张柏忠:《内蒙古通辽县二林场辽墓》,《文物》1985年第3期。
④ 朝阳地区博物馆:《辽宁朝阳姑营子辽耿氏墓发掘报告》,载于《考古学集刊》(3),北京:中国社会科学出版社1983年版,第189页。
⑤ 许晓东:《辽代璎珞及其盛行原因的探讨》,载于《辽金历史与考古》(第一辑),沈阳:辽宁教育出版社2009年版,第339页。
⑥ 孙建华、张郁:《辽陈国公主驸马合葬墓发掘简报》,《文物》1987年第11期。
⑦ 辽宁省博物馆、辽宁省铁岭地区文物组发掘小组:《法库叶茂台辽墓纪略》,《文物》1975年第2期。
⑧ 朝阳地区博物馆:《辽宁朝阳姑营子辽耿氏墓发掘报告》,载于《考古学集刊》(3),北京:中国社会科学出版社1983年版,第193页。

的墓例只有 10 多座①。耿氏墓出土的羊牲,说明沙陀文化背景的耿氏家族与契丹族一样,一直都在保留着游牧民族传统。以上耿氏墓出土的只有契丹墓才能看到的随葬品,进一步证明契丹化了的耿氏地位远非中原汉人可比。

三 耿氏家族的联姻情况

耿氏家族与耶律氏通婚共 6 例。耿崇美妻耶律氏,世系不详②。耿绍忠娶妻耶律氏,为北王之女,生女嫁给圣宗皇帝耶律隆绪,封为淑仪③。耿绍忠之弟耿绍纪娶妻耶律氏,即秦王韩匡嗣之女。耿绍纪之子耿延毅两度娶妻皆为耶律氏,分别为韩德冲之女和耶律直心之女。《耿延毅墓志》载:耿延毅妻、德冲女早卒,德冲夫人梁国太夫人以韩直心之女继之④。韩氏家族在辽朝地位至尊,韩德让被赐姓耶律后,韩氏便以耶律氏称之。

在很大程度上讲,耿氏应该与皇族耶律氏建立了联姻关系,并且与耶律氏通婚较早。墓志叙述耿崇美的事迹主要在太宗德光时期,世宗天禄二年(948 年)便去世,成家立室时间当在太宗时或更早。同时耿氏也与北汉政权建立者刘氏后裔通婚,耿绍纪与韩匡嗣之女所生女儿嫁给了刘继文。刘继文,其祖父为北汉刘(彦)崇,即后汉高祖刘知远之弟,公元 979 年北汉为北宋所灭,刘继文归辽。刘氏本为沙陀人,耿、刘两家之所以能够通婚想必皆出自沙陀的缘故。

四 耿氏入辽时间分析

既然耿氏祖上可能为沙陀人,那么他是何时降辽的呢?《耿崇美墓志》称“其先高阳人”。高阳(今河北保定东南部),汉县,属涿郡⑤。《耿延毅墓志》称“家于

---

① 万雄飞主编:《凌源小喇嘛沟辽墓》,北京:文物出版社 2015 年版,第 130—131 页。

② 参见《耿崇美墓志》,载于向南编《辽代石刻文编》,石家庄:河北教育出版社 1995 年版,第 14 页。

③ 参见《圣宗淑仪赠寂善大师墓志》,载于《内蒙古辽代石刻文研究》(增订本),呼和浩特:内蒙古大学出版社 2007 年版,第 367 页。

④ 参见《耿延毅墓志》,向南编《辽代石刻文编》,石家庄:河北教育出版社 1995 年版,第 160 页:耿延毅先娶“武定帅、赠侍中(德冲)女,封漆水郡夫人,早卒。……侍中原配梁国太夫人曰:‘吾甥婿也,勿他娶!’遂以姪继……大横帐、惕隐、漆水郡王、乃父也。”

⑤ 《旧唐书》卷39《地理志》,北京:中华书局 1975 年版,第 1514 页。

上古"。上古本秦上谷郡地,唐始立新州(今河北涿鹿),辽时属西京道奉圣州①。可见耿氏早期活动范围应在河北的中部和西北部。曾祖耿俊,信息较少。祖父耿用,字用其,文武全才,并以军功起家,初任纳降军使,索引两唐书及新旧五代史只有后唐"得纳降军使卢文进"②一处记载。父为耿邕,字去赋,先后任后唐营田使、卢龙军使节度押衙兼御史中丞③。从耿崇美上三代的履历可知,其先祖应在李克用和庄宗李存勖手下任职。那么,耿崇美又是何时归辽的呢?《耿崇美墓志》称:"烈考讳去赋,又迁为卢龙军节度使押衙兼御史中丞。旋值契丹国雄图大振,奇锋莫当。一旦深犯边疆,遂遭掳掠"④。《耿延毅墓志》记载则更为详细:"当李唐末,会我圣元皇帝肇国辽东,破上谷,乃归于我"⑤。"李唐末"应指后唐李氏政权。阿保机建国称帝后两次南征,皆与后唐有关。第一次是天祐十四年(917年)二月,新州(今河北涿鹿)将领卢文进因不满李存勖向其征兵攻打后梁而投降契丹,阿保机借机南下和卢文进一起攻打新州和幽州,周德威不敌,后李嗣源的援兵到达,阿保机被迫撤兵⑥。第二次是天祐十八年(921年)二月⑦,镇州防御使张文礼杀节度使王镕,投靠阿保机。阿保机再次南下,攻陷涿州,围困定州,和李存勖在沙河及望都(今河北望都)一带交战。因天降大雪,契丹兵马粮草匮乏,伤亡惨重,又以阿保机失败而告终⑧。耿崇美与其父应该是阿保机两次南下时被契丹兵掳掠来的,时间为917年后或921年前后。

以耿氏家族为代表的沙陀人在特殊的时代背景下,伴随政治身份的变化,其种族观念也发生了变化,最终统一到辽朝统治下的汉官集团当中。

诚然,本文对耿氏沙陀血统的考证所能利用的资料仅仅限于辽,大多引用的

---

① 《耿延毅墓志》注释,载于向南编《辽代石刻文编》,石家庄:河北教育出版社1995年版,第161页。

② 《旧五代史》卷52《唐书·李嗣本传》,北京:中华书局1976年版,第710页。

③ 参见《耿崇美墓志》和《圣宗淑仪赠寂善大师墓志》,载于向南、张国庆、李宇峰辑注《辽代石刻文续编》,沈阳:辽宁人民出版社2010年版。

④ 《耿崇美墓志》,载于向南、张国庆、李宇峰辑注《辽代石刻文续编》,沈阳:辽宁人民出版社2010年版,第13页。

⑤ 《耿延毅墓志》,载于向南编《辽代石刻文编》,石家庄:河北教育出版社1995年版,第160页。

⑥ 《旧五代史》卷28《唐书四·庄宗本纪二》,北京:中华书局1976年版,第389页。

⑦ 《辽史》卷2《太祖本纪下》,北京:中华书局1974年,记为辽天赞二年(922年),以921年为准。

⑧ 《旧五代史》卷29《唐书五·庄宗本纪三》,北京:中华书局1976年版,第397页。

又是间接资料,还需有足够的直接证据来证明本文的论点。接下来笔者要继续关注的事情就是要转换以往的研究思路和方法,寻求新的途径,将研究进一步深入。也希望业内专家能够多提宝贵意见,共同努力,把这一问题的研究向前推进。相信随着考古发掘的进展、新资料的不断发现,会有更多新资料、新证据来进一步补充甚至修正之前的研究成果。

附记:此文在撰写过程中得到李桂芝先生的指导,王明荪先生为本文的修改提供了新的研究思路和方法,谨致谢忱!

辽代汉人契丹化现象述略

肖忠纯　汪　妮[①]

辽代统治地区以汉人、渤海人居多,还有契丹、奚、女真、高丽等民族人口,各族居民大杂居、小集居,民族融合的程度日渐加深。中原内地的儒学、政治制度、文字礼仪、佛教道教及服饰饮食等汉族文化逐渐为契丹统治者所接受、吸收,并流行于辽国各地。相对先进的文化逐渐同化落后民族的文化,这是历史的必然。但契丹、奚、女真等"胡族"文化对于汉人的影响也是存在的,汉人、渤海人在一定程度上也逐渐胡化,其中契丹化趋势较为明显。

一　通婚与婚姻习俗

契丹上层贵族与汉人的婚姻,在契丹建国前即已存在。辽朝建立后,辽太宗会同三年(940年)十二月,"诏契丹人授汉官者从汉仪,听与汉人婚姻"[②],这就从法律上承认了契丹贵族与汉族通婚的合法性。不仅契丹贵族可以迎娶汉家女,一些显赫荣宠的汉人也能娶契丹贵族女子为妻。汉人地主官僚娶契丹女的事例在出土的辽代墓志中即有体现,在向南《辽代石刻文编》中,《刘承嗣墓志》记载刘承嗣除杨氏夫人外,"有契丹夫人牙思,本属皇亲";《韩瑜墓志》记载韩瑜先后娶两位夫人,皆萧氏;《梁援墓志》载其父梁延敬除了郑氏夫人外,另娶荆王耶律道隐

---

① 肖忠纯,渤海大学政治与历史学院;汪妮,渤海大学政治与历史学院。
② 〔元〕脱脱等:《辽史》卷4《太宗本纪下》,北京:中华书局1974年版,第49页。

之女。① 与契丹人通婚的汉族官僚均为显赫家族,刘承嗣为燕王刘仁恭之孙;韩瑜为韩知古孙,与另一支系的韩德让同辈;梁援祖上亦为显官,太宗朝来归,一直是医巫闾山地区的望族。可见,汉族与契丹族的通婚现象在汉人世家大族中较为多见,从而加深了契丹化趋势。

汉人尤其汉人世家大族对契丹族婚俗的继承是汉人契丹化的又一表现。以张俭家族为例,据《辽代石刻文编》中的《马直温妻张馆墓志》和《郑颉墓志》记载,张馆父亲为张嗣复,母亲郑氏是张俭的外孙女,而张嗣复又是张俭的侄子,如是张馆母亲郑氏与父亲是甥舅关系。这种婚嫁不限辈分的甥舅婚应是学自契丹族。另外,《马直温妻张馆墓志》载:"曰枢哥,适殿中少监、大理寺知正耶律筠,即守太子太傅、兼侍中、判武定军节度使事、开国公讳彦温之次子也……曰省哥,续适姊夫鸿胪少卿、北面主事耶律筠。"可知张馆的长女和幼女先后嫁于耶律筠,这是契丹族最为明显的姐死妹续婚。《刘日泳墓志》载:"季曰从文,娶燕京故制衙提辖使梁公之孟女。……梁氏乃虽在于香闺,又于孤嫂杨氏□暮矛□攵长,得壹儿,名曰从质。"这则史料应是指汉人对契丹族"妻寡嫂"婚俗的继承。

综上所述,与契丹族通婚、接受契丹婚俗,加速了汉人的契丹化。

二 语言与起名习俗

一些汉人大族通晓契丹语言文字。如韩知古入辽后世居柳城(今辽宁朝阳老城),其家族世代显赫,契丹化的倾向非常突出,大多数成员必然通晓契丹语言文字。另如出土于朝阳境内的《耿延毅墓志》记载,耿延毅的祖父耿崇美,本唐新州(今河北涿鹿)人,"聪敏绝伦,晓北方语。当李唐末,会我圣元皇帝(即辽太祖)肇国辽东,破上谷,乃归于我,初授国通事"。因其通晓"北方语",所以入辽后能够担任通事之职。"通事"即译者。耿崇美子耿绍邕仍为国通事。而据《耿知新墓志》记载,耿延毅之子耿知新,"善骑射,……自孩幼习将相艺,识番汉书"②。需要说明的是,耿知新是一个年仅15岁而早夭的孩子,自孩童时即"识番汉书"。可见,耿氏家族也为胡化汉人的典型代表。另外,《李绍瑜墓志》载子李唐辉为通事,"了番汉之言"。《郑恪墓志》载"通契丹语,识小简字"。《王士方墓志》载长

---

① 向南编:《辽代石刻文编》,石家庄:河北教育出版社1995年版,第48、95、520页。
② 向南编:《辽代石刻文编》,石家庄:河北教育出版社1995年版,第159、185页。

孙"曰婆孙,北密院番译"①。《耶律霞兹墓志》载:"契丹语一通,位进上将军。"可见,即使在契丹人中通晓契丹语亦是一种优势,何况汉人。当然,辽代汉人通晓契丹语言文字的情况并不普遍,契丹文字也主要是在契丹上层社会使用。

辽朝的一些契丹人兼有契丹本名(称为"小字")和汉名(称为"汉字"),而许多"汉人"也有一个契丹名。如《辽史·耶律隆运(韩德让)传》记载韩德威孙名"谢十",韩德崇子韩制心"小字可汗奴",都是契丹名;《韩瑜墓志》记载其夫人生九男三女,九男名越孙、阿骨儿、骇里钵、宝神奴、福孙、栲栳、三哥、四哥、高神奴,三女名杨佛喜、罗汉女、堰弥吉。可见韩知古一系韩氏家族契丹化程度非常深。《刘继文墓志》记载北汉王刘崇孙刘继文,于穆宗朝入辽,二子名丑哥、善哥,亦为契丹"小字";另据《显州北赵太保寨白山院舍利塔石函记》,其中的题名有不少是契丹"小字",如赵家奴、成哥、寿哥、众家奴、曷剌哥、胡睹古、万家奴、栲老儿、大师奴、真家奴、大王奴、大乘奴、长寿奴、长庆奴、和众奴、老君奴、可韩奴、安保奴、世尊奴、胡都儿、慈氏奴等等,而从塔记内容来看,此地是一个汉人村寨,这些采用契丹"小字"者应该都是汉人。②

一般契丹名以"哥""奴"二字为多,据《辽代石刻文编》查证,出土的石刻还有许多反映了这种习俗,如《刘承嗣墓志》《刘宇杰墓志》《王悦墓志》《耿延毅墓志》《宋匡世墓志》《韩橁墓志》《张思忠墓志》《赵为幹墓志》《沈阳无垢净光舍利塔石函记》《懂州西会龙山碑铭》《凤凰城石幢连名记》《龚祥墓志》等。可见,在汉人中,上至贵族官僚、下至平民百姓,起有契丹名的较为普遍。

三　服饰饮食

辽国境内的汉人在服饰饮食等生活习俗方面也有契丹化现象,这在北宋出使辽国的使臣记载中有所体现。如苏辙于宋神宗元祐四年(辽道宗大安五年,1089年)出使辽国,在《出山》诗曰:"燕疆不过古北关,连山渐少多平田。奚人自作草屋住,契丹骈车依水泉。……汉人何年被流徙,衣服渐变存语言。"③苏辙使辽过古北

---

① 向南、张国庆、李宇峰辑注:《辽代石刻文续编》,沈阳:辽宁人民出版社2010年版,第244页。

② 向南编:《辽代石刻文编》,石家庄:河北教育出版社1995年版,第95、73、289—292页。

③ 〔宋〕苏辙:《奉使契丹二十八首》,载于赵永春编注《奉使辽金行程录》,长春:吉林文史出版社1995年版,第111页。

口,即见到与契丹人和奚人混居的汉人,虽仍能讲汉话,但服饰已经契丹化了。

契丹人的髡发发式对辽地汉人的发式也有影响,苏颂于宋神宗熙宁元年(辽道宗咸雍四年,1068年)出使辽国,在《和晨发柳河馆憩长源邮舍》诗后附有一"注":"敌中(指辽地)多掠燕、蓟之人,杂居番界,皆削顶垂发(即髡发),以从其(契丹)俗。唯巾衫稍异,以别番汉耳。"①他在契丹辽地亲眼看见与契丹人杂居的汉人中有髡发者。此外,从今考古发掘辽代汉人墓葬壁画中亦可看出汉人服饰契丹化现象。这些壁画主要描绘墓主人生前的衣、食、住、行等情况,除部分绘有星象图、十二生肖等代表汉文化的内容外,其余皆与契丹族文化息息相关。如宣化张世卿墓葬壁画中即出现汉人男侍穿契丹袍和络缝靴;韩世训墓葬壁画中亦有此类现象。宣化张匡正墓《备茶图》中一位汉人女仆,双手托一茶盏,身体微微前倾,身着左衽。②巴林右旗辽庆陵东陵,前室西耳室的第四个汉人官吏亦是身着左衽袍服,头戴黑巾。③可见,契丹服饰对汉人服饰之影响不可小觑。正如苏辙所说:"哀哉汉唐余,左衽今已半。"④

徙居辽地的中原汉民,在与契丹人的杂居交往中,受契丹饮食文化的影响,饮食习惯也慢慢发生了变化,即改变了原来比较单一的主食粮谷的习惯,也开始了"食腥饮膻"的生活。北宋刘跂出使辽国,在使辽诗《虏中作》中即云:"人物分多种,迁流不见经。已无燕代色,但有犬羊腥。"在刘跂的眼里,那里已是民族杂居,无分契、汉,燕、代汉俗已不见,惟闻汉民食羊之腥膻。《旧五代史·张希崇》记载其从契丹逃归时情况:"乃召汉人部曲之翘楚者,谓曰:'我陷身此地,饮酪被毛,生不见其所亲,死为穷荒之鬼,南望山川,度日如岁,尔辈得无思乡者乎!'部曲皆泣下沾衣。"当然或许有部分夸张的成分,但从侧面也可看出辽境内的汉人饮食的改变。

四 生产方式

传统的汉人以农业生产为主,而辽国境内的汉人已有许多开始从事畜牧业生

---

① 〔宋〕苏颂:《前使辽诗》,载于赵永春编注《奉使辽金行程录》,长春:吉林文史出版社1995年版,第73页。

② 河北省文物研究所:《宣化辽墓》,北京:文物出版社2001年版,第24页。

③ 孙建华:《内蒙古辽代壁画》,北京:文物出版社2009年版,第84页。

④ 〔宋〕苏辙:《奉使契丹二十八首》,载于赵永春编注《奉使辽金行程录》,长春:吉林文史出版社1995年版,第110页。

产。苏颂使辽云:"契丹马群,动以千数。每群牧者,才三、二人而已。……番汉人户亦以牧养多少为高下。"①中原地区的汉人,财富的象征是土地和房屋,而辽国境内的汉人有许多已经将饲养牲畜的数量作为评价的标准了。这种观念的改变,是受到契丹、女真、奚等胡人文化的影响。以今辽宁地区为例,在今阜新地区、医巫闾山周边地区、辽南碧流河流域、铁岭地区、辽宁西南部地区有契丹、女真、奚等族牧区,邻近的汉人生产方式必然受其影响。另外,不仅契丹、女真等民族狩猎业生产活动比较发达,汉人、渤海人也从事狩猎活动。道宗咸雍六年(1070年)诏令"禁汉人捕猎"②,从中亦可看出辽代各地汉人捕猎活动比较普遍。

五 关于辽代汉人契丹化的一些思考

根据目前掌握的材料来看,辽代汉人契丹化现象可在以下几个方面加以总结:(1)到辽代中期以后,尤其是辽道宗以后,汉人契丹化现象逐渐增多,契丹化程度日益加深。上文所列举的大部分例证都是辽道宗以后的材料,可以说明这一点。(2)辽朝疆域内汉人契丹化程度是有地域差别的。地处燕山、阴山以南的邻近北宋的南京道地区和幽云地区,传统的农业生产方式并没有多大改变,社会生产和生活习俗方面受到契丹民族影响较少。而邻近契丹主要聚居地的上京道和中京道地区的汉人,契丹化程度较深。(3)汉族中上层人士的契丹化表现得更加全面、更加深入。最为明显者即是辽朝汉人韩、刘、马、赵、耿等大家族,娶契丹族妻、起契丹名、学骑射、识番语,其第五、六代时基本上已经属于"契丹人"。而汉族下层百姓的契丹化主要体现在日常生活和生产方式等方面。(4)正如张国庆先生所言,汉族接纳契丹文化并非全盘照搬、完全"契丹化",而是根据汉俗有所扬弃,使被吸纳的契丹文化发生了某些"流变",这是民族文化"中和"的必然结果。③(5)汉族接受其他民族文化的影响可分为两种形式:一种是主动接受型,另一种是被动接受型。总体来看,辽国境内的契丹化过程绝大部分是由汉族人主动接纳或在民族交往中潜移默化接受的,这是汉族、契丹民族文化融合的一大特色。

关于辽代汉人契丹化现象日益加深的原因,笔者主要谈两方面:

---

① 〔宋〕苏颂:《后使辽诗》"契丹马"诗注,载于赵永春编注《奉使辽金行程录》,长春:吉林文史出版社1995年版,第82页。

② 《辽史》卷22《道宗本纪二》,北京:中华书局1974年版,第270页。

③ 张国庆:《契丹族文化对汉族影响刍论》,《北方文物》1998年第3期。

第一，共同的地理环境是汉人接受契丹文化的前提条件。辽国境内各民族分布呈现大杂居、小集居的状态，契丹民族聚居地除上京道和中京道以外，其他州县也都有契丹官员及其家属和随从，契丹军队也四处驻扎。所以，民族杂居、经济文化交流是契丹文化对汉人影响的社会基础，长时间生活在同一地域下的各族人民必然在生活和生产方式上相互学习、相互融合。

第二，辽国境内的汉人华夷观念的逐渐淡化。辽朝初期，辽国境内的汉人大多为其掳掠而来，仍然心向中原，民族心理与契丹是格格不入的。如《辽史·张砺传》载："未几，谋亡归，为追骑所获。上责曰：'汝何故亡？'砺对曰：'臣不习北方土俗、饮食、居处，意常郁郁，以是亡耳。'"此外，后来成为辽朝重臣的韩延徽等深受汉文化影响的儒士，初期对辽王朝亦有排斥现象，究其原因为根深蒂固的华夷观念所致。到辽代中后期，境内汉人已经认同了辽朝的正统地位，同样在辽境出生、成长起来的汉人自然具有"国朝臣民"的意识，民族成见和华夷观念也日益淡薄。如寿隆二年刘辉上书言欧阳修所编《五代史》："附我朝于四夷，妄加贬訾。且宋人赖我朝宽大，许通和好，得尽兄弟之礼。今反令臣下妄意作史，恬不经意。臣请以赵氏初起事迹详附国史。"①刘辉言行之间完全是"国朝臣民"意识反映，其认为辽和宋处于平等地位。可见辽境内汉人"华夷之观"已经有所改变。再如，《三朝北盟会编》之《宣政上帙八》秘书郎王介儒与都员外郎王仲孙的对话："南朝每谓燕人思汉，殊不思自割属契丹已近二百年，岂无君臣父子之情……介儒云燕人久属大辽各安乡土，贵朝以兵挠之，决皆死战，于两地生灵非便。"这则史料进一步说明辽境内的汉人其身上已经没有民族成见、华夷之辨的影子，经过时间的洗礼，已经形成了新的民族意识。正如刘浦江先生所述，辽境"汉人"与北宋汉人已经不是一个相同的概念了。②

上面关于契丹化问题的探讨尚不全面，有待于进一步挖掘史料。同时，女真、奚等"胡族"文化对汉人也会有所影响，又是值得关注的一个问题。

---

① 《辽史》卷104《刘辉传》，北京：中华书局1974年版，第1455页。
② 刘浦江：《说"汉人"——辽金时代民族融合的一个侧面》，《民族研究》1998年第6期。

辽代西辽河流域农田开发与环境变迁

夏宇旭[①]

　　关于辽代西辽河流域的农业与环境问题,韩茂莉、邓辉、邹逸麟、杨军、张国庆等诸位学者已经做了较为深入的研究[②],为我们揭示了辽代特定区域内人类农业生产活动与环境的关系。笔者将在此基础上做进一步的探讨,深入梳理农田开发对环境的影响。

　　研究某一特定区域人与环境的互动,首先要确定这个区域的空间范围。辽代西辽河流域主要包括西辽河干流及其支流流经的区域,即西拉木伦河、老哈河、教来河、新开河,同时其北面的乌尔吉木伦河。据学者研究考察,辽时有古河道流入新开河,所以在辽代也属于西辽河水系。这些河流所流经的区域即为西辽河流

---

① 夏宇旭,吉林师范大学历史文化学院。
② 韩茂莉:《草原与田园——辽金时期西辽河流域农牧业与环境》,北京:三联书店2006年版;韩茂莉:《辽金农业地理》,北京:社会科学文献出版社1999年版;《辽代西拉木伦河流域及毗邻地区聚落分布与环境选择》,《地理学报》2004年第4期;韩茂莉:《辽金时期西辽河流域农业开发核心区的转移与环境变迁》,《北京大学学报》2003年第4期;韩茂莉:《辽金时期西辽河流域农业开发与人口容量》,《地理研究》2004年第5期;韩茂莉:《辽代前中期西拉木伦河流域以及毗邻地区农业人口探论》,《社会科学辑刊》2001年第6期。邓辉:《辽代燕北地区农牧业的空间分布特点》,载于侯仁之、邓辉主编《中国北方干旱半干旱地区历史时期环境变迁研究文集》,北京:商务印书馆2006年版。邹逸麟:《辽代西辽河流域的农业开发》,载于陈述主编《辽金史论集》(第二辑),北京:书目文献出版社1987年版。杨军:《辽代契丹故地的农牧业与自然环境》,《中国农史》2013年第1期。张国庆:《辽代后期契丹腹地生态环境恶化及其原因》,《辽宁大学学报》2014年第5期。

域,面积约8.5万平方公里①。从行政区划上看,辽代西辽河流域主要包括上京道的东南部和中京道的北部,特别是临潢府附近的州县都在这一地区。这里地处我国北方农牧交错带的东段,生态环境脆弱,历来人地关系比较紧张。西辽河流域地处中温带半干旱气候区,四季分明,春季干燥多风,夏季湿润多雨,80%的降雨都集中在6—9月份,故夏季容易造成河流泛滥,河流含沙量较大,水土容易流失。降雨空间分布也不均,中部雨量最少,毗邻科尔沁沙地西缘,土地容易沙化。植被主要是典型草原植被、乔木植被和草甸植被。

西辽河流域是契丹族的发祥地,这里特定的地理环境和地表植被决定了契丹人以游牧为主,在"春来草色一万里,牡丹芍药相映红"的广袤草原上,逐水草而居,过着游牧生活。但随着辽政权的建立,文明程度的不断提高及大量农业人口的迁入,使西辽河流域的草原上出现了大规模的农田,随着农田规模的不断扩大导致了一系列环境问题的出现。

一　西辽河流域的农田开发

契丹早期就有小规模粗放型的农业生产。早在阿保机的祖父均德实时就"喜稼穑……相地利以教民耕"②。阿保机的伯父述澜也"教民种桑麻,习织组"③。虽然当时契丹首领提倡农耕,但是从"教民种桑麻"来看,契丹部民是不熟悉农耕的,直到太祖平诸弟之乱后统治者才强调农业生产,即"专意于农"。由此可知,此时的西辽河流域农田开发的规模是不大的,加之契丹早期西辽河流域气候适宜,所以此时的农田开发不会对环境造成干扰,西辽河流域依然是"风吹草低见牛羊"的景观。

辽代西辽河流域真正大规模的农田开发始于太祖、太宗两朝大规模农业人口的迁入。其实早在契丹建国前就有汉人或因流亡或因被俘而进入西辽河流域。如唐朝末年,阿保机率四十万大军"伐河东代北,攻下九郡,获生口九万五千",又在中原"拔数州,尽徙其民以归"④。五代时期中原战乱,"幽、涿之人,多亡入契

---

① 邹逸麟:《辽代西辽河流域的农业开发》,载于陈述主编《辽金史论集》(第二辑),北京:书目文献出版社1987年版,第69页。

② 〔元〕脱脱等撰:《辽史》卷59《食货志》,北京:中华书局1974年版,第923页。

③ 〔元〕脱脱等撰:《辽史》卷2《太宗本纪》,北京:中华书局1974年版,第24页。

④ 〔元〕脱脱等撰:《辽史》卷1《太祖本纪》,北京:中华书局1974年版,第2页。

丹"。这些进入辽境的汉人多被安置在西辽河流域从事农业生产。之后随着辽朝的建立,契丹人攻宋灭渤海,更多的自发式移民和强制性移民被大规模地迁入西辽河流域,在太祖、太宗时期出现了移民高潮。据资料显示,"太祖下扶余,迁其人于京西,……分地耕种"①。这里的京西就是上京临潢府之西。926 年,阿保机灭渤海,随后为了加强对渤海人的控制,将相当一部分人迁到西辽河流域,如"太祖破蓟州,掠潞县民,布于京东,与渤海人杂处"②。说明上京东部早有渤海人迁于此地。"太宗分兵伐渤海,迁于潢水之曲。"③直到开泰八年(1019 年)五月,还"迁宁州渤海户于辽、土二河之间"④。那么在近半个世纪的时间内,迁入西辽河流域的农业人口到底有多少呢? 这一问题很多学者进行了研究。邹逸麟先生研究认为,汉人和渤海人迁入西辽河流域大多集中在上京临潢府周围,即西拉木伦河流域,其中汉人有十五六万,渤海人有十六七万。⑤ 韩茂莉先生认为辽初从中原和渤海迁入上京地区的农业人口到辽中期大约有 35 万人⑥。杨军先生则认为分布于西拉木伦河和老哈河流域的农业人口有四五十万人⑦。张国庆先生认为自辽建国前后至辽太宗耶律德光执政后期,仅被俘掠和流亡到契丹辽地的中原汉民有五六十万人,这些人绝大部分从事农耕种植生产⑧。学者们的研究结果尽管不尽相同,但是综合来看,最保守的估计辽代前期进入西辽河流域的农业人口下限不少于 35 万。

这些农业人口进入草原地区之后,契丹统治者建立了诸多州县安置他们,让他们过着定居的农耕生活。在契丹早期因滦河上游北岸"其地可植五谷",耶律阿保机就在此建了汉城,安置大批中原汉民。后又建龙化州(今内蒙古昭乌达盟奈曼旗境),安置"伐河东代北"时俘掠来的汉族百姓。《胡峤陷房记》载:"过卫州,有居人三十余家,盖契丹所房中国卫州人,筑城而居之。卫州在上京临潢府附近。"此后又陆续建立了许多这样的州、县。

---

① 〔元〕脱脱等撰:《辽史》卷 37《地理志》,北京:中华书局 1974 年版,第 439 页。

② 〔元〕脱脱等撰:《辽史》卷 37《地理志》,北京:中华书局 1974 年版,第 439 页。

③ 〔元〕脱脱等撰:《辽史》卷 37《地理志》,北京:中华书局 1974 年版,第 448 页。

④ 〔元〕脱脱等撰:《辽史》卷 16《圣宗本纪》,北京:中华书局 1974 年版,第 186 页。

⑤ 参见邹逸麟:《辽代西辽河流域的农业开发》,载于陈述主编《辽金史论集》第二辑,北京:书目文献出版社 1987 年版,第 79 页。

⑥ 韩茂莉:《辽代前中期西拉木伦河流域以及毗邻地区农业人口探论》,《社会科学辑刊》2001 年第 6 期,第 109 页。

⑦ 杨军:《辽代契丹故地的农牧业与自然环境》,《中国农史》2013 年第 1 期,第 56 页。

⑧ 张国庆:《略论辽代农耕种植业的发展》,《黑河学刊》1992 年第 2 期,第 105 页。

根据史籍记载统计,辽朝在西辽河流域建立安置农业人口的州县有 40 多个,这些州县多数集中在上京临潢府周围及中京道北部的契丹腹地。一是便于加强控制,二是因为上京临潢府周围"地沃宜耕种",适合农业开发。神册三年(918年),阿保机建皇都,后改名上京(今内蒙古巴林左旗),并且在上京周围新增了一批州、县。如定霸县、临潢县、保和县、宣化县、兴仁县、易俗县等等,都在临潢府周围,这些州县安置了大量的农业人口。《辽史》记载,定霸县,"本扶余府强师县民,太祖下扶余,迁其人于京西,与汉人杂处,分地耕种"①;临潢县,"太祖天赞初南攻燕、蓟,以所俘大户散居潢水之北,县临潢水,故以名。地宜种植。户三千五百"②;易俗县,"本辽东渤海之民,太平九年(1029年),大延琳结构辽东夷叛,围守经年,乃降,尽迁于京北,置县居之。是年,又迁徙渤海叛人家属置焉。户一千"③。圣宗时期老哈河流域的中京大定府建城,"实以汉户",其辖境内有 10 个州,居民多数从事农业生产。由此看来,辽代西辽河流域的州县地区就是农田开发的集中地区,也呈现了西辽河流域独具特色的城郭景观。

迁入西辽河流域的农业人口,带来了先进的农耕技术、生产工具,以及先进的农业生产经验,同时也带来了适合北方旱地种植的作物品种。在西辽河流域出土的辽时农具,如犁铧、镰、锄、镐、铡刀、禾叉等,形制、功用与中原无异。另外,修渠灌溉、休耕轮作等农耕技术也都在这里广泛运用,这在文献记载及考古发现中都有据可查。中原地区的牛耕技术在辽境普遍使用,契丹皇帝就曾经下诏"田园芜废者,则给牛、种以助之"④。另外,辽朝历代统治者都非常重视农业发展,辽太宗"诏征诸道兵,仍戒敢忧伤禾稼者,以军法论"⑤;圣宗诏"禁刍牧伤禾稼"⑥,"诏诸军官毋非时畋猎妨农"⑦;兴宗诏令"禁扈从践民田"⑧。这些诏令为农业生产的顺利进行提供了有力的保障。

先进的农耕技术,加之统治者的重视,使辽代西辽河流域的农田开发规模迅

---

① 〔元〕脱脱等撰:《辽史》卷 37《地理志》,北京:中华书局 1974 年版,第 439 页。
② 〔元〕脱脱等撰:《辽史》卷 37《地理志》,北京:中华书局 1974 年版,第 439 页。
③ 〔元〕脱脱等撰:《辽史》卷 37《地理志》,北京:中华书局 1974 年版,第 440 页。
④ 〔元〕脱脱等撰:《辽史》卷 59《食货志》,北京:中华书局 1974 年版,第 924 页。
⑤ 〔元〕脱脱等撰:《辽史》卷 59《食货志》,北京:中华书局 1974 年版,第 924 页。
⑥ 〔元〕脱脱等撰:《辽史》卷 12《圣宗本纪》,北京:中华书局 1974 年版,第 134 页。
⑦ 〔元〕脱脱等撰:《辽史》卷 13《圣宗本纪》,北京:中华书局 1974 年版,第 148 页。
⑧ 〔元〕脱脱等撰:《辽史》卷 19《兴宗本纪》,北京:中华书局 1974 年版,第 233 页。

速扩大,草原上出现了成片农田,陈述先生称之为"插花田"①。关于西辽河流域"插花田"的规模,韩茂莉先生研究认为到辽中期以西拉木伦河流域为核心的上京地区,开垦耕地与撂荒地约 5 万顷,以老哈河流域为核心的辽中京地区至辽中期以后农田开垦面积达 8 万顷。② 也就是说,西辽河流域的草原上到辽代中期已经开发了约 13 万顷农田,可谓规模空前,并且从资料记载来看此时期的农业开发颇具成效。辽代前期气候适宜,加之因为滦河以北西拉木伦河以南之间的区域,土地肥沃,适宜农耕,宜种五谷,特别是老哈河流域的中京城附近是辽境的重要农业开发区,农业生产尤盛。苏颂使辽时在老哈河流域见到"耕耘甚广""田畴高下如棋布"的农耕盛况。马人望在天祚帝时被迁置中京任度支使,"视事半岁,积粟十五万斛"③。到 10 世纪末,辽境已经是"编户数十万,耕垦千余里",这一农业盛况自然也包括西辽河流域的农业成就。西辽河流域农业的兴盛促进了辽王朝的经济发展,但是大规模的农田开发势必对这里脆弱的生态环境产生一定的干扰。一旦破坏了生态平衡,那么环境的恶化将是不可逆转的,事实证明确实如此。

二 农田开发引发的环境变迁

西辽河流域作为生态敏感地带,地表植被脆弱,气候干旱少雨,一经扰动,如不注意修复,环境就会迅速恶化。辽代在此地进行大规模的农田开发,确实引发了一系列环境问题。

(一)农田开发与土地沙化

辽代前期,西辽河流域温暖湿润,生态环境良好,虽然"契丹家住云沙中"但是从"春来草色一万里"来看,这里的"沙"是被植被固定覆盖着的,没有形成流动的沙丘,也没有出现大面积沙化现象。老哈河下游的白马淀在辽代中期以前还是契丹皇帝的冬捺钵地,"地甚坦夷,四望皆沙碛,木多榆柳。其地饶沙,冬月稍暖,牙帐多于此坐冬"。虽然这里"四望皆沙碛""其地饶沙",但因"木多榆柳",有植

---

① 陈述:《契丹社会经济史稿》,北京:三联书店 1978 年版,第 17 页。

② 韩茂莉:《辽金时期西辽河流域农业开发与人口容量》,《地理研究》2004 年第 5 期,第 684 页。

③ 〔元〕脱脱等撰:《辽史》卷 59《食货志》,北京:中华书局 1974 年版,第 925 页。

被覆盖,所以环境宜人,野生资源丰富,皇帝经常来此行猎。

但是随着大规模农业人口的迁入,土地开发、城镇建设,加之环境自身由暖湿转为干冷等因素,西辽河流域土地迅速沙化。尤其是30多万农业人口开垦的十几万倾的耕地,使西辽河流域的很多草原变为农田,人工植被取代了天然植被,从而加剧了环境恶化。众所周知,农作物防风固沙的能力很弱,况且北方气候条件和地理环境决定这里一年四季作物覆盖土地的时间非常短,仅仅三四个月,其余大部分时间地表是裸露在外的。而且因为西辽河流域土壤层比较薄,为了利用地利,人们采取休耕轮作的耕种方式,一片农田可能两三年轮耕一次。那么休耕期间的土地整年无植被覆盖,致使裸露在外的地表迅速沙化,在风力作用下出现扬沙天气。尤其是辽朝中期以后气候转为干冷,更加剧了西辽河流域的土地沙化进程,沙地物质受气候波动影响很大,随着降水量减少,气候变干,不仅沙地范围会扩大,原来已经被植被固定的沙丘也会出现活化现象。① 所以辽代中期以后西辽河流域土地沙化加剧,科尔沁沙地面积不断扩大,沙尘天气频发。1067年,陈襄使辽,途中记述了科尔沁沙地西部的西拉木伦河上游的沙漠景观。他在赴上京临潢府的途中,"经沙垞六十里,宿会星馆。九日至咸熙毡帐,十日过黄河(今西拉木伦河)"②,途经了60里的沙垞,可见沙地面积之大。1089年,苏辙使辽记录了西拉木伦河与老哈河交汇处的木叶山一带的沙漠,"辽土直沙漠。……兹山亦沙阜"③。1091年,彭汝砺使辽也记载了西辽河流域的沙漠,此地"南障古北口,北控大沙陀。……大小沙陁深没膝,车不留踪马无迹"④。由此可知,辽中期以后从老哈河到西拉木伦河之间土地沙化现象不断出现,给宋朝使臣留下了深刻印象,所有途经此地的宋人都记载了沙漠地貌,表明西辽河流域沙化程度很严重了。西辽河流域沙地面积的扩大,导致大风扬沙天气频发,甚至作物种植后"虞吹沙所壅"⑤,严重影响了农牧业生产。另外,辽朝中期以后契丹统治者将主要捺钵地由西辽河流域转向了松嫩平原也说明此地的生态环境已经恶化,各种资源已经不能

① 韩茂莉:《草原与田园:辽金时期西辽河流域农牧业与环境》,北京:三联书店2006年版,第161页。

② 〔宋〕陈襄:《神宗皇帝即位使辽语录》,载于赵永春编注《奉使辽金行程录》,长春:吉林文史出版社1995年版,第63页。

③ 北京大学古文献研究所编:《全宋诗》,北京:北京大学出版社1998年版,第864页。

④ 蒋祖怡、张涤云整理:《全辽诗话》,长沙:岳麓书社1992年版,第324页。

⑤ 〔宋〕叶隆礼撰:《契丹国志》卷24《王沂公行程录》,贾敬颜、林荣贵点校,上海:上海古籍出版社1985年版,第231—232页。

满足皇帝捺钵的需要了。这是西辽河流域土地沙化的一个间接证明。

(二)农田开发与草场退化

草原上大规模农田的出现,也就意味着牧场面积相应的缩小,在牲畜数量不变的情况下单位面积的载畜量会过高,过度放牧无疑将导致草原生态系统的退化。这在辽代史籍中已见端倪,《辽史·耶律引吉传》载:"大康元年,乙辛请赐牧地,引吉奏曰:'今牧地褊陿,畜不蕃息,岂可分赐臣下。'帝乃止。"这说明辽道宗时期辽境草场已经严重不足,并且导致"畜不蕃息"现象的出现。韩茂莉先生认为辽代庆州(今内蒙古巴林右旗索博日嘎苏木)、临潢府(今内蒙古巴林左旗林东镇)所设群牧司的马群规模已超过 600 万匹,存在明显的超载过牧现象。[①] 这也使统治者不得不采取应对措施以缓解草场压力,其中之一就是将大量马匹迁入燕云地区。史籍记载:"常选南征马数万匹,牧于雄、霸、清、沧间,以备燕、云缓急。"[②]虽然资料显示军马南下是为了军备需要,但也不排除为了缓解内地草场压力而采取的一种措施。

众所周知,水草是畜牧经济的命脉,尤其是水对畜牧经济来说比牧草还重要。而大规模的农田开发,不可避免地出现了草原与农田争水的现象,从而使草场因缺水而退化。辽代为了灌溉农田,人们在草原上修筑了众多水渠或简易的河坝,这些水利工程截流了一部分小的河流,而放牧范围是由水源决定的,河流被截流后使原来放牧的草场因为缺水而无法放牧。而原本滋润流经区域植被的水源断流,导致流域内植被特别是牧草因缺水而长势不好,严重地影响了畜牧经济的发展。同时也导致某些野生动物因喝不到水而死亡或被迫迁徙,从而破坏了生态平衡,引发区域环境恶化等连锁反应。

(三)农田开发与生态移民

辽代西辽河流域的过垦、过牧及环境本身转向干冷等原因,使这一地区生态系统退化,造成人地关系的紧张。对此,辽朝政府只能通过生态移民来缓解环境压力。关于这一问题韩茂莉、杨军等诸位学者做过研究,笔者在此基础上加以梳

① 韩茂莉:《辽金时期西辽河流域农业开发与人口容量》,《地理研究》2004 年第 5 期,第681 页。

② 〔元〕脱脱等撰:《辽史》卷 60《食货志》,北京:中华书局 1974 年版,第 134 页。

理论证。

辽代西辽河流域农业人口的迁徙,虽然史籍没有明确记载是为了缓解环境的压力,但是经过梳理分析可知,辽朝中期一部分农业人口由上京临潢府周围迁徙到中京大定府,即从西拉木伦河流域迁入老哈河流域,而且此次迁徙的农业人口大约有10万人。[①] 有的学者认为这次人口的迁徙是为了加强对奚人的控制,笔者认为除此之外应该还有环境的原因。如果只是为了加强对奚人的控制,为什么不迁徙战斗力很强的契丹人,而只迁出不善于骑马射箭的农业人口呢? 很显然是西拉木伦河流域的生态环境已经不适合农耕,所以不得不迁出大量农业人口以缓解环境压力。事实上也是如此,西拉木伦河流域比老哈河流域生态更脆弱,地处科尔沁沙地的腹心地带,辽初这里涌入了大批农业人口,环境压力剧增,随着农田开发,土地沙化加剧,导致土地不适合种植。而当时老哈河流域的环境相对来说要好些,还适合农田开发,所以辽统治者将10万人口迁入此地继续从事农业生产。但10万农业人口的涌入也会不可避免地造成老哈河流域的环境压力,长此以往势必会导致环境的恶化,人们不得不重新寻找生存空间。所以到了金代,又一次生态移民开始了,即大量农业人口从老哈河流域移到大凌河流域。农业人口的不断南迁,说明西辽河流域环境不断恶化,统治者不得不用生态移民的办法来缓解环境压力。另外,辽代在西辽河流域的科尔沁沙地上建立的州城,到金代也几乎全被废除,这是西辽河流域环境恶化的力证。

当然,导致辽代西辽河流域环境恶化的因素还有很多,如环境自身的变化、人类的城镇建设、伐薪烧炭等等,但是农田开发导致西辽河流域环境恶化的重要原因是毋庸置疑的。

---

① 韩茂莉:《辽金时期西辽河流域农业开发核心区的转移与环境变迁》,《北京大学学报》2003年第4期,第475页。

大安出土的契丹小字铜镜介绍

刘凤翥[①]

1971 年 6 月,吉林省大安县(今大安市)红岗公社永合屯小学校内出土一面契丹小字铜镜。镜为边长 9.5 厘米的等边八角形。镜背用双线钩出一正方形,再用单线间隔为 5 行,共铸 5 行契丹小字,每 4 字一句,共 4 句 16 字:（此处为契丹小字图形）。今能确切解读的,仅（契丹字）(四)、（契丹字）(时)、（契丹字）(天)、（契丹字）(祸)四字而已。（契丹字）是"天"的时位格形态。陈述、刘凤翥、阮廷焯先后对此铜镜进行过考证,但除了前人释出的"四""时""天"之外,均处于臆测阶段,没有实质性的进展。

陈述先生最早考释了此镜[②]。拟音方面陈先生首先是采用爱宕松男的方法[③]。例如:（契丹字）的拟音爱宕松男作 D[ürb]en,（契丹字）的拟音爱宕松男作 t[enge]r[i]。陈先生对（契丹字）的拟音作 D[Örb]en,与爱宕松男相比仅有一个字母的区别,即用 Ö 替换了 ü。陈先生对（契丹字）的拟音与爱宕松男完全相同。如果看不懂爱宕松男

---

① 刘凤翥,中国社会科学院民族学与人类学研究所。

② 陈述:《拔大安出土契丹文铜镜》,《文物》1973 年第 8 期,第 36—40 页。

③ 〔日〕爱宕松男:《契丹 kitai 文字の解读について》,《东北大学文学部研究年报》1956 年第 7 号,第 329—350 页。

的文章,也就看不懂陈先生的文章。

　　爱宕松男把契丹小字**屯**拆作**ロ**、**七**上下两部分。**ロ**拟音 d,**七**拟音 en。**屯**音 D[ürb]en,意思是说契丹语的"四"本来等同于蒙古语读 Dürben,但写成契丹字**屯**之后读 Den,省略了 ürb。D[ürb]en 中"[ ]"符号内的 ürb 是表示被省略的语音部分。爱宕松男把契丹小字**关**拆作**八**、**大**上下两部分。**八**拟音 t,**大**拟音 r。**关**音 t[enge]r[i],意思是说契丹语的"天"本来等同于蒙古语读 tengeri,但写成契丹字**关**之后读 tr,省略了 enge 和 i。t[enge]r[i]中"[ ]"符号内的 enge 和 i 是表示被省略的语音部分。爱宕松男把**平**分解为**ロ**、**十**两部分,**十**拟音为 a,**平**拟音为 da。爱宕松男把**万**拟音为 kü,把**屮**拟音为 gul,把**匀**拟音为 ga,把**才**拟音为 ja。陈先生对**万**、**屮**、**平**、**匀**、**才**等原字的拟音亦均采用爱宕松男的意见。通过上述可以明确陈先生引用了爱宕松男的意见,但均没有加注。陈先生给原字**劣**拟音为 sun,是采纳长田夏树的意见①,也未加注。不仅招致"若斯之类,不详依据,则与剽袭何异乎"的诟病②,还影响了同类文章的发表,堪为后来者戒。

　　陈先生给**北关**拟音为 Ča͡ɣ heme[jijie]。Ča͡ɣ 即蒙古语"时",读"察黑"的标音,[jijie]即汉语"季节"。陈先生明明知道契丹语"时读旪,读若颇",与蒙古语不同,但他脱不开用蒙古语读契丹字的窠臼,于是毫无根据地把"察黑""颇"及"奢"扯在一起,说什么"颇、奢应是蔡黑、察火的省音或切音",被阮廷焯先生讥为"强作解人"。其实"奢"不是"时"的读音,而是"好"的读音。③

　　每个契丹小字都是一个单词。契丹小字的最小读写单位被现代语言学家称为"原字"。契丹小字是由一至七个不等的原字拼成的。爱宕松男把不能再分割的原字分割为一些碎片,例如把**屯**拆作**ロ**、**七**上下两部分,把一个单词当成句子。陈述先生也秉承这一观念,把语义为"祸"的契丹小字(单词)**东万劣**说成"年月过去了"的句子,把单词**土由笑关**说成"美丽寖成白发"的句子。

---

　　① 〔日〕长田夏树:《契丹文字解读的可能性》,《神户外国语大学论丛》第 2 卷第 4 号,1951 年 11 月出版。

　　② 阮廷焯:《契丹小字铜镜新考》,《汉学研究》第 11 卷第 1 期,1993 年 6 月台北出版,第407 页。

　　③ 〔元〕脱脱等撰:《辽史》卷 53《礼志六》,北京:中华书局 1974 年版,第 878 页。

综观陈先生的全文,除了前人已经释出的"四""时""天"三字之外,陈先生并没有什么学术新意和进展。说明此时陈先生并没有进入辨别是非的状态,更遑论解读。

早年我也对此铜镜提出过臆测的意见:"《完颜通铜镜》可能是辽代的镜子,金代签刻的边款。镜上共有十六字,每四字一句,汉译似为'四时往返,言何须天,群物生灭,天何须言'。即《论语·阳货篇》中的'四时行焉,天何言哉。万物生焉,天何言哉'之意译。"①《论语·阳货篇》的原话是"天何言哉,四时行焉。百物生焉,天何言哉"。

阮廷焯先生除了评论别人的之外,他自己也没有实质性的解读进展。

铜镜的全文解读仍有待于来日。

---

① 刘凤翥:《建国三十年来我国契丹文字的出土和研究》,《内蒙古社会科学》1981 年第 1 期,第 128—129 页。

也谈《萧旼墓志铭》真伪问题

都兴智①

2014 年 7 月,承蒙中国社会科学院民族研究所契丹文字专家刘凤翥先生通过网络惠传汉字《萧旼墓志铭》(以下简称《旼志》)及该墓志契丹小字志文摹本(旼,契丹名"白斯本",故以下简称《白志》)电子版。当时大略地通读后,直觉上感到这方墓志存在问题。现在刘先生已将他的研究文章发表,并认定该墓志是赝品。② 笔者认真拜读了刘先生的文章(以下简称"刘文"),又仔细审读了志文,并与汉文《永清公主墓志铭》(以下简称《永志》)和契丹小字《欧懒太山与永清郡主墓志》(以下简称《太山志》)③、契丹小字《故上师居士拔里公墓志》(上师居士,即实先生解为"尚食局使",以下简称《拔里公志》)④进行比对考察,拟对《旼志》和《白志》真伪问题谈谈自己的看法。

一　志文中历史常识性的错误

萧旼墓志是一方难得的汉文与契丹小字合璧的辽代石刻,但因其没有确切的出土地点和清楚来历,所以本身就使人质疑。正如刘先生所说,《旼志》撰者

---

① 都兴智,辽宁师范大学历史文化旅游学院。
② 刘凤翥:《<萧旼墓志铭>为赝品说》,《赤峰学院学报》2015 年第 1 期。
③ 《永清公主墓志铭》、契丹小字《欧懒太山与永清郡主墓志》,载于刘凤翥、唐彩兰、青格勒编著《辽上京地区出土的辽代碑刻汇辑》,北京:社会科学出版社 2009 年版,第 81、83 页。
④ 即实:《〈乎卢墓志〉译读》,载于《谜田耕耘》,沈阳:辽宁民族出版社 2012 年版,第 330 页。

署名为杨丘文,细读志文,给人的感觉字句生涩不典,与传世的杨丘文其他作品文风截然不同。同时在志文中存在着许多常识性的错误,这就明显露出作伪者的马脚。如《旼志》开头:"故彰信军节度使、知大国舅详隐、赠同中书门下平章事萧公墓志文"。刘文已经明确指出,"知大国舅详隐"是杜撰的官职,因为作伪者根本不理解"知"的含义。"知",义为主管、执掌,如知府、知州、知县等,意即主管或执掌一府、一州、一县之事。辽代的大国舅详隐是官名,我们在出土的辽代其他墓志中见到的都是"除大国舅详隐"或"拜国舅详隐"。知大国舅详隐,意即主管或执掌大国舅详隐。杨丘文是辽末名士,如果犯这样的低级错误,岂不是贻笑大方!《白志》第一行和第十行"国舅详隐知事",同样是杜撰的官职,因《辽史·百官志》及其他出土辽代墓志从未见到这种官名。

《白志》第三行记载墓志的撰写者为:"高州之观察使、字掌之知事、开国子耶律固撰"(按汉语语序"字掌之知事"应译为"掌字之知事",即知制诰)。其中一个明显的常识性错误就是"开国子"三字之前缺失郡望。这一行字很可能是作伪者仿抄《故耶律氏铭石》第二行而进行了简略,但他并不知道封爵前面的郡望是不可省略的。《故耶律氏铭石》的原文是"高州之观察使、金紫崇禄大夫、检校尚书右仆射、漆水县开国伯耶律固撰"。《白志》"开国子"之前缺书"漆水县"。

《旼志》记萧旼的高祖称:"次曰檀哥,某卫将军,即公之高王父也"。所谓檀哥,按契丹小字的原文准确读音应解为丹哥,因相应的"檀"字与契丹小字《耶律宗教墓志》中记载东丹国的国号"丹"是同一个契丹词。"某卫将军",不知具体所指,检索出土的辽代墓志,与"卫将军"有关的官名有"左院千牛卫将军""千牛卫将军""左监门卫上将军""金吾卫上将军"等,千牛卫、监门卫、金吾卫都是固定名词,不管是哪个官名,在志文中都不能简称为"某卫将军",这显然又是作伪者随意杜撰志文暴露出的又一个破绽。

《旼志》中还有"将军公生检校太师、某军节度使安哥,即公之曾王父也。太师公生驸马都尉王五,尚圣宗皇帝之女荥阳公主曰兴哥者,即公之王父王母也。驸马公生某卫将军泰山"。《永志》记载,萧太山的最高官名为左千牛卫将军,如前文所言,这里绝不可简称为"某卫将军"。另外如文中"将军公""太师公""驸马公"等皆非志文中称号,颇类小说和戏曲中之语,志文中出现这类称号明显有叠床架屋之嫌。

二　关于旼女为妃、两侄尚主的史实考察

　　《旼志》记，旼第三女为天祚皇帝淑妃，这一说法不见于辽代史料和出土的辽代相关石刻资料的记载。如果是史实的话，为什么《拔里公志》不见只言片语？按说其家族中先辈女性有被皇帝选为嫔妃的显赫之事，后人在墓志中一定会有记载。对此，刘凤翥先生认为是作伪者胡编的故事，笔者亦同样持怀疑态度。

　　《旼志》又记，萧太山与永清郡主生三子，"长子昕，西北路招讨兼中书令，即公之兄也。其子曰昱，同中书门下平章事、驸马都尉，尚皇妹秦晋国长公主曰延寿者，即公之犹子也。季曰阿剌，故临海军节度使，即公之弟也。其子曰蕊奴，太子少师、临海军节度使，尚皇太叔祖宋魏国王之女吴国公主曰骨欲者，亦公之犹子也"。"常语人曰：'吾一女作妃，两犹子尚主身起家为方帅，此吾之幸极矣。'"

　　关于昕子昱尚皇妹秦晋国长公主曰延寿之事，应该是作伪者望风捕影、移花接木编造的故事。延寿公主是天祚皇帝之胞妹，《辽史·公主表》记，延寿公主下嫁萧韩家奴。《永志》《太山志》记，昕有三子：正室挞不也娘子生长子阿僧、次子韩家奴，次室保功娘子生第三子哥得。韩家奴就是《太山志》的书丹者。那么昕次子韩家奴与延寿公主的驸马萧韩家奴是不是同一个人呢？从《白志》的记载来看，显然不是！《白志》第八行：白斯本相公"兄一个，名莫札尼（即萧昕），□□西北招讨兼中书令，长子乙辛，左院宣徽使，同中书门下平章事、驸马都尉，尚可汗之同胞秦晋国长延寿公主"。这里所记的长子乙辛，即阿僧。阿僧与《辽史·公主表》所记的延寿公主驸马萧韩家奴也对不上号。

　　至于《旼志》中所记萧太山第三子萧阿剌（刘凤翥先生译为"里罕里"，汉名昉）长子蕊奴（《永志》记为如意奴，同音异译）尚主之事，则见于《拔里公志》。该志文第四至六行记："太山将军之子□地之度使特末里罕里太师，所娶女人（妻）六院解里宁于越族帐之谢留郎君之女翰特懒夫人。太师之子契丹驸马都尉如意奴公。……女人（妻）公主耶律兴宗皇帝之孙女"。但《太山志》中没有记如意奴所尚公主的封号和名字，只记是兴宗孙女。以此推断，公主应该是道宗兄弟之女。《旼志》记其为道宗大弟皇太叔祖和鲁斡之女，是根据《拔里公志》的记载又进行了增编，记为吴国公主名骨欲。但有一点需要说明，《旼志》大约刻于2005年，而

《拔里公志》的资料是 2009 年始公开发表①,作伪者怎么会在四年之前引用其墓志资料? 实际上《拔里公志》早在 2004 年就已经出土,志文拓片在少数人手中流传,作伪者应该是事先获得拓片资料才编进《旼志》当中。

三 人物、世系错乱

《萧旼墓志铭》除常识性错误之外,还存在着人物、世系错乱的现象。如《永志》记,萧太山第二子汉名晛,而《旼志》讹为旼,刘凤翥先生已指出其误。

《旼志》又记:"始祖曰神睹,兼中书令,在太祖太宗时有佐命功,尚义宗之女齐国公主曰阿保礼。生二子,长曰啜里,兼侍中,尚世宗皇帝之女秦晋国大长公主曰胡古典;次曰檀哥,某卫将军,即公之高王父也。……驸马都尉王五,尚圣宗皇帝之女荥阳公主曰兴哥者,即公之王父、王母也。驸马公生某卫将军曰太山,以其伯祖同中书门下平章事应哥尚圣宗皇帝弟齐国王之女河间公主曰迎儿者,无嗣,诏将军公主其家。"

先说所谓始祖神睹,即萧太山的高祖,作伪者故弄玄虚,将其记为"始祖"。《太山志》第五行记:"第五代先祖石鲁隐·安里令公(即实先生释为士笃讷·宴利令公)②,拔懒月椀阿主之子叔父撒懒宰相弟五女人耨斤夫人之子。……女人齐国阿不里公主,配偶□□阿主帐承祧。公主国授皇帝地母(皇后)之女"。《拔里公志》第三行记为"第七代先祖石鲁隐·安里令公,女人尚义宗皇帝之女秦国公主阿不里"。神睹、石鲁隐·安里,就是《辽史》有传的萧翰,阿古只第五妻所生,为萧缅思(室鲁)过继子,其妻阿不里公主,为让国皇帝义宗耶律倍之女。"国授皇帝"是直译,按契丹语序应译为"授国皇帝",即让国皇帝。从契丹小字发音角度来分析,释此人契丹字第二个名为"石鲁隐"比"神睹"更加贴切。

其次再说关于萧太山伯祖之事。《旼志》称太山伯祖为应哥驸马,啜里驸马是神睹长子,都是明显的谬误。其实太山的伯祖并不是应哥驸马,而是应哥之父啜里驸马。《太山志》第六行记:"将军之伯祖父□□·啜里驸马,女人(妻)胡古典公主,天授皇帝地母(皇后)之女。啜里驸马公主之□子彻坚·应哥驸马相公,

---

① 郭添刚、崔嵩、王义、刘凤翥:《契丹小字金代〈萧居士墓志铭〉考释》,载于《文史》第一辑,北京:中华书局 2009 年。

② 即实:《〈太山尧洁墓志〉译读》,载于《谜田耕耘》,沈阳:辽宁民族出版社 2012 年版,第221 页。

女人（妻）□□令师公主。驸马公主之女孩一个昭兀里妃。彻坚驸马女古帐□撒懒阿古只宰相之第二女人（妻）赤乌古夫人帐□□承祧。"所谓天授皇帝，即辽世宗。太山之祖为留宁·安哥太师，啜里驸马乃安哥之兄，故为太山之伯祖，而应哥驸马为太山伯祖啜里驸马之子，为太山父辈，怎能称伯祖！啜里驸马为太山伯祖，石鲁隐·安里令公为太山五世祖（高祖），啜里驸马怎么会是石鲁隐·安里令公之子？作伪者显然是没有读懂《太山志》的内容，才导致记载中人物、辈分的错乱。《白志》第五至六行的相关部分也同样记载啜里为神睹长子、应哥为太山伯祖之事。《白志》撰者署名耶律固，为辽末著名契丹小字文章行家里手，绝不会撰写这样错误百出的志文。这充分说明，《旼志》和《白志》是出自同一个或同一伙作伪者之手。《太山志》第九至十行记永清郡主为"统和皇帝之弟齐国大王之子楚古宁陶德大王昭兀里妃二人之长女"。《永志》则记永清郡主之母为驸马都尉萧克忠之女，由此知彻坚·应哥驸马就是萧克忠，也是永清郡主的外祖父，永清郡主生母就是应哥驸马之女昭兀里妃。永清郡主之父乃圣宗之侄、齐国王第三子卫王宗熙。萧克忠无男嗣，故由外孙女婿萧太山承祧其宗支。

总的来看，《旼志》和《白志》内容破绽百出，并可考察出其谬误的出处和原因，故可断定为今之作伪者制造的假货。据笔者掌握的信息看，如今的作伪者制造有契丹字的辽代赝品文物有墓志、皮件、墨书、陶器、令牌、金属货币、印玺等，其中令牌、货币、印玺有的还使用高贵的白银或黄金制成。在如今文物造假之风甚盛的形势下，考古和史学研究者一定要提高对文物真伪的辨别能力，不上造假者的当。如果你把假货当成真品去进行研究，岂不让造假者耻笑，同时也会给相关的研究领域造成某些混乱。

《辽史》中的"土河""潢水"名称考

李俊义　孙国军[①]

《辽史》中的"土河"与"潢水"，在不同历史时期的汉文文献中各有不同的称谓。本文利用有限的汉文文献，试考证"土河"与"潢水"的名称沿革，以就正于方家。

一　"土河"名称考

《辽史》中的"土河"，即今老哈河，乃西辽河南源，在内蒙古自治区东南部，源自河北省平泉县光头山，东北流与西拉木伦河汇合后称西辽河。全长436公里，流域面积3.31万平方公里。

"土河"一名，自古至今有不同的汉文音译，主要有：

（1）乌集秦水。《后汉书》卷九〇《乌桓鲜卑列传》有云："种众日多，田畜射猎不足给食，檀石槐乃自徇行，见乌集秦水广从数百里，水停不流，其中有鱼，不能得之。"

（2）乌侯秦水。《三国志》（百衲本）卷三〇《乌丸鲜卑东夷传》裴松之注引《魏书》有云："后檀石槐乃案行乌侯秦水，广袤数百里，渟不流，中有鱼而不能得。闻汗人善捕鱼，于是檀石槐东击汗国，得千余家，徙置乌侯秦水上，使捕鱼以助粮。至于今，乌侯秦水上有汗人数百户。"

关于"乌集秦水"和"乌侯秦水"，清代学者丁谦先生认为："'乌侯秦'，本

---

① 李俊义，赤峰学院历史文化学院；孙国军，《赤峰学院学报》期刊社。

传作'乌集秦',乃译音之转,其水《隋书》作'讬纥臣水',《唐书》作'土护真水'。"①

（3）托纥臣水。《北史》卷九四"契丹传"："（契丹）部落渐众,遂北徙,逐水草,当辽西正北二百里,依托纥臣水而居,东西亘三百里,分为十部。兵多者三千,少者千余。"《隋书》卷八四《北狄传》之"契丹"条："（契丹）部落渐众,遂北徙逐水草,当辽西正北二百里,依托纥臣水而居。东西亘五百里,南北三百里,分为十部。兵多者三千,少者千余,逐寒暑,随水草畜牧。"

（4）讬纥临水。《通典》卷二〇〇《契丹》云："当辽西正北二百里,依讬纥临水而居,东西亘五百里,南北三百里,亦鲜卑故地。"

日本学者白鸟库吉先生认为："此处所见之'讬纥临水',明为'托纥臣水'之误写也。"②

（5）吐护真河。《旧唐书》卷二〇〇《安禄山传》有云："十一载八月,禄山并率河东等军五六万,号十五万,以讨契丹。去平卢千余里,至吐护真河,即北黄河也。又倍程三百里,奄至契丹牙帐。"

（6）土护真河。《新唐书》卷二二五《安禄山传》有云："十一载,率河东兵讨契丹,告奚曰：'彼背盟,我将讨之,尔助我乎？'奚为出徒兵二千乡导。至土护真河,禄山计曰：'道虽远,我疾趋贼,乘其不备,破之固矣。'乃敕人持一绳,欲尽缚契丹。"

（7）土护真水。《新唐书》卷二一九《北狄传》之"奚"条有云："奚,亦东胡种,为匈奴所破,保乌丸山。……其国西抵大洛泊,距回纥牙三千里,多依土护真水。其马善登,其羊黑。盛夏必徙俟冷陉山,山直妫州西北。至隋始去'库真',但曰奚。"

据罗新教授研究,著名的蒙古学家李盖提（Louis Ligeti）在他那篇研究拓跋语言属性的文章里,证明北魏统治者自己的这一解释是可信的。李盖提考证《三国志》所记的"讬纥臣水"与《新唐书》所记的"土护真水"是同一条河流,而"讬纥臣"与"土护真"就是蒙古语词 $toγušin$ 或 $toγočin$,意思是"土,泥土",而这个词与

---

① 〔清〕丁谦撰：《后汉书乌桓鲜卑传地理考证》,民国 4 年（1915 年）浙江图书馆丛书校刊本,第八叶 a。另见严一萍选辑《原刻景印丛书集成三编》第七十九册,艺文印书馆印行。

② 〔日〕白鸟库吉著,方壮猷译：《东胡民族考》上编《乌桓鲜卑考》之"乌侯秦水"条,上海：商务印书馆 1934 年版,第 40 页。

拓跋之"拓"是同一个词。①

关于"拓跋"名号的词义，北京大学罗新教授认为："要解释'拓跋'名号的词义，不应该完全放弃北魏统治者自己提供的信息。根据孝文帝的改姓诏书，'北人谓土为拓，后为跋'，这个说法即使有自美姓氏来历的一面（特别是与黄帝的土德联系起来，明显是一种攀附②），也可能有包含真实历史线索的一面③。白鸟库吉是最早利用这一线索的学者，即使他只是部分地相信这一线索的价值。根据《魏书》和孝文帝诏书对于拓跋二字的解释，拓跋是一个复合词，是由表示土地的拓与表示君主的跋两个单词复合而成的。白鸟库吉在蒙古语里找到表示泥土的 tôhon 和 toghosun，推测即是拓跋之'拓'；又在通古斯语中找到表示君长的 boghin，推测即拓跋之'跋'的对音。然而尽管作了这一研究，白鸟库吉自己并不满意，他相信所谓'北人谓土为拓，后为跋'的解说，仍然是拓跋氏为了自我夸耀，取其音近而进行的一种附会，因此拓跋本义'仍属不明也'④。"⑤

（8）纥臣水。《辽史》卷六三《世表》有云："固辞不去，部落渐众。遂北徙，逐水草，当辽西正北二百里，依纥臣水而居。东西亘五百里，南北三百里，分为十部，兵多者三千，少者千余。"其下"校勘记"云："纥臣水，《隋书》八四《契丹传》、《北史》九四《契丹传》均作'讬纥臣水'。"⑥

（9）北乜里没里。《契丹国志》卷一"初兴本末"："曰'北乜里没里'，复名'陶猥思没里'者，是其一也，其源流出自中京西马盂山，东北流，华言所谓'土河'是

---

① LouisLigeti, *Le Tabghatǒh, un dialeete de la langue šiien – pi*, in Louis Ligeti（ed.）, Mongolian Studies, Budapest: 1970, P. 265 – 308. 转引自罗新著《论拓跋鲜卑之得名》，《历史研究》2006年第6期，第35页。另见罗新：《中古北族名号研究》，北京：北京大学出版社2009年版，第55页。

② 有关民族融合、社会整合中普遍存在的攀附问题，请参看王鸣珂：《论攀附：近代炎黄子孙国族建构的古代基础》，《中央研究院历史语言研究所集刊》第73本第3分，2002年，第583—624页。

③ 〔日〕内田吟风：《北アジア史研究·鲜卑柔然突厥篇》，京都：同朋舍，1975年，第96页。

④ 〔日〕白鸟库吉著，方壮猷译：《东胡民族考》上编《托拔氏考》之"托拔之名义"条，上海：商务印书馆1934年版，第128—129页。

⑤ 参见罗新：《中古北族名号研究》，北京：北京大学出版社2009年版，第54—55页。

⑥ 〔元〕脱脱等撰：《辽史》（点校本二十四史修订本），北京：中华书局2016年版，第1054、1060页。

也。至木叶山,合流为一。"①

（10）陶猥思没里。此名参见《契丹国志》卷一"初兴本末",如上文。

日本学者白鸟库吉先生认为:"据《契丹国志》,辽时代'老哈河'有'陶猥思没里'及'北乜里没里'之二称,亦犹'西喇木伦'有'枭罗箇没里'及'女古没里'之二称也。'陶猥思没里'为蒙古语'土河'之义,既如上述;则'北乜里没里'似当系通古斯语'土河'之义矣。……因案'老哈河'之一称'北乜里',乃通古斯语 balä,bala 之对译,而'北乜里'则'北也里'之误写也。"②

（11）土河。此名始于辽。《契丹国志》卷一"初兴本末"条:"古昔相传:有男子承白马浮土河而下,复有一妇人乘小车驾灰色之牛,浮潢河而下,遇于木叶之山,顾合流之水,与为夫妇,此其始祖也。"北宋使臣苏颂出使契丹,曾作七律《过土河》有云:"长叫山旁一水源,北流迢递势倾奔。秋来注雨弥郊野,冬后层冰度辐辕。白草悠悠千嶂路,青烟袅袅数家村。终朝跋涉无休歇,遥指邮亭日已昏。"其诗题下注云:"中京北一山長高,土人谓之长叫山。此河过山之东,才可渐车。又北流百余里,则奔注弥漫。至冬,冰厚数尺,可过车马,而冰底细流,涓涓不绝。"③

此名另见《续资治通鉴长编》卷九引《宋绶上契丹事》,《宋史》卷六六《五行志四》,《辽史》卷一《太祖本纪上》、卷三《太宗本纪上》、卷四《太宗本纪下》、卷八《景宗本纪上》、卷一〇《圣宗本纪一》、卷一一《圣宗本纪二》、卷一三《圣宗本纪四》、卷一四《圣宗本纪五》、卷一六《圣宗本纪七》、卷三一《营卫志上》、卷三二《营卫志中》、卷三七《地理志一》、卷三九《地理志三》、卷五五《仪卫志一》、卷六八《游幸表》、卷一一六《国语解》,《金史》卷二四《地理志上》、卷六五《谩都本传》、卷七一《阇母传》、卷八七《纥石烈志宁传》、卷九〇《高德基传》、卷九二《徒单克宁传》等文献。

（12）涂河。《元史》卷一一八《特薛禅传》:"又谕火忽曰:'哈老温迤东,涂河、潢河之间,火儿赤纳庆州之地,与亦乞列思为邻,汝则居之。'又谕按陈之子唆鲁火都曰:'以汝父子能输忠于国,可木儿温都儿迤东,络马河至于赤山,涂河迤南,与国民为邻,汝则居之。'"

---

① 〔宋〕叶隆礼撰:《契丹国志》,贾敬颜、林荣贵点校,上海:上海古籍出版社 1985 年版,下同。

② 〔日〕白鸟库吉著,方壮猷译:《东胡民族考》上编《乌桓鲜卑考》之"乌侯秦水"条,上海:商务印书馆 1934 年版,第 45—46 页。

③ 蒋祖怡、张涤云整理:《全辽诗话》,长沙:岳麓书社 1992 年版,第 303 页。

此名另见《金史》卷二四《地理志上》、《元史》卷九四《食货志二》等文献。

（13）徒河。此名参见《热河改建行省议案》转引《明一统志》①等文献。

（14）太河。此名参见明米万春《蓟门考》。②

（15）老花母林。明米万春《蓟门考》："大宁城，番云可苟河套。在蓟镇之北，离边约四百五六十里，正南与燕河青山口相对。大宁东南有熬母林河，流入辽东大凌河。北有老花母林，番云即太河也，自青山西北流来，绕过大宁城南，往东北与舍喇母林合，共入辽东三岔河矣。如报前二母林聚兵，皆是大宁前后左右耳。"③《承德府志》卷一六"山川"之"老河"条云："案：'老花母林'即'老哈穆楞'，'舍喇母林'即'锡喇穆楞'，为'辽水'之西源。"④《水道提纲》卷二："白狼河，亦曰'狼水'，亦曰'土河'，又曰'老花母林'，今蒙古称'老哈河'，即'老河'也。"⑤

（16）老花。明米万春《蓟门考》："影克兄弟八枝，部落约有三千余骑。在喜峰口境外东西，地名会州（平泉之南二十里，今察罕城——和田清注）、青城（大宁新城，即今黑城子——和田清注），逃军兔及老花（今老哈河——和田清注）前后驻牧。"⑥

（17）老母林。《武备志》卷二〇五"镇戍蓟镇"条所引《职方考》说："河套稍南有敖木林，稍北有老母林，离蓟边五、六百里。此地有北虏土蛮驻牧。"

上文所说的"敖木林"指今大凌河，"老母林"指今老哈河；"河套"指辽河之套。此两河皆在辽河主流南侧。老哈河入于辽河，而大凌河却单独从锦州入海，皆属辽河河套之地。前者提到的"打来孙"与后者提到的"土蛮"皆指北元皇帝。土蛮的驻牧处和打来孙者为一处，即山后地名阿力素之地，位于大凌河

---

① 〔民国〕熊希龄：《热河改建行省议案》，民国初年铅印本，第 5 叶 b。另见赤峰市地方志办公室、内蒙古图书馆合编：《内蒙古历史文献丛书》之十六《热河改建行省议案》影印本，呼和浩特：远方出版社 2014 年版，第 14 页。

② 参见〔明〕陈仁锡纂辑：《皇明世法录》卷五七，台北：台湾学生书局 1965 年影印明刻本。

③ 参见〔明〕陈仁锡纂辑：《皇明世法录》卷五七，台北：台湾学生书局 1965 年影印明刻本。

④ 〔清〕海忠等纂修：《承德府志》，全六十卷，清道光十三年（1833 年）完成，清光绪翻刻本。

⑤ 参见〔清〕齐召南撰：《水道提纲》，传经书屋藏版，清乾隆四十一年（1776 年）刻本。

⑥ 参见〔日〕和田清著，潘世宪译：《明代蒙古史论集》，北京：商务印书馆 1984 年版，下册，第 463 页。

上游。

（18）老木伦。日本学者和田清博士认为，《武备志》卷二〇五《镇戍蓟镇》条所引《职方考》中说的"河套"，当然是指辽河套；"敖母林"是"敖木伦"（Ao Müren），即大凌河上游；"老母林"是老木伦（Lao Müren），即老哈河。①

（19）老哈穆林。清人编《奉天通志》有云："老哈河"，蒙古语称"老哈穆林"或"老哈木伦"。②

（20）老哈穆楞。《承德府志》卷一六"山川"之"老河"条云："案：'老花母林'即'老哈穆楞'，'舍喇母林'即'锡喇穆楞'，为'辽水'之西源。"③

日本学者白鸟库吉先生认为："'土河'即'老哈穆楞'。"④

（21）老哈木伦。清人编《奉天通志》有云："老哈河"，蒙古语称"老哈穆林"或"老哈木伦"。⑤

日本学者白鸟库吉先生认为："'乌侯秦水'……为蒙古语'老哈穆楞'之音译，'土河'之义，即指'老哈木伦'言之也。"⑥

（22）老河。清乾隆四十六年（1781年）四月，李调元受军机处委派，赴热河复审承德府六州县死刑案件，是月十八日，"过老河，源出诸山泉水，东流入海"⑦。《清史稿·地理志一》"直隶承德府"："'老哈河'古'讬纥臣水'，俗省曰'老河'，出喀喇沁右翼南百九十里永安山，亦曰察罕河，与奇札尔台河会，又北合霍尔霍克河、布尔罕乌兰善河、乌鲁头台河，又东北合昆都伦河，入建昌。"

另见《明史》卷四〇《地理志一》、卷九〇《兵志二》、卷二三八《麻贵传》、卷三

① 〔日〕和田清著，潘世宪译：《明代蒙古史论集》，北京：商务印书馆1984年版，下册，第428—429页。

② 〔清〕王树楠、吴廷燮、金毓黻等纂：《奉天通志》，沈阳古旧书店1983年影印本。

③ 〔清〕海忠等纂修：《承德府志》，全六十卷，清道光十三年（1833年）完成，清光绪翻刻本。

④ 〔日〕白鸟库吉著，方壮猷译：《东胡民族考》上编《乌桓鲜卑考》之"作乐水（饶乐水）"条，上海：商务印书馆1934年版，第27页。

⑤ 〔清〕王树楠、吴廷燮、金毓黻等纂：《奉天通志》，沈阳古旧书店1983年影印本。

⑥ 〔日〕白鸟库吉著，方壮猷译：《东胡民族考》上编《乌桓鲜卑考》之附录"若洛廆与吐谷浑"条，上海：商务印书馆1934年版，第47页。

⑦ 〔清〕李调元：《出口程记》，参见毕奥南整理：《清代蒙古游记选辑三十四种》上册，北京：东方出版社2015年版，第567页。

二八《朵颜(福余泰宁)传》,《蒙古游牧记》①,《昭乌达盟翁牛特全旗图》②,《赤峰州调查记》③,《热河省建平县志》④,《热河省宁城县志》⑤,《热河七县游记》⑥,《翁牛特旗行政区域图》⑦等文献。

(23)劳噶河。此名参见《御前行走昭乌达盟帮办盟务东翁牛特扎萨克多罗达尔汉岱青贝勒花连旗游牧图》[清光绪三十三年(1907年)十二月初一日]。《清代翁牛特左旗游牧图文字译名注释》云:"图上文字'劳噶河',规范用字'劳哈高勒',汉译'淼茫大水河',即大浑水河,习称'老哈河'。"⑧

(24)劳哈高勒。此名参见《清代翁牛特左旗游牧图文字译名注释》,如上文。

(25)老哈河。《热河志》卷八〇"老哈河"条有云:"按'老河'之为'土河',至今两名互称。《隋书》(称)'托纥臣水',《唐书》称'土护真水','土护真'即'托纥臣'译言之转音。辽金二史谓之'土河',为'土护真'之省文。《金史》及《元一统志》又称'涂河',则当属转音耳。"⑨

---

① 〔清〕张穆撰:《蒙古游牧记》卷三"老哈河"条注,清同治六年(1867年)寿阳祁氏刻本。

② 《昭乌达盟翁牛特旗全旗图》〔清光绪三十三年(1907年)绘〕,载于乌云毕力格等编著《蒙古游牧图:日本天理图书馆所藏手绘蒙古游牧图及研究》,北京:北京大学出版社2014年版,第42—43、164—167页。

③ 〔清〕赵允元:《赤峰州调查记》,清宣统元年(1910年)刊载于《地学杂志》第一年第二、四号;另见武莫勒点校:《赤峰州调查记·赤峰县地方事情》,列"内蒙古历史文献丛书"之十五,呼和浩特:远方出版社2014年版,第8页。

④ 〔民国〕田万生修、张滋大纂:《热河省建平县志》卷二"舆地",民国20年(1931年)抄本;另见董砚国主编:《朝阳旧方志·建平县志》,北京:中国文史出版社2007年版,第185—189页。

⑤ 〔民国〕吴椿龄修:《热河省宁城县志》第二章"地积",宁城县公署总务科文书股编辑,伪满康德二年(1935年)印行;另见《宁城县史料》第一辑《热河省宁城县志》专辑;武莫勒点校:《热河整理蒙租简章·关于热河之蒙盐·喀喇沁源流要略便蒙·蒙地概况·宁城县志》,列"内蒙古历史文献丛书"之十四,呼和浩特:远方出版社2013年版,第233—234页。

⑥ 〔民国〕郝尔泰撰:《热河省七县游记》,民国铅印本,影印本参见《中国边疆行记调查报告书等边务资料丛编》(初编)第十册,北京:线装书局2008年版,第171—196页;另见李俊义、袁刚点校:《热河七县游记》,载于郑晓光、李俊义主编《贡桑诺尔布史料拾遗》下册,呼和浩特:内蒙古人民出版社2012年版,第435页;武莫勒点校:《热河七县游记》,列"内蒙古历史文献丛书"之十六,呼和浩特:远方出版社2014年版,第52页。

⑦ 翁牛特旗人民政府秘书室制,1949年7月7日绘。

⑧ 参见李法普主编:《翁牛特旗地名志》,翁牛特旗人民政府1987年5月印行,第498页。

⑨ 〔清〕和珅修,梁国治等纂:《钦定热河志》,清乾隆四十六年(1781年)刻本;另见《四库全书》文渊阁本。

此名另见《昭乌达盟敖汉旗图》①,《昭乌达盟东翁牛特旗图》②,《蒙古志》卷一③,《内蒙古纪要》④第二编"地文地理",《赤峰县志略》第二十二"山川河流"⑤,《赤峰县地方事情》第二章"地质及气象"⑥,《满蒙支那人名地名表》⑦等文献。

概而言之,上文中的"乌彙秦水""乌侯秦水""托纥臣水""讬纥臣水""讬纥临水""吐护真河""土护真河""土护真水""纥臣水""北乜里没里""陶猥思没里""土河""涂河""徒河""太河""老花母林""老花""老母林""老木伦""老哈穆林""老哈穆楞""老哈木伦""老河""劳噶河""劳哈高勒"等,字不同而音相近,均为"老哈河"的不同音译。

二 "潢水"名称考

《辽史》中的"潢水",即今西拉木伦。"西拉木伦"系蒙古语,意为"黄色的河",乃西辽河北源,在内蒙古自治区东部。源自赤峰市克什克腾旗西南白岔山,东流与老哈河汇合后称西辽河。全长 380 公里,流域面积 3.2 万平方公里。

"潢水"一名,自古至今有不同的汉文音译,主要有:

---

① 《昭乌达盟翁牛特旗全旗图》〔光绪三十三年(1907 年)绘〕,载于乌云毕力格等编著:《蒙古游牧图:日本天理图书馆所藏手绘蒙古游牧图及研究》,北京:北京大学出版社2014 年版,第 28、136—139 页。

② 《昭乌达盟东翁牛特旗图》〔光绪三十四年(1908 年)绘〕,载于乌云毕力格等编著:《蒙古游牧图:日本天理图书馆所藏手绘蒙古游牧图及研究》,北京:北京大学出版社 2014 年版,第 44、168—171 页。

③ 〔清〕姚明辉编纂,夏日盅校订:《蒙古志》卷一,清光绪三十三年(1907 年),上海中国图书公司铅印本。

④ 〔民国〕花楞撰:《内蒙古纪要》,民国 5 年(1916 年)北京经纬书局铅印本。

⑤ 〔民国〕孙廷弼纂修:《赤峰县志略》,伪满康德二年(1935 年)石印本;另见李俊义、袁刚点校:《赤峰县志略》,列"内蒙古历史文献丛书"之十六,呼和浩特:远方出版社 2014 年版,第 328 页。

⑥ 〔民国〕赤峰县公署总务科编纂:《赤峰县地方事情》,伪满康德四年(1937 年)刊印;另见讹莫勒点校:《赤峰州调查记·赤峰县地方事情》,列"内蒙古历史文献丛书"之十五,呼和浩特:远方出版社 2014 年版,第 52 页。

⑦ 〔日〕松田仪一郎:《满蒙支那人名地名表》之"兴安西省"条,社团法人日本放送协会,昭和十二年(1937 年)九月二十印刷,昭和十二年九月二十五日发行,第 50 页。

（1）辽水。《三国志》卷三〇《乌丸鲜卑东夷传》下注云："《魏书》曰:鲜卑亦东胡之余也,别保鲜卑山,因号焉。其言语习俗与乌丸同。其地东接辽水,西当西城。常以季春大会,作乐水上,嫁女娶妇,髡头饮宴。"郦道元的《水经大辽水注》:"辽水亦言出砥石山,自塞外东流,直辽东之望平西县,王莽之长说也。"

王守春先生认为："文中的'辽水……自塞外东流'一语,明显地是指'西拉木伦河',因只有'西拉木伦河'是在汉长城以外流的,而老哈河、孟克河和叫来河都是发源于汉长城内,流向长城外的。"①

（2）饶乐水。《后汉书》卷九〇《乌桓鲜卑传》云："鲜卑者,亦东胡之支也,别依鲜卑山,故因号焉。其言语习俗与乌桓同。唯婚姻先髡头,以季春月大会于饶乐水上,饮燕毕,然后配合。"唐李贤注:"(饶乐)水在今营州北。"

贾敬颜先生认为："饶乐水所以必为潢河,因唐的饶乐州而辽的饶州,在潢河北岸,遗址已被发现。"②景爱先生亦认为:"唐营州即今辽宁省朝阳市,西拉木伦河在朝阳北,故'饶乐水'即今'西拉木伦河'。"③

"饶乐水"一名,另参见杜佑《通典》卷一九六《鲜卑传》之"饶乐水"条注、卷二〇〇《库莫奚传》;《旧唐书》卷一九九下《北狄传》之"奚"条;《清史稿》卷五四《地理志》之"赤峰直隶州"条。

（3）作乐水。《三国志》卷三〇《乌丸鲜卑东夷传》下注云："《魏书》曰:鲜卑亦东胡之余也,别保鲜卑山,因号焉。其言语习俗与乌丸同。其地东接辽水,西当西城。常以季春大会,作乐水上,嫁女娶妇,髡头饮宴。"

此条注文记事与前引《后汉书》卷九〇《乌桓鲜卑传》略同。

日本学者白鸟库吉先生认为："此'作乐水',《后汉书·鲜卑传》作'饶乐水',盖同语之异译也。"④

景爱先生认为："说者皆以为'作乐'是水名,即'饶乐水'。然'作乐'与'饶乐'读音相差甚远,不属于同音异字。因此,'作乐'似不应作水名。'作乐水上',系指水边活动,即'嫁女娶妇,髡头饮晏(宴)'。鲜卑人属于游牧民族,在春季冰

---

① 王守春:《辽代辽泽、潢水、木叶山与永州——兼论〈水经·大辽水注〉河道》,载于《历史地理》(第十七辑),上海:上海人民出版社2002年版,第61页。

② 贾敬颜:《东北古地理古民族丛考》,载于《文史》第十二辑,北京:中华书局1981年版。

③ 景爱:《潢河考》,载于上官鸿南、朱士光主编《史念海先生八十寿辰学术文集》,西安:陕西师范大学出版社1996年版,第353页。

④ 〔日〕白鸟库吉著,方壮猷译:《东胡民族考》上编《乌桓鲜卑考》之"作乐水(饶乐水)"条,上海:商务印书馆1934年版,第26页。

雪融化,野草返青之际,举行群众性的聚会活动,犹现在蒙古族一年一度的纳达穆(那达慕)大会。"①

(4)弱洛水。《魏书》卷一〇〇《库莫奚传》云:"登国三年,太祖亲自出讨,至弱洛水南,大破之,获其四部落,马牛羊豕十余万。"

景爱先生认为:"当时的契丹、库莫奚都居住在西拉木伦河南岸,此'弱洛水'即'饶乐水'。'弱洛'与'饶乐'音同字异。"②

"弱洛水"一名,亦见于《魏书》卷一〇三《蠕蠕传》《高车传》,《北史》卷九八《蠕蠕传》等文献。

(5)弱落水。《魏书》卷二《太祖本纪》云:"夏四月,幸东赤城。五月癸亥,北征库莫奚。六月,大破之,获其四部杂畜十余万,渡弱落水。班赏将士各有差。"

(6)弱水。《北史》卷九四《库莫奚传》云:"奚,本曰库莫奚,其先东部胡宇文之别种也。初为慕容晃所破,遗落者窜匿松漠之间。俗甚不洁净,而善射猎,好为寇抄。登国三年,道武亲自出讨,至弱水南大破之,获其马、牛、羊、豕十余万。"

贾敬颜先生认为:"《北史·库莫奚传》'弱'下脱"洛"字,《魏书·太祖本纪》'洛'作"落",而《北史》同本纪作'弱水',恐皆笔误。"③

(7)弱乐水。贾敬颜先生认为:"'弱乐水'乃'潢河',俗作'饶乐水'。"④

(8)浇乐水。此名参见《十六国春秋》。《钦定热河志》的纂修者认为:"'饶乐水',《魏书》作'弱落水',《十六国春秋》作'浇乐水',《通典》又作'如洛瓌水',称名虽有稍异,实一水也。"⑤

(9)浇落水。此名参见《读史方舆纪要》⑥。日本学者白鸟库吉先生认为:"'饶乐水'之别名,尚有'弱落水''浇落水''浇水'诸称。"⑦

---

① 景爱:《潢河考》,载于上官鸿南、朱士光主编《史念海先生八十寿辰学术文集》,西安:陕西师范大学出版社 1996 年版,第 353 页。

② 景爱:《潢河考》,载于上官鸿南、朱士光主编《史念海先生八十寿辰学术文集》,西安:陕西师范大学出版社 1996 年版,第 353 页。

③ 贾敬颜:《东北古地理古民族丛考》,载于《文史》第十二辑,北京:中华书局 1981 年版。

④ 贾敬颜:《东北古地理古民族丛考》,载于《文史》第十二辑,北京:中华书局 1981 年版。

⑤ 〔清〕和珅等编纂:《钦定热河志》卷七〇,《四库全书》文渊阁本。

⑥ 〔清〕顾祖禹:《读史方舆纪要》卷一八"直隶九",清嘉庆十六年(1811 年)四川龙万育之敷文阁刻本。

⑦ 〔日〕白鸟库吉著,方壮猷译:《东胡民族考》上编《乌桓鲜卑考》之"作乐水(饶乐水)"条,上海:商务印书馆 1934 年版,第 26—27 页。

（10）浇水。清代学者顾祖禹先生认为："'浇水'即'饶乐水'矣，亦曰'弱洛水'。"①

（11）如洛瓌水。《魏书》卷一〇〇《勿吉传》云："又北行七日至如洛瓌水，水广里余，又北行十五日至太鲁水，又东北行十八日到其国。"

日本学者白鸟库吉先生认为："在《魏书·勿吉传》里把'西喇木伦河'译为'如洛瓌水'或'洛孤水'，这也是蒙语 saraga 的音译。"②

刘凤翥先生认为："现在的西喇木伦河，唐以前叫'饶乐水''弱洛水''如洛瓌水'等。唐以后叫'枭罗个箇没里''女古没里'等。这些都是同音异译，只不过有的译法脱落了一个音节而已。其中音节保存比较完整的是'如洛瓌'和'枭罗箇'。'女'与'汝'在古代通用，此处'女古'的'女'实际音'汝'。'饶''弱''如''女'音相近。'乐''洛''罗'音相近。'瓌'与古音相近。'饶乐'和'弱洛'都脱落了末尾的音节'箇'或'瓌'。女古则脱落了中间的音节'洛'或'罗'。"③

刘迎胜先生认为："今西喇木伦河，唐以前称'饶乐水'，唐之'饶乐州'由此得名。'饶乐水'，又作'弱洛水''如洛水'。'乐''洛'两字者都是以辅音－K 收声的入声字，所以'饶乐'、'弱乐'和'如洛'，在唐和唐以前的魏晋时代的汉语中的读音几乎相同或相近。刘凤翥未考虑到中古汉语的入声问题，误以为'饶乐'和'弱洛'都脱落了末尾的音节'箇'（《契丹小字解读再探》，《考古学报》1983 年第 2 期，第 255—270 页）。"④

"如洛瓌水"一名，亦见《魏书》卷一〇三《蠕蠕传》《高车传》，《北史》卷九八《蠕蠕传》等文献。

（12）洛孤水。《魏书》卷一〇〇"勿吉传"云："南出陆行，渡洛孤水，从契丹西界达和龙。"

日本学者白鸟库吉先生认为："《魏书》中记载从契丹行至勿吉的交通路线的地方，把'西喇木伦河'叫做'如洛瓌水'或'洛孤水'。"⑤

张久和先生认为："西喇木伦河自汉代以来有'作乐水''弱洛水''如洛瓌

---

① 〔清〕顾祖禹：《读史方舆纪要》卷一八"直隶九"。

② 〔日〕白鸟库吉：《室韦考》，《史学杂志》第 30 编（1919 年）一、二、四、六、七、八号。

③ 刘凤翥：《契丹小字解读再探》，《考古学报》1983 年第 2 期，第 266 页。

④ 刘迎胜：《蒙古征服前操蒙古语部落的西迁运动》，载于《欧亚研究》第 1 辑，北京：中华书局 1999 年版；另见刘迎胜著：《海路与陆路》，北京：北京大学出版社 2011 年版，第 236 页。

⑤ 〔日〕白鸟库吉：《室韦考》，《史学杂志》第 30 编（1919 年）一、二、四、六、七、八号。

水''洛孤水''枭罗箇没里'等称,都是'潢水'之意。"①

"洛孤水"一名,亦参见《北史》卷九四"勿吉传"等文献。

(13)黄水。此名参见旧本《旧唐书》卷一九九下《北狄传》之"契丹"条、卷二○○上《安禄山传》。中华书局点校本根据《唐会要》卷九六"契丹"条、《新唐书》卷二一九《北狄传》之"契丹"条等文献,将"黄水"改为"潢水"。

(14)潢水。此名参见《旧唐书》卷一九九下《北狄传》之"契丹";《唐会要》卷九六"契丹"条;《新唐书》卷五《玄宗本纪》、卷二一七《回鹘传下》、卷二一九《北狄传》之"契丹";《旧五代史》卷一三七《外国列传一》之"契丹";《宋史·宋琪传》;《辽史》卷一《太祖本纪上》"、卷二《太祖本纪下》、卷三《太宗本纪上》、卷三七《地理志一》、卷六三《世表》、卷六八《游幸表》;《清史稿》卷五二○《列传三○七·藩部三》等文献。

日本学者白鸟库吉先生认为:"西拉木伦河"的古名很多。自汉魏以来,有"作乐水""饶乐水""浇乐水""弱洛水""如洛瓌水""枭罗箇没里""女古没里""黄水""潢水"等等。在蒙古语中,"šira"或"šara"义为"黄的",若加上词尾"–ha"或"–kha",则义为"微黄的";"muren"义为"河",所以,"作乐""饶乐""浇洛""弱洛"等都是"šira(šara)"的汉译名;"如洛瓌""枭罗箇""女古"等则是"šira–kha"或"šara–kha"的汉译名;"木伦""没里"等是"muren"的汉译名;当然,"黄""潢"即是"šira(šara)"的汉文意译名了。严格地说,此河的原名应该是"šarakha",意即"微黄的河",名之曰"黄色的(šara)河",只是一种简称。②

(15)湟水。此名参见《新唐书》卷四三下《地理志七》引贾耽《道理记》,《太平寰宇记》[日本国宫内厅书陵部所藏宋刻本]卷一九九"北狄十一"之"契丹"条,清光绪三十四年(1908年)所绘《昭乌达盟东翁牛特旗图》有云:"'潢河'亦名'湟水'。"③

(16)横水。此名参见《五代会要》卷二九《契丹》。

王守春先生认为:"文中的'横水'即'潢水'。"④

① 张久和:《室韦地理再考辨》,《中国边疆史地研究》1998年第1期。

② 〔日〕白鸟库吉著,方壮猷译:《东胡民族考》上编《乌桓鲜卑考》之"作乐水(饶乐水)"条,上海:商务印书馆1934年版,第26—39页。

③ 乌云毕力格等编著:《蒙古游牧图:日本天理图书馆所藏手绘蒙古游牧图及研究》,北京:北京大学出版社2014年版,第44—45、168—171页。

④ 王守春:《辽代辽泽、潢水、木叶山与永州——兼论〈水经·大辽水注〉河道》,载于《历史地理》第十七辑,上海:上海人民出版社2002年版,第48页。

（17）潢河。《契丹国志》卷一"初兴本末"："古昔相传：有男子承白马浮土河而下，复有一妇人乘小车驾灰色之牛，浮潢河而下，遇于木叶之山，顾合流之水，与为夫妇，此其始祖也。"

此名另参见《辽史》卷一《太祖本纪上》、卷二《太祖本纪下》、卷三《太宗本纪上》、卷五《世宗本纪》、卷六《穆宗本纪上》、卷七《穆宗本纪下》、卷八《景宗本纪上》、卷一五《圣宗本纪六》、卷一六《圣宗本纪七》、卷三二《营卫志中》、卷三七《地理志一》、卷三九《地理志三》、卷五六《仪卫志二》、卷六〇《食货志下》、卷六八《游幸表》、卷七一《太祖淳钦皇后述律氏传》、卷七二《章肃皇帝李胡传》、卷七七《耶律屋质传》《耶律安抟传》、卷一〇三《李瀚传》、卷一一三《萧翰传》《耶律海思传》、卷一一六《国语解》之"地理志"条，《金史》卷二四《地理志上》，《元史》卷一一八《特薛禅传》，《明史》卷四〇《地理志一》，《清史稿》卷五四《地理志一》、卷七九《地理志二四》，《中国古今地名大辞典》①等文献。

（18）黄河。此名参见《熙宁使虏图抄》："二十余里至黄河。迎河行数里，乃乘桥，济河至中顿。河广数百步，今其流广度数丈而已。俯中顿有潬。潬南沙涧，潬北流广四丈。岸皆密石，峻立如壁，长数十步，虽回屈数折而广狭如一，疑若人力为之。河出硖中，有声如雷，桁沟以桥。狄人言此大河之别派。以臣度之，大不然，大河距此已数千里；千里之水，不应如是之微，凡雨暴至，辄涨溢，不终日而复涸，此其源不远，势可见也。以臣考之，乃古所谓'潢水'也，虏人不知，谬为大河耳。"②

沈括上文所说的"大河"，当指中原的"黄河"，蒙古语作"沙拉木楞"，此名见于清宝鋆《早尖后赴沙拉木楞（第十六台，译言"黄河"，六十里）》云："白井接黄河，匆匆走马过。羽虫佳浑劲（鹰曰佳浑），将种尉迟多。远派昆仑水，雄风敕勒歌。笑余孱弱甚，饭饱逊廉颇（连日颇思蔬品，管城子无食肉相也，能不骤然）。"③蒙古语又作"锡拉穆勒"，此名见于清志锐《锡拉穆勒第十六台（译"锡拉"，"黄"也；"穆勒"，"河"也）》云："锡拉穆勒译黄河，蒙地从兹始产驼。遍野茅茨看不尽，毡庐临水傍山坡（台前有沙河，水黄色，故名。例传驼马，其实十五台内，有归

---

① 〔民国〕臧励龢等编著：《中国古今地名大辞典》之"潢河"条，北京：商务印书馆1931年版，第1176页。

② 〔宋〕沈括撰：《熙宁使虏图抄》，亦作《熙宁使契丹图抄》，载于《永乐大典》卷10877"虏"字下，中华书局影印本第十一函第107册。

③ 〔清〕宝鋆：《佩蘅诗钞》卷一，载于〔日〕内藤虎次郎辑《满蒙丛书》第二卷，东京满蒙丛书刊行会发行，1919年，第22页。

化城外客民，开垦地颇多，民间皆有车，由各台雇觅当差，运送行李，至此始用驼载。大地无垠，远望累累，遍生驼茨，造物生之，即有以育之，天心真仁爱矣）。"①蒙古语又作"锡喇穆楞"（šir‑a‑mören），此名见于胡林翼、严树森补订《皇朝中外一统舆图》北二卷西一下页、《理藩院则例》卷三一"张家口驿站"条、蒙古文《理藩院则例》卷三一"张家口驿站"条。② 蒙古语又作"锡喇木伦"，此名见于《嘉庆会典事例》卷九八二"理藩院"之"边务、驿站"条。③

（19）黄江。此名参见清光绪三十三年（1907年）绘制的《御前行走、昭乌达盟盟长、阿鲁科尔沁旗扎萨克郡王衔、加八级军功、加四级多罗贝勒巴咱尔吉尔第旗游牧图》。

（20）黄木伦。此名参见清光绪三十三年（1907年）十二月初十日所绘《布和济雅游牧图》（昭乌达盟属克什克腾扎萨克头等台吉纪录）。

（21）黄木崙。此名参见清光绪三十四年（1908年）所绘《昭乌达盟克什克腾旗图》④。

（22）绿河。此名参见突厥碑铭《阙特勤碑》与《毗伽可汗碑》。

芮传明先生认为："通常说来，突厥语'yašïl'的含义应该是'绿色'；'ögüz'则如上文所说，其最初含义为'河流'。所以，'yašïl ögüz'一名，按理说译作汉文'绿河'。但是，汤姆森当初却推测此名即是指中国的黄河（V. Thomson. Inscrtption de t'Orkhon déchtijrées, Hilsingfors, 1896, P. 149.）。此后，许多学者都沿用了这一说法，例如，岑仲勉说：'余按圣历之际，默啜深入至定、赵诸州，余亦以为指黄河言也。'（岑仲勉：《跋突厥文阙特勤碑》第十二条，载于《辅仁学志》第六卷，1—2合期，1936年版）特金在其阙碑东17行译文中注上'Green River（ = Yellow River）'（Talat Tekm, A Grammar of Orkhon Turkic. The Hague. 1968, P. 266.），意即'绿河（黄河）'。耿世民的汉译文对此也作'黄河'⑤。""'yašïl ögüz'乃是突厥人'东征'

① 〔清〕志锐：《张家口至乌里雅苏台竹枝词》，载于〔日〕内藤虎次郎辑《满蒙丛书》第二卷，东京满蒙丛书刊行会发行，1919年，第7—8页。

② 金峰：《漠南蒙古五路驿站》，载于《金峰文集》第一辑，呼和浩特：内蒙古教育出版社2012年版，第271页，第285页。

③ 金峰：《漠南蒙古五路驿站》，载于《金峰文集》第一辑，呼和浩特：内蒙古教育出版社2012年版，第285页。

④ 乌云毕力格等编著：《蒙古游牧图：日本天理图书馆所藏手绘蒙古游牧图及研究》，北京：北京大学出版社2014年版，第46—47、172—175页。

⑤ 耿世民：《突厥文碑铭译文》，载于林幹《突厥史》，呼和浩特：内蒙古人民出版社1988年版，第258页。

中抵达的地区之一,故而若以黄河比定'yašïl ögüz',便会与上文所考'东征'的主要内容为征讨契丹(地处今中国东北地区)的说法相矛盾。解决这一矛盾的方法其实十分简单:即,证明'绿河'绝不等于汉人世代聚居的,并以其作为历代中原王朝主要辖境的黄河(流域)。""'阙碑和毗碑'提及的'yašïl ögüz'应该是指今内蒙古自治区东南部的西拉木伦河。""'yašïl ögüz'的汉文译义应是'绿河',而'西拉木伦'的意思则是'黄河',那么,其含义上不是产生矛盾了吗?对于这一点,并非不可解释。我们已经指出,'西拉木伦'应该是'微黄的河'。很可能是因为此河的水色并不十分浑浊,只是略呈黄色,所以才获得了这样一个称呼。另一方面,突厥语'yašïl'虽然通常说来义为'鲜嫩植物的颜色',亦即'绿色',但是这只是其最初的含义。它有时候也可以与另一个词'kok'通用,而'kok'则常常用以形容天空的色彩,即'蓝色''淡蓝色''蓝灰色'等。(G. Clauson, *An Etymolognul Drctronary of Pre – Thirteen Century Turkrsk*. Oxford Uinversity Press. 1972, P. 708, 978.)这就使我们意识到,要沿革区分'淡黄''淡蓝'和'蓝灰'诸色的河水,并不是一件容易的事情。亦即是说,如果人们分别使用了'淡黄'和'蓝灰'命名这同一条河流,也不足为奇。此外,还需要说清楚的一点是,'微黄的河'一名早在突厥默啜可汗时代之前的数百年就出现了,而河水的颜色随着自然环境的变迁完全可能有所变化。我们因此不能绝对否定突厥时代该河水与数百年前之水色略有不同的可能性。具体地说,如果该河在突厥时代的水色稍清,则被称为'yašïl ögüz'就完全名副其实了。""对于此河异名的最后一点解释是,'šarakha'与'yašïl'毕竟来自两种语言:蒙古语和突厥语,亦即是说,这是由两个民族分别命名的。操不同语言的两族对于河流等自然界事务采用不同的命名惯例,应该说也在情理之中。或许,这一色彩的小小差异便是因此而产生的。至此,将碑文中的'yašïl ögüz'比定为今内蒙古自治区东南端的西拉木伦河,基本上可以肯定。"①

(23)西辽河。清末《蒙古志》卷一"河流"条载:"西喇木伦河,辽河西源也,故亦曰'西辽河',又曰'潢河','西喇木伦'亦系蒙古语,犹汉言'黄河'也。"②民国《林西县志》卷一"地理志"之"山脉"条载:"《蒙古纪要》云:'西辽河'即'潢河',亦即现今'哲拉沐沦河'也。"③

---

① 芮传明:《古突厥碑研究》,上海:上海古籍出版社1998年版,第40—45页。

② 〔清〕姚明辉编辑:《蒙古志》,清光绪三十三年(1907年)石印本。

③ 〔民国〕苏绍泉修、徐致轩纂:《林西县志》,民国19年(1930年)铅印本,下同。

此名另见《中国古今地名大辞典》①等文献。

(24)枭罗箇没里。《新五代史》卷七二"四夷附录第一"条云:"契丹自后魏以来,名见中国。或曰与库莫奚同类而异种。其居曰'枭罗箇没里'。'没里'者,'河'也。是谓'黄水'之南,黄龙之北,得鲜卑之故地,故又以为鲜卑之遗种。"

(25)女古没里。《契丹国志》卷一"初兴本末":"曰'枭罗箇没里',复名'女古没里'者,又其一也,源出饶州西南平地松林,直东流,华言所谓'潢河'是也。"

景爱先生认为:"'枭罗箇没里'即'饶乐水''弱洛水','饶乐''弱洛'与'枭罗箇'音同,'枭罗箇'急读之即为'饶乐''弱洛'。'饶乐''弱洛'是鲜卑语,'枭罗箇'是契丹语。史学界一致认为,契丹为鲜卑之后裔,他们属于同一语音系统,故语音相同或相近。'枭罗箇'为契丹语'黄色'的意思,'没里'为契丹语河流的意思,'枭罗箇没里'即'黄河'。'女古'在契丹语里是指'金'而言(《辽史》卷一一六《国语解》),金子色黄,'女古没里'也是指水色而言,译成汉语即黄河的意思。由于契丹语与鲜卑语基本相同,因此,可以推断'饶乐水''弱洛水'在鲜卑语中,也应是'黄河''黄水'的意思。"②

刘迎胜先生认为:"'饶乐''弱洛''如洛''枭罗(个)箇','女古',皆契丹语,意为'黄'。'没里',相当于蒙古语'木涟',译言'河'。"③

(26)世里没里。景爱先生认为:"契丹语的'枭罗箇没里',又可以写作'世里没里',《契丹国志》称:'契丹部族,本无姓氏,惟以所居地名呼之,婚嫁不拘地里,至阿保机变家为国以后,始以三族号为"横帐",仍以所居之地名世里著姓。世里者,上京东二百里地名也。'注云:'今有"世里没里",以汉语译之,谓之"耶律氏"。'(《契丹国志》卷二三《族姓原始》)《国语解》称:'有谓(契丹)始兴之地曰'世里',译者以'世里'为'耶律',故国族皆以耶律为姓。'(《辽史》卷一一六《国语解》)《辽史》成书,晚于《契丹国志》,故《辽史国语解》对耶律的解释,是采纳了《契丹国志》的说法。上述记载表明,契丹族耶律氏是以所居之地有'世里没里'

---

① 〔民国〕臧励龢等编著:《中国古今地名大辞典》之"潢河"条,北京:商务印书馆1931年版,第1176页。

② 景爱:《潢河考》,载于上官鸿南、朱士光主编《史念海先生八十寿辰学术文集》,西安:陕西师范大学出版社1996年版,第354—355页。

③ 刘迎胜:《蒙古征服前操蒙古语部落的西迁运动》,载于《欧亚研究》第1辑,北京:中华书局1999年版;另见刘迎胜:《海路与陆路》,北京:北京大学出版社2011年版,第236页。

（黄河）而得名，这是符合一般以地名氏的原则。""契丹族最初的居住地，在西拉木伦河沿岸。《契丹国志》记载一则非常古老的传说：'古昔相传，有男子乘白马浮土河而下，复有一妇人乘小车驾灰色之牛，浮潢河而下，遇于木叶山，顾合流之水，与为夫妇，此其始祖耳。'（《契丹国志》卷首《契丹国初兴本末》）这个传说所反映的，应是原始氏族社会时期的早期历史。木叶山为今翁牛特旗东部的海金山，在海金山东土河与潢河相会合。这里自古以来就是土壤肥沃的草场，最适于牧民居住生活。清代昭乌达盟各旗的会盟处，就在这一带地方。契丹属于游牧民族，在生产力低下的早期历史阶段，自然会选择在这里居住。辽上京在巴林左旗林东镇南，这里恰好在辽上京东南二百里处（《契丹国志》称'上京东二百里地名'，应是'东南二百里'之误），也证明耶律氏所以得名的'世里没里'，就是'西拉木伦河（潢河）'。"①

（27）匕里没里。此名参见日文版《热河》第四章"山河与湖沼"第一节"河川"②。笔者认为：《热河》中的'匕里没里'即'世里没里'的误写。"

（28）木脅河。此名参见元王恽《东征诗》③。

（29）失列门林。《元史》卷一三二《玉哇失传》有云："诸王乃颜叛，世祖亲征，玉哇失为前锋。乃颜遣哈丹领兵万人来拒，击败之。追至不里古都伯塔哈之地，乃颜兵号十万，玉哇失陷阵力战，又败之，追至失列门林，遂擒乃颜。"

据姚大力先生研究："关于乃颜之乱的结局，《东征诗》所记，有三点颇值得加以注意。诗云：'彼狡不自缚，鼠窜逃余生。太傅方穷追，适与叛卒迎。选锋不信宿，逆颈縻长缨。死弃木脅河，其妻同一泓。'据此我们知道：第一，乃颜是与他的妻子一起被处死的，而且死后被扔进河里。第二，根据马可波罗的记载，忽必烈不愿面见被擒获的乃颜，遂命令将他立即处死。如果乃颜是在被擒拿处就地被处死的，那么他死后被丢进的木脅河，或许就是《元史·玉哇失传》提到的擒获乃颜的失列门林之地。因而'木脅'和'门林'就应该被视作同一蒙古语辞 müren（译言'河'）的异译形式，尽管用当时尚以 –m 收声的侵母字'林'来写 –ren 的音节是不太准确的。至于失列门林（或曰'木脅河'）的具体地望，学者中有人以为就是

---

① 景爱：《潢河考》，载于上官鸿南、朱士光主编《史念海先生八十寿辰学术文集》，西安：陕西师范大学出版社 1996 年版，第 355—356 页。

② 〔日〕北条太洋著：《热河》，明治印刷株式会社，1933 年印刷，东京株式会社新光社，昭和八年九月三十日发行，第 8 页。

③ 〔元〕王恽：《秋涧集》卷五，《四部丛刊》本、《元人文集珍本丛刊》本。

潢河(今'西拉木伦河')。"①

(30)失利门林。此名参见《克什克腾旗志》②。

(31)舍(捨)喇母林。

(32)舍(捨)喇母吝。明米万春《蓟门考》:"'舍(捨)喇母吝',即'舍(捨)喇母林',番云'黄河'也。在大宁城之北,离蓟边约有一千二三百里。水势不大,其河不宽,东虏聚兵常由于此,以犯辽东广宁地方。"③

(33)捨喇毋林。此名参见日文版《热河》第四章"山河与湖沼"第一节"河川"。④ 笔者认为:"《热河》中的'捨喇毋林'即'捨喇母林'的误写。"

(34)哈喇母林。《蒙古游牧记》卷二"内蒙古卓索图盟游牧所在"之"喀喇沁"条载:"哈喇母林即锡喇木伦。"⑤《蒙古游牧记》此处有误,"哈喇母林"应为"锡喇母林"。

(35)哈剌母林。此名参见《读史方舆纪要》卷一八"直隶九"。《读史方舆纪要》此处亦有误,"哈剌母林"应为"锡剌母林"。

(36)锡喇穆楞。清雍正十二年(1733年)张镠编撰的《八沟厅备志》⑥卷上"舆地志"之"川渎"云:"潢河源出克什克腾,东流入巴林旗界,又流入翁牛特左翼北境,一名'湟水',蒙名'锡喇穆楞'。"《大清嘉庆重修一统志》卷四三《承德府二》"山川"之"潢河"条有云:"'潢河'在赤峰县北,蒙古名'锡喇穆楞'。自克西克腾境发源,流入县北巴林旗界,又流入翁牛特左翼北境,又东南迳朝阳县与老河会,为大辽水之西源。"⑦《赤峰州调查记》有云:"潢河在州治北二百余里,亦名'涅(湟)水',蒙古名'锡喇穆楞'。自克什克腾界发源,东流入州北巴林旗界,入州属翁牛特左翼北境,又东南经朝阳府属喀尔喀左翼界,与老河会,为大

① 姚大力:《关于元朝"东诸侯"的几个考释》,载于《祝贺杨志玖教授八十寿辰中国史论集》,天津古籍出版社1994年版;另见姚大力著:《蒙元政治与制度文化》,北京:北京大学出版社2011年版,第433页。

② 李振刚主编:《克什克腾旗志》,呼和浩特:内蒙古人民出版社1993年印行,第126页。

③ 〔明〕陈仁锡纂辑:《皇明世法录》卷五七,台湾学生书局1965年影印明刻本。

④ 〔日〕北条太洋著:《热河》,明治印刷株式会社,昭和八年(1933年)九月廿七日印刷,东京株式会社新光社,昭和八年九月三十日发行,第8页。

⑤ 〔清〕张穆撰:《蒙古游牧记》,清同治六年(1867年)寿阳祁氏刻本,下同。

⑥ 〔清〕张镠编撰:《八沟厅备志》,北京师范大学图书馆藏副本抄本(正本抄本今无存)。

⑦ 《大清嘉庆重修一统志》,《四部丛刊》续编本。

辽水之西一源。"①此名另见《承德府志》卷一六"山川"之"老河"条、卷一七"山川"之"潢河"条②,无名氏著《驿站路程》③,李慎儒著《辽史地理志考》卷一《上京道》之"饶州"条④,《奉天通志》卷七〇"山川四·水系二"⑤,《中国古今地名大辞典》⑥。

(37)锡拉穆楞。此名参见《热河经棚县志》卷一〇"山川"云:"'西拉木伦河',在县治南三十里。亦名'锡拉穆楞',又名'潢河',古名'湟水'。"⑦

(38)锡拉穆伦。《蒙古纪闻》有云:"蒙人自十七年(清光绪十七年,即1891年——引者注)逃难以后,厌乱心胜,且屡有'哲布尊丹巴胡图克图'散布传单,谓蒙人不能久居此地,必须移王'锡拉穆伦河'(即'潢河'也)以北方得安乐,故蒙人弃家抛祖,将房舍田宅以贱价私倒与附近汉人者,比比皆是。"⑧

(39)锡拉木楞。《热河经棚县志》卷一〇"山川"云:"'西拉木伦河'即'锡拉木楞'。蒙(古)语谓'黄'为'西喇',谓'河'为'木伦',古名'潢河''湟水'。系大辽河之正脉源流也。"

(40)沫伦河。此名参见《热河改建行省议案》⑨。

(41)锡喇河。此名参见清光绪三十四年(1908年)所绘《昭乌达盟东翁牛特

---

① 〔清〕赵允元:《赤峰州调查记》,清宣统元年(1910年)刊载于《地学杂志》第一年第二、四号;另见武莫勒点校:《赤峰州调查记·赤峰县地方事情》,列"内蒙古历史文献丛书"之十五,呼和浩特:远方出版社2014年版,第8页。

② 〔清〕海忠主修:《承德府志》,清道光十一年(1831年)修,清光绪十三年(1887年)重刊本。

③ 〔清〕无名氏著:《驿站路程》,原载于《小方壶斋舆地丛钞》再补编第一帙。

④ 〔清〕李慎儒著:《辽史地理志考》卷一"上京道"之"饶州"条,清光绪二十八年(1902年)丹徒李氏刻本,第二十二叶a。

⑤ 〔民国〕翟文选、王树枏等纂修:《奉天通志》卷七〇"山川四·水系二",民国23年(1934年)。

⑥ 〔民国〕臧励龢等编著:《中国古今地名大辞典》之"西喇木伦河"条,上海:商务印书馆1931年版,第355页。

⑦ 〔民国〕参见汪国钧著,玛希、徐世明校注:《蒙古纪闻》(列《赤峰市文史资料选辑》第七辑),赤峰市政协文史委1994年7月印行,第45页;另见汪国钧著,玛希、徐世明校注:《蒙古纪闻》,呼和浩特:内蒙古人民出版社2006年版,第104页。

⑧ 〔民国〕康清源纂:《热河经棚县志》,民国17年(1928年)稿本。

⑨ 〔民国〕熊希龄:《热河改建行省议案》,民国初年铅印本,第5叶b。另见赤峰市地方志办公室、内蒙古图书馆合编:《内蒙古历史文献丛书》之十六《热河改建行省议案》影印本,呼和浩特:远方出版社2014年版,第14页。

旗图》①。

（42）锡喇木伦。《蒙古游牧记》卷三"昭乌达盟之游牧所在"之"翁牛特"条载："'锡喇河'即'潢河'也，四十里接巴林界。'潢河'亦名'湟水'，蒙古名'锡喇木伦'。"清光绪三十二年（1906年）《内蒙古东部调查日记》（《蒙古游记》）卷六"乌丹城至巴林版"载："巴林桥跨'锡喇木伦'（即'西拉木伦'，一作'沙尔木伦'），即古'潢水'（'锡喇木伦'，蒙语言'黄河'也）。"②

此名另见《嘉庆会典事例》卷九八二"理藩院"之"边务、驿站"条③，清光绪三十四年（1908年）所绘《昭乌达盟克什克腾旗图》④，丁谦《后汉书乌桓鲜卑传地理考证》⑤。

（43）锡剌木伦。此名参见《中国古今地名大辞典》⑥。

（44）锡拉木伦。此名参见《昭乌达盟敖汉东旗调查记》⑦，《昭盟巴林右旗之调查记》⑧，《东翁牛特旗之调查记》⑨，《克什克腾旗调查记》⑩，《翁牛特旗行政区域图》⑪。

（45）锡奈木伦。民国刘锺菜撰《多伦诺尔厅调查记》之一"河流"有云："经

---

① 乌云毕力格等编著：《蒙古游牧图：日本天理图书馆所藏手绘蒙古游牧图及研究》，北京：北京大学出版社2014年版，第44—45、168—171页。

② 〔清〕冯诚求撰：《内蒙古东部调查日记》（《蒙古游记》），民国2年（1913年）吉长日报社铅印本。

③ 〔清〕王杰修：《嘉庆会典事例》，清嘉庆二十五年（1818年）刻本。

④ 乌云毕力格等编著：《蒙古游牧图：日本天理图书馆所藏手绘蒙古游牧图及研究》，北京：北京大学出版社2014年版，第46—47、172—175页。

⑤ 〔清〕丁谦撰：《后汉书乌桓鲜卑传地理考证》，民国4年（1915年）浙江图书馆丛书校刊本，第三叶a。另见严一萍选辑：《厚刻景印丛书集成三编》第七十九册，艺文印书馆印行。

⑥ 〔民国〕臧励龢等编著：《中国古今地名大辞典》之"辽河"条，上海：商务印书馆1931年版，第1246页。

⑦ 〔民国〕鄂奇光译：《昭乌达盟敖汉东旗调查记》，《蒙旗旬刊》第二卷第八期"调查"，民国14年（1925年），第29页。

⑧ 〔民国〕鄂奇光译：《昭盟巴林右旗之调查记》，《蒙旗旬刊》第二卷第九期"调查"，民国14年（1925年），第27—29页。

⑨ 〔民国〕鄂奇光译：《东翁牛特旗之调查记》，《蒙旗旬刊》第二卷第十期"调查"，民国14年（1925年），第25—26页。

⑩ 〔民国〕王伟烈译：《克什克腾旗调查记》，《蒙旗旬刊》第三卷第三期"调查"，民国15年（1926年），第15页。

⑪ 翁牛特旗人民政府秘书室制，1949年7月7日绘。

棚附近有沙里漠河,即锡奈木伦河。发源本境,东流入海,过巴林,是为辽河之发源。"①

(46)什拉磨楞。《蒙古游牧记》卷三"昭乌达盟之游牧所在"之"克什克腾"条载:"潢河在旗西百有五里,大辽水之西一源也,蒙古名'锡喇木伦',又作'什拉磨楞'。"

(47)什拉穆楞。《东华录》卷一五"康熙二十九年八月"条有云:"噶尔丹迫于追袭,自什拉穆楞河载木横渡大碛山,连夜遁走于刚阿脑尔。"②

(48)什拉莫兰。此名参见《御前行走昭乌达盟帮办盟务东翁牛特扎萨克多罗达尔汉岱青贝勒花连旗游牧图》③。《清代翁牛特左旗游牧图文字译名注释》云④:"图上文字'什拉莫兰',规范用字'西拉木伦',汉译'黄江',指'西拉木伦河'。"

(49)什拉木兰。此名参见清光绪三十四年(1908年)所绘《昭乌达盟东翁牛特旗图》⑤。

(50)什拉木伦。此名参见清光绪三十四年(1908年)所绘《昭乌达盟巴林旗图》⑥。

(51)什喇木兰。《蒙古游牧记》卷三"昭乌达盟之游牧所在"之"奈曼"条载:"东北至什喇木兰之努克图鄂罗木,西北至昆都伦喀喇乌苏泉。"宝音初古拉先生认为:"'什喇木兰'就是'西喇木伦'。"⑦

(52)什喇木伦。此名参见清光绪三十四年所绘《昭乌达盟巴林旗图》⑧,清光

---

① 〔民国〕刘锺棻撰:《多伦诺尔厅调查记》,《东方杂志》第十卷第十一号,民国三年(1914年)五月印行,第36页。

② 〔清〕蒋良骐撰,林树惠、傅贵九校点:《东华录》,北京:中华书局1980年版,第252—253页。

③ 〔清〕光绪三十三年(1907年)十二月初一日绘。

④ 李法普主编:《翁牛特旗地名志》,翁牛特旗人民政府1987年印行,第502页。

⑤ 乌云毕力格等编著:《蒙古游牧图:日本天理图书馆所藏手绘蒙古游牧图及研究》,北京:北京大学出版社2014年版,第44—45、168—171页。

⑥ 乌云毕力格等编著:《蒙古游牧图:日本天理图书馆所藏手绘蒙古游牧图及研究》,北京:北京大学出版社2014年版,第30—31、140—144页。

⑦ 宝音初古拉:《"察哈尔国"驻牧地考》,《赤峰学院学报》2011年第3期,第31页。

⑧ 乌云毕力格等编著:《蒙古游牧图:日本天理图书馆所藏手绘蒙古游牧图及研究》,北京:北京大学出版社2014年版,第30—31、140—144页。

绪三十四年所绘《昭乌达盟阿鲁科尔沁旗全图》①。

（53）什喇穆楞。《嘉庆重修大清一统志》卷五九《奉天府》之"山川"载："辽河，在府西一百里，国语曰老哈……其西一源即什喇穆楞也，源出古北口北五百余里，蒙古克什克腾界内之伯尔克和尔累。"②

（54）什喇穆伦。此名参见清光绪三十四年（1908年）所绘《昭乌达盟阿鲁科尔沁旗全图》③。

（55）什喇木楞。此名参见《嘉庆重修大清一统志》④。

（56）沙江。此名参见《奉使科尔沁行记》。

（57）沙尔沐沦。清咸丰六年（1856年）秋季所立《公主桥碑文》有云："尝闻九月除道，十月成梁，周官有一定之制，夏令有不易之章，以是除道成梁，自古皆然。况吾沙尔沐沦河，东西接域，南北连壤，为驿站之要路，蒙满汉之通衢，而安可不设桥梁也哉！"⑤

（58）沙尔木伦。清光绪三十二年（1906年）《内蒙古东部调查日记》（《蒙古游记》）卷六"乌丹城至巴林版"有云："巴林桥跨锡喇木伦（即西拉木伦，一作'沙尔木伦'），即古潢水（'锡喇木伦'，蒙语言'黄河'也）。"⑥

（59）色伦木。此名参见《巴林纪程》⑦。

（60）色拉木伦。《巴林纪程》有云："（咸丰七年十二月）二十七日辰初，由来色行三十里至七株树，借烧锅房早尖。巳初，复行五六里，遍地皆深沙，旋过沙岭

---

① 乌云毕力格等编著：《蒙古祖牧图：日本天理图书馆所藏手绘蒙古游牧图及研究》，北京：北京大学出版社2014年版，第41、158—162页。

② 《清嘉庆重修一统志》，《四部丛刊》续编本。

③ 乌云毕力格等编著：《蒙古祖牧图：日本天理图书馆所藏手绘蒙古游牧图及研究》，北京：北京大学出版社2014年版，第41、第158—162页。

④ 《清嘉庆重修一统志》，《四部丛刊》续编本。

⑤ 公主桥位于巴林与翁牛特两部交界的西拉沐沦上，由公主率先筹备建造，所以称之为公主桥。历经一百九十多年后，于咸丰六年（1856年）重修，主修者为淑慧公主七世孙扎萨克郡王那木济勒旺楚克，并勒石建碑（1940年发洪水，此碑被冲到河中），叙公主建桥之功德，前后两次修桥之原因。日本明治四十一年（清光绪三十四年，公元1908年）成书的关东都督府所编《东部蒙古志》第九编第三章"道路"曾录此碑文（《巴林右旗志》也转载此碑文）。

⑥ 〔清〕冯诚求撰：《内蒙古东部调查日记》（《蒙古游记》），民国2年（1913年）吉长日报社铅印本。

⑦ 〔清〕文祥撰：《巴林纪程》，载于金毓黻主编《辽海丛书》第四册第八集，沈阳：辽沈书社1985年影印本。

五六道,车马疲累不堪。末一岭将登至巅,复被沙溜下数次。过沙岭二里余,抵巴林桥,河名色伦木,水面甚宽。独近桥处仅二丈余,水桥与平,桥下之水,深至十余丈。据土人云:夏间盛涨,上下游水均泛溢出岸,惟桥下宽深如故,传为神异。岸北有碑亭,碑兼满蒙文,镌志桥建自顺治十四年,系多慧公主(应为淑慧公主——引者注)所修。康熙年,圣驾北巡,始命载入志书云云。桥以北均系巴林王境,无汉人村。过桥十余里,抵色拉木伦站宿。"

此名另见汉文版《理藩院则例》卷三二"古北口驿站"。蒙古文《理藩院则例》(内蒙古历史语言研究所藏清嘉庆、道光、光绪三种版本)卷三二"古北口驿站"作"Šir‑a‑mörün"。

(61)夏喇木伦。《西喇木伦及兴安岭地方旅行谈》载:"'西喇木伦'之名,果何所取义乎?当昔时此河一名'潢河',因与中国北方'黄河'之名混,故加水旁以志区别。昔之'饶乐水'等亦由此发音。蒙古语'西喇'者,'黄色'之义;'木伦'者,即较通常水稍大之义也。现今蒙古语呼此河为'夏喇木伦',欧人所制之地图,亦有多书'夏喇木伦'者,然考诸文语,则皆为'西喇木伦',即'黄水'之义也。"①

(62)舍利木伦。《经棚日记》载:"(民国3年十二月)二十一日,……复沿舍利木伦河西行,晚宿桥头。""(民国3年十二月)二十二日,到刘家营,仅三十五里,打尖。过舍利木伦河,朔风凛冽,寒透重裘。"(民国4年二月)五日,……舍利木伦河两岸膏腴,产麦最富。河水黑色,沙子亦然,所以名之曰:黑沙滩。"②

(63)舍利摩伦。民国《建普渡桥河神庙记》云:"自若舍利摩伦河,诚属克什克腾之巨川。"③

(64)舍利默。此名参见清光绪三十三年《巴林旗报效荒地草图》④。

(65)舍利漠。此名参见日文版《热河》第四章"山河与湖沼"第一节"河川"⑤。

---

① 〔日〕鸟居龙藏著,张福年译:《西喇木伦及兴安岭地方旅行谈》。本文系节译《蒙古旅行》部分内容,译文原载于《地学杂志》第一年第五号《杂俎内编》专栏,宣统二年(1910年)五月出版,宣统三年五月再版,民国19年(1930年)12月第三版,第23页。

② 〔民国〕程廷镛著:《经棚日记》,载于1918年《电界杂志》,第6、11页。

③ 〔民国〕康清源纂:《热河经棚县志》卷二七"艺文",民国17年(1928年)稿本。

④ 清光绪三十三年(1907年)绘,中国国家图书馆藏。

⑤ 〔日〕北条太洋著:《热河》,明治印刷株式会社,昭和八年(1933年)九月廿七日印刷,东京株式会社新光社,昭和八年九月三十日发行,第8页。

（66）沙里木。清末库伦兵备处存查《内外蒙古路程表》之"由赤峰至开鲁路程表"载："沙里木河，距赤峰三百里。"①

（67）沙利摩。此名参见民国《重建经棚县沙利摩河普渡桥碑（碑在桥头河神庙）》②。

（68）沙里摩。民国《重建经棚县沙利摩河普渡桥碑（碑在桥头河神庙）》云："查热区经棚县西南二百里乱山中，有地名源水头者，泉水滔涌，瀑出不穷，流迄东去，归沙里摩河。"另据《热河经棚县志》卷六年"桥梁"云："普渡桥，在县治东南一百二十里桥头地方，西拉木伦河上。"

可见，民国《建普渡桥河神庙记》所指"舍利摩伦河"与民国《重建经棚县沙利摩河普渡桥碑》所指"沙里摩河"，实同名之异译，即"西拉木伦河"。

（69）沙力漠。清末科举人刘培芳于民国时期，曾作《过沙力漠河歌》诗一首云："曳杖赴林东，沙路塞滞不易行。长沙犹未尽，大河忽前横。问何之目，乌珠穆沦名。茫茫无涯际，浩浩混太清。巨浪深黑不见底，洪涛滚滚鬼神惊。渔舟杳不见，渔人寂无声。欲跳檀溪无龙马，奢想空欲骑鳞鲸。幸有胡人来，津渡告我明。苟得铜几贯，甘欲导前程。饮以绿蚁酒，经烟赠数茎。假此胡人为前导，赤身振胆下龙宫。初行波犹浅，曲次达深泓。越股逾脐声澎湃，荡胸没肩势峥嵘。一波犹未落，一波起犹宏。大波小波簇身前，二目昏花耳雷鸣。神飞天外身无主，胆落江心身欲倾。举手遮令乾坤转，抬足单觉天地崩。幸有胡人捉我袂，嘱我闭目踏波平。须臾出到浅水面，由浅复深历几遍。凶险迭经胆转豪，由浅复深因其便。举足踏翻沧海鲛，舒手拨开冰万片。飞身腾上河之堰，回首停身神思倦。行人来者方滔滔，车马络绎如组练。或者人马波中迷，或者车牛泥中漩。四足不得行，双轮不为转。江内人声沸，江畔人声喑。众客患凄清，我亦牙打战。倾囊谢胡人，再造恩可恋。他日回乡渡斯河，谆谆告尔早来见。"③

（70）沙流漠。此名参见《经棚全境略图》④。

（71）沙拉漠。此名参见《林东县全境详图》⑤。

---

① 清末库伦兵备处存查：《内外蒙古路程表》，中国国家图书馆藏。

② 〔民国〕胡砥平撰，参见〔民国〕康清源纂《热河经棚县志》卷二七"艺文"，民国17年（1928年）稿本。

③ 刘锡卿辑：《酬世文选》所录刘培芳诗文，1954年油印本；另见李俊义：《刘氏青云培芳锡卿三公文存校注》所录刘培芳诗文，待刊稿。

④ 转引自魏昌友主编：《赤峰蒙古史》，呼和浩特：内蒙古人民出版社1999年版。

⑤ 民国21年（1932年）绘。

(72)沙里漠。此名参见《西拉木伦河流域先秦时期文化遗存的序列编年与谱系·代序》①。

(73)沙里莫。景爱先生认:"当地人又将'沙里莫河'称作'沙粒河'。由于河水中泥沙多,故而水色混黄,故有黄河之称。'没里莫河'即'世里没里',而略去了尾音。"②

(74)沙粒河。此名参见上文。

(75)什里木。景爱先生认为:"现在,西拉木伦河沿岸的老年人,在口语中一直将西拉木伦河称作'什里木'。'什里木'即'世里没里',只是省略了词尾音(里)。"③

可见,前文中的"色伦木""什里木""舍利默""沙里木""沙利摩""沙里摩""沙力漠""沙拉漠""沙流漠""沙里漠""沙里莫"等,字不同而音相近,即"世里没里",只是省略了词尾音(里)。"世里没里"就是"西拉木伦河(潢河)"。

(76)哲拉沐沦。民国《林西县志》卷一"地理志"之"山脉"条载:"潢河,亦即现今哲拉沐沦河也。"卷一"地理志"之"河流"条载:"哲拉沐沦河,发源多伦诺尔地名远水头,东流二百五十里,至樱桃帐房,北岸夸(跨)林西县境,水势雄狂,色浑浊,携泥沙,产黏鱼、泥丘(鳅)鱼、船丁、华子鱼等。春秋季开封时,行旅过渡极危险,历年有淹毙人畜之事,上下建两石桥,行人始稍感困难。由双井子流出,南岸为赤峰县境,北岸为巴林旗境,本境内无河流会入,下至东省辽阳入海。"卷一"地理志"之"道路"条载:"本境疆域极微,又处边檄,无交通之大路。自县治出南门,入哈拉海洼,三十余里经好洛井子,五十里至哲拉沐沦河沿,为往赤峰县之大路。"

(77)洒喇木伦。《东蒙古辽代旧城探考记》载:"前记之'潢河',即蒙古人近日文言所称之'西喇木伦(Sira – muren)',俗称之'洒喇木伦(Sara – muren)'。"④

---

① 内蒙古自治区文物考古研究所、吉林大学边疆考古研究中心编著:《西拉木论河流域先秦时期遗址调查与试掘》,北京:科学出版社2010年版,第1页。

② 景爱:《潢河考》,载于上官鸿南、朱士光主编《史念海先生八十寿辰学术文集》,西安:陕西师范大学出版社1996年版,第356页。

③ 景爱:《潢河考》,载于上官鸿南、朱士光主编《史念海先生八十寿辰学术文集》,西安:陕西师范大学出版社1996年版,第355页。

④ 〔法〕闵宣化著,冯承钧译:《东蒙古辽代旧城探考记》前言,中华书局2004年版,第7页。

（78）沙喇木伦。《满洲地名考》"兴安南省"之"新辽河"条："蒙古语'沙喇木伦'，'沙喇'意为'黄'，'木伦'意为'河'。"①此名另见《蒙古高原横断记》附录《东亚考古学会蒙古调查班旅行概要图》②。

（79）沙拉木伦。此名参见民国10至11年（1921—1922年）所绘《昭乌达盟左右巴林、阿鲁科尔沁三旗划界形势图》③、《林东县方域统计》④、《满蒙支那人名地名表》⑤。

1979年版《辞海》"西拉木伦河"条载："'西拉木伦河'一称'沙拉木伦河'，蒙古语意为'黄色的河'。旧称'潢水'。"

（80）沙拉木沦。此名参见《克什克腾旗志》⑥。

（81）希喇沐沦。民国佚名撰《昭盟渔业之状况》有云："本盟产渔之地，南部则有老哈河、锡伯河、英金河、伯尔克河，北部则有希喇沐沦河、乌勒吉沐沦河、霍勒河、哈济尔河等，为产鱼最多之河流。"⑦

（82）希拉穆林。此名参见民国9年（1920年）三月一日所绘《昭乌达盟巴林旗图》⑧、民国9年（1920年）六月十日所绘《昭乌达盟巴林旗图》⑨。

（83）希拉江。此名参见约民国9年（1920年）五月二十八日所绘《昭乌达盟巴林左旗分界图》⑩。

---

① 〔日〕谷光世著：《满洲地名考》，满洲事情案内所报告第四十二，满洲事情案内所编，昭和五十七年（1982年）三月二十日印刷，昭和五十七年三月二十五日发行复刻，第213页。
② 〔日〕东亚考古学会蒙古调查班（代表者：江上波夫）：《蒙古高原横断记》，日本印刷株式会社（东京市牛込区市谷加贺町一ノ十二），昭和十九年（1944年）九月二十日印刷，东京日光书院（东京市神田区一ツ桥二ノ三），昭和十九年九月二十五日发行，书前插页。
③ 乌云毕力格等编著：《蒙古游牧图：日本天理图书馆所藏手绘蒙古游牧图及研究》，北京：北京大学出版社2014年版，第38—39、154—157页。
④ 〔民国〕热河省公署档：《林东县方域统计》，民国16年（1927年）五月十八日。
⑤ 〔日〕松田仪一郎：《满蒙支那人名地名表》之"兴安西省"条，社团法人日本放送协会，昭和十二年（1937年）九月二十印刷，昭和十二年九月二十五日发行，第51页。
⑥ 李振刚主编：《克什克腾旗志》，呼和浩特：内蒙古人民出版社1993年印行，第126页。
⑦ 《蒙藏旬刊》第九期之"东蒙近闻一束"，民国20年（1931年）12月10日，第11页。
⑧ 乌云毕力格等编著：《蒙古游牧图：日本天理图书馆所藏手绘蒙古游牧图及研究》，北京：北京大学出版社2014年版，第32—33、145—147页。
⑨ 乌云毕力格等编著：《蒙古游牧图：日本天理图书馆所藏手绘蒙古游牧图及研究》，北京：北京大学出版社2014年版，第34—35、148—150页。
⑩ 乌云毕力格等编著：《蒙古游牧图：日本天理图书馆所藏手绘蒙古游牧图及研究》，北京：北京大学出版社2014年版，第36—37、151—153页。

（84）西喇木伦。《水道提纲》卷二"大辽水"条曰："今蒙古称曰'西喇木伦'，犹汉言'黄河'也，源出古北口外克西客腾部界内山左麓。"①《东北舆地释略》"大辽水"条曰："大辽水上游即潢水，在今巴林旗，今名'西喇木伦'，唐时地属契丹。"②民国5年（1916年）《内蒙古纪要》第二编"地文地理"载："及满洲西部之大河也，有'西喇木伦河'和'老哈河'二流。……土人呼为'西辽河'，单称则为'西喇木伦河'焉。"③

另见张穆撰《蒙古游牧记》卷三"昭乌达盟之游牧所在"条，李慎儒著《辽史地理志考》卷一"上京道"之"饶州"条④，《内蒙古地理》第三章"地势"之"江河"⑤，《清史稿·地理志》之"内蒙古克什克腾部"条，《西喇木伦及兴安岭地方旅行谈》⑥，《满蒙探险记》附"满蒙略图"⑦，《蒙古志》卷一⑧，《京直绥察热五省区志》⑨，《热河省经棚县全图》⑩，《东北县治纪要》⑪，《热河新志》第五章"热河

① 〔清〕齐召南撰：《水道提纲》，传经书屋藏版，清乾隆四十一年（1776年），日本早稻田大学图书馆藏本。

② 〔清〕景方昶撰：《东北舆地释略》，载于金毓黻主编《辽海丛书》本（全五册），沈阳：辽海出版社1985年版。

③ 〔民国〕花楞撰：《内蒙古纪要》，民国5年（1916年）北京经纬书局铅印本。

④ 〔清〕李慎儒著：《辽史地理志考》卷一"上京道"之"饶州"条，清光绪二十八年（1902年）丹徒李氏刻本，第二十二叶a。

⑤ 〔民国〕许崇灏编：《内蒙古地理》，民国26年（1937年）新亚细亚学会出版科铅印本，考试院印刷所印刷，第24页。

⑥ 〔日〕鸟居龙藏著，张福年译：《西喇木伦及兴安岭地方旅行谈》，载于《地学杂志》第一年第五号，清宣统二年（1910年）五月初版，宣统三年（1911年）五月再版，民国19年（1930年）12月第三版。

⑦ 〔日〕深谷松涛、古川狄风：《满蒙探检记》，博文馆印刷所（东京市小石川区久坚町百〇八番地），大正七年（1918年）十一月二十五日印刷，博文馆（东京市日本桥区本町三丁目），大正七年十一月二十八日发行，书前插页。

⑧ 〔清〕姚明辉编纂、夏日盉校订：《蒙古志》卷一，清光绪三十三年（1907年），上海中国图书公司铅印本。

⑨ 〔民国〕北京师范大学史地系：《京直绥察热五省区志》，北京求知学社印刷，民国13年（1924年）初版，第28页。

⑩ 民国期间康清源绘制，参见〔民国〕康清源纂：《热河经棚县志》，民国17年（1928年）稿本。

⑪ 〔民国〕熊知白编著：《东北县治纪要》第四编十五"经棚县"条，北平立达书局发行，北平和济印书局印刷，民国22年（1933年）初版，第524页。

的地文地理"之"热河的山脉与水系"①,《中国古今地名大辞典》②,《东部内外蒙古调查报告书》第一编"一般经济事情"第四章"交通运输"之图片说明"通辽西方西喇木伦河渡船场"③,《满蒙を再び探る》附"蒙古探查概观图"④,《热河》卷首之"热河省全图"⑤,《东蒙古纪行》⑥,《西喇木伦河流域的新石器时代遗址》⑦。

(85)西喇沐沦。《辽会要》卷一四"地理"条有云:"永州(治今内蒙古自治区翁牛特旗东白音他拉古城),永昌军,观察,乾亨三年,置州。东潢河(以'西喇沐沦河'流向东,应作'北潢河'),南土河,二水合流,故号永州。"⑧

(86)西剌木伦。此名参见日文版《热河》第四章"山河与湖沼"第一节"河川"⑨。

(87)西拉木楞。此名参见清乾隆版《八旗满洲氏族通谱》⑩卷六六"附载满洲旗分内之蒙古姓氏"之"西拉木楞地方博尔济吉特氏"条;卷六八"附载满洲旗分内之蒙古姓氏"之"乌新氏"条。

《奉使科尔沁行记》有云:"过老河,涉'西拉木楞',《志》谓之'潢河',土人称为'沙江'。源出克什克腾部之博尔赫贺尔淇,经巴林、阿鲁科尔沁、翁牛特境,入

① 〔民国〕武尚权纂:《热河新志》,列"东北四省抗敌协会丛书"第一种,民国32年(1943年)铅印本,陆军经理杂志社印刷,第63页。

② 〔民国〕臧励龢等编著:《中国古今地名大辞典》之"西喇木伦""潢河"条,上海:商务印书馆1931年版,第355、1176页。

③ 〔日〕南满洲铁道株式会社庶务部调查课:《东部内外蒙古调查报告书》,满洲日日新闻社(大连市东公园町二十一番地),昭和二年(1927年)五月十二日印刷,南满洲铁道株式会社,昭和二年(1927年)五月十七日发行,第36页。

④ 〔日〕鸟居龙藏、鸟居きみ子:《满蒙を再び探る》,山县制本印刷株式会社(东京市神田区今川小路一ノ一),昭和七年(1932年)一月十五日印刷,六文馆(东京市神田区多町二丁目一五),昭和七年一月二十日发行,书前插页。

⑤ 〔日〕北条太洋著:《热河》,明治印刷株式会社,昭和八年(1933年)九月廿七日印刷,东京株式会社新光社,昭和八年九月三十日发行,卷首。

⑥ 〔日〕桑原骘藏著,张明杰译:《考史游记》,北京:中华书局2007年版,第216页。

⑦ 汪宇平撰:《西喇木伦河流域的新石器时代遗址》,《考古通讯》1955年第5期。

⑧ 陈述、朱子方主编:《辽会要》,上海:上海古籍出版社2009年版,第690页。

⑨ 〔日〕北条太洋著:《热河》,明治印刷株式会社,昭和八年(1933年)九月廿七日印刷,东京株式会社新光社,昭和八年九月三十日发行,第8页。

⑩ 〔清〕弘昼、鄂尔泰等编纂,辽沈书社1989年影印本。

奈曼界,又东北流,老河自西南会之,西辽河之上源。"①麒庆是满洲正白旗人,所记"西拉木楞",有可能受《八旗满洲氏族通谱》的影响。

(88)西喀木伦。李慎儒著《辽史地理志考》卷一"上京道"之"乌州"条有云:"有辽河、夜河、乌丸川,三河皆无考。阿噜科尔沁境内水之大者有'西喀木伦'(即'潢河')、'乌尔图绰农河','辽河'当是'潢河','乌丸川'未知,即'乌尔绰农河'否?夜河则更无可仿佛者。"②

(89)西拉木轮。此名参见《热河省经棚县全图》③。

(90)西拉木伦。此名屡次见于民国《热河经棚县志》卷一〇"山川"之"西拉木伦河"条。另见《清史稿·地理志》之"内蒙古科尔沁左翼中旗"条,《蒙古考察报告》第七册附"民国二年一月十六日由哈八气至郝洛井子之记忆图"④,《乌丹县行政区划图》⑤,《赤峰市地名志》⑥,《西拉木伦河上游考古调查与试掘》⑦,《西拉木伦河流域先秦时期遗址调查与试掘》⑧,《林西井沟子——晚期青铜时代墓地的发掘与综合研究》⑨等文献。

(91)西拉沐伦。此名参见清光绪三十三年(1907年)绘制的《御前行走、昭乌达盟盟长、阿鲁科尔沁旗扎萨克郡王衔、加八级军功、加四级多罗贝勒巴咱尔吉尔第旗游牧图》和《克什克腾旗志》⑩。

---

① 〔清〕麒庆撰:《奉使科尔沁行记》,载于〔清〕盛昱、杨忠羲编《八旗文经》卷四一"记(己)",光绪辛丑(二十七年,1901年)刊于武昌。

② 〔清〕李慎儒著:《辽史地理志考》卷一"上京道"之"乌州"条,清光绪二十八年(1902年)丹徒李氏刻本,第十六叶b。

③ 民国期间康清源绘制,参见〔民国〕康清源纂:《热河经棚县志》,民国17年(1928年)稿本。

④ 内蒙古社科院图书馆编:《蒙古考察报告》上册,列"内蒙古历史文献丛书"之九,呼和浩特:远方出版社2010年版,插页。

⑤ 乌丹县人民政府制,1951年8月。

⑥ 王凤隆主编:《赤峰市地名志》,赤峰市人民政府1987年印行,第320页。

⑦ 吉林大学边疆考古研究中心、内蒙古文物考古研究所:《西拉木伦河上游考古调查与试掘》,《内蒙古文物考古》2002年第2期。

⑧ 内蒙古自治区文物考古研究所、吉林大学边疆考古研究中心编著:《西拉木伦河流域先秦时期遗址调查与试掘》,北京:科学出版社2010年版。

⑨ 内蒙古自治区文物考古研究所、吉林大学边疆考古研究中心编著:《林西井沟子——晚期青铜时代墓地的发掘与综合研究》,北京:科学出版社2010年版。

⑩ 李振刚主编:《克什克腾旗志》,呼和浩特:内蒙古人民出版社1993年印行,第126页。

（92）西拉沐沦。此名参见《巴林右旗地名志》①。

概而言之，上文中的"辽水""饶乐水""作乐水""弱洛水""弱落水""弱水""弱乐水""浇乐水""浇落水""浇水""如洛瓖水""洛孤水""黄水""潢水""湟水""横水""潢河""黄河""黄江""黄木伦""黄木嵓""绿河""西辽河""枭罗箇没里""女古没里""世里没里""匕里没里""木裔河""失列门林""失利门林""舍（捨）喇母林""舍（捨）喇母吝""捨喇毋吝""哈喇母林""哈剌母林""锡喇穆楞""锡拉穆楞""锡拉木楞""沫伦河""锡喇河""锡喇木伦""锡剌木伦""锡拉穆伦""锡拉木伦""锡奈木伦""什拉磨楞""什拉穆楞""什拉莫兰""什拉木兰""什拉木伦""什喇木兰""什喇木伦""什喇穆楞""什喇穆伦""什喇木楞""沙江""沙尔沐沦""沙尔木伦""色伦木""乪拉木伦""夏喇木伦""舍利木伦""舍利摩伦""舍利默""舍利漠""沙里木""沙利摩""沙里摩""沙力漠""沙流漠""沙拉漠""沙里漠""沙里莫""沙粒河""什里木""哲拉沐沦""洒喇木伦""沙喇木伦""沙拉木伦""沙拉木沦""希喇沐沦""希拉穆林""希拉江""西喇沐沦""西喇木伦""西剌木伦""西喀木伦""西拉木楞""西拉木轮""西拉沐伦""西拉沐沦"，字不同而音相近，均为"西拉木伦"的不同音译。

---

① 　布仁乌力吉主编：《巴林右旗地名志》，巴林右旗人民政府 1987 年印行，第 224 页。

辽代兴州考

周向永①

辽代兴州位置，古今向无争议，均以今铁岭市懿路村当之。然细研史籍，辽金两史地志（指《辽史·地理志》和《金史·地理志》）中对兴州所在指地并非相同，实则今懿路村为辽兴州所在是在辽末，而在此地设兴州之前又有定理府的建置参与其间；金代在此设挹娄县之县名本与辽北无关，实则兴州也并非一次迁徙到懿路村，揭示的又是辽代晚期契丹统治者对辽东渤海遗族防范和处置信息。

一

《辽史·地理志二》"兴州"条："兴州，中兴军，节度。本汉海冥县地。渤海置州，故县三：盛吉、蒜山、铁山，皆废。户二百，在京西南三百里。"

因为后来的宋人使金笔记中，曾不止一次地提及兴州，因此依据那些不断接续的里程记录，兴州位置被认定在今铁岭市南境的懿路村城址，这一结论至今没有变更。

张棣《金房图经》指"兴州"所在："沈州至蒲河四十里，蒲河到兴州四十里，兴州至银州南铺五十里"。这是从南向北的记叙。还有从北向南的记叙，《松漠纪闻》说："（同州）四十里至银州南铺，五十里至兴州。兴州四十里至蒲河，（蒲河）四十里至沈州"。沈州即沈阳，蒲河地名至今没变，地在今天沈阳市北郊，沈阳到蒲河的距离也正好是四十里。从蒲河再北四十里的地方，就是现在的铁岭市新台

① 周向永，铁岭市博物馆。

子镇懿路村,对辽兴州、金挹娄县的位置确认应该是没有问题的。

但依《辽史》记载,兴州的位置却并不在现在的铁岭市懿路村。

将辽金两史地志中有关兴州的记述比较后,可以看出两个问题:一是,如将《辽史·地理志》中的兴州比定铁岭懿路,所谓"京西南三百里"便难对应:此"京"如指辽上京,铁岭懿路距今巴林左旗又何止千里?此兴州显然不是现在的铁岭懿路。二是,如"京"指辽东京,则辽阳与铁岭间三百里的里距不合暂且不论、其方向也不对:铁岭在辽阳以北,而记载说是"京西南"。看来此"京"当另有所指。

《辽史·地理志》中记载距京里数诸州,均为显德府所辖,卢州"在京东一百三十里",铁州在"京西南六十里",兴州"在京西南三百里"、汤州"在京西北一百里"。作为显德府辖州之一的荣州在此不见记载,但列于汤州名后有崇州,有说崇州当即荣州之误,字近而讹。但辽史地志中专有荣州,看来崇州就是崇州。金殿士先生《辽代崇州考》对此作出考证,认为崇州为唐安东都护府属州,渤海继之,地在今抚顺市高尔山下,后改贵德州①。崇州也系距京道,"在京东北一百五十里"。《辽史·地理志》中记载的几个显德府辖州中唯显州名下未系里数,这个原因大抵是因为显州为显德府首州,当为显德府寄治州,寄治,即为一地,因此无需系里数。从这一点来判断,辽史地志显德府下辖五州距京里数之京,当指渤海中京显德府,即今吉林和龙,而非辽东京辽阳。以今和龙为中心,衡以《辽志》记载,诸州所在,吉林同行及业内学者早将其实地作以考论,此不赘述。其实这是个老问题。金毓黻在《渤海国志长编》里就曾谈起过这件事情,他在论述渤海中京显德府卢州条时说:"又按《辽志》于卢、铁、汤、兴、荣五州之下,皆系至京方隅里到,以今熊岳按之,应在东京南(此处东京指辽阳)三百里,此云卢州在京东一百三十里,方隅里到皆不合,他州亦然。《吉林通志》云:此渤海各州至中京之里到,非辽时各州至东京之里也。此论极谛。显州为附郭,故无里到。此渤海各州里到之仅有者,可以考见当时之方隅,故具载之。"先人在前,笔者不过亦步亦趋而已。

兴州故地,金毓黻《东北通史》说在"今桦甸县境内"②,也有人说在今吉林省安图县二道白河镇宝马村的仰脸山城③,无论认定在桦甸还是安图,地在今吉林省东部或吉林省东北的大概区域是不错的,因为这一问题与本文考旨关联不大,

① 金殿士:《辽代崇州考》,载于陈述主编《辽金史论集》(第一辑),上海:上海古籍出版社 1987 年版。

② 金毓黻:《东北通史》上册,辽宁省社会科学院翻印,1981 年 6 月,第 318 页。

③ 刘广新编纂:《吉林省邮电志延边卷》,北京:燕山出版社 1997 年版。

不赘。这里想说的是,后来南迁的兴州,当即从这里走出了南迁的第一步。

二

据《金史·地理志》,辽时兴州在迁来辽北懿路之前,还曾有过定理府的建置:"挹娄,辽旧兴州兴中军常安县,辽尝置定理府于此,本挹娄故地,大定二十九年章宗更名"。如此说来,辽天祚帝时将兴州迁来铁岭懿路之前,这里是先有定理府的,定理府建成一段时间以后兴州才从他处迁来。

有必要对定理府迁来辽北的背景原因及具体迁徙时间作以追究。

定理府最早为渤海五京十五府六十二州之一府。定理府最初位置,金毓黻考证在今乌苏里江下游地①,也有人说在今俄罗斯滨海边区苏城一带②,说的应当都是定理府尚未南迁时的位置。定理府,在东丹国南迁的潮流中被迁辽东,不久便名存实亡,究其原因无非有二:一是契丹实行对原渤海京府建置降格沿用以至促其消亡的既定政策。原渤海诸府,南迁后多更名为州,与本文考旨相关:显德府更为显州,即使与东京合为一处,原府之名也改作辽阳府,显德也只作为东京辽阳府八门中的西南门名罢了。其他府治更不消说,南迁之后多同命运,或连州也不再存在了。定理府迁至今懿路地方,之所以史迹不显,实与历史上契丹人对其实行的贬抑政策不无关联。二是定理府本身在辽灭渤海后一段时期的表现也使辽朝对定理府心存戒虑,很大原因我猜想可能与定理府在那样一个特殊时段里反复无常的作为和态度有关。先是,辽太祖征渤海兵临渤海上京城下。二月,原渤海安边、鄚颉、南海和定理几个府的节度或刺史前来拜见正在渤海上京城外驻扎的阿保机,以示臣服,阿保机将其"慰劳遣之"。三月,"安边、鄚颉、定理三府叛,遣安端讨之"。这里安端从战场方归戎装未解,五月时"南海、定理二府复叛,大元帅尧骨讨之",耗时月余,直到六月,二府始平③。几次渤海叛辽的名单中全有定理府,定理府就是以如此反复的曲折经历昭于《辽史》的。大概也就是在数次叛辽又数次被平的几番折腾之后,辽帝终于下决心把渤海的这些府不但移治,而且降格,使其在新地没有扎根生长的外在条件。加之耶律德光与原太子耶律倍的纠结

---

① 金毓黻:《东北通史》上卷,辽宁省社会科学院翻印,1981年6月,第291页。

② 复旦大学历史地理研究所等编:《中国历史地名辞典》,南昌:江西教育出版社1986年版,第552页。

③ 〔元〕脱脱等:《辽史·太祖本纪二》,北京:中华书局1974年版,第23页。

关系,在这样一种背景下,定理府便与东丹国其他京府州一起,向南迁到了辽东地区。

三

定理府自北国迁来辽东后,好像没有再迁的记载,从其他诸府迁徙之后的结局命运推测,定理府迁来后其府的功能渐隐渐失,辽政府对这部分渤海人一直抱着不信任态度,各方面行政功能的萎缩也在可以想见的情形之中。原在辽南的兴州之所以被安置到这里,从一个侧面也应该寓示定理府到这时大概已经有名无实或干脆无名无实的状况了。

《辽史·地理志》中所谓的"(兴州)故县三:盛吉、蒜山、铁山"指的是原渤海兴州所辖三县,而非指辽代兴州辖县。关于此,《辽史·地理志》说这三县"皆废",其实就已经把话说清楚了。废置的时间,最迟应该是在东丹南迁前后。问题是,废掉渤海兴州属县,辽代的兴州是否辖有属县?辽史地志中所记三县只是渤海兴州属县,辽代兴州属县的信息实际在《金史·地理志》有所显露:"挹娄,辽旧兴州兴中军常安县,辽尝置定理府于此,本挹娄故地,大定二十九年章宗更名。有范河、清河国名叩限必剌。"上引《金史·地理志》的记载中有"辽旧兴州兴中军常安县"之语,据此可知辽兴州原本有个名叫"常安"的属县,而这个属县在《辽史·地理志》"兴州"条中是漏载的。从《金史·地理志》的记述中,或可判定兴州寄治的这个县很有可能就是常安县,常安县名从辽兴州迁来辽东就在使用,后才更名为挹娄县。挹娄县,即今铁岭市新台子镇懿路村,是金代沈州所辖五县(乐郊、章义、辽滨、挹娄、双城)之一。其实这个挹娄县也不是金代始称的地名,早在辽代就有。《辽史·地理志》在描述东京辽阳府辖域范围时,有"北至挹娄县、范河二百七十里"之语,是挹娄县在辽时即已得称谓的证据。综合考察这期间的地名变化,我们猜测很可能是辽兴州南迁时,属县即为挹娄,后改为常安,金灭辽以后的一段时间里,兴州属县可能仍叫常安,直到金章宗时期的大定二十九年(1189 年),才又把这里恢复早先辽时原名挹娄县。

关于兴州更早的建置沿革,《辽史》说"本汉海冥县地",查证史籍这一说法是否确切还要画上一个问号。海冥县,西汉武帝元封三年(公元前 108 年)置,属真番郡。据资料记载,海冥县故冶在今朝鲜黄海南道海州市一带;元凤六年(公元前 75 年)改属乐浪郡,东汉建安中又属带方郡,西晋建兴元年(313 年)地入高句丽。

高句丽族实行以部族为中心的城邑制,遂废县①。说兴州汉时本"海冥县地",大抵与辽史地志说贵德、汤、同等州"本汉襄平县地"一样,若非误载,亦即概言。

四

兴州从渤海故地南迁的第一个落脚处是现在的辽南。其具体位置,清人吴承志等在《唐贾耽记边州入四夷道里考实》中曾有涉及。他写道:"银州南四十里有兴州,此城置在辽末,旧为亭站。……故州在辽阳西南近耀州。金志沈州属县挹娄下云:'辽兴州常安县,尝置定理府刺史(按:《金史·地理志》中无"刺史"二字。)于此,本挹娄故地。'……其地为今铁岭县南之懿路站……懿路旧本无城,兴州置此盖天祚时。"吴氏这里说兴州故州在"辽阳西南",显然是误将辽史地志中说兴州"在京西南三百里"作了根据。耀州,今营口大石桥岳州,这个地方与辽阳的方位关系恰巧是西南和东北的关系,两地实际距离是 110 公里左右,与《辽史》所记的"三百里"倒也贴切。衡以其他诸州与辽阳里距,便可知此三百里之距自然是偶然的巧合罢了。

考古证明辽耀州在营口大石桥岳州村,根据贾耽的记载,辽兴州一迁之地必在今岳州村附近,其具体位置应结合田野考古发现参考求得。今岳州附近有数座辽金城址,兴州当在其中。早年营口同行曾在高坎乡下土台村学校后高台地上发现一座辽金城址,名"下土台城址"。营口同行说:这个城址"面积 14000 多平方米,文化层厚 0.3 米,70 年代初期修水渠时,挖到长 100 米,以石为基,宽 2 米的城墙。此地现可见到残砖和厚布纹瓦。从遗物看此地应是一座辽代城址。此城不见史料文献记载,应是一座不知名的头下州城。依地望当应属耀州所辖县。"②《辽史·地理志》"耀州"条载:"耀州,刺史。本渤海椒州,故县五:椒山、貂岭、澌泉、尖山、严渊,皆废。户七百。隶海州。东北至海州二百里。统县一:严渊县。东界新罗,故平壤城在县西南。东北至海州一百二十里。"从《辽史》的记述中可知,辽耀州是渤海时的椒州,原属五县中,迁来辽南后仅存一县:严渊。然该县与县城距离殊远,地在"东界新罗,故平壤城在县西南。东北至海州一百二十里"的地方。耀州本属海州支州,属县地近海州也在情理之中,所以本文推测耀州属县严渊可能并不在现中国境内。如果此推断无误,则营口高坎下土台城址就不应是

---

① 360 百科. http://baike. so. com/doc/331177 – 350727. html.

② 李有升等编:《营口地方史研究》,沈阳:辽宁民族出版社 1997 年版,第 113—114 页。

"耀州所辖县",而应是辽兴州故址。

判断兴州位置,还有一个可依《辽史·地理志》州县排序的规律来辅以印证。《辽史·地理志》各州(府、城)排序有一个显著特点,即辽史地志并列记载的州府有时是相邻或相近的,当然也不尽然如此,要看具体情况。如贵德州(抚顺)与沈州(沈阳)、集州(沈阳奉集堡)、广州(沈阳西南)、辽州(辽阳)并载,银州(铁岭)与同州(开原中固)、咸州(开原老城)并载等等即是此例。兴州在《辽史·地理志》中的位置,在辰州(营口盖县)、庐州(营口熊岳)、铁州(营口汤池,一说鞍山)诸州之间,所以兴州迁来辽东,初治在今营口附近应该问题不大。

"懿路旧本无城,兴州置此盖天祚时",这个记载非常重要,从这个记载中可知辽兴州迁到懿路的时间是在辽末。这个时间虽说是吴承志依据各种他所掌握的信息来做的一个大致估测,而非确凿时间,但吴氏的这个意见还是应该得到重视的。吴承志提到当时已在懿路的辽兴州"故州"问题,指出这个"故州"是在"辽阳西南近耀州"的某个地方。这等于说,曾建在懿路的辽兴州,应该是兴州的"二迁三治"之所。

铁岭懿路有古城址,现为明城。明懿路城是在明初永乐五年始筑成的,《辽东志》上说,懿路城的构筑是"因旧城修筑"。如是,懿路明城所依循的这个旧城就应该是辽金时期的城址。在辽北,凡明城因旧城者,旧城多为辽金时期城址,并非懿路城孤例。在铁岭市境内,如属明开原卫的古城堡,堡名即自谓身世,所在堡城即为原辽金城址。昌图老城在明代为镇夷堡,其城下也是辽金城址的基础①。田野调查中,在懿路城中除多见明代青砖、素面灰瓦及蓝花碎瓷片外,也见有细泥灰陶篦齿纹残片和金代粗瓷碗圈足标本。1994年在懿路村一户村民中,笔者就曾征集过一件据说是早年出土于懿路城中的金代酱釉罐,足以证明懿路城肯定是在辽金城址基础上构筑的。而这个明以前的"旧城",应该就是辽代的兴州、金代的挹娄县故址。

兴州初置辽南营口地方,辽末时何因迁来现在的懿路地方? 不见史载,但类似兴州这种北迁情况,也非兴州一州。同属原渤海中京显德府的荣州,就和兴州一样从辽南迁向了辽北。这应该是兴州的第二次迁治。关于迁治的原因,我们仔细翻阅能找到的史料,觉得辽末发生在辽南地方的原渤海遗族大延琳起义,可能是导致迁至辽南一些原渤海遗灵居住州城再迁往异地的原因之一。

大延琳起义的导火索源于辽东户部官员对辽东人的课税,起义之火迅速在辽

---

① 铁岭市博物馆三普档案资料。

东呈燎原之势。大延琳起义最终被镇压，震惊了辽廷，迫使辽廷采取了防止类似事件再次发生的统治措施。在辽军攻克东京城后三个月，强行迁徙渤海人，对渤海贵族进一步实行分化，以利于辽廷的统治。另一方面，将参与大延琳起义的渤海人及其家眷相继迁到上京北部，辽廷"诏渤海旧族有勋劳材力者叙用，余分居来、隰、迁、润等州"①，以防其再度闹事。

考论至此，关于兴州的史脉也就可以大致捋出个头绪来了：

最初的兴州属渤海显德府，地在今吉林东部。辽灭渤海，设东丹国，定理府和兴州皆为东丹国域内建置。辽天显三年，辽迁东丹国于辽东地方，定理府即随之迁至今铁岭市懿路村所在地，兴州则迁于今营口熊岳城附近，设常安县，与州同治。因辽圣宗太平九年（1029 年）渤海遗族大延琳起义，辽朝平叛后吸取教训，又将早先迁来辽东的渤海遗众特别是参与起义的辽南各州再行北迁或西迁，使其分散居住。这种背景之下，原本在今熊岳附近的辽兴州，就于辽末天祚帝时被迁到了原来设定理府的地方，也就是现在的懿路村，直到辽亡。金章宗大定二十九年（1189 年），金廷撤销原兴州地名，将兴州恢复辽时始称的挹娄县，今懿路地名即因金时曾名"挹娄"转音而来。这就是辽代兴州的变迁沿革。

---

① 〔元〕脱脱等：《辽史·圣宗本纪八》，北京：中华书局 1974 年版，第 206 页。

金史研究

论金章宗与金朝国势逆转的关系

王德忠①

金章宗即位后,迎来了金朝历史的鼎盛时期,《金史·章宗本纪》的"赞语"对此时金朝的社会形势及金章宗的治绩作了毫不吝惜的赞誉:"章宗在位二十年,承世宗治平日久,宇内小康,乃正礼乐,修刑法,定官制,典章文物粲然成一代治规。又数问群臣汉宣综核名实、唐代考课之法,盖欲跨辽、宋而比迹于汉、唐,亦可谓有志于治者矣。"然而,金章宗时期又是金朝社会矛盾全面爆发的前夜,是王朝统治力量走向衰弱、国势大逆转的时期。究其原因,金朝同样不能避免专制王朝兴衰轮回的命运是决定性的因素,而完颜皇室内部的矛盾纷争与政治腐朽恶性互动削弱了统治集团对国家的有效治理,金章宗主观上的所作所为也与社会矛盾的酝酿和加剧有着密切的关系。

一 完颜璟被确立为皇位继承人酿成了皇室内讧

金章宗完颜璟于大定八年(1168年)出生在金世宗前往金莲川途中的麻达葛山,因此金世宗为新生的皇孙命名麻达葛。起初,麻达葛与皇位传承并无关系。其父完颜允恭,是金世宗唯一的嫡生子,于大定二年(1162年)被册立为皇太子。但是,完颜允恭在大定二十五年六月金世宗巡幸上京期间去世于中都,次年四月,金世宗赐麻达葛名璟,十一月,被册立为皇太孙,成为皇位继承人。金世宗对完颜

---

① 王德忠,东北师范大学历史文化学院。

璟说：“尔年尚幼，以明德皇后嫡孙惟汝一人，试之以事，甚有可学之资。”①可见，金世宗册立完颜璟为皇太孙最主要的理由是他的嫡出身份。

从金世宗册立完颜璟为皇太孙一事本身来看似乎并无不妥，而且可以说是顺理成章，因为即使在皇帝制度成熟完备的中原王朝，在皇太子先于皇帝去世后，从立嫡的角度出发，确立皇太子的嫡子为皇位继承人也并不罕见。但是，同样在中原王朝，这样的皇位继承人安排，结果也并非尽善尽美。在金朝，正是由于这样的皇位继承人安排引发了完颜氏皇室内部的纷争，造成了极其严重的后果。

在金世宗诸子中，出于明德皇后乌林苔氏的除了完颜允恭外，还有孰辇、斜鲁二人，出于元妃张氏的有镐王允中、越王允功，出于元妃李氏的有郑王允蹈、卫绍王允济、潞王允德，出于昭仪梁氏的有豫王允成，出于才人石抹氏的有夔王允升。其中孰辇、斜鲁早夭。

事实说明，在政治形势相对稳定的金世宗之世，平静不过只是表面现象，而在完颜皇室内部已经是暗流涌动。而金章宗与诸叔伯们的矛盾表面化，则是从孝懿皇太后，即金章宗生母徒单氏的葬礼开始的。明昌二年(1191 年)正月，徒单氏去世，按照制度诸王应当入京奔丧，而当时在判真定府任上的吴王永成(允成)和在判定武军节度使任上的隋王永升(允升)却公然“后期”，受到罚俸一个月的处分，二王府的属官长史各受杖责三十。在金世宗诸子中最长的永中(允中)则由于寒疾未能奔皇太后之丧，金章宗还专门遣使予以斥责。金章宗认为“诸王有轻慢心”，是没有把自己这个侄子辈的皇帝放在眼里。葬礼结束后例行的“朝辞”“赐遗留物”虽然举行不误，金章宗在表面上还保持着对诸叔伯们的礼遇，但是彼此之间的不信任已经达到了相当严重的程度。

而金章宗对诸王的监视和管制也在这种情形下开始了。明昌三年(1192 年)，金章宗下令在诸王府设置傅、府尉等官员。“名为官属，实检制之也。府尉希望风旨，过为苛细。永中自以世宗长子，且老矣，动有掣制，情思不堪，殊郁郁，乃表乞闲居。诏不许。”②而金章宗对宰臣说：“闻诸王傅尉多苛细，举动拘防，亦非朕意。是职之设，本欲辅导诸王，使归之正，得其大体而已。”③从后来金章宗对诸王所采取的进一步限制措施来看，这显然是他言不由衷的掩饰之词。

---

① 〔元〕脱脱等：《金史》卷9《章宗本纪一》，北京：中华书局1975年版，第208页。
② 〔元〕脱脱等：《金史》卷85《完颜永中传》，北京：中华书局1975年版，第1899页。
③ 〔元〕脱脱等：《金史》卷9《章宗本纪一》，北京：中华书局1975年版，第223页。

皇帝的措置引发了诸王及家人的一系列应激反应,既有固有矛盾的进一步发展,也有怀非分之想的野心家以为有机可乘而跳出来表演。郑王永蹈(允蹈)是十足的野心家。明昌四年(1193 年),永蹈通过家奴毕庆寿与崔温、郭谏、马太初等人在一起议论谶记天象,崔温等吹捧永蹈有非常之相,并预测说:"丑年有兵灾,属兔命者来年春当收兵得位","昨见赤气犯紫微,白虹贯月,皆注丑后寅前兵戈僭乱事"①。丑年即癸丑年、明昌四年,属兔者即指永蹈,他出生于大定十一年(1171 年)即辛卯年。永蹈"深信其说",并加紧策划谋反的步骤,在暗中勾结内侍郑雨儿窥测皇帝起居动静的同时,为取得河南统军使、自己的妹夫仆散揆的兵力支持,派驸马都尉蒲剌靓以请婚为名试探其意,遭到拒绝。家奴千家奴向朝廷举报了他的谋反行为,金章宗派完颜守贞等人鞫问,由于牵连甚多,久久不能结案,在右丞相夹谷清臣"事贵宜速,以安人心"的建议下,金章宗下诏赐永蹈及其王妃和两个儿子死。

永蹈谋反案后,金章宗进一步加强了对诸王的监视和防范,在诸王府增置了司马一员,专门检查门户出入,不仅对诸王的"毬猎游宴"进行限制,包括他们家人的出入都有禁防,其他官员因与诸王的私下交往已有被杖责和免职者。原尚书右丞张汝弼是完颜永中的舅舅,张汝弼之妻高陀斡"自大定间画永中母像,奉之甚谨,挟左道为永中求福,希觊非望"②。事觉,高陀斡被杀,而金章宗则怀疑永中早有异谋,只是尚没有机会实施而已。不久,镐王府的王傅和府尉报告称永中的四子阿离合懑因受到不公正的待遇而不满,"语涉不道"。在对阿离合懑的审问中,又牵连出永中二子神徒门所撰词曲中有"不逊语"。王府家奴德哥又揭发永中曾经对侍妾说过"我得天下,子为大王,以尔为妃"③的话。在结案后,金章宗下令将永中的罪状宣示百官讨论,绝大多数官员都作出"请论如律"的表示。于是,金章宗下令赐永中死,涉案的两个儿子也被弃市。

永蹈、永中事件的发生及处理结果,在皇室内部引起了更加激烈的反应,其中影响最大的是所谓"爱王之叛"。明昌五年(1194 年),"大通节度使爱王大辨据五国城以叛"④。关于爱王之叛,《金史》和《大金国志》中有截然不同的记载,前者在卷 10《章宗本纪二》中没有只字记载,在卷 85《完颜永中传》中将其记为在贞

---

① 〔元〕脱脱等:《金史》卷 85《完颜永蹈传》,北京:中华书局 1975 年版,第 1901 页。

② 〔元〕脱脱等:《金史》卷 85《完颜永中传》,北京:中华书局 1975 年版,第 1899 页。

③ 〔元〕脱脱等:《金史》卷 85《完颜永中传》,北京:中华书局 1975 年版,第 1899 页。

④ 〔宋〕宇文懋昭撰,崔文印点校:《大金国志》卷 19《章宗皇帝上》,北京:中华书局 1986 年版,第 260 页。

祐三年(1215年)十二月河北太康刘全等强盗冒用爱王之名，"因假托以惑众"的谋反事件，并且强调"所谓爱王，指石古乃。石古乃实未尝有王封"①，说明完颜皇室成员不曾发生过叛乱的事情。兴定二年(1218年)，"亳州谯县人孙学究私造妖言云：'爱王终当奋发，今匿迹民间，自号刘二。'卫真百姓王深等皆信以为诚然。有刘二者出而当之，遣欧荣辈结构逆党，市兵仗，大署旌旗，谋僭立。事觉，诛死者五十二人，缘坐者六十余人。"②而后者在卷19《章宗皇帝上》中称爱王是永蹈之子大辨，而且对其叛乱的过程交代得十分详细。崔文印先生在《大金国志校正》中征引相关文献对此作了精当的分析③，虽然在爱王是永中还是永蹈的儿子、名字称石古乃还是大辨的问题上不能下结论，但从南宋人李心传的《建炎以来朝野杂记》中有"爱王之叛"的条目来看，把"爱王之叛"说成强盗假托或完全属于空穴来风，还是有问题的。

虽然在泰和七年(1207年)金章宗下诏恢复了永中、永蹈的王爵，赐予谥号，以礼改葬。但是，永蹈一系已经没有后嗣，只好下令以卫王永绍之子按辰为嗣，奉其祭祀。而永中的妻、子在此后的近40年中则一直受到禁锢。贞祐二年(1214年)，他们被迁徙到郑州安置。贞祐四年(1216年)，由于蒙古军攻陷潼关，永中的子孙又被迁徙到南京，直至天兴元年(1232年)四月才得释放。卫绍王被杀后，其子孙也被禁锢20余年。凡是被禁锢的诸王子孙，"长女鳏男皆不得婚嫁"④，境遇十分凄惨。

永中的同母弟越王永功，虽然没有如同其兄永中和永蹈那样的遭遇，但也同样因王府属官仗势"过为苛细"而备受约束。而金章宗对永功的一番安慰的话，明显是言不由衷的敷衍之词，他说："朕知此事，当痛断监奴及治府掾长史管辖府事者罪，仍著于令。"⑤只是由于永功为人比较收敛，没有永中、永蹈那样的野心，才得以与皇帝相安无事，直至寿终正寝。但是，从永功之子完颜璹终生低调行事、小心谨慎的记载仍然能够反映出这一支系一直处于监视和防范之下。完颜璹"奉朝请四十余年，日以讲诵吟咏为事，时时潜与士大夫唱酬，然不敢明白往来。永功

---

① 〔元〕脱脱等：《金史》卷85《完颜永中传》，石古乃即永中子，北京：中华书局1975年版，第1900页。

② 〔元〕脱脱等：《金史》卷85《完颜永中传》，北京：中华书局1975年版，第1900页。

③ 〔宋〕宇文懋昭撰，崔文印点校：《大金国志》卷19《章宗皇帝上》校正[二四]、[二五]，北京：中华书局1986年版，第268页。

④ 〔元〕脱脱等：《金史》卷93《卫绍王子从恪传》，北京：中华书局1975年版，第2060页。

⑤ 〔元〕脱脱等：《金史》卷85《完颜永功传》，北京：中华书局1975年版，第1903页。

薨后,稍得出游"①。

金章宗一方面在对宗室诸王实行防范、监视和打压政策,另一方面又在选定自己身后继承人的问题上采取十分不负责任的做法。"及永中、永蹈之诛,由是疏忌宗室,遂以王傅府尉检制王家,苛问严密,门户出入皆有籍。而卫王乃永蹈母弟,柔弱鲜智能,故章宗爱之。既无继嗣,而诸叔兄弟多在,章宗皆不肯立,惟欲立卫王"②。金章宗选定卫绍王作为皇位继承人,进一步加剧了皇室内部、特别是诸王的离心倾向,使朝廷在内外交困之际丧失了皇室成员上下一心、同仇敌忾、共赴国难的基础。天兴元年(1232年)三月,哀宗派遣曹王讹可出质蒙古,完颜璹以讹可年幼,请求陪同出质。哀宗说:"南渡后,国家比承平时有何奉养,然叔父亦未尝沾溉。无事则置之冷地,无所顾藉,缓急则置于不测,叔父尽忠固可,天下其谓朕何? 叔父休矣。"③金朝末年皇室成员之间形同陌路的疏远关系由此可见一斑。

由于卫绍王的"柔弱鲜智能",与要处理好金朝当时面临的内外繁剧军务、政务的客观要求差距巨大,他即位的直接结果就是造成了金朝"政乱于内,兵败于外"的衰败局面,使金朝的腐朽和衰弱趋势呈加速度向前发展。造成金朝历史进程的这一明显转折的原因,金章宗对诸王的防范、监视、打压政策,选定卫绍王作为皇位继承人,不能不说起了明显的消极作用。所以,在金宣宗即位之初就下谕尚书省:"事有规画者皆即规画,悉依世宗所行行之。"④尽管现在已经无法了解金宣宗所说的"悉依世宗所行行之"都包括了哪些内容,但其中反映出来的他对于金章宗及其一朝朝政的厌恶倾向还是很明显的。

二 官僚队伍素质的下降和近侍权力的膨胀

金世宗在位时期,十分注重官僚队伍的整顿和建设,尤其是注重对大小官员的监督和考核,基本上形成了与中央集权的专制主义政治体制相适应的比较高效的官僚队伍。而金章宗即位以来,由于有金世宗时期官僚队伍建设和吏治整顿的基础,从中央到地方的各级统治机构在管理国家军事和行政事务中,在整体上仍然保持了相当高水平的活力和效率,从皇帝到大臣对于吏治之于王朝兴衰的关

① 〔元〕脱脱等:《金史》卷85《完颜永功传》,北京:中华书局1975年版,第1904页。

② 〔元〕脱脱等:《金史》卷13《卫绍王本纪》,北京:中华书局1975年版,第290页。

③ 〔元〕脱脱等:《金史》卷85《完颜璹传》,北京:中华书局1975年版,第1905页。

④ 〔元〕脱脱等:《金史》卷14《宣宗本纪上》,北京:中华书局1975年版,第301页。

系,在认识上还是比较清醒和自觉的,台谏机构的监督职能也基本发挥正常。但是,金章宗时期官僚队伍的素质已经不能与金世宗之世相提并论,吏治的败坏和腐朽已经比较明显,金章宗在严肃纲纪、力求官僚队伍保持正气和效率的同时,又不免存在着宠用奸佞、厌恶正直和信任近侍的倾向。

金章宗一朝吏治的主要问题表现在两个方面:一是随着王朝政治生态和环境的变迁,官场风气日下,官僚队伍应付内外军政事务的能力下降;二是吏权的恶性膨胀和近侍势力的肆虐。

金章宗一朝先后出任自左右丞相、平章政事、左右丞、参知政事到枢密使的大臣有20余人,从这些大臣履行职务的表现大致上能够反映金章宗一朝吏治的状况。从总体上看,这一时期的官僚队伍基本上能够承担起处理朝廷面临的内外政治、军事任务,而且也涌现出一批有显著政绩的文武大臣。其中如以儒术见长、为国家制度建设作出贡献的完颜守贞、徒单镒;为防御蒙古高原诸部族,稳定北部边疆而运筹帷幄、统军征战的完颜襄;在两淮前线主持对南宋军事的仆散揆,等等。

对于金章宗即位以来由于皇族内讧和淑妃李氏擅宠,尤其是后者所造成的"朝臣往往出入其门"的不正常情形,正直的臣僚及朝廷的监察机构都作出了及时的反映。"是时烈风昏噎连日,诏问变异之由。(徒单)镒上疏略曰:'仁、义、礼、智、信谓之五常,父义、母慈、兄友、弟敬、子孝谓之五德。今五常不立,五德不兴,缙绅学古之士弃礼义,忘廉耻,细民违道畔义,迷不知返,背毁天常,骨肉相残,动伤和气,此非一朝一夕之故也。今宜正薄俗,顺人心,父父子子夫夫妇妇,各得其道,然后和气普洽,福禄荐臻矣。'"提出:"为政之术,其急有二。一曰,正臣下之心。窃见群下不明礼义,趋利者众,何以责小民之从化哉。其用人也,德器为上,才美为下,兼之者待以不次,才下行美者次之,虽有才能,行义无取者,抑而下之,则臣下之趋向正矣。其二曰,导学者之志。教化之行,兴于学校。今学者失其本真,经史雅奥,委而不习,藻饰虚词,钓取禄利,乞令取士兼问经史故实,使学者皆守经学,不惑于近习之靡,则善矣。'"[1]徒单镒所言虽然并不是就具体的人和事而论,但却是从儒家伦理观和君臣之道的基本准则,对于官场中及社会上明显违背圣人之教的言论和行为进行的抨击。尽管"皆切时弊,上虽纳其说,而不能行"[2]。这是由于金章宗已经不能与金世宗相比,主要是由于对诸王事件的处置已经把他自身置于十分尴尬的境地,在其主观上已经不能容忍诤言直谏的大臣,

---

① 〔元〕脱脱等:《金史》卷99《徒单镒传》,北京:中华书局1975年版,第2188页。
② 〔元〕脱脱等:《金史》卷99《徒单镒传》,北京:中华书局1975年版,第2188页。

而类似胥持国那样的奸佞小人得以受到宠用。

尽管如此,从台谏机构行使职权及台谏官的境遇看,金章宗一朝的吏治仍然保持着较好的状态,这可以从台谏官路铎的进退得到说明。路铎是在右拾遗任上与董师中等人谏阻金章宗出幸景明宫而受到金章宗的注意。在完颜守贞与其他宰执议事不合并遭到台谏官的论列时,是路铎站出来坚持认为完颜守贞贤能,可以复用。果然,完颜守贞不久就被召入朝廷任命为平章政事。完颜守贞再入相正值胥持国被宠信之时,在朝廷中实际形成了有右丞相夹谷清臣、尚书左丞乌林荅愿、参知政事夹谷衡、胥持国等人组成的集团势力,他们对于以朝政为己任的完颜守贞和敢于言事的路铎,始终保持着排斥的态势。即使在这样的形势下,路铎并没有依附于完颜守贞,完颜守贞也没有因路铎支持过自己而引以为党援,其中突出的事例是完颜守贞把路铎的边防之论指为"掇拾唐人余论",抑而不行。

完颜守贞,金朝开国著名将领、女真族学者完颜希尹的孙子,在金世宗时官至同知西京留守,以其"治有善状"而受到金世宗的称赞。金章宗即位,召为刑部尚书兼右谏议大夫。"时上新即政,颇锐意于治,尝问汉宣帝综核名实之道,其施行之实果何如。守贞诵'枢机周密,品式详备'以对"①。"守贞读书,通法律,明习国朝故事。时金有国七十年,礼乐刑政因辽、宋旧制,杂乱无贯,章宗即位,乃更定修正,为一代法。其仪式条约,多守贞裁订,故明昌之治,号称清明。又喜推毂善类,接援后进,朝廷正人,多出入门下。"②明昌三年(1192年),在完颜守贞的恳辞之下,出知东平府事,又改西京留守。右丞刘玮对金章宗说:"方今人材无出守贞者,淹留于外,诚可惜也。"而金章宗则以"默然"相对。次年,召拜为平章政事,封萧国公。此时,金章宗与完颜守贞的一番谈话是耐人寻味的,金章宗说:"朕以卿乃太师所举,故特加委用。然比者行事多太过,门下人少慎择,复与丞相不协,以是令卿补外。载念我昭祖、太祖开创以来,乃祖佐命,积有勋劳,兹故召用。卿其勉尽乃心,与丞相议事宜相和谐,率循旧章,无轻改革。"③从中能够看出,自金章宗即位以来,完颜守贞立朝议论之际已经与其他丞相"不协",招致反对,又以行事太过较真,尽管被召入朝任职,金章宗并不信任和倚重他。

在金章宗以谋反罪赐死郑王永蹈父子后,又发生了镐王永中舅母高陀斡诅祝案,金章宗认为根本原因在于永中有觊觎皇位的野心。在审理这个案子的过程

---

① 〔元〕脱脱等:《金史》卷73《守贞传》,北京:中华书局1975年版,第1687页。
② 〔元〕脱脱等:《金史》卷73《守贞传》,北京:中华书局1975年版,第1689页。
③ 〔元〕脱脱等:《金史》卷73《守贞传》,北京:中华书局1975年版,第1688页。

中,右谏议大夫贾守谦和右拾遗路铎先后进言,意在解除皇帝对永中的怀疑,引起金章宗的不满。而完颜守贞也对此案有不同的看法,以致迟迟不能结案。于是,完颜守贞等人的表现愈发引起金章宗的怀疑,认为他们在暗中结党。完颜守贞被解除平章政事职务,出知济南府事,他的推荐人也因此受到连累,台谏官董师中、路铎等人都被调离朝廷。

不久,又以完颜守贞"在政府日尝与近侍窃语宫掖事,而妄称奏下,上命有司鞫问,守贞款伏。夺官一阶,解职"①。在金章宗斥责完颜守贞的诏书中说他"交通近侍,密问起居,窥测上心,预图趋向。繇患失之心重,故欺君之罪彰,指所无之事而妄以肆诬,实未始有言而谓之尝谏。义岂知于归美,意专在于要君。其饰诈之若然,岂为臣之当耳。复观弹奏,益见私情,求亲识之援而列布宫中,纵罪废之余而出入门下。而又凡有官使,敛为己恩,谓皆涉于回邪,不宜任于中外。质之清议,固所不容。揆之乃心,乌得无愧。姑从轻典,庸示薄惩"②。在金章宗的笔下,完颜守贞已经成了饰诈欺君的奸臣。

从完颜守贞被解职的原因看,不排除有他自身的弱点被台谏及政敌抓住的因素,但是完颜守贞在当时的朝臣中仍不失为一个正直的人,他"刚直明亮,凡朝廷论议及上有所问,皆傅经以对。上尝与泛论人材,守贞乃迹其心术行事,臧否无少隐,故为胥持国辈所忌,竟以直罢"③。所以,当赵秉文被任命为翰林学士后,随即给金章宗上书说:"'愿陛下进君子退小人。'上问君子小人谓谁。秉文对:'君子故相完颜守贞,小人今参知政事胥持国。'其为天下推重如此。"④

在排挤和打击完颜守贞等一班正直官员的势力中,胥持国发挥了重要的作用。胥持国,经童出身,金章宗之父允恭为皇太子时曾经为东宫官员,明昌四年(1193年)被任命为参知政事,次年进尚书右丞。胥持国"为人柔佞有智术。初,李妃起微贱,得幸于上。持国久在太子宫,素知上好色,阴以秘术干之,又多赂遗妃左右用事人。妃亦自嫌门地薄,欲藉外廷为重,乃数称誉持国能,由是大为上所信任,与妃表里,管擅朝政。诛郑王永蹈、镐王永中,罢黜完颜守贞等事,皆起于李妃、持国。士之好利躁进者皆趋走其门下。四方为之语曰:'经童作相,监婢为妃。'恶其卑贱庸鄙也。"⑤关于"趋走其门下"的"好利躁进者",有所谓"胥门十

---

① 〔元〕脱脱等:《金史》卷73《守贞传》,北京:中华书局1975年版,第1690页。
② 〔元〕脱脱等:《金史》卷73《守贞传》,北京:中华书局1975年版,第1690页。
③ 〔元〕脱脱等:《金史》卷73《守贞传》,北京:中华书局1975年版,第1690页。
④ 〔元〕脱脱等:《金史》卷73《守贞传》,北京:中华书局1975年版,第1691页。
⑤ 〔元〕脱脱等:《金史》卷129《胥持国传》,北京:中华书局1975年版,第2793页。

哲",即右司谏张复亨、右拾遗张嘉贞、同知安丰军节度使事赵枢、同知定海军节度使事张光庭、户部主事高元甫、刑部员外郎张岩叟,以及尚书省令史傅汝梅、张翰、裴元、郭郓等十人。承安二年(1197年)八月,因受到御史台的弹劾,胥持国以通奉大夫致仕,后起复任命为枢密副使,赴北京(今内蒙古自治区宁城)协助枢密使完颜襄指挥军事,不久去世,张复亨等则全部离开朝廷到地方任职。上述所谓"胥门十哲"中,《金史》中立传的只有张岩叟和张翰二人,而且其中并没有记载有关他们在承安年间受弹劾的情形。[1]

经童出身的胥持国尽管不过官至尚书右丞,而且莅职时间不到两年时间,然而他的所作所为对败坏官场风气的恶劣作用却不可低估。他借李妃之力取得皇帝的宠信,又迎合了李妃要借助外廷的政治力量进一步提高自己地位的要求,与之相辅相成,在加剧皇族内部矛盾并最终导致永中、永蹈之诛,排斥完颜守贞的一系列罪恶活动中成为主谋之一。自李师儿得宠后,借助其裙带关系,她的兄弟"皆擢显近",为所欲为,为正直官员所不齿,屡屡受到台谏官员的弹劾。金章宗虽然迫于舆论的压力,对李氏兄弟有所约束,但终究没有将他们免职。所以,《金史》中把完颜守贞之退和胥持国之进作为当时官场风气的转折点,是有一定道理的。

金章宗用人之失的又一个典型事例是对纥石烈执中的纵容。纥石烈执中本名胡沙虎,大定年间因长期担任皇太子的东宫护卫而受到宠用,但在金章宗即位后因屡有过失而受到斥责和解职的处分。泰和四年(1204年),他在知大兴府任上审理案件中有违规行为被御史台纠劾,御史中丞孟铸奏弹纥石烈执中道:"贪残专恣,不奉法令。释罪之后,累过不悛。既蒙恩贷,转生跋扈。如雄州诈认马,平州冒支俸,破魏廷实家,发其冢墓,拜表不赴,祈雨聚妓,殴詈同僚擅令停职,失师帅之体,不称京尹之任"[2]。即使如此,金章宗仍然为纥石烈执中开脱说:"执中粗人,似有跋扈尔"。最终在孟铸的坚持下,金章宗不得已下令把纥石烈执中降职为武卫军都指挥使。正是由于金章宗的姑息放纵,使纥石烈执中在卫绍王时期官至权右副元帅,乘蒙古大兵逼近中都之机率部进入皇宫杀卫绍王,成就其弑君逆臣的恶名。

尽管这一时期金朝的官僚队伍素质已经下降,明显呈现出走向腐朽的倾向,

---

① 〔元〕脱脱等:《金史》卷97《张岩叟传》、卷105《张翰传》,北京:中华书局1975年版,第2147、2322页。

② 〔元〕脱脱等:《金史》卷132《纥石烈执中传》,北京:中华书局1975年版,第2833页。

但是金章宗在整顿吏治方面并不是完全无所作为,在主观上仍然对高素质的官僚队伍有很高的期望,并且为实现这种期望进行过努力。明昌六年(1195 年)三月,金章宗在下诏任命字术鲁子元等人为谏官的同时对他们说:"国家设置谏官,非取虚名,盖责实效,庶几有所裨益。卿等皆朝廷选擢,置之谏职,如国家利害、官吏正邪,极言无隐,近路铎左迁,本以他罪,卿等勿以被责,遂畏缩不言,其悉心戮力,毋得缄默。"①在后来与大臣讨论谏官的选拔任用时说:"谏官非但取敢言,亦须间有出朕意表者,乃有裨益耳。"②金章宗所说的路铎是以敢言著名的谏官,他的仗义执言招致尚书左丞乌林荅愿、参知政事夹谷清臣、胥持国等人的嫉恨,他们共同向金章宗告状称路铎"所言狂妄,不称谏职"。而金章宗却对他们说:"周昌以桀、纣比汉高祖,高祖不以为忤。路铎以梁冀比丞相耳。"③路铎在金章宗的支持下得以继续担任谏官职务,并对路铎的言事风格大加赞赏。路铎还是少数敢于揭露弹劾胥持国的谏官之一,他面奏皇帝说:"持国不可复用,若再相,必乱纲纪。"终于推动金章宗罢免胥持国的宰相职务。④ 后来因受监察御史姬端修的牵连,以"奏事不实"的罪名被解职。由此看来,金章宗对于台谏机构在保持官僚队伍的素质、肃正官场风气的作用还是很看重的,希望借助这个耳目和爪牙来实现对官僚队伍的控制。而且,从金章宗一朝的整体情况看,台谏机构基本上发挥了这样的作用。

与此同时,金章宗对于当时官僚队伍中存在的问题也有大致清醒的认识。承安二年(1197 年)五月,金章宗召集官员于尚书省诏谕曰:"今纪纲不立,官吏弛慢,迁延苟简,习以成弊。职官多以吉善求名,计得自安,国家何赖焉。至于徇情卖法,省部令史尤甚。尚书省其戒谕之。"⑤次年四月,金章宗又诏谕御史台说:"随朝大小官虽有才能,率多苟简,朕甚恶之,其察举以闻。提刑司所察廉能污滥官,皆当殿奏,余事可转以闻。"⑥

但是,由于金章宗本身政治弱点的限制,他既要台谏机构发挥监督官员、肃正风气的作用,要大小官员忠于职守,又信任奸佞,排斥正直,甚至可以容忍有跋扈之嫌的纥石烈执中,陷于不可自拔的矛盾之中,他已经无法完全实现他自己对于

① 〔元〕脱脱等:《金史》卷 10《章宗本纪二》,北京:中华书局 1975 年版,第 235 页。
② 〔元〕脱脱等:《金史》卷 100《路铎传》,北京:中华书局 1975 年版,第 2206 页。
③ 〔元〕脱脱等:《金史》卷 100《路铎传》,北京:中华书局 1975 年版,第 2205 页。
④ 〔元〕脱脱等:《金史》卷 100《路铎传》,北京:中华书局 1975 年版,第 2207 页。
⑤ 〔元〕脱脱等:《金史》卷 10《章宗本纪二》,北京:中华书局 1975 年版,第 241 页。
⑥ 〔元〕脱脱等:《金史》卷 11《章宗本纪三》,北京:中华书局 1975 年版,第 248 页。

官僚队伍的期望。

金朝吏权的膨胀不是金章宗时才发生的,在官员的选拔和任用中重视吏才的倾向是金朝建立以来一贯存在的,而且在世宗、章宗之世确实涌现了一批包括汉族、女真族,以及众多进士出身的长于吏才的官员。这与金朝进入中原以来,尤其是金世宗以来社会发展的现实需要是相适应的。由于金朝在任用令史等吏员中杂用进士和胥吏,所以给人以金朝历来吏权就突出的印象。刘祁指出:"省吏,前朝止用胥吏,号'堂后官'。金朝大定初,张太师浩制皇制,袒免亲、宰执子试补外,杂用进士。凡登第历三任至县令,以次召补充,一考三十个月出得六品州倅,两考六十个月得五品节度副使、留守判官,或就选为知除知案。由之以渐,得都事、左右司员外郎、郎中,故仕进者以此途为捷径。如不为省令史,即循资级,得五品甚迟,故有'节察令推何日了,盐度户勾几时休'之语。浩初定制时,语人曰:'省庭天下仪表,如用胥吏,定行货贿混淆,用进士,清源也。且进士受赇,如良家女子犯奸也,胥吏公廉,如娼女守节也。'议者皆以为当,屏山尝为余言之。然省令史仪礼冠带,抱书进趋,与掾吏不殊,有过,辄决杖,惜乎,以胥吏待天下士也。故士大夫有气概者往往不就,如雷翰林希颜、魏翰林邦颜、宋翰林飞卿及余先子,或召补不愿,或暂为,遽告出,皆不能终其任也。李丈钦止为余言,宋制,省曹有检正,皆士大夫,其堂吏主行移文字也。且问余以宋制与金制孰优,余以为宋制善,钦止曰:'此议与吾合也。'""金朝用人,大概由省令史迁左右司郎中、员外郎、首领官,取其簿书精干也。由左右首领官选宰相执政,取其奏对详敏也。其经济大略安在哉? 此所以在位者多长于吏事也。"①

刘祁在这里指出金朝的官员多长于吏事的原因无疑是正确的,而且进士出身者经省令史作为进阶升职的捷径,确实比进士释褐进入官场循资格逐级擢升快了很多,成为令史之类的职位吸引有进士出身者的重要原因。但是,进士出身的人出任令史之类的堂后官,并不是从金世宗初年开始的,据《知不足斋丛书》本《归潜志》鲍廷博所加的按语,以进士出身者为省令史从天眷、皇统年间就已经有了。另外,堂后吏杂用进士出身的人也并非金朝独有的,北宋初年宋太祖"尝亲阅诸司流外人,勒之归农者四百人。开宝间,诏:'流外选人经十考入令、录者,引对,方得注拟。驱使散从官、伎术人,资考虽多,亦不注拟'。堂后官多为奸赃,欲更用士之在令、录、簿、尉选者充之。或不屑就,而所选不及数,乃如旧制。雍熙时,以堂后官充职事官,入谢外不赴朝参,见宰相礼同胥吏。端拱初,以河南府法曹参军梁正

---

① 〔金〕刘祁著,崔文印点校:《归潜志》卷7,北京:中华书局1983年版,第76页。

辞、楚丘县主簿乔蔚等五人为将作监丞,充中书堂后官,拔选人授京官为堂后吏,自此始。"①可见,以进士出身的人补充堂后吏在北宋是一直存在的。因此,刘祁的以宋制为善的话并不准确。

金朝的吏权恶性膨胀是在金宣宗朝的术虎高琪专权以后。"贞祐间,术虎高琪为相,欲树党固其权,先擢用文人,将以为羽翼。已而,台谏官许古、刘元规之徒见其恣横,相继言之。高琪大怒,斥罢二人。因此大恶进士,更用胥吏。彼喜其奖拔,往往为尽心,于是吏权大盛。"②

金章宗时期吏治走向败坏的又一个标志是泰和八年(1208年)近侍局的设立。按《金史·百官志二》的记载,近侍局的职责是"掌敕令、转进奏帖"。客观地说,天子宠用近习,是历代王朝司空见惯的事情,而金朝皇帝宠用近习,也并不是从金章宗开始的。金宣宗在与抹撚尽忠讨论近侍局的人选时说:"自世宗、章宗朝许(近侍)察外事,非自朕始也。"③但是,金章宗设立近侍局,却把这一做法制度化了,在金宣宗以后造成了非常严重的危害。"金朝近习之权甚重,置近侍局于宫中,职虽五品,其要密与宰相等,如旧日中书,故多以贵戚、世家、恩倖者居其职,士大夫不予焉。南渡后,人主尤委任,大抵视宰执台部官皆若外人,而所谓心腹则此局也。"④

三　金章宗在不断加剧的社会矛盾面前
表现出的历史局限性

章宗时期除局部地区发生契丹族和汉族人民的起义斗争外,就全国来说统治秩序还是稳定的。从金朝平定上述起义的措置来看,也算比较及时和得力,社会形势虽有动荡,仍然在可控制的范围之内。从金朝外部来看,对于蒙古高原上鞑靼诸部族的侵边采取积极的对策,先后派遣夹谷清臣、完颜宗浩率军北伐,取得了暂时控制鞑靼诸部的效果。在南方则打败了南宋权臣韩侂胄发起的进攻,最终以签订"嘉定和议"进一步巩固了对南宋的优势地位。《大金国志》说此时"爱王叛

---

①　《宋史》卷159《选举志五》,北京:中华书局1977年版,第3737页。

②　〔金〕刘祁著,崔文印点校:《归潜志》卷7,北京:中华书局1983年版,第71页。

③　〔元〕脱脱等:《金史》卷101《抹撚尽忠传》,北京:中华书局1975年版,第2229页。

④　〔金〕刘祁著,崔文印点校:《归潜志》卷7,北京:中华书局1983年版,第78页。

于内，边衅开于外，盗贼公行，充斥道路，边疆多事，兵连祸结矣"①。金朝的社会矛盾已经开始暴露不可否认，但说达到了"兵连祸结"的程度未免夸张了一些。

金章宗一朝国力的强盛主要应当视为金世宗时期孜孜经营的结果，这是章宗时期金朝国力达到鼎盛的基础。而金章宗的所作所为同样是不可以轻视的，"章宗在位二十年，承世宗治平日久，宇内小康"②。这样的话虽然有史家为金章宗标榜的嫌疑，但从金章宗一朝的具体史实的深入考察入手，不难发现这样的赞许之词是有其依据的。例如，金章宗继承金世宗的统治方针，继续把儒家的政治学说作为治国抚民的思想武器，实行了比较彻底的解放奴隶的政策，进一步改革和完善对于猛安谋克组织的管理政策，实现了国家法律制度和礼仪制度的完备化等等。所有这些都达到了金朝建国以来统治政策调整的最高水平，从国家制度的层面全面巩固了金朝长期以来政治变革和社会发展的成果，宣示了当时金朝统治下中国北方社会发展、特别是金朝的主体民族女真族社会发展所达到的水平。

但是，金章宗时期的繁盛国势并没有持续下去。究其原因，概括地说是以金章宗为首的统治集团已经重蹈历代王朝勃兴—发展—衰弱的轮回覆辙，这是历史上所有专制王朝都不能避免的宿命。金章宗作为帝王，曾经为王朝国力的繁盛作出过努力，而且也有所成就。但是，金章宗时代毕竟是金朝历史上社会矛盾开始爆发的时代，就金章宗的个人能力来说，他并不具备解决这些矛盾的能力，表现出明显的历史局限性，这是我们在考察金朝走向衰亡原因时不能不注意到的。

从金章宗的主观方面来看，他生在王朝最繁荣的盛世，是金朝皇帝中接受文化教育和儒家传统思想熏陶最系统的人，也是把女真族传统价值观与汉族及中原社会的价值观成功结合到几乎不露痕迹的人，为他在即位后的有所作为奠定了基础。但是，金章宗的这种太平天子经历也是一柄双刃剑，同样成为他帝王生涯中的政治弱点的重要条件。他举目所及都是太平岁月的繁荣景象，而祖辈创业的艰辛困苦对于他来说都已经成为历史故事，与履行帝王职责过程相伴随的环境不再是如履薄冰和战战兢兢，而是被所谓的"宇内小康"成就感深深陶醉，沉湎于其中不能自拔。

在处理国家重大政务方面，金章宗尽管也没有发生过重大的失误，但在一些看起来并不是关系到王朝生死存亡问题的选择和决策上，却接连发生低水平的错

---

① 〔宋〕宇文懋昭撰，崔文印点校：《大金国志》卷21《章宗皇帝下》，北京：中华书局1986年版，第289页。

② 〔元〕脱脱等：《金史》卷12《章宗本纪四》，北京：中华书局1975年版，第285页。

误。在宠幸李师儿的问题上，金章宗看中她的美色和才艺无可厚非，又竟然不顾与女真诸部族贵族互相婚姻的"国朝故事"，执意要册立她为皇后。在遭到大臣和台谏官的坚决反对后，金章宗不得已将其册立为仅次于皇后的元妃。而李师儿此时已经是"势位熏赫"，虽无皇后之实，却有皇后之名。更为严重的是由于李师儿的"有宠用事"而带来的"一人得道，鸡犬升天"，本是系名宫籍监的罪犯之家，如今则从李师儿的曾祖父、祖父和父亲都得到朝廷追赠的官、勋、爵等。而曾经为盗的李师儿兄弟李喜儿、李铁哥，"皆擢显近，势倾朝廷，风采动四方，射利竞进之徒争趋走其门"①。李喜儿累官至宣徽使、安国军节度使，李铁哥官至近侍局使、少府监。李氏一门的飞黄腾达，既是金章宗一朝吏治败坏的重要内容，又是金朝外戚乱政唯一的事例。平章政事徒单镒借回答金章宗"汉高祖和光武帝孰优"的机会说："光武再造汉业，在位三十年，无沈湎冒色之事。高祖惑戚姬，卒至于乱。由是言之，光武优。"②金章宗对于徒单镒的影射是心知肚明的，而对此也只能以默然对之，表现了他虽然对于自己的政治弱点是清楚的，但又没有决心和魄力痛加克服。

如果说金章宗宠幸李师儿还只算是他溺于声色，属于帝王的修养德性方面的瑕疵的话，而在选择皇位继承人上的表现则是极端的自私和没有责任感。金章宗选定卫绍王作为自己百年之后接班人的背景，一是出于元妃李师儿的皇子忒邻只活了两岁就夭折了，迄金章宗去世，他的妃嫔们没有再为他生下过皇子；二是在金章宗即位以来经历了皇室内部一系列变故之后，他对于仍然在世的金世宗子孙几乎已经完全失去了信任，而他在诸父兄中所以"最爱卫王"，《金史》中说看重的是他的"柔弱鲜智能"③，显然并不是实情。在兴定五年（1221 年）准备编写《卫绍王实录》时，已经致仕的参知政事贾益谦对前来谘访的史官说："知卫王莫如我。然我闻海陵被弑而世宗立，大定三十年，禁近能暴海陵蛰恶者，辄得美仕，故当时史官修实录多所附会。卫王为人勤俭，慎惜名器，较其行事，中材不及者多矣。"④贾益谦对卫绍王"柔弱鲜智能"评价的来历作了说明。即使如此，按照贾益谦所说，卫绍王的"智能"充其量也只是超乎"中材"之上，明显不是出类拔萃的佼佼者。可见金章宗选定卫绍王作为皇位继承人看重的不是他的品德和能力，而是他的平

① 〔元〕脱脱等：《金史》卷 64《后妃传下》，北京：中华书局 1975 年版，第 1527 页。

② 〔元〕脱脱等：《金史》卷 99《徒单镒传》，北京：中华书局 1975 年版，第 2188 页。

③ 〔元〕脱脱等：《金史》卷 13《卫绍王纪》，北京：中华书局 1975 年版，第 290 页。

④ 〔元〕脱脱等：《金史》卷 106《贾益谦传》，北京：中华书局 1975 年版，第 2336 页。

庸和听话。尽管卫绍王在位时期发生了危害严重的事件，并非完全是由于他的政治低能造成的，还有其他许多客观上的复杂原因，但不容否认的是卫绍王即位后，开始了金朝历史上"政乱于内，兵败于外"的明显走向衰弱的时期。而金章宗出于对其他皇室成员的不信任，就把管理天下的重任交给这样一个人，这除了说他对祖宗留下的江山社稷缺乏起码的责任感，似乎很难作出其他的结论。

在客观上，金章宗时期的王朝所面临的内外形势比较世宗时已经发生了深刻的变化。首先，金朝统治下的中国北方进入了一个自然灾害频繁发生的周期，黄河三次决口，旱涝、地震和蝗灾连年不绝，极大地影响了农业生产的正常进行，粮食减产，国家租赋收入减少，既要蠲免受灾地方的租税，又要拿出相当数量的粮食等物进行赈灾。为防御蒙古高原诸部族而动员庞大财力、民力开掘界壕，使军费支出浩大，财政陷入困境，朝廷除加重对人民的剥削外，又无限制地发行交钞和宝货。"自是而后，国虚民贫，经用不足，专以交钞愚百姓，而法又不常，世宗之业衰焉。以至泰和三年，其弊弥甚。"①金朝统治阶级对于各民族劳动群众的沉重剥削，使金朝统治下的阶级矛盾全面尖锐化。

其次，在北方蒙古高原上诸部族的兼并混战中，蒙古部的铁木真势力逐渐壮大。明昌六年（1195 年），塔塔儿部首领篾古真起兵反抗金朝，铁木真联合克烈部脱斡里勒汗出兵帮助金朝打败塔塔儿部，脱斡里勒汗被金朝封王，铁木真也同时受封为札兀惕忽里，进一步提高了他在蒙古部众中的声望。至泰和六年（1206 年），铁木真已经完成了对蒙古高原上诸部族的统一，在鄂嫩河召开的忽里台上被推为成吉思汗。金章宗时期虽然对蒙古高原的进军都取得了胜利，耗费巨大人力、财力开掘的界壕也在防御蒙古高原诸部的南下进攻中发挥了一定的作用，但那是在对蒙古高原上诸部采用分化瓦解策略，使诸部彼此攻伐的背景下取得的。而蒙古高原的统一，不仅使金朝即将面对的是一个从来没有遇到过的强大对手，必将大大加快金朝走向衰亡的历史进程，也预示了中国历史的政治格局即将迎来新的变化。

第三，由于金朝长期以来实行的保护和优待女真族，歧视和压迫其他各民族的政策，导致了民族矛盾的不断激化。为满足女真族屯田户的土地需求，自海陵以来就采取主要以官田为对象的括地或刷地办法来加以解决，至金世宗时实际上已经演变成为对汉族地主、自耕农民私有地产的野蛮剥夺。而在实际上，括地和刷地也并没有真正解决屯田户的土地需求，"腴田沃壤尽入势家，瘠恶者乃付贫

---

① 〔元〕脱脱等：《金史》卷 48《食货志三》，北京：中华书局 1975 年版，第 1078 页。

户。无益于军,而民则有损,至于互相憎疾,今犹未已"①。金世宗在平定窝斡领导的大起义之后,进一步加强了对契丹族的控制和防范,把契丹族编制在诸群牧中,承担畜牧生产和戍守边地的任务,他们所遭受的压迫和盘剥异常沉重。

总之,金章宗时期是社会矛盾全面加剧的时期,统治危机正在不断酝酿加深。而以金章宗为首的统治集团虽然暂时还能够解决眼前碰到的问题,但是已经没有能力解决社会深层中存在的影响和阻碍金朝发展的问题,金朝走向衰乱的趋势是不可遏制的。

四 金章宗耽于山水之乐和声色之娱 是金朝政治腐朽的集中表现

随着金朝社会的稳定和发展,呈现了府库充实、天下富庶的景象,社会各阶层奢侈之风日长,这在金章宗时期大臣的议论中可以看到很多。而金章宗也不能独善其身,尽管在史籍中这方面的记录较少,但说金章宗是金朝历史上最为奢侈的皇帝应当是确切的。金章宗奢侈腐化的典型表现是他耽于山水之乐和声色之娱。

金朝继承了辽朝的捺钵制度,在《金史》等书中称为"春水秋山",与辽朝的四时捺钵不同,实际上演变成为"春水"和"秋山"两次捺钵。金世宗在位时的捺钵主要是后者,每年的四五月至八九月赴金莲川纳凉。但是,金朝捺钵的方式、意义已经与辽朝的捺钵有了很大的不同,傅乐焕先生在《辽代四时捺钵考五篇》一文中指出:"金捺钵之制虽袭自辽,然与辽多有不同。辽居留之时期长,金居留时期暂,辽之行动复杂,金之行动简单。尤重要者,辽以捺钵为经常,故政治中心即在于此,金则全出嬉游,无关于政治也。"②因此,在辽朝绝对看不到大臣谏劝皇帝停止四时捺钵的事例,而在金朝这样的事例则是司空见惯的。金世宗时期梁襄上书劝谏金世宗停止出幸金莲川,奏文洋洋大观,虽然其中所论多是替皇帝的安全担心,但重点还在于随车驾出动而带来的巨额支出上。③

据《金史·世宗本纪》的统计,金世宗在位28年,赴春水11次,赴秋山金莲川8次,如果加上2次赴凉径,共10次,秋猎15次,冬猎9次,猎于近郊12次。据《金史·章宗本纪》的统计,金章宗在位19年,赴春水17次,赴秋山10次,冬猎5

---

① 〔元〕脱脱等:《金史》卷107《高汝砺传》,北京:中华书局1975年版,第2354页。

② 傅乐焕:《辽史丛考》,北京:中华书局1984年版,第100页。

③ 〔元〕脱脱等:《金史》卷96《梁襄传》,北京:中华书局1975年版,第2133—2137页。

次,猎于近郊 15 次。把金世宗、金章宗祖孙二人春山秋水和狩猎次数相比较,不难看出金章宗是一个更沉湎于山水之乐的人。

金章宗时期的捺钵比较从前又有了新变化,已经很少去金莲川,所谓春水秋山不过是在都城中都附近盘桓。同样是上述傅乐焕先生的论文中说:金章宗时期"春捺钵最重要地为燕京近郊之建春宫(时属大兴县),遂州(城)之光春宫等地。夏秋两季鲜去金莲川,改幸燕京北郊之万宁宫,玉泉山行宫,香山、蓟州诸山各地。"即使如此,金章宗的游幸活动仍然遭到朝臣的激烈反对,明昌四年(1193 年)三月,金章宗将幸景明宫①,御史中丞董师中、侍御史贾铉、治事侍御史粘割遵古等上书说:"劳人费财,盖其小者,变生不虞,所系非轻。"②

在金章宗不接受劝谏的情况下,董师中等又一次上书说:"近年水旱为沴,明诏罪己求言,罢不急之役,省无名之费,天下欣幸。今方春东作,而亟遣有司修建行宫,揆之于事,似为不急。况西、北二京,临潢诸路,比岁不登。加以民有养马签军挑壕之役,财力大困,流移未复,米价甚贵,若扈从至彼,又必增价,日粜升合者口以万数,旧藉北京等路商贩给之,倘以物贵或不时至,则饥饿之徒将复有如曩岁,杀太尉马、毁太府瓜果、出愆怨言、起而为乱者矣。《书》曰:'民情大可见,小人难保。'况南北两属部数十年捍边者,今为必里哥孛瓦诱胁,倾族随去,边境荡摇如此可虞,若忽之而往,岂圣人万举万全之道哉。乃者太白昼见,京师地震,又北方有赤色,迟明始散。天之示象,冀有以警悟圣意,修德销变。矧夫逸游,古人所戒,远自周、秦,近逮隋、唐与辽,皆以是生衅,可不慎哉,可不畏哉。"③金章宗不得已只好停止了这次出幸,并对董师中等人说:"朕欲巡幸山后,无他,不禁暑热故也。今台谏官咸言民间缺食处甚多,朕初不尽知,既已知之,暑虽可畏,其忍私奉而重民之困哉。"④

明昌五年(1194 年)四月,金章宗决定再次出幸景明宫,董师中等台谏官复上疏极谏,"语多激切,章宗不能堪"⑤。"上怒,遣近侍局直长李仁愿诣尚书省,召师中等谕之曰:'卿等所言,非无可取,然亦有失君臣之体者。'"⑥这一次金章宗的金莲川之行自五月迄八月,盘桓达三个月之久。

---

① 景明宫即世宗时的金莲川。
② 〔元〕脱脱等:《金史》卷 95《董师中传》,北京:中华书局 1975 年版,第 2114 页。
③ 〔元〕脱脱等:《金史》卷 95《董师中传》,北京:中华书局 1975 年版,第 2114 页。
④ 〔元〕脱脱等:《金史》卷 95《董师中传》,北京:中华书局 1975 年版,第 2115 页。
⑤ 〔元〕脱脱等:《金史》卷 100《路铎传》,北京:中华书局 1975 年版,第 2205 页。
⑥ 〔元〕脱脱等:《金史》卷 95《董师中传》,北京:中华书局 1975 年版,第 2115 页。

泰和元年(1201年)是金章宗出宫巡幸频繁的一年。二月,金章宗自长春宫春水归来,三月出幸玉泉山,六月出幸香山,八月出幸万宁宫,九月如秋山而归。金章宗曾与宰相完颜襄"言秋山之乐,意将有事于春蒐也。顾视(张)万公,万公曰:'动何如静',上改容而止"①。

金章宗奢侈腐化的另一个表现是耽于声色之娱和珍玩之好。《大金国志》说他:"极意声色之娱,内外嗷嗷,机事俱废。间出视朝,不过顷暂回宫。与郑宸妃、李才人、穆昭仪并马游后苑,因留宴,俟月上,奏鼓吹而归,以是为常。张天贵、江渊等用事,聋瞽昏荒,朝中陈奏便宜,多不经主省览,爱王叛于内,边衅开于外,盗贼公行,充斥道路,边疆多事,兵连祸结矣。"②承安三年(1198年)"春,国主幸蓬莱院内宴,内侍都知江渊与焉。时所陈玉器及诸玩好盈前,视其篆识,多南宋宣和物,恻然动色。宸妃解之曰:'作者未必用,用者未必作。南帝但作,以为陛下用耳'。宸妃尝与主同辇过御龙桥,见石白如雪,归而爱之,白国主,于苏山辇至,筑岩洞于芳华阁,凡用工二万人,牛马七百乘,道路相望。会是冬赏菊于东明园,主登其阁,见屏间宣和艮岳。问内侍余琬曰:'此底甚处'琬曰:'赵家宣和帝运东南花石纲筑艮岳,致亡国败家,先帝命图之以为戒'。宸妃怒曰:'宣和之亡不缘此事,乃是用童贯、梁师成耳'。盖讥琬也?"③从金章宗看到北宋亡国之君宋徽宗的遗物"恻然色动"的表现看,似乎他还对玩物丧志的警惕之心尚未完全泯灭,但是这并不能制止金章宗对花石珍玩的欣赏和追求。

长期以来,古今学者对金朝灭亡的原因从不同的视角进行了反复深入的探讨,得出了各种各样的结论④。清朝的乾隆皇帝在《金章宗》诗中吟咏道:"乃祖嘉习国语,为孙宜守旧物。服御渐染华风,疏忌那闻吽咈。付托却喜柔弱,驯至金源道诎。惜哉大定规模,直使章宗衰讫。"乾隆皇帝又在该诗的夹注中写道:"章宗皇帝即位以后,未尝不知治体,然偏以典章文物为急,而诘戎肆武之道弃之如遗,遂尽变祖旧风,国势日就屦弱。又因无子,疏忌宗室,以卫绍王永济柔弱鲜智能,

① 〔元〕脱脱等:《金史》卷95《张万公传》,北京:中华书局1975年版,第2105页。

② 〔宋〕宇文懋昭撰,崔文印点校:《大金国志》卷21《章宗皇帝下》,北京:中华书局1986年版,第289页。

③ 〔宋〕宇文懋昭撰,崔文印点校:《大金国志》卷19《章宗皇帝上》,北京:中华书局1986年版,第264页。

④ 宋德金:《大金覆亡辨》,《史学集刊》2007年第1期,第14—20页。

故爱之,遽而传位,不复为宗社计。渐至沦胥,金源之业盖衰于章宗矣。"①乾隆皇帝在这里所说的金朝亡于女真人的汉化的说法是否合理另当别论,但他指出的金朝的衰弱始于金章宗还是大体符合实际的。

---

① 清高宗:《御制诗集》第 4 集卷 49,载于影印《文渊阁四库全书》本第 1308 册,台北:商务印书馆 1986 年版,第 156 页。

金代致仕官员待遇问题管窥

张双双①

致仕官员待遇,即朝廷给予当朝退休官员的政治、经济等方面的优抚。金朝十分推崇中原汉族文化,在致仕官员待遇方面一定程度地借鉴、吸收中原王朝的政策,以官职晋升、高薪等方式优待为朝廷做出贡献的在职官员,激励其勤恳工作。当他们因年老或其他原因需致仕时,金统治者也给予其一定待遇,使之安享晚年。致仕待遇,在一定程度上保证了退休官员的政治、经济地位,对金王朝的统治也起到了促进作用。

金代致仕官员待遇问题的研究,始于 20 世纪 80 年代。最先开展研究的是张创新先生。他在《金朝致仕制度浅议》一文中认为金朝官员致仕后享赐金、给俸、赐俸禄人力、升官的待遇。② 通过张先生的研究,对金代官员致仕待遇问题有了初步的认识。20 世纪 90 年代以来,学者们对金代致仕官员待遇问题的研究出现细化,开始对某些专题进行探讨。③

---

① 张双双,吉林大学文学院。
② 张创新:《金朝致仕制度浅议》,《史学集刊》1986 年第 3 期,第 27—28、63 页。
③ 致仕官员政治待遇方面:曾代伟认为金代致仕官员政治上可以加封官爵。参见曾代伟:《金朝职官管理制度述略》,《民族研究》1993 年第 3 期,第 48 页。致仕官员经济待遇方面:曾代伟认为,金代官员致仕后经济上享受半俸待遇。参见曾代伟:《金朝职官管理制度述略》,《民族研究》1993 年第 3 期,第 48 页。黄惠贤、陈锋认为金代致仕官员依原官品领取半俸。参见黄惠贤,陈峰:《中国俸禄制度史》,武汉大学出版社 1996 年版,第 339—340 页。钟铮铮、秦欣欣、贾淑荣等,也对金代文武官员致仕俸禄进行了一般性的探讨。参见钟铮铮:《金代文职朝官的俸禄制度研究》,吉林大学硕士论文,2008 年,第 26—28 页;秦欣欣:《金代武官俸禄制度研究》,吉林大学硕士论文,2014 年,第 16—18 页;贾淑荣:《金代武将群体研究》,吉林大学博士论文,2012 年,第 120—121 页。

学界对金代致仕官员待遇问题的研究取得了一些可喜的成果,肯定了朝廷给予致仕官员的政治、经济优遇政策。但同时也应该看到,仍有一些问题需要进一步研究。首先,前辈学者对金代致仕官员政治待遇的研究成果相对较少,仅提到官员致仕加封官爵。除此之外,官员致仕时是否还有其他政治待遇? 其次,以往学界多偏重于金代致仕官员经济待遇的研究,集中梳理了各帝王在位时期致仕官员俸禄待遇情况,认为金代官员致仕享受半俸待遇。但半俸待遇始于何时、情况如何,半俸名色包括哪些等问题则未深入研究。最后,学界未曾对金代致仕官员丧葬待遇进行探究。比如:致仕官员去世时,朝廷有无助丧行为,是否所有致仕官员去世时都享受丧葬待遇等等。因此,本文在前人研究的基础上,结合金代有关史料,对金代致仕官员待遇相关问题进行详细探讨,不当之处敬请方家不吝赐教。

一 政治待遇

金代十分重视养老问题,致仕官员也被纳入养老范围。官员因年龄或其他原因致仕,虽然远离官场但依然可享受一些荣誉性官衔,保证其身份和地位的尊贵。

(一)加官晋爵

官员致仕时,朝廷往往给予他们某种官衔,以显示其地位、身份的尊贵,使之安心归故里。早在天会年间,金朝已出现官员致仕加官记载。

《金史》卷72《银术可传》云:"(银术可)天会十三年,致仕,加保大军节度使,同中书门下平章事,迁中书令,封蜀王。"[①]

《全金石刻文辑校·时立爱墓志铭》记载:"(天会十五年)初十一月,(时立爱)加开府仪同三司、镇东节度使兼中书令,进封郑国公致仕。"[②]

银术可致仕加"保大军节度使、同中书门下平章事",封蜀王。时立爱致仕加散官,"镇东节度使兼中书令",进封郑国公。"保大军节度使、同中书门下平章事"和"镇东节度使兼中书令"都是"使相"之衔。金初在原辽封建地区沿袭辽制,府、州在区划、机构和官制上袭辽旧制。[③] 银术可、时立爱在原辽旧地任职,官职

---

① 〔元〕脱脱等:《金史》卷72《银术可传》,北京:中华书局1975年版,第1659页。
② 王新英:《全金石刻文辑校》,长春:吉林文史出版社2012年版,第46页。
③ 程妮娜:《金代政治制度研究》,长春:吉林大学出版社1999年版,第79页。

是辽代原官。而且，辽制官员致仕时，加官包括"使相"虚衔①。由此推测，金天会年间官员致仕加官应该沿袭辽制。

自熙宗天眷改革起，随着官制的发展与完善，金朝建立了自己的散官制度。金代散官分文散官、武散官、司天翰林散官、太医散官、内侍散官五种。② 文、武散官共九品四十二阶，武散官从二品以上至从一品"皆用文资"③。从传世史料记载来看，官员致仕一般是加文、武散官，其余三种散官并不多见。如斜卯阿里，天德初年（1149 年）致仕"加特进"④；刘中德致仕，"加镇国上将军"⑤；徐文，大定二年（1162 年）致仕，"以覃恩迁龙虎卫上将军"⑥，等等。因此，本文主要探讨官员致仕加文、武散官情况。

大定二十三年（1183 年），金朝制定了致仕官员迁官原则，"六十以上者进官两阶，六十以下者进官一阶"⑦。六十岁以上致仕的官员可迁散官两阶，六十岁以下致仕的官员迁散官一阶。此后，官员致仕迁官有章可循。那么，熙宗天眷元年（1138 年）至世宗大定二十三年（1183 年）之间，官员致仕迁官情况如何？

钩沉金代史料，并未发现这一时期的相关诏令，只能通过当时官员致仕迁官情况来进行推测。

韩昉，熙宗年间以仪同三司（从一品中）致仕。天德初"加开府仪同三司（从一品上）"⑧，迁官一阶。刘中德，累官至昭武大将军（正四品上），大定十一年（1171 年）致仕，"加镇国上将军（从三品下）"⑨，迁官一阶。丁仝，积官至武义将军（从六品上），大定二十二年（1183 年）致仕时"超授宣武将军（从五品下）"⑩，迁官三阶。

据以上所举不完全事例来看，熙宗天眷元年（1138 年）至大定二十三年（1183年）间，官员致仕迁官灵活性较大，有的迁一官，有的迁三官。这表明，该时期官员致仕迁官几阶并无明确标准，由皇帝自主决定。官员致仕超迁三阶现象或许与官

① 杨军：《辽代宰相与使相》，《学习与探索》2012 年第 2 期，第 157 页。
② 〔元〕脱脱等：《金史》卷 55《百官志》，北京：中华书局 1975 年版，第 1220—1227 页。
③ 〔元〕脱脱等：《金史》卷 55《百官志》，北京：中华书局 1975 年版，第 1220—1222 页。
④ 〔元〕脱脱等：《金史》卷 80《斜卯阿里传》，北京：中华书局 1975 年版，第 1801 页。
⑤ 王新英：《全金石刻文辑校》，长春：吉林文史出版社 2012 年版，第 204 页。
⑥ 〔元〕脱脱等：《金史》卷 79《徐文传》，北京：中华书局 1975 年版，第 1786 页。
⑦ 〔元〕脱脱等：《金史》卷 8《世宗本纪》，北京：中华书局 1975 年版，第 184 页。
⑧ 〔元〕脱脱等：《金史》卷 125《文艺传》，北京：中华书局 1975 年版，第 2715 页。
⑨ 王新英：《全金石刻文辑校》，长春：吉林文史出版社 2012 年版，第 204 页。
⑩ 王新英：《全金石刻文辑校》，长春：吉林文史出版社 2012 年版，第 444 页。

员主动请致仕有关。世宗即位至大定二十三年间(1183年),出现年老官员恋栈不退现象。如大定十八年(1178年),世宗春水沿途"见石城、玉田两县令,皆年老,苟禄而已"①。官员到致仕年龄能主动请致仕,知止而退,这种高风亮节行为受皇帝赞赏。皇帝给其超迁官阶待遇,以示嘉奖,同时希望以此来激励其他年老官员。

自大定二十三年(1183年)起,金代官员致仕迁官有了明文规定。然而,该原则在实际执行过程中并不严格。如张万公,泰和三年(1203年)致仕前,其散官为银青光禄大夫(正二品下),致仕时加金紫光禄大夫(正二品上),此时已七十岁②,迁官一阶。若按大定二十三年(1183年)的规定,其应当进官两阶,但事实却进官一阶。而且到了金代后期,官员往往加阶太速,散官"动至三品"③,这对致仕官员的迁官造成一定影响。如宣宗时的高竑,"迁三官,致仕"④。并且,官员若因犯错而致仕,一般是降阶,非进阶。如礼部尚书赵秉文,因涉及韵谬而"夺一官"致仕⑤。由此来看,自大定二十三年(1183年)至金末,官员致仕加官情况并不稳定,执行也不严格,官员致仕能否加官、加官几阶最终由皇帝决定。

金代官员致仕时除加官外,还可获封爵位。金朝的封爵既有对中原王朝的继承,也有对辽制的学习,同时又有所改革和发展⑥。金代爵制分汉制封爵和猛安谋克世爵。据传世史料记载,金代官员致仕时的封爵或进爵爵位多属于汉制封爵。所以,本文主要探讨金代致仕官员的汉制封爵或进爵情况。

太祖、太宗朝,金代官制体系尚不完备,官制很多方面仍沿用辽制。此前的封爵、食邑只是对辽制的模仿和沿袭⑦。天会末年(1135—1137年),金熙宗开始进行爵位封授,仍沿袭太宗时的政策。直到天眷元年(1138年)"定封国制"⑧,金代封爵制度才得以确立。那么天会十五年(1137年)致仕的时立爱,由陈国公"进封郑国公"⑨,其爵位的晋升应还是沿用辽代爵号。

---

① 〔元〕脱脱等:《金史》卷7《世宗本纪》,北京:中华书局1975年版,第170页。
② 〔元〕脱脱等:《金史》卷95《张万公传》,北京:中华书局1975年版,第2104—2105页。
③ 〔元〕脱脱等:《金史》卷109《陈规传》,北京:中华书局1975年版,第2407页。
④ 〔元〕脱脱等:《金史》卷100《高竑传》,北京:中华书局1975年版,第2216页。
⑤ 姚奠中:《元好问全集》卷17《闲闲公墓志铭》,太原:山西人民出版社1990年版,第479页。
⑥ 孙红梅:《金代汉制封爵研究(中文摘要)》,吉林大学博士论文,2014年,第1页。
⑦ 孙红梅:《金代汉制封爵研究》,吉林大学博士论文,2014年,第16页。
⑧ 〔元〕脱脱等:《金史》卷4《熙宗本纪》,北京:中华书局1975年版,第73页。
⑨ 王新英:《全金石刻文辑校》,长春:吉林文史出版社2012年版,第46页。

金朝汉制封爵分王爵和五等爵两大系统。王爵包括国号王与郡王。五等爵有国公、开国郡公、开国县公、开国郡侯、开国县侯、开国郡伯、开国县伯、开国郡子、开国县子、开国郡男、开国县男共十一个爵称①。纵览史料发现，金熙宗天眷元年(1138年)至海陵王正隆二年(1157年)之间致仕的官员，他们封授或晋升的爵位皆普遍较高，多是王爵。如石家奴卒后，熙宗"加赠郧王"②。时立爱致仕后，皇统元年(1141年)"恩封钜鹿郡王"③。海陵王正隆二年(1157年)以前也曾大规模封授宗室或官员爵位，以拉拢人心和排除异己，致仕官员也在封授或晋升爵位之列。如斜卯阿里，天德初(1149年)致仕"封王"④。耶律恕，正隆元年(1156年)致仕封"广平郡王"⑤。耶律怀义，熙宗时致仕，未封爵。海陵即位，封"漆水郡王，进封莘王。久之，进封萧王"⑥。金代王爵"每一级别内封国之号的地位由前往后，从高到低递减"⑦。在小国号王爵⑧中，"莘"在"萧"之后，由"莘王"到"萧王"，爵位晋升。因此，耶律怀义致仕先封郡王，后升至国号王爵中小国号王爵，并在此基础上再次晋升。晸，为官时封"秦汉国王"，海陵时致仕，"进封周宋国王"⑨。孙红梅先生认为，金代封爵体系中"两字国王"是金代前期最高爵封，其封号是按照封国位次进行组合，高位次在前⑩。晸致仕时由"秦汉国王"进封"周宋国王"，爵位晋升。由以上分析可知，熙宗天眷元年(1138年)至海陵正隆二年(1157年)间，金代官员致仕时一般是封授或进封王爵，爵位级别普遍较高。

正隆二年(1157年)，海陵王下诏"改定亲王以下封爵等第"，"参酌削降"⑪，"封王者皆降封，异姓或封公或一品、二品阶"⑫。这一时期的削爵政策也波及已

① 孙红梅：《金代汉制封爵研究》，吉林大学博士论文，2014年，第13、43、78页。

② 〔元〕脱脱等：《金史》卷120《世戚传》，北京：中华书局1975年版，第2614页。

③ 王新英：《全金石刻文辑校》，长春：吉林文史出版社2012年版，第46页。

④ 〔元〕脱脱等：《金史》卷80《斜卯阿里传》，北京：中华书局1975年版，第1801页。

⑤ 〔元〕脱脱等：《金史》卷82《耶律恕传》，北京：中华书局1975年版，第1841页。

⑥ 〔元〕脱脱等：《金史》卷81《耶律怀义传》，北京：中华书局1975年版，第1827页。

⑦ 宋中楠：《金代前期汉制封爵制度研究》，吉林大学硕士论文，2007年，第8页。

⑧ 〔金〕张暐：《大金集礼》卷9，北京：商务印书馆1936年版，第125页。

⑨ 〔元〕脱脱等：《金史》卷66《始祖以下诸子传》，北京：中华书局1975年版，第1560页。

⑩ 孙红梅：《金代汉制封爵研究》，吉林大学博士论文，2014年，第55页。

⑪ 〔元〕脱脱等：《金史》卷5《海陵本纪》，北京：中华书局1975年版，第107页。

⑫ 〔元〕脱脱等：《金史》卷84《耨盌温敦思忠传》，北京：中华书局1975年版，第1882页。

致仕的官员。如石家奴,正隆二年(1157 年)夺爵,由郧王降封鲁国公①,爵位由国号王爵直接降为国公。耶律恕,正隆二年(1157 年)由广平郡王降封为"银青光禄大夫"②,爵位由郡王直接降到散官阶。勖,正隆二年(1157 年)由周宋国王降封为金源郡王。③

世宗以降,对封爵制度进行了一定调整。此后,官员致仕时多封授或晋升郡王、国公及以下爵位。如李石,大定十四年(1174 年)致仕,进封广平郡王。④ 完颜安国,泰和三年(1203 年)致仕,封道国公。⑤ 段铎,章宗时致仕,封武威郡开国侯。⑥ 胥鼎,兴定四年(1220 年)进封温国公致仕。⑦

(二)恩荫子孙、封赠亲属

金代,致仕官员可根据其任官时的功绩或者皇帝特许,使其子孙、亲属同样享受朝廷的恩泽,这样就能在朝廷依然保有自己的势力。致仕官员的子孙往往通过恩荫的方式进入官僚机构。

在金代,致仕恩荫是一项制度规定。如《金史》卷 52《选举志二》记载:"凡恩例补荫同进士者,谓大礼补,致仕、遗表、阵亡等恩泽补,承袭录用,并与国王并宗室女为婚者。"⑧章宗泰和二年(1202 年)"定制,以年老六十以上退,与患疾及身故者,虽至止官,拟令系班,除存习本业者听荫一名,止一子者则不须习即荫"⑨。

致仕官员子孙,大多通过恩荫方式充任阁门祗侯。如尚书右丞相石琚致仕

---

① 〔元〕脱脱等:《金史》卷 120《世戚传》,北京:中华书局 1975 年版,第 2614 页。

② 〔元〕脱脱等:《金史》卷 82《耶律恕传》,北京:中华书局 1975 年版,第 1841 页。

③ 〔元〕脱脱等:《金史》卷 66《始祖以下诸子传》,北京:中华书局 1975 年版,第 1560 页。

④ 〔元〕脱脱等:《金史》卷 86《李石传》,北京:中华书局 1975 年版,第 1914 页。

⑤ 〔元〕脱脱等:《金史》卷 94《完颜安国传》,北京:中华书局 1975 年版,第 2095 页。

⑥ 〔清〕张金吾.《金文最》卷 90《武威郡侯段铎墓表》,北京:中华书局 1990 年版,第 1310 页。

⑦ 〔元〕脱脱等:《金史》卷 108《胥鼎传》,北京:中华书局 1975 年版,第 2382 页。

⑧ 〔元〕脱脱等:《金史》卷 52《选举志》,北京:中华书局 1975 年版,第 1164 页。李鸣飞认为,该条史料原标点应为"凡恩例补荫同进士者,谓大礼补致仕、遗表、阵亡等恩泽,补承袭录用,并与国王并宗室女为婚者"。大礼补、致仕补、遗表补、阵亡补都是宋代的荫补途径,金代此条史料参考了宋代的荫补制度。李鸣飞:《金元散官制度研究》,兰州:兰州大学出版社 2014 年版,第 6 页。

⑨ 〔元〕脱脱等:《金史》卷 52《选举志》,北京:中华书局 1975 年版,第 1160 页。

时，世宗下诏"以一孙为阁门祗侯"①。参知政事梁肃致仕时，世宗"诏以其子汝翼为阁门祗侯"②。有的致仕官员子孙还获赐进士及第。如完颜守道致仕时，世宗特赐其"璋进士及第"③。

荫补子孙是统治者给予致仕官员的一种权利。这不仅对致仕官员家族政治地位的延续有着极大的好处，而且补偿了一些官员因致仕而丧失的政治、经济利益，同时使其心理和精神层面得到满足。

古代传统制度规定"生曰封，死曰赠"④。有金一代，统治者会根据在职官员品级对其父母、妻子授予官爵。这些亲属中，生前获得封号曰"封"，死后获得封号曰"赠"，也称"追赠"或"追封"。

《金史》卷45《刑志》记载，泰和律令中有"封赠令十条"⑤。《大金国志校正》卷35《杂色仪制》记载："选举之外有奏补法，有世袭法，有封赠法……其封赠法皆依宋朝旧制，止无加封。若既封之后，必待及品格则再封，兼止从其官，不从其职。文臣则朝列大夫，武官则宣武将军以上，惟五品官方听封赠"⑥。由此可知，金代的封赠法承袭宋朝，并且在职官员亲属获封的官爵高低受官员散官品级影响，只有散官五品以上的官员才允许封赠亲属。金代致仕官员封赠情况是否也是如此？

表1 金代致仕官员封赠亲属情况

致仕官员	爵位	致仕前或致仕时散官	封赠情况	史料来源
郭建		奉国上将军（从三品上）	考，赠宣武将军（从五品下）妣，赠汾阳郡太□□□□□□□氏并封汾阳郡夫人。	《全金石刻文辑校》，P. 266 《金史》卷55《百官志》，P. 1221—1222

① 〔元〕脱脱等：《金史》卷88《石琚传》，北京：中华书局1975年版，第1962页。
② 〔元〕脱脱等：《金史》卷89《梁肃传》，北京：中华书局1975年版，第1986页。
③ 〔元〕脱脱等：《金史》卷88《完颜守道传》，北京：中华书局1975年版，第1958页。
④ 赵升编，王瑞来点校：《朝野类要》卷3，北京：中华书局2007年版，第67页。
⑤ 〔元〕脱脱等：《金史》卷45《刑志》，北京：中华书局1975年版，第1024页。
⑥ 〔宋〕宇文懋昭撰，崔文印校正：《大金国志校正》卷35《杂色仪制》，北京：中华书局1986年版，第507—508页。

致仕官员	爵位	致仕前或致仕时散官	封赠情况	史料来源
郑瞻		朝列大夫(从五品下)	考,追赠儒林郎(从七品下) 母,封荥阳县太君 妻,封荥阳县君	《全金石刻文辑校》,P.352 《金史》卷55《百官志》,P.1222—1223
丁仝	济阳县开国子(正五品)	宣武将军(从五品下)	父,赠忠显校尉(从七品下) 母,为济阳县大君	《全金石刻文辑校》,P.444 《金史》卷55《百官志》,P.1222—1223
段铎	武威郡开国侯(正从三品)	中奉大夫(从三品下)	父,赠中奉大夫(从三品下)武威郡侯(正从三品) 母,追封武威郡太夫人	《金文最》卷90,P.1310 《金史》卷55《百官志》,P.1220,1223
郭济忠	汾阳县开国男(从五品)	朝散大夫(从五品中)	父,追赠朝散大夫(从五品中),骑都尉(从五品),汾阳县开国男(从五品) 母,封汾阳乡太君	《全辽金文》,P.2017–2018 《金史》卷55《百官志》,P.1221,1223
康德璋	京兆郡侯(正从三品)	辅国上将军(从三品中)	父,赠辅国上将军(从三品中),京兆郡侯(正从三品) 妻,京兆郡侯夫人	《元好问全集》卷27,P.646—647 《金史》卷55《百官志》,P.1221,1223
聂许	河东郡开国伯(正从四品)	中大夫(从四品中)	父,追赠奉训大夫(从六品下)	《全辽金文》,P.1609 《金史》卷55《百官志》,P.1221,1223

观察上表,我们发现四点:第一,金代官员致仕封赠的对象包括其父母、妻子。这与在职官员封赠亲属情况相同。第二,致仕官封赠亲属时,其散官品级在五品以上,也符合在职官员封赠亲属规定。第三,致仕官员封赠其父散官时大多是以

级为单位,即其父被封赠的散官一般比致仕官员散官低两级,并不考虑二者官品相差多少阶。如郑瞻致仕,迁朝列大夫(从五品下),赠其父儒林郎(从七品下),其父散官品级比郑瞻致仕时散官品级低两级,散官相差八阶。聂许致仕,累官中大夫(从四品中),赠其父奉训大夫(从六品下),二者品级相差两级,散官相差十一阶。但从表中发现,也有致仕官之父被封赠散官与致仕官员散官品级一致的情况,如段铎与其父、郭济忠与其父等等。第四,致仕官员在封赠其母、其妻时,并非按散官品级,而是依据爵位品级。《金史》卷55《百官志》对品官命妇封号与等级封赠制度进行了规定,封一字王者,爵级至正从三品以上的官员,散官品级至正从五品以上的官员,均有资格封赠母、妻。① 据王姝先生考证,除上述封赠等级制度规定外,品官爵级为四品郡伯(日曰县伯)、正五品县子、从五品县男时,亦可封赠母、妻。当品官的官品、勋级、爵位品级不同时,封赠母、妻主要依据官员爵位品级。② 表中致仕官员封赠母、妻也体现了上述原则。如段铎致仕时封武威郡开国侯,其母则被封武威郡太夫人。

官员致仕封赠亲属,不仅使家族得到荣耀,而且凸显了朝廷的"仁政"。君主通过这种方式,达到让致仕官员家族世代孝忠朝廷的目的。

二 经济待遇

如何保障官员致仕后的正常生活,使其不致陷入贫困境地,也让在职官员打消顾虑、安心工作,这是朝廷必须要深入考虑的问题。金朝统治者在继承前代致仕官员经济待遇的基础上又有所创新,并在实践中不断进行完善。

(一)给俸禄

"俸禄是封建官吏主要的合法收入,一般也是其主要的生活来源"③,官员致仕后,朝廷会给予一定俸禄,使其颐养天年。汉代,二千石以上官员致仕,享原官职俸禄的三分之一。④ 唐宋时期,官员致仕后俸禄明显提高。《大唐令》记载:"诸

---

① 〔元〕脱脱等:《金史》卷55《百官志》,北京:中华书局1975年版,第1230页。

② 王姝:《金代品官命妇封赠制度考》,《首都师范大学学报》2016年第1期,第23页。

③ 林新奇:《中国人事管理史》,北京:中国社会科学出版社2004年版,第276页。

④ 〔汉〕班固:《汉书》卷12《平帝本纪》,北京:中华书局1965年版,第349页。

职事官年七十、五品以上致仕者,各给半禄。"①年七十且品级五品以上官员,致仕后可享原俸的二分之一。北宋承袭唐朝的半禄制,宋太宗时曾下诏"应曾任文武职事官恩许致仕者,并给半俸"②。与北宋同时期的辽朝,官员告老后享受的俸禄待遇也较高,致仕官员的俸禄按照品级颁给且俸禄待遇提高。③ 自汉以来,致仕官员俸禄多寡略有不同,但"食俸禄"始终是致仕官员最基本的经济待遇。

金朝承袭前代,官员致仕后也可"食半俸于家"④。如耶律怀义致仕时享"俸廉之半"⑤。刘中德致仕时,世宗给其"身禄之半"以终⑥。张炜致仕时,章宗"例给半俸"⑦。然而,并非自金朝建立伊始致仕官员就享半俸待遇,官员致仕"食半俸"经历了一个从无到有的过程。

《金史》卷82《耶律涂山传》记载:"(天会)十年,迁尚书左仆射。致仕,卒,年九十一。"⑧

《金史》卷72《银术可传》记载:"天会十三年,致仕,加保大军节度使,同中书门下平章事,迁中书令,封蜀王。"⑨

《全金石刻文辑校·时立爱墓志铭》记载:"(天会十五年)初十一月,加开府仪同三司、镇东节度使兼中书令,进封郑国公致仕。"⑩

以上史料记载发现,耶律涂山⑪、银术可、时立爱致仕时间皆早于天眷元年

---

① 〔唐〕杜佑:《通典》卷35《职官志》,北京:中华书局1992年版,第968页。

② 〔清〕徐松:《宋会要辑稿》第105册《职官志》,北京:中华书局1957年版,第4147页。

③ 王雷:《论辽代致仕制度》,吉林大学硕士论文,2007年,第38页。

④ 转引自阎凤梧主编《全辽金文》,太原:山西古籍出版社2002年版,第2018页。

⑤ 〔元〕脱脱等:《金史》卷81《耶律怀义传》,北京:中华书局1975年版,第1827页。

⑥ 王新英:《全金石刻文辑校》,长春:吉林文史出版社2012年版,第204页。

⑦ 〔元〕脱脱等:《金史》卷106《张炜传》,北京:中华书局1975年版,第2329页。

⑧ 〔元〕脱脱等:《金史》卷82《耶律涂山传》,北京:中华书局1975年版,第1836页。

⑨ 〔元〕脱脱等:《金史》卷72《银术可传》,北京:中华书局1975年版,第1659页。

⑩ 王新英:《全金石刻文辑校》,长春:吉林文史出版社2012年版,第46页。

⑪ 耶律涂山,天会十年迁尚书左仆射后便没有其他迁官记载,很可能致仕时官职是尚书左仆射。三省之制始置于天会四年(1126年),当时称丞相为仆射。《金史·太宗本纪》记载:天会十二(1134年)年正月"甲子,初改定制度,诏中外"。天会十二年(1134年),"以企先为右丞相,召至上京",已把左仆射改为右丞相。但是这次改定官制尚未全面实行,太宗便因病去世。天会十三年(1135年)熙宗即位,开始全面以三省六部制取代勃极烈制度,这时已不见左仆射官职记载。因此,推测耶律涂山致仕的时间大概是在天会十年至天会十三年之间,早于天眷元年(1138年)。

（1138 年），且他们致仕时均未享受俸禄。杨果先生认为金朝于天眷三年（1140年）七月之前已建立俸禄制度①。但据金初官员致仕情况分析，天眷三年（1140年）之前，朝廷或许还未给致仕官员俸禄待遇。

致仕官员享受半俸始于熙宗朝。熙宗曾先后两次颁布致仕官员领半俸的规定。天眷三年（1140 年）七月"诏文武官五品以上致仕，给俸禄之半"②。皇统元年（1141 年）又规定"诸致仕官职俱至三品者，俸禄人力各给其半"。

海陵王当政时沿着熙宗改革之路继续对官制进行改革。传世史料并未记载这一时期致仕官员俸禄情况，推测应该还是延续熙宗朝的俸禄规定。

世宗、章宗时期，经济发展、社会相对稳定，政治比较清明，随着官制改革的完备，致仕官俸禄规定出现变化。世宗时的致仕政策对官员更有利。大定十一年（1171 年），世宗下诏"职官年七十以上致仕者，不拘官品，并给俸禄之半"③。这表明职官年七十以上致仕，不受品级限制皆可领半俸。大定二十三年（1183 年）又颁布"六十以上致仕者进官两阶，六十以下者进官一阶，并给半俸"④的规定，六十岁以上、未满六十岁的官员致仕都享半俸。不仅如此，被勒令致仕的官员也可得半俸。大定二十八年（1188 年）规定"老病昏昧者，勒令致仕，止给半俸"⑤。章宗即位后仍然继续执行世宗朝的致仕规定，"六十以上及未六十而病致仕者，给其禄半"⑥，但规定恋栈不退者则"不在给俸之列"⑦。

卫绍王至金哀宗朝，蒙古大军不断南下，国势危急，宣宗于贞祐二年（1214年）被迫迁都于汴。南迁后的金朝国家财政十分困难，宣宗为减轻财政负担，大规模削减官员俸禄，致仕官员俸禄也在削减之列。贞祐三年（1215 年），宣宗下诏"致仕官俸给比南征时减其半"⑧，致仕官俸由原来的半俸降为原俸的四分之一，俸禄待遇大大降低。

官员致仕领取半俸，其依据是什么？半俸都包括哪些名色，俸禄待遇情况

① 杨果：《辽、金俸禄制度研究》，载于《宋辽金史论稿》，北京：商务印书馆 2010 年版，第124 页。

② 〔元〕脱脱等：《金史》卷 4《熙宗本纪》，北京：中华书局 1975 年版，第 75—76 页。

③ 〔元〕脱脱等：《金史》卷 6《世宗本纪》，北京：中华书局 1975 年版，第 148 页。

④ 〔元〕脱脱等：《金史》卷 8《世宗本纪》，北京：中华书局 1975 年版，第 184 页。

⑤ 〔元〕脱脱等：《金史》卷 8《世宗本纪》，北京：中华书局 1975 年版，第 200 页。

⑥ 〔元〕脱脱等：《金史》卷 58《百官志》，北京：中华书局 1975 年版，第 1349 页。

⑦ 〔元〕脱脱等：《金史》卷 9《章宗本纪》，北京：中华书局 1975 年版，第 223 页。

⑧ 〔元〕脱脱等：《金史》卷 14《宣宗本纪》，北京：中华书局 1975 年版，第 310 页。

❖ 辽金史论集(第十六辑)

如何？

北宋神宗元丰三年(1080 年)详定官制，"以阶易官"，确立新的寄禄格，形成以寄禄官(散官)定禄、职钱为辅的双轨俸给制①。官员领俸依据散官品级，照此来看，致仕官员领取半俸也应是依其致仕散官领取。金与北宋则不同。金代根据职事官品级尊卑定官员俸钱之多寡②。但是致仕官的俸禄起初并非按职事品来领，它经历了一个变化的过程。

熙宗天眷三年(1140 年)颁布散官五品以上官员致仕给俸禄之半的诏令③。随后皇统元年(1141 年)又规定"诸致仕官职俱至三品者，俸禄人力各给其半"④。自皇统元年(1141 年)后，致仕官员领俸依据是其散官品级与职事官品级。

李鸣飞先生认为，金代的中高层官僚集团，除了迁转速度不同外，没有明显的地位差异，散官品级对职事官的升迁几乎没有影响⑤，这间接降低了散官品级对官员俸禄的影响。大定十一年(1171 年)，世宗下诏"职官年七十以上致仕者，不拘官品，并给俸禄之半"⑥。七十岁以上的官员致仕，不再受散官品级限制，都享半俸。也就是说，此后的官员致仕领取半俸的依据是其职事品级。

金代官员的俸禄名色主要包括正俸、职田、补贴三类。正俸包括钱粟、曲米麦、绫罗绢绵。正三品以下的外官，除了正俸之外，还有职田。职田所得地租是朝廷给予任职官员的一部分俸禄。职田不得买卖，官员离职后将职田留与下任官员。补贴主要有傔从、食钱、驰驿及长行马、口券、津贴钱等。金代致仕官的俸禄应该包括正俸之半及补贴之半，其中补贴主要指傔从。

根据《金史》卷58《百官志》记载，将致仕官员俸禄名色及数额，经过换算后列表2 如下，即一品到九品致仕官员半俸待遇(月俸)。⑦

① 龚延明：《宋代官制辞典(总论)》，北京：中华书局1997 年版，第41—42 页。
② 杨树藩：《中国文官制度史(绪论)》，台北：黎明文化事业股份有限公司1982 年版，第13 页。
③ 〔元〕脱脱等：《金史》卷4《熙宗本纪》，北京：中华书局1975 年版，第75—76 页。
④ 〔元〕脱脱等：《金史》卷4《熙宗本纪》，北京：中华书局1975 年版，第76 页。
⑤ 李鸣飞：《金元散官制度研究》，兰州：兰州大学出版社2014 年版，第101—102 页。
⑥ 〔元〕脱脱等：《金史》卷6《世宗本纪》，北京：中华书局1975 年版，第148 页。
⑦ 〔元〕脱脱等：《金史》卷58《百官志》，北京：中华书局1975 年版，第1339—1343 页。

· 158 ·

表2 一品到九品致仕官员半俸待遇（月俸）

品级	名色数量	钱粟（贯石）	曲米麦（称石）			罗、绫（匹）		春秋绢（匹）		绵（两）
正一品	三师	150	25	25	25	25	25	100	100	500
	三公	125	20	20	25	20	20	75	75	350
	亲王、尚书令	110	17.5	17.5	17.5	17.5	17.5	60	60	300
从一品	左右丞相、都元帅、枢密院、郡王、开府仪同	100	15	15	15	15	15	50	50	250
	平章政事	95	14	14	14	12.5	12.5	47.5	47.5	225
	大宗正	90	12.5	12.5	12.5	12.5	12.5	45	45	200
正二品	东宫三师、副元帅、左右丞	75	11	11	11	11	11	40	40	175
从二品	朝官	70	10	10	10	10	10	37.5	37.5	150
	同判大宗正	60	9	9	9	9	9	35	35	125
正三品	朝官	35	8	8	8	6	6	27.5	27.5	100
	外官	50	7.5	7.5	7.5	—	—	20	20	100
	统军使、招讨使、副使	40	6.5	6.5	6.5	—	—	17.5	17.5	80
	都运、府尹	35	6	6	6	—	—	15	15	70
从三品	朝官	30	7	7	7	5	5	25	25	90
	外官	30	5	5	5	—	—	12.5	12.5	60
正四品	朝官	22.5	6	6	6	4	4	20	20	75
	外官	22.5	4	4	4	—	—	10	10	35
	副统军	25	4	4	4	—	—	11	11	40

品级	名色数量	钱粟（贯石）	曲米麦（称石）			罗、绫（匹）		春秋绢（匹）		绵（两）
从四品	朝官	20	5	5	5	3	3	15	15	65
	外官	20	3.5	3.5	3.5	—		9	9	30
	猛安	24	—	—	—					
	乌古鲁使	20	3.5	3.5	3.5	—		9	9	30
正五品	朝官	17.5	4	4	4	2.5	2.5	12.5	12.5	50
	外官，刺史、知军、监使	17.5	3	3	3	—		7.5	7.5	27.5
	余官	15	3	3	3	—		8	8	25
从五品	朝官	15	3	3	3	2.5	2.5	10	10	40
	外官	12.5	2	2	2	—		5	5	20
	谋克	10	—	—	—	—		—	—	
正六品	朝官	12.5	—	2.5	—	—		8.5	8.5	35
	外官	10	1.5	1.5	1.5	—		4	4	15
从六品	朝官	11	—		2.5	—		7.5	7.5	30
	外官	10	1.5	1.5	1.5	—		4	4	15
	乌古鲁副使	11	—		2.5	—		7.5	7.5	30
正七品	朝官	11	—		4	—		6	6	27.5
	外官，诸同知州军都转运判、诸府推官等	9	1	1	1	—		3.5	3.5	12.5
	潼关使	9	0.5	0.5	0.5	—		3	3	15

品级	名色数量	钱粟（贯石）	曲米麦（称石）			罗、绫（匹）		春秋绢（匹）		绵（两）
从七品	朝官	8.5	—	—	2	—	—	5	5	25
	外官、统军司知事	8.5	—	—	2	—	—	5	5	25
	诸镇军都指挥使	9	1	1	—	—	—	3.5	3.5	12.5
	诸招讨司堪事官、诸县令等	8.5	1	1	1	—	—	3.5	3.5	12.5
	会安关使、诸知镇城堡寨	7.5	0.5	0.5	0.5	—	—	3	3	10
正八品	朝官	7.5	—	—	1.5	—	—	4	4	22.5
	外官,市令、诸録事等	7.5	0.5	0.5	0.5	—	—	3	3	10
	乌古鲁判官	7.5	0.5	0.5	0.5	—	—	3	3	10
	按察司知事、大兴府知事等	6.5	0.5	0.5	0.5	—	—	3	3	10
	诸司属丞	6.5	0.5	0.5	0.5	—	—	3	3	10
	诸节镇以上司狱、诸副将	6.5	—	—	—	—	—	1.5	1.5	5
	南京京城所管勾、京府诸司使管勾等	6	—	—	—	—	—	1.5	1.5	5
	节镇诸司使、中运司柴炭场使	5	—	—	—	—	—	1	1	4

品级＼名色数量		钱粟(贯石)	曲米麦(称石)			罗、绫(匹)		春秋绢(匹)		绵(两)
从八品	朝官	6.5	—	—	1.5	—	—	3.5	3.5	20
	外官,南京交钞库使等	6.5	—	—	1.5	—	—	3.5	3.5	20
	诸州军判官、诸京县丞等	6.5	0.5	0.5	0.5	—	—	3	3	10
	诸么忽、诸移里堇	6.5	—	—	1	—	—	2.5	2.5	7.5
正九品	朝官	6	—	—	1	—	—	3	3	17.5
	外官,南京交钞库副	6	—	—	1	—	—	3	3	17.5
	诸警巡判官	6.5	0.5	0.5	0.5	—	—	3	3	5
	诸县丞、诸酒税副使	6	—	—	0.75①	—	—	2.5	2.5	8.5
	市丞、诸司侯等	6	—	—	0.5	—	—	1.5	1.5	5
	管勾泗州排岸兼巡检、副都巡检等	6						1.5	1.5	5
	诸盐场管勾等	6						1.5	1.5	5
	诸部将、队将	6	—	—	0.5	—	—	1.5	1.5	5
	店宅务管勾	6						1.5	1.5	5
	京府诸司副等	5.5						1	1	4
	诸州军司狱	5.5						1	1	4
	节镇诸司副等	5						1	1	4

① 1 石 = 10 斗。王晓静:《金代度量衡研究》,吉林大学硕士论文,2015 年,第 22 页。

品级	名色数量	钱粟(贯石)		曲米麦(称石)		罗、绫(匹)		春秋绢(匹)		绵(两)
从九品	朝官	5	—	—	1	—	—	2.5	2.5	15
	外官,诸教授	6	—	—	0.5	—	—	1.5	1.5	5
	三品以上官司知法	5	—	—	0.5	—	—	1.5	1.5	5
	司侯判官	5	—	—	—	—	—	1	1	4
	诸防次军辖	5	—	—	—	—	—	1	1	4
	诸榷场同管勾等	5	—	—	—	—	—	1.5	1.5	3
	诸京作院都监	3	—	—	—	—	—	1	1	3
	诸府作院都监等	4	—	—	—	—	—	0.5	0.5	3
	诸节镇作院都监等	4	—	—	—	—	—	—	1	1
	诸司同监	3.5	—	—	—	—	—	—	1	1
	陕西东路德顺州世袭蕃巡检	5	—	—	—	—	—	—	1	1
	陕西西路原州世袭蕃巡检	1.195①	—	—	2.25②	—	—	1.5	1.5	
	河东北路葭州等处世袭蕃巡检	5	—	—	—	—	—	1	1	5

① 《中国俸禄制度史》"从九品俸禄"中,陕西西路原州世袭蕃巡检的钱为2.39贯/月。因此半俸为1.195贯/月。黄惠贤、陈锋:《中国俸禄制度史》,武汉:武汉大学出版社1996年版,第324页。

② 1石＝10斗。王晓静:《金代度量衡研究》,吉林大学硕士论文,2015年,第22页。

观察表 2 可知,首先,不同品级致仕官员所领俸禄存在很大差别,品级越高致仕官员俸禄越高,反之俸禄越低。如从朝官钱粟来看,从二品 70 贯石,从九品 5 贯石,两者相差 14 倍。从朝官所得绵的数量来看,从二品 150 两,从九品 15 两,两者相差整整 10 倍。其次,同品级致仕官员内部俸禄存在一定差别,品级越高,内部差别越大,品级越低内部差别越小。如:正一品官员的致仕俸禄分三等:三师为一等,三公为二等,亲王、尚书令为三等。从一品致仕俸禄亦分三等:一等为左右丞相、都元帅、郡王等,二等为平章政事,三等为大宗正。从钱粟来看,正一品一等 150 贯石、二等 125 贯石、三等 110 贯石。一等与二等相差 25 贯石,二等与三等相差 15 贯石,一等与三等相差 40 贯石。从一品中,一等与二等钱粟相差 5 贯石,二等与三等相差 5 贯石,一等与三等相差 10 贯石。从绵的数量来看,正一品中,一等与二等相差 150 两,二等与三等相差 50 两,一等与三等相差 200 两。从一品中,一等与二等相差 25 两,二等与三等相差 25 两,一等与三等相差 50 两。比较正一品与从一品三等间的俸禄差距,发现正一品三等之间的俸禄差别明显大于从一品三等间俸禄差别。而再看正四品内部朝官与外官钱粟,二者相差 0 贯石;从五品朝官与外官钱粟相差 2.5 贯石。这说明品级越低,内部俸禄差别越不明显。最后,有的致仕官员内部等级虽低,但他的俸禄比同品级等级高的其他官员俸禄高。如正四品的副统军,其钱粟比同品级的朝官、外官的钱粟多 2.5 贯石;从四品的猛安,其钱粟比正四品的朝官、外官钱粟多出 4 贯石;从七品的诸镇军都指挥使,其钱粟比同品级的朝官多了 0.5 贯石。这些官员虽然内部等级低,但俸禄却高的原因应该与其所担任职务的重要性有很大关系。

金代规定致仕官员依致仕时的职事品领俸。然而,从史书记载来看,有的致仕官员领取半俸并非按原职事品,而是按较高的职事品来领取。如程辉,大定二十六年(1186 年)以参知政事致仕。次年(1187 年),"复起知河南府事"。章宗即位,再次致仕,仍领"参知政事半俸"[①]。程辉二次致仕时,官职为知河南府事(正三品),理应按正三品领半俸,但章宗给其从二品(参知政事)俸禄,俸禄待遇上升一等。泰和三年(1203 年),张万公以平章政事(从一品)致仕,泰和六年(1206年)复起"知济南府、山东路安抚使(正三品)",后再次致仕,仍领平章政事半俸。[②] 张万公二次致仕时,应按正三品领俸,而实际上按从一品来领取,俸禄待遇超两等。由此看来,致仕官员领半俸是按原职事品还是按其他职事品,关键在皇

---

① 〔元〕脱脱等:《金史》卷 95《程辉传》,北京:中华书局 1975 年版,第 2110—2111 页。
② 〔元〕脱脱等:《金史》卷 95《张万公传》,北京:中华书局 1975 年版,第 2104—2105 页。

帝意志。

金代致仕官员除享受俸禄外，还享受傔人之半的补贴。傔人，又称"傔从"，有侍从之意。宋"凡任宰相、执政有随身，太尉至刺史有元随，余止傔人"①。金代承袭前代，也给官员配给傔从。金代傔从分为五等：一等引接、二等牵拢官、三等本破、四等公使、五等从己人力。金代官员致仕时所得傔从多是五等从己人力，其职责是执私家之役。②熙宗天眷三年（1140年）规定，文武百官致仕"职三品者仍给傔人"③，规定三品职事官致仕可获得一定数量傔从。皇统元年（1141年）又诏"诸致仕官职俱至三品者，俸禄人力各给其半"④。此后，官员致仕得傔人数量之半成定制。

金代官员拥有从己人力，"担任从己人力的民户本可免除杂役，但当时的官僚们常常令从己人力照旧为官府服役，而官府则须向他们支付'输佣钱'，于是输佣钱便成为官僚俸禄之外的一项常规性收入"⑤。致仕官也有输佣钱。章宗明昌元年（1190年），"有司言：'旧制，朝官六品以下从人输庸者听，五品以上不许输庸，恐伤礼体。其有官职俱至三品、年六十以上致仕者，人力给半，乞不分内外，愿令输庸者听。'章宗从之。"⑥高级官员的仆从服杂役可能有违礼制，所以旧制规定六品以下官员从己人力才能输佣。但到明昌元年（1190年），章宗允许三品致仕官从己人力也可以输佣，这使得三品致仕官员获得了一部分额外收入。然而次年（1191年）又"敕三品致仕官所得傔从毋令输庸"⑦，取消了三品致仕官的"输佣钱"。

（二）给予赏赐

在金代，赏赐物也是优遇致仕官的一种方式，但赏赐内容及数额多寡并没有明确规定。这些赏赐物的供给渠道和致仕官俸禄不同，不是出于朝廷，而是出于

① 《宋史》卷172《职官志》，北京：中华书局1977年版，第4143页。
② 〔元〕脱脱等：《金史》卷42《仪卫志》，北京：中华书局1975年版，第962页。
③ 〔元〕脱脱等：《金史》卷4《熙宗本纪》，北京：中华书局1975年版，第76页。
④ 〔元〕脱脱等：《金史》卷4《熙宗本纪》，北京：中华书局1975年版，第74页。
⑤ 刘浦江：《金代杂税论略》，《中国社会经济史研究》1996年第3期，第23页。
⑥ 〔元〕脱脱等：《金史》卷9《章宗本纪》，北京：中华书局1975年版，第214页。刘浦江先生认为此条史料中"输庸"的"庸"并非租庸调的"庸"，"庸"在这里是"佣"字的通假。参见刘浦江：《金代杂税论略》，《中国社会经济史研究》1996年第3期，第23页。
⑦ 〔元〕脱脱等：《金史》卷9《章宗本纪》，北京：中华书局1975年版，第220页。

皇帝个人,故非常人可得。

据传世史料记载,金代致仕官获得皇帝特别赏赐之物主要有甲第、钱财、名马等。这些致仕官员能得到特殊赏赐,或是出于皇帝喜好,或是因个人才干出众。如平章政事宗尹乞致仕,世宗明知宗尹年老不事事,却因其个人喜好,欲留宗尹"时相从游",于是赏赐其"甲第一区,凡宴集畋猎皆从焉"①。尚书左丞董师中"通古今,善敷奏,练达典宪,处事精敏"②,致仕时,章宗赐宅一区。尚书左丞相完颜守道致仕时,世宗"锡与甚厚"③。可见赏赐物的名贵与数量之多。

三　丧葬待遇

古人把办理亲人丧事看做是极为重要的大事,为此形成了繁琐且盛大的丧葬礼俗。金代致仕官员去世时,子孙要对其进行厚葬,统治者有时还会派人或者亲自前去助丧,以示哀悼。但是并非所有致仕官员去世时都能享受这种抚恤。纵览史料发现,在金代只有三品以上的致仕官员才享受这种高规格的丧葬待遇。比如:移剌道,咸平尹(正三品)致仕,死时,世宗遣使致祭;④董师中,尚书左丞(正二品)致仕,去世时章宗诏"依现任宰执例葬祭"⑤;孙即康,平章政事(从一品)致仕,去世时卫绍王遣使致祭⑥;萧贡,户部尚书(正三品)致仕,去世时宣宗赐谥号⑦,等等。据以上所举不完全事例可知,金代致仕官的丧葬待遇仅针对高层官僚而言,中下层致仕官员可能无法享受朝廷给予的丧葬待遇。本文所谈的丧葬待遇仅指致仕官员刚去世时朝廷给予的助丧活动,如遣使治丧、赙赠、辍朝等。

(一)遣使治丧

有金一代,高品级官员去世时,皇帝往往要派遣使官去处理丧葬事宜,致仕官员也不例外。每有高品级致仕官员去世,金朝的皇帝们大都要派遣临时使职官前

① 〔元〕脱脱等:《金史》卷73《宗尹传》,北京:中华书局1975年版,第1676页。
② 〔元〕脱脱等:《金史》卷95《董师中传》,北京:中华书局1975年版,第2115页。
③ 〔元〕脱脱等:《金史》卷88《完颜守道传》,北京:中华书局1975年版,第1958页。
④ 〔元〕脱脱等:《金史》卷88《移剌道传》,北京:中华书局1975年版,第1969页。
⑤ 〔元〕脱脱等:《金史》卷95《董师中传》,北京:中华书局1975年版,第2116页。
⑥ 〔元〕脱脱等:《金史》卷99《孙即康传》,北京:中华书局1975年版,第2197页。
⑦ 〔元〕脱脱等:《金史》卷105《萧贡传》,北京:中华书局1975年版,第2321页。

往,处理丧葬诸事。这与辽代遣使治丧情况相类似,治丧官多是临时派遣。^① 如《金史》卷78《时立爱传》记载,时立爱去世时,熙宗"诏同签书燕京枢密院事赵庆袭护丧事"^②。《金史》卷83《张浩传》记载,张浩死后,世宗"诏左宣徽使赵兴祥率百官致奠"^③。《金史》卷86《李石传》亦记载,李石去世时,世宗派"少府监张僅言监护"^④。《金史》卷88《纥石烈良弼传》记述,纥石烈良弼死后,世宗"遣太府监移剌愭、同知西京留守王佐为敕葬祭奠使"^⑤。担任治丧官的官员,应该办事能力和协调能力较高,他们代表皇帝前往,帮助死者家属处理各项致仕官员丧葬事宜。

致仕官员去世时,朝廷的遣使治丧活动包括敕祭、致奠、敕葬、官给丧用等等。

敕祭、致奠,即祭奠。致仕官员死时,皇帝往往会派遣使职官去死者府上吊唁、祭奠,这些人被称为"敕祭使"。如张浩,东京留守致仕,死时世宗"诏左宣徽使赵兴祥率百官致奠"^⑥。完颜晏,太尉致仕,去世时世宗"诏有司致祭"^⑦。孙即康,平章政事致仕,去世时卫绍王"遣使致祭"^⑧。皇帝派遣官员祭奠,表现出朝廷对致仕官员的重视。

统治者除派遣敕祭使外,有时还派遣官员专门负责主持死者下葬仪式,这类官员被称为"敕葬使"。但皇帝有时将"敕祭使"和"敕葬使"之职合二为一,委派一人或两人同时担任两职,负责祭奠、下葬等事务。如尚书左丞相致仕纥石烈良弼去世时,世宗"遣太府监移剌愭、同知西京留守王佐为敕葬祭奠使"^⑨。

朝廷遣使治丧,还包括承担死者的丧葬费用。时立爱去世时,熙宗诏"葬用皆官给之"^⑩。纥石烈良弼薨时,世宗诏"丧葬皆官给之"^⑪。金代对丧葬之事非常重视,导致丧葬礼节及仪式繁缛,花销巨大。朝廷在致仕官员去世时给予丧葬费用,这既减轻了死者家属的经济负担,也体现了统治者的"仁政"。

---

① 张国庆:《辽代丧葬礼俗补遗》,《辽宁大学学报》2008年第6期,第91页。
② 〔元〕脱脱等:《金史》卷78《时立爱传》,北京:中华书局1975年版,第1777页。
③ 〔元〕脱脱等:《金史》卷83《张浩传》,北京:中华书局1975年版,第1864页。
④ 〔元〕脱脱等:《金史》卷86《李石传》,北京:中华书局1975年版,第1914页。
⑤ 〔元〕脱脱等:《金史》卷88《纥石烈良弼传》,北京:中华书局1975年版,第1956页。
⑥ 〔元〕脱脱等:《金史》卷83《张浩传》,北京:中华书局1975年版,第1864页。
⑦ 〔元〕脱脱等:《金史》卷73《晏传》,北京:中华书局1975年版,第1674页。
⑧ 〔元〕脱脱等:《金史》卷99《孙即康传》,北京:中华书局1975年版,第2197页。
⑨ 〔元〕脱脱等:《金史》卷88《纥石烈良弼传》,北京:中华书局1975年版,第1956页。
⑩ 〔元〕脱脱等:《金史》卷78《时立爱传》,北京:中华书局1975年版,第1776页。
⑪ 〔元〕脱脱等:《金史》卷88《纥石烈良弼传》,北京:中华书局1975年版,第1956页。

(二)辍朝

辍朝,即停止上朝。因痛惜老臣离世,皇帝也行辍朝仪式,以示悼念。金代"大臣死辍朝,自宗干始"①。传世史料记载了许多大臣去世时皇帝辍朝的例子,但辍朝几日却无明文规定。辍朝时日最多的是宗干②及宗强③去世时,熙宗辍朝七日,其他记载多是"辍朝"。如苏保衡去世时,世宗辍朝。④ 再如耿端义死时,宣宗辍朝。⑤ 史料记载了两例致仕官员去世享辍朝礼仪的事例:大定三年(1163年)东京留守致仕张浩去世时,世宗"辍朝一日"⑥;大定十六年(1176年),太保致仕李石去世时,世宗"辍朝临吊"⑦。由此看来,金代某些高级致仕官员同在职官员一样,去世时也享辍朝待遇,但辍朝时日未有明确规定。

(三)赙赠

古代丧葬礼俗极为隆重,财力消耗巨大,届时死者的上司及亲朋常拿财物助丧家办理丧事,这一习俗称之为"赙赠"⑧。赙赠,按其来源来讲分官赙和私赙两种。本文主要探讨"官赙",即朝廷给予丧家的助丧财物。

《金史》卷78《时立爱传》记载:"赙赠钱布缯帛有差。"⑨

《金史》卷73《晏传》记载:"赙赠银币甚厚。"⑩

《金史》卷83《张浩传》记载:"赙银千两,重彩五十端,绢五百匹。"⑪

《金史》卷86《李石传》记载:"赙钱万贯。"⑫

① 〔元〕脱脱等:《金史》卷76《宗干传》,北京:中华书局1975年版,第1743页。

② 〔元〕脱脱等:《金史》卷76《宗干传》,北京:中华书局1975年版,第1743页。

③ 〔元〕脱脱等:《金史》卷69《太祖诸子传》,北京:中华书局1975年版,第1604页。

④ 〔元〕脱脱等:《金史》卷89《苏保衡传》,北京:中华书局1975年版,第1974页。

⑤ 〔元〕脱脱等:《金史》卷101《耿端义传》,北京:中华书局1975年版,第2234页。

⑥ 〔元〕脱脱等:《金史》卷83《张浩传》,北京:中华书局1975年版,第1864页。

⑦ 〔元〕脱脱等:《金史》卷86《李石传》,北京:中华书局1975年版,第1914页。

⑧ 傅美琳:《中国风俗大辞典》,北京:中国和平出版社1991年版,第151页。

⑨ 〔元〕脱脱等:《金史》卷78《时立爱传》,北京:中华书局1975年版,第1776页。

⑩ 〔元〕脱脱等:《金史》卷73《晏传》,北京:中华书局1975年版,第1674页。

⑪ 〔元〕脱脱等《金史》卷83《张浩传》,北京:中华书局1975年版,第1864页。

⑫ 〔元〕脱脱等:《金史》卷86《李石传》,北京:中华书局1975年版,第1914页。

《金史》卷88《纥石烈良弼传》记载："赙白金、彩币加等。"①

《金史》卷88《完颜守道传》记载："赙银千两，重彩五十端，绢五百匹。"②

《金史》卷90《移剌道传》记载："赙赠有加。"③

由上可知，金代给予丧家的"官赙"主要包括钱、银、金、布帛、彩、绢等。官赙虽数量不一，但都比较丰厚。

从上述史料还发现，金代并没有专门的机构来管理官赙事宜，也未规定赙赠数额，这说明金代的丧葬待遇还未形成制度化的规定。金代致仕官员去世时，获得朝廷遣使治丧的大多是高级致仕官员，显然能获朝廷"官赙"的也是此类致仕官员。

四 结 语

金代是女真民族在先后灭亡辽、北宋的基础上建立的王朝。有金一代，官员致仕后的待遇和它之前的历代致仕待遇是一脉相承的，它的产生和发展在一定程度上受到前代相关致仕待遇的影响。在政治待遇方面，金代承袭前代，对致仕官员实行加官晋爵、恩荫子孙、封赠亲属的政策。对统治者来说，通过优厚的政治条件从老弱的官员手中赎回职权，借以实现权力的再分配。对致仕官员而言，转让出去的职权又通过"荫补"的形式得到部分补偿。在经济待遇方面，金代承袭唐、宋，官员致仕仍享半俸待遇。同时，还特别赏赐一些高级致仕官员贵重物品。优厚的经济待遇，既保证了致仕官员的基本生活需要，也为官员致仕后其他生活的开展奠定了物质基础。在丧葬待遇方面一定程度上借鉴原辽朝做法。在高品级致仕官员去世时，金朝皇帝们会派遣临时官员前往，帮助死者家属处理丧葬事宜；有时还会辍朝，以示哀悼；同时还会给予丧家财物。在金朝厚葬之风下，统治者给予致仕官员的丧葬待遇，为丧家减轻了很大的经济负担。

金王朝统治者在继承前代经验的基础上，又根据当时国情对官员致仕待遇进行改进，形成了独具特色的金代致仕官员待遇。其一，与北宋不同的是，金朝在致仕官员官阶迁转规定上更加关注当时的国情需要。北宋规定，凡是文武官员致仕，皆转散官一阶。世宗时期，恋栈不退现象层出不穷，为鼓励符合致仕标准的官

---

① 〔元〕脱脱等：《金史》卷83《纥石烈良弼传》，北京：中华书局1975年版，第1956页。

② 〔元〕脱脱等：《金史》卷83《完颜守道传》，北京：中华书局1975年版，第1958页。

③ 〔元〕脱脱等：《金史》卷90《移剌道传》，北京：中华书局1975年版，第1969页。

员主动致仕,世宗出台"年六十以上致仕者迁官两阶、六十以下者迁官一阶"的规定。这一规定将官员致仕年龄与致仕迁官相结合,使致仕迁官呈现一定"弹性",体现出金朝统治者在官员致仕方面的创新。其二,金代致仕官员俸禄的领取依据与北宋不同。随着散官地位在金代地位的下降,金王朝统治者规定官员致仕后领俸依据是职事品,不再受散官品级限制,"此点概与唐也"①。其三,金代还规定致仕官员享额外经济收入——"输佣钱"。北宋、辽、金都给在职官员配备一定数量的傔人,但唯金代允许三品官员致仕后享"人力之半"的待遇。三品致仕官员常常令从己人力照旧为官府服役,官府向他们支付"输佣钱"。虽然致仕官"输佣钱"在章宗明昌二年(1191年)被取消,但"输佣钱"可以说是金代致仕俸禄的一大亮点。

金朝致仕官员待遇对元代致仕官员待遇产生了重要影响。金末的蒙金战争,大量金朝官员进入蒙古,协助蒙古贵族建立国家制度,形成元承金制的局面。"元如金制,按职品定俸"②,元代致仕官员领俸基本沿袭金朝致仕官俸规定。③

金代致仕官员待遇保障了致仕官员的生活,对国家政权的巩固起到一定促进作用。但在看到其积极意义的同时,也不能忽略其局限性。金代官员致仕后的待遇十分不均衡,这对高品级致仕官员十分有利,普通中下层致仕官员并未获益多少。如经济待遇方面,中下层致仕官员所得俸禄或许不能维持整个家族的经济生活。致仕官员待遇的差别正体现了金王朝的等级性特征。

---

① 杨树藩:《中国文官制度史(绪论)》,台北:黎明文化事业股份有限公司1982年版,第11页。

② 杨树藩:《中国文官制度史(绪论)》,台北:黎明文化事业股份有限公司1982年版,第13页。

③ 陈伟庆:《元代致仕制度研究》,暨南大学硕士论文,2009年,第27页。

金朝的国家监护丧事考①

苗霖霖②

护丧又称监护丧事、监丧、监护,是我国古代王朝丧葬制度的重要组成部分,更是国家荣誉赏赐中重要的一项。最初的护丧大致可以分为官护和私护两种。官护丧事主要由国家确定和实施。护丧官是由朝廷派出的官员,其目的是帮助逝者家属完成丧礼,并彰显国家对逝者的重视。而私护丧事则主要由逝者家属自己进行,其目的在于送逝者归乡,顺利完成丧事。及至金朝,私护已经较魏晋时期有所减少,护丧主要是由国家来操办。笔者拟将出土墓志与传世文献记载结合,试对金朝官护丧事制度实施状况的考察,展现金朝丧葬制度的具体程序与要求。

一 护丧制度的出现与兴废

我国古代社会的官护丧事最早出现于西汉,此时获得官护丧事的只有霍光和孔光二人。霍光历经西汉武帝、昭帝和宣帝三朝,前后秉政达二十余年,"党亲连体,根据于朝廷"③。而孔光"凡为御史大夫、丞相各再,壹为大司徒、太傅,太师,历三世,居公辅位前后十七年"④。可以说二人都是势力遍及朝廷内外的三朝重臣,国家在他们逝世后派遣官员对他们的丧事进行监护,不仅是国家对他们的荣

---

① 本文为国家社科基金青年项目"金朝墓志整理与研究"(项目编号 15CZS029)阶段性成果。

② 苗霖霖,黑龙江省社会科学院历史所。

③ 《汉书》卷68《霍光传》,北京:中华书局 1964 年版,第 2948 页。

④ 《汉书》卷81《孔光传》,北京:中华书局 1964 年版,第 3364 页。

誉赏赐,更起到监视其势力串联的作用,主要目的在于维持国家稳定。

自东汉以来,获得护丧人员的范围逐渐扩大,其荣誉赏赐的目的性更为突出,不仅后妃、皇室可以获得护丧,朝廷高官及为国战死者亦可以获得这一殊荣。可以说,护丧逐渐成为丧葬制度中重要的一项,并为后世王朝所继承。

魏晋以来,随着皇后"明配至尊,为海内小君"①地位的日益巩固,皇太后与皇后的丧事也与皇帝一样设为国丧,由国家的专门机构和官员负责,国家也不再单独派遣官员对她们进行护丧。之后各代大都沿袭这一做法,使护丧制度逐渐成为定制。金朝建立后,逐步承继了中原王朝的政权制度,护丧也为金朝皇帝所接受。

皇帝派遣使臣对逝世官员进行护丧在金朝初期就已经出现。如天辅六年(1122年),完颜宗雄逝世,"太祖来问疾,不及见,哭之恸。……赙赠加等。诏合扎千户驸马石家奴护丧归,葬于归化州,仍于死所建佛寺"②。自此金朝历代皇帝加以继承,国家派遣官员为逝世官员、贵族护丧遂成为金朝丧葬制度中重要一项。

根据史书和出土墓志铭文的记载,金朝皇帝派出使臣进行护丧共有17次,从时间上看,上至金太祖完颜阿骨打建国、下至金宣宗完颜珣执政,国家都有派出官员对逝世官员进行护丧的行为。从护丧数量上看,太祖、熙宗、宣宗时期各有1次,海陵、章宗时期各有3次,世宗时期则有8次。可见,金朝官护丧事在不同时期数量上呈波浪状起伏,其中以世宗时期最多,约占护丧总数的50%,这与其汉化的推行有着直接的联系。

金朝建立前,"女直旧风最为纯直,虽不知书,然其祭天地,敬亲戚,尊耆老,接宾客,信朋友,礼意款曲,皆出自然"③。金朝建立后,逐渐吸收了前代政权的制度,特别是在与北宋作战中,他们更是"悉收其图籍,载其车辂、法物、仪仗而北"④,金朝礼仪制度在此基础上进行了草创。自熙宗以来,金朝的各项制度逐渐丰富;海陵迁都后,更加速了女真的汉化进程;世宗即位后,采取全面的汉化政策,并"远引前古,因时制宜,成一代之法"⑤,最终完备了金朝的典章制度。就丧葬制度而言,金朝建国后,太祖便有意识地引入中原政权中历来实行的丧葬制度,特别是在金世宗时期随着政策的完备其丧礼制度也逐渐定型化,加之这一时期金朝政

---

① 《十三经注疏》第6《礼记正义》卷5《曲礼下》注引《白虎通·嫁娶篇》,北京:中华书局1980年版,第1267页。

② 《金史》卷73《完颜宗雄传》,北京:中华书局1975年版,第1680页。

③ 《金史》卷7《世宗本纪中》,北京:中华书局1975年版,第164页。

④ 《金史》卷28《礼志一》,北京:中华书局1975年版,第691页。

⑤ 《金史》卷70《宗宪传》,北京:中华书局1975年版,第1616页。

局稳定、国力增强,也使其对丧礼更为重视,由国家派出官员进行护丧也在此时达到高峰。但至章宗以后,随着皇位传承的混乱,国家政局也开始出现动荡,恰逢此时又出现了来自蒙古的军事压力,更直接地造成金朝国力的衰落。此后,金朝在与南宋和西夏的战争中又进一步造成了国力衰微,而且国家各项制度的实施不及世宗、章宗时期严格。这一时期国家护丧的逝者多是死于战事,反映出国家此时对战争的重视,以派出护丧官的方式推崇战功,也作为对逝者及家属的荣誉赏赐。金宣宗迁都汴京后,国势更是急剧衰落,国家陷入混乱状态,各项制度逐渐废弛,也再无派出官员进行护丧的行为。

二 获得护丧人员的身份

金朝获得护丧人员,从身份上看不仅有嫔妃、皇太子,也有包括女真、契丹、渤海及汉族在内的朝廷官员,为了找寻这些获得护丧人员的共同特征,只能从他们的生平轨迹中加以探寻。

(一)嫔妃

金朝获得护丧的嫔妃只有两位,她们分别是太祖崇妃萧氏和世宗元妃李氏。金太祖完颜阿骨打的崇妃萧氏乃辽朝皇室后裔,生有纪王完颜习泥烈、息王完颜宁吉、莒王完颜燕孙、任王完颜隈喝等四子。熙宗时得封贵妃,海陵时先被封为元妃,而后海陵王封其母大氏为皇太后、封萧氏为太妃。从辈分上看,萧氏是金太祖的嫔妃,而海陵母大氏是太祖子辽王完颜宗干的妾,因而大氏"事萧氏甚谨。……每有宴集,太妃坐上座,大氏执妇礼"①。海陵王对此深为介怀,乃乘"元帅府令史遥设希海陵旨,诬撒离喝父子谋反,并平章宗义、尚书谋里野等"②之机诬陷太妃萧氏及其子任王隈喝也是其中的参与者,并将她们母子一并杀害。

世宗即位后,对被海陵王杀害的宗王进行了追封,对枉死的萧氏也进行改葬,并派"大宗正丞宗安监护葬事,遣使致祭"③。萧氏也就成为金朝第一位得到护丧待遇的后宫嫔妃。

---

① 《金史》卷63《太祖崇妃萧氏传》,北京:中华书局1975年版,第1502页。
② 《金史》卷84《杲传》,北京:中华书局1975年版,第1879页。
③ 《金史》卷63《太祖崇妃萧氏传》,北京:中华书局1975年版,第1502页。

第二位获得护丧的嫔妃是世宗元妃李氏。李氏出自渤海遗民家族,她不仅生有郑王完颜允蹈、卫绍王完颜允济、潞王完颜允德三子,更抚育了早逝的梁昭仪之子豫王完颜允成。世宗即位后,不再册立皇后,元妃李氏则成为金朝后宫中地位最高的嫔妃,这也使她虽无皇后之名却行使着皇后的职权。她逝世后采取的丧仪也参照皇后规格,不仅以其四子服衰绖居丧,也令皇太子及扈从臣僚奉慰于芳明殿,御史中丞张九思提控殡事,少府监左光庆、大兴少尹王翛典领卤簿仪仗、平章政事乌古论元忠监护葬事。这是其他嫔妃所不能享有的殊荣,足以彰显李氏在金朝后宫的特殊地位。

(二)皇太子

金朝获得护丧的皇太子只有完颜允恭一人。完颜允恭是金世宗次子,其母为昭德皇后乌林荅氏。大定二十四年(1184年),金世宗赴上京,完颜允恭以皇太子身份监国,为他日后继位打下基础。但不幸的是,一年后他不幸染病,大定二十五年(1185年)六月,完颜允恭病逝。在完颜允恭的丧葬仪式中,由于他的特殊身份,既不能以帝王之礼进行安葬,又不能以普通宗王之礼进行下葬,于是金世宗参照宗王的丧礼形式,采取高于宗王丧礼的方式对其进行安葬。令豳王完颜永成、越王完颜永功、御院通进完颜訚、滕王府长史完颜□等四人为其护丧,"诏妃徒单氏及诸皇孙丧服并如汉制"①。此后,世宗曾想追封完颜允恭为帝,但遭到大臣的反对,于是他册立允恭子完颜璟为皇太孙(即章宗)。完颜璟继位后,追封完颜允恭为帝,并对其追加谥号和庙号,以确立自己在金朝皇位传承中的地位。

(三)朝官

金朝获得护丧的朝官共有14人,他们中有女真人也有契丹人、渤海人和汉人。其中女真人最多,共有8人获得护丧;其次是渤海人,共有3人获得护丧;契丹人、汉人则分别有2人和1人获得护丧。据此来看,获得官护丧事的金朝官员并无明显的民族芥蒂。

从品级上看,金朝14位获得护丧的官员中,一品官员(含从一品)10人,从二品官员1人,三品官员2人(含从三品),官品不详者1人。据此可以推断,金朝获得官方护丧的朝官以一品和二品等高品阶官员为主。获得护丧的一品官包括三

---

① 《金史》卷19《显宗本纪》,北京:中华书局1975年版,第415页。

师(即太傅、太师、太保)和三公中的太尉,以及尚书令、左右丞相、开府仪同三司;从二品官为荣禄大夫;三品官则有兵部尚书和崇义军节度使等。

此外,根据《金文最·赠少中大夫开国伯史公神道碑》记载,史良辰官至中散大夫,为从四品官职,其逝世后"夫人毛氏监护丧归葬于大名县先茔之侧"①。可见,史良辰死后并未获得官方护丧,这也从一个侧面说明金朝护丧的三品界限。

三 护丧官的选择

由于护丧官要代表皇帝对丧者家族承办丧事进行辅助,因而国家对护丧官的选择也有一定的要求。如前文所述,金朝获得护丧资格的,主要有嫔妃、皇太子及三品以上的朝廷官员,根据他们的身份和等级不同,金朝对他们派遣的护丧官的人数和品级也有所不同。

金朝派遣护丧官人数最多的是在皇太子完颜允恭的丧礼。完颜允恭是金世宗的次子,居太子位23年,与金世宗父子感情极深,"(世宗)凡巡幸西京,凉陉,及上陵、祭庙,谒衍庆宫,田猎观稼,拜天射柳,未尝去左右"②。在完颜允恭逝世后,世宗参照皇帝的丧葬礼仪,不仅"每日三时哭临,侍卫军士皆争入临,伏哭于承华殿下,声音如雷。中都百姓市门巷端为位恸哭"③。金世宗还派遣幽王完颜永成、越王完颜永功、御院通进完颜矞、滕王府长史完颜□四人为其护丧。其中完颜永成、完颜永功均为世宗子,是完颜允恭异母弟,而完颜矞和完颜□则分别是从五品和从七品官。从这些人的身份可以看出,此次监护丧事完颜永成、完颜永功以亲属身份,而完颜矞和完颜□则以臣子身份进行监护,他们各司其职,彰显了金世宗对太子完颜允恭丧事的重视。

金朝获得护丧资格的嫔妃共有两位,其中太祖崇妃萧氏的护丧官为大宗正丞宗安,而世宗元妃的护丧官则为平章政事乌古论元忠。从等级上看,太祖崇妃萧氏"熙宗时封贵妃。天德二年正月,封元妃。是月,尊封太妃"④,一直是后宫中等级最高的嫔妃。其被海陵王迫害而死,世宗即位后对她进行了改葬,但其实际的

---

① 《金文最》卷88《墓碑·赠少中大夫开国伯史公神道碑》,北京:中华书局1990年版.第1292页。

② 《金史》卷19《显宗本纪》,北京:中华书局1975年版,第415页。

③ 《金史》卷19《显宗本纪》,北京:中华书局1975年版,第415页。

④ 《金史》卷63《太祖崇妃萧氏传》,北京:中华书局1975年版,第1502页。

丧葬待遇是按照普通嫔妃进行的,因而其护丧官是选取从四品的大宗正丞。而世宗元妃李氏则一直是后宫中地位最高的嫔妃,并一度执掌后宫,可以说,她虽无皇后之名却有皇后之实,因而其护丧官选取的是官居一品的平章政事。

金朝获得官护丧事的朝官共有 14 人,他们官品在正一品至从三品不等。在他们的丧事中,国家也都派出官员进行监护,其中可以考察出品级的护丧官只有 7 人,这些护丧官员官品在从二品至正四品不等。根据史书记载,金朝获得官护丧事的正一品官员共有 5 人,他们分别是太傅大抃、太师徒单克宁、太傅完颜宗雄、太傅赤盏晖和太尉李石。在这 5 人中,史书中明确记载其护丧官的只有完颜宗雄和李石。其中完颜宗雄的护丧官是正四品的合扎千户驸马石家奴,而李石的护丧官则为官居正四品的少府监张仅言。获得官护丧事的从一品有 3 位,他们分别是崇进、开府仪同三司完颜璟,左丞相、都元帅仆散忠义和侍中、中书令、开府仪同三司时立爱。其中完颜璟的护丧官为正四品的工部侍郎胥持国,时立爱的护丧官是正四品官通议大夫、同签书燕京枢密院事赵庆袭。在这些获得官护丧事的一品官中,只有从一品官仆散忠义的护丧官品位较高。根据史书所载,仆散忠义于大定六年(1166 年)逝世,其死后世宗"命参知政事唐括安礼护丧事,凡葬祭从优厚,官为给之。大宗正丞竟充敕祭使,中都转运副使王震充敕葬使,百官送葬,具一品仪物,建大将旗鼓,送至坟域"[①]。在仆散忠义的丧事中,世宗不仅派出从二品官唐括安礼为护丧官,还派出敕祭使、敕葬使,并以百官送葬,如此规模在其他官员的葬礼中都不曾使用过。这主要是因为仆散忠义不仅是世宗昭德皇后乌林荅氏的亲族,更是他"善御将士,能得其死力。及为宰辅,知无不言"[②]的品德与功绩。从史书中对他的评价可以看出他在金朝卓然的地位,因而获得高规格的护丧。"自汉、唐以来,外家多缘恩戚以致富贵,又多不克其终,未有兼任将相,功名始终如忠义者"[③]。

金朝获得护丧资格的从二品官只有通远军节度使、荣禄大夫李英 1 人。但史书对其护丧官却没有明确记载,因而关于金朝二品官的护丧官品级暂不可考。金朝获得护丧的三品官(含从三品)共有两人。其中兵部尚书萧恭是正三品官,正隆四年(1159 年)病逝,海陵王派萧恭子、时为护卫的五品官萧九哥为其护丧。而崇义军节度使伯德梅和尚本为从三品官,其死后,世宗"以其子都奴为军前猛安,

---

① 《金史》卷 87《仆散忠义传》,北京:中华书局 1975 年版,第 1941 页。

② 《金史》卷 87《仆散忠义传》,北京:中华书局 1975 年版,第 1941 页。

③ 《金史》卷 87《仆散忠义传》,北京:中华书局 1975 年版,第 1941 页。

中奴护丧,就差权同知临潢府事李达可为敕祭使,同知德军昌节度使事石抹和尚为敕葬使"①。为伯德梅和尚护丧的其子中奴,史书并未明确说明其官职,其官职或低于五品。

四 结　语

金朝的官护丧事是皇帝为提高国家中有特殊地位者而给予的丧礼标准,是一种常礼之外的重要的特殊丧礼活动。对一般家庭来说,除了家族成员外,作为死者的友人也能够护丧,因此护丧的自由性比较强。从这一方面来看,国家派遣官员为亡故官员的丧事进行监护,就更具有特殊的意义。

金朝可以获得护丧资格的只有嫔妃、皇太子及三品以上的官员,但并非所有达到这一身份的人都可以获得官护丧事,其中只有在国家中有着特殊地位或有着特殊意义的人才能够获得这一殊荣,因而实际上获得官护丧事的人数极少。另外,国家派遣的官员护丧也不是随意的,护丧官的选派也有着一定的标准。

获得官护丧事的嫔妃中,其护丧官或为主管宗亲事宜的大宗正府官员负责,或为朝廷高官负责;而皇太子则由于其有着储君的地位,其护丧人数不仅多达 4 人,而且身份不同。其中 2 人为其兄弟,代表的亲族进行护丧,另外 2 人则为朝廷官员,代表官方进行护丧,这也是皇太子特殊身份的直接体现。至于三品以上的官员,其护丧官则与逝者官品间有着明确的对应关系。其中一品官(含从一品)护丧官为正四品官,而三品官的护丧官不仅多从家属中选择,其官品也在五品或者更低。这也是金朝等级制度的一个直接反映。

---

① 《金史》卷 121《伯德梅和尚传》,北京:中华书局 1975 年版,第 2644 页。

金代军事后勤制度探微

王 峤①

所谓军事后勤制度,是指在一定历史条件下与军事供给相关的规章、制度体系。具体来说则"是通过筹划和运用人力、物力、财力,为军事力量建设和作战提供财务、物资、技术、交通运输、卫生等勤务保障的制度,是军事后勤工作和组织赖以建立决策、执行和运作的一整套体制和机制的规范体系。"②金朝以武得国,史载:"金兴,用兵如神,战胜攻取,无敌当世,曾未十年遂定大业。"③建国后,金朝统治者对军事也相当重视,金世宗曾对荒废骑射的猛安、谋克立法进行处罚,"西南、西北两路招讨司地隘,猛安人户无处围猎,不能闲习骑射。委各猛安谋克官依时教练,其弛慢过期及不亲监视,并决罚之"④。其对军事的重视程度可见一斑。在此背景下,金代的军需供应制度研究就显得尤为有意义。目前,学界对金代军事后勤制度的研究相当薄弱⑤,本文不揣浅陋,拟就金代军事后勤制度做一详细探

---

① 王峤,吉林建筑大学东北建筑文化研究中心。

② 陈高华、钱海皓总主编,童超主编:《中国军事制度史·后勤制度卷·绪论》,郑州:大象出版社 1997 年版,第 1 页。

③ 《金史》卷 44《兵志》,北京:中华书局 1975 年版,第 991 页。

④ 《金史》卷 8《世宗本纪》,北京:中华书局 1975 年版,第 194—195 页。

⑤ 目前涉及金代军需制度的成果有:王曾瑜《金朝军制》(河北大学出版社 1996 年版),王磊《试论金朝的军需供应制度》(吉林大学硕士论文,2006 年),陈志英《金元时期的转运司》(复旦大学博士论文,2008 年)。其中,王曾瑜先生的论述侧重于军事后勤供应对金朝历次战争的影响,王磊先生论述的重点在于金朝军事供应的内容,即粮食、马匹、军器的来源,而陈志英先生的文章重点在于转运司这个机构,只是在论述金代转运司的产生时认为与金代军事后勤制度有关。而对于金代军事后勤制度的产生、发展过程并无探讨,本文重点即在于此。

讨,不当之处,敬请方家不吝赐教。

一

研究金代军事后勤供应制度所面临的第一个问题,就是金代军需制度是何时形成的。目前,就此问题学界共有三种观点。

第一种观点认为,"金军无后勤供应的状况为时极短。当金太祖兴兵灭辽时,即已开始建立后勤供应制度。"①其依据是,天辅五年(1121年)金太祖完颜阿骨打给都统内外诸军讨伐辽朝统帅斜也的诏书中有"粮饷必继"的字样。考证《金史》,这封诏书的原文为:"辽政不纲,人神共弃。今欲中外一统,故命汝率大军,以行讨伐。尔其慎重兵事,择用善谋。赏罚必行,粮饷必继。勿扰降服,勿纵俘掠。见可而进,无淹师期。事有从权,毋烦奏禀。"②仔细分析这段诏书可以发现,文中的"尔"指的是此次军事行动的主帅斜也,"尔其"之后的一段话是完颜阿骨打对斜也提出的要求,这些要求里就包括"粮饷必继"。这无法证明当时已经建立后勤供应制度,反而阿骨打要求斜也注意粮饷问题这个细节恰恰可以证明当时并没有后勤供应制度,否则不需要统军主帅来考虑这个问题。

第二种观点认为,"熙宗时,与宋南北分治,取得社会的相对稳定,随着猛安谋克制度的完善,军需供应制度也得到完善,并且最终形成了屯田分地、出军给米的制度。"③金代屯田之制,是"随着领土的扩张,金政权为了加强对占领地区的统治,开始把女真族的猛安谋克村落组织大量迁移到新占领的地区。这样,女真族的猛安谋克组织就发展成为金政权驻扎在新占领地区的屯田组织。"④其本意是以军事力量镇抚新占领地区。这在收国二年(1116年)完颜阿骨打命娄室屯驻黄龙府(今吉林省农安)的事例中表现得最为明显,史载:"太祖取黄龙府,娄室请曰:'黄龙一都会,且僻远,苟有变,则邻郡相扇而起。请以所部屯守。'太祖然之,仍合诸路谋克,命娄室为万户,守黄龙府。"⑤娄室这段话明确阐明了屯田黄龙府的目的是对潜在的反对势力进行镇压,而与军需供应无关。

---

① 王曾瑜:《金朝军制》,石家庄:河北大学出版社1996年版,第162页。
② 《金史》卷2《太祖本纪》,北京:中华书局1975年版,第36页。
③ 王磊:《试论金朝的军需供应制度》,吉林大学硕士论文,2006年,第6页。
④ 衣保中:《金代屯田制度初探》,《北方文物》1990年第3期。
⑤ 《金史》卷72《娄室传》,北京:中华书局1975年版,第1650页。

第三种观点认为,金朝军事供应制度的确立是由熙宗年间与蒙古的战争所促成的,之前的"种种弊端导致金军人心涣散,严重影响到战争成败,从而也影响到了金朝的统治。这样就产生了建立新的军饷供应制度——转运制度的需要"[1]。其证据是《大金国志》中宋人与金朝对蒙古战争失败原因的总结,"用兵粮道有三:一者屯戍,二者出疆,三者临敌,金国俱失之。一者,屯戍,则各人自营田以供岁计,无田者每人一月给粟七斗,或折米四斗五升,余无分毫所得,此屯戍之失计也。二者出疆,因粮于敌,不计远近,每人借支一月粮,计米四斗五升。其人既负重甲,又为粮累,或贱售于人,或弃驴马,或督之行速,则掷于路,由是饥馑不行,相结逃窜。敌或清野,离散可待。此出疆之失计也。三者临敌,并无火头,负米自造,食罢而出。既出,更无供馈。或出营之久,或战罢而归,或伤重困倦,有能造饭者,有不能造饭者,此皆临敌之失计也。三者俱失,盲骨子不毛之役,讵能久乎?"[2]仔细分析这段材料,宋人的评论仅限于对金朝用兵失误原因的分析。据此认为,金朝对蒙古战争失败为金朝建立新的军需制度提供了契机尚属勉强,但是进一步推论建立转运制度作为新的军需制度并不成立,而且金代出现转运司在金太宗年间,陈志英先生本人也认为熙宗之前即有转运司机构存在,"在天会二年到至迟天眷元年这十五年的时间里,金朝在中都设置的财赋机构为继辽代设立的三司和转运司"[3]。又根据《金史·百官志》的记载,转运司的职能为"掌税赋钱谷、仓库出纳、权衡度量之制"[4],并无运送军需的记载。

本文认为,金代军需制度的正式建立在金太宗天会二年(1124年),标志是汉地枢密院的成立。金朝初年,军需物品由出征将士自行携带,史云:"金之初年,诸部之民无它徭役,壮者皆兵,平居则听以佃渔射猎习为劳事,有警则下令部内,及遣使诣诸孛堇征兵,凡步骑之仗粮皆取备焉。"[5]宋人对这种兵民合一制度的评价是,"故其国平时无养兵之费,行军无馈运之苦"[6]。此时,并不需要设置专门的军需机构。随着对辽战争范围的扩大,战士自行携带军需物品甚至掠夺已经无法满

---

① 陈志英:《金元时期的转运司》,复旦大学博士论文,2008年,第13页。

② 〔宋〕宇文懋昭撰,崔文印点校:《大金国志》卷12《熙宗孝成皇帝》,北京:中华书局1986年版,第175页。

③ 陈志英:《金元时期的转运司》,复旦大学博士论文,2008年。

④ 《金史》卷57《百官志》,北京:中华书局1975年版,第1317页。

⑤ 《金史》卷44《兵志》,北京:中华书局1975年版,第992页。

⑥ 〔宋〕李心传:《建炎以来系年要录》卷9"建炎元年丁未",上海:上海古籍出版社1987年版,第212页。

足战争的需要。天辅六年(1122年),燕京投降后,金太祖完颜阿骨打在广宁府(今河北省昌黎县)因投降的辽官建立枢密院,即有意解决军需问题。不过随着张觉发动叛乱,左企弓、虞仲文等首批枢密院官员悉数被杀害,设置枢密院的计划暂时搁置。

直到天会二年(1124年),宗望率军讨平张觉,在平州正式建立枢密院。不过此枢密院于辽、宋之设枢密院功能截然不同。平州投降后,由于当地人习惯于汉族州县统治方式,女真贵族无法在当地实行传统的"用猛安、谋克之名以授其首领而部伍其人"①的方式,转而以汉制治汉人,故设置汉地枢密院。据《金史》记载:"初,太祖定燕京,始用汉官宰相赏左企弓等,置中书省、枢密院于广宁府,而朝廷宰相自用女直官号。太宗初年,无所改更。及张敦固伏诛,移置中书、枢密于平州,蔡靖以燕山降,移置燕京,凡汉地选授调发租税皆承制行之。故自时立爱、刘彦宗及企先辈,官为宰相,其职大抵如此。"②由此可知金朝初年所设置的枢密院,其职掌主要为管理汉地,所谓"军旅之暇,治官政,庀民事,务农积谷,内供京师,外给转饷"③。有学者根据此条史料指出,汉地枢密院的职能之一即为"征收汉地租赋供应京师和外地的军需"④,实为至论。天会二年十月,金太宗"丙寅,诏有司运米五万石于广宁,以给南京、润州戍卒"⑤中的"有司"所指的恐怕就是新成立的汉地枢密院。

<h2 style="text-align:center">二</h2>

汉地枢密院成立后,即担负起金代南征部队军事后勤供应的任务。也正因如此,兵权、财权等大权在握的东、西两路元帅府被宋人称为东朝廷、西朝廷。金熙宗天眷元年(1138年),"改燕京枢密院为行台尚书省"⑥。至此,汉地枢密院退出了历史舞台,其负责金朝汉地部队军事供应的职能由行台尚书省继续掌管。行台

① 《金史》卷44《兵志》,北京:中华书局1975年版,第992页。

② 《金史》卷78《韩企先传》,北京:中华书局1975年版,第1777页。

③ 《金史》卷78"赞",北京:中华书局1975年版,第1779页。

④ 李涵:《金初汉地枢密院试析》,载于陈述主编《辽金史论集》第四辑,北京:书目文献出版社1989年版,第188页。

⑤ 《金史》卷3《太宗本纪》,北京:中华书局1975年版,第51页。

⑥ 《金史》卷4《熙宗本纪》,北京:中华书局1975年版,第73页。

尚书省的职掌为"民讼钱谷,行台尚书省治之"①,即"负责汉地州县官员的选任、抚谕汉地军民百姓、征纳赋役及供应京师军需、参预对外交涉等"②。由于行台尚书省的统辖范围为今北京、山西、陕西、河北、山东、河南一带③,在宗弼的领导下,主要负责对南宋作战部队的军事后勤供给。而金朝内地依然没有专门负责军事后勤供应的机构。所以,天眷元年,金伐蒙古,"粮尽而还。蒙兀追袭之,至上京之西北,大败其众于海岭"④。还是采用传统的后勤供应方式——由战士自行携带军需用品。宋人认为,此次战争失败的原因在于粮饷供应不足,"用兵粮道有三:一者屯戍,二者出疆,三者临敌,金国俱失之"⑤。这也给后人造成了此时金朝尚无军事后勤供给制度的错觉。

海陵王天德二年(1150年)十二月"己未,罢行台尚书省,改都元帅府为枢密院"⑥。行台被废止后,原来所管辖地区悉数收归中央政府。金朝政府是否另外设置军事后勤供应机构来接替行台尚书省,史料未载。但从海陵王正隆六年(1161年)南伐的情况来看,废除行台后,并未设立专门的军事后勤供应机构。据《金史》记载:"移剌道……再迁大理丞,兼工部员外郎。海陵南伐,使督运刍粮,所在盗起,道路梗涩,间关仅至淮南。"⑦考证《金史》,大理丞的职掌为"掌审断天下奏案,详谳疑狱"⑧,与军事无关。工部员外郎的职掌在《金史·百官志》中没有明确记载,但是工部职掌为"修造营建法式、诸作工匠、屯田、山林川泽之禁、江河堤岸、道路桥梁之事"⑨,工部员外郎的职掌也不会超出这个范围,亦与军事无关。故据此推测,海陵王南伐之际,金朝并未设置明确的军需运输机构,负责运输军需的官员为临时指派,并非常设职能。

另一位在海陵王南伐之际,参与军事后勤供应的是户部员外郎曹望之。史

① 《金史》卷77《完颜宗弼传》,北京:中华书局1975年版,第1754页。

② 鲁西奇:《金初行台尚书省于汉地统治政策》,《江汉论坛》1994年第5期。

③ 皇统元年(1141年)之后,北京地区收归中央。据《金史·地理志》记载:"皇统元年,以燕京路隶尚书省,西京及山后诸部族隶元帅府。"

④ 〔宋〕宇文懋昭撰,崔文印点校:《大金国志》卷10《熙宗孝成皇帝》,北京:中华书局1986年版,第147页。

⑤ 〔宋〕宇文懋昭撰,崔文印点校:《大金国志》卷12《熙宗孝成皇帝》,北京:中华书局1986年版,第175页。

⑥ 《金史》卷5《海陵王本纪》,北京:中华书局1975年版,第96页。

⑦ 《金史》卷90《移剌道传》,北京:中华书局1975年版,第1994页。

⑧ 《金史》卷56《百官志》,北京:中华书局1975年版,第1278页。

⑨ 《金史》卷55《百官志》,北京:中华书局1975年版,第1237页。

载:"曹望之……入为户部员外郎……撒八反,转致甲仗八万自洺州输燕子城。运米八十万斛由蔡水入淮,馈伐宋诸军。"①金制:户部"掌户籍、物力、婚姻、继嗣、田宅、财业、盐铁、酒曲、香茶、矾锡、丹粉、坑冶、榷场、市易……度支、国用、俸禄、恩赐、钱帛、宝货、贡赋、租税、府库、仓廪、积贮、权衡、度量、法式、给授职田、拘收官物、并照磨计帐等事"②,运输军需并非在其职掌范围之内。户部员外郎曹望之在海陵南伐之际,先后向北、南两个方向运输军需物品,亦出于临时指派。从以上两例可以看出,海陵朝并未设置或指定某个机构来负责军事后勤供应。

世宗即位后,对于海陵朝政治设施大多因袭不改。军事后勤供应方面,似乎也沿袭了海陵朝的做法。如在海陵南伐时负责军需运输的户部员外郎曹望之,世宗即位后,依然在讨伐契丹的战争中负责军需供应,史载:"(曹望之)进本部郎中……大定初,讨窝斡,望之主军食,给与有节,凡省粮三十万石,省铧草五十万石,帅府以捷人告,议者欲遂罢转输,望之以为元恶未诛,不可弛备。既而大军追讨,果赖以济。"③与海陵朝相比,仅有曹望之进阶为户部郎中这一点不同。

世宗初年,史料中记载的另外一位负责军需供应的官员是太子詹事兼右谏议大夫完颜守道,史载:"大定二年……(完颜守道)改太子詹事,兼右谏议大夫,驰驿规画山东两路军粮。"④金制:太子詹事的职掌为"掌总统东宫内外庶务"⑤。右谏议大夫职掌《金史》未载,考察中国古代谏官的职掌,为劝谏天子过失⑥。金代谏官的职责也不外乎于此。由此可见,完颜守道赴山东规画军食并非所担任官职分内之事,属于临时派遣的性质。世宗时期较前朝在军事后勤供应方面更进一步的是设立军器存储机构——军器库。大定五年(1165年)设军器库,其职掌为"掌收支河南一路并在京所造常课横添和买军器"⑦。这个机构的设置可能是受到大定三年(1163年)对宋战争的影响,史载:"(大定)三年,忠义与宋相持日久,虑夏久雨,弓力易减,宋或乘时见攻,豫选劲弓万张于别库……宋将李世辅果掩取灵璧、虹县,遂陷宿州。忠义佋人还汴,发所贮劲弓给志宁军,与宋人战,遂大捷,竟

① 《金史》卷92《曹望之传》,北京:中华书局1975年版,第2035页。
② 《金史》卷55《百官志》,北京:中华书局1975年版,第1233页。
③ 《金史》卷92《曹望之传》,北京:中华书局1975年版,第2036页。
④ 《金史》卷88《完颜守道传》,北京:中华书局1975年版,第1957页。
⑤ 《金史》卷57《百官志》,北京:中华书局1975年版,第1300页。
⑥ 赵映诚:《中国古代谏官制度研究》,《北京大学学报(哲学社会科学版)》2000年第3期。
⑦ 《金史》卷56《百官志》,北京:中华书局1975年版,第1276页。

复宿州。"①

正是由于主帅仆散忠义深谋远虑，事先准备了良弓劲弩，这才使纥石烈志宁的部队顺利取得胜利。或许正是这次战役的启发，才使金朝君臣萌发了建立军器库，贮存军器的想法。除了军器库，世宗初年，地方出现了军资库。"徂徕删南羊栏村，有四禅寺废基……大定之初……袤集钱三百贯，依奉上畔经本军军资库纳讫钱数，乞示额，伏蒙朝廷特赐'法云禅寺'"②，"大定初，兵兴岁歉，府库空虚，国家财政一度陷入入不敷出的困难局面。为筹措用兵南宋和契丹所需的浩大军费……金廷还通过鬻爵、进纳等手段广开财源，把聚敛之手伸向社会上的富民以及僧侣阶层"③。上述史料中所记佛寺进钱买寺额即为国家补充军储的手段之一。由此可知，存放佛寺进纳钱的军资库在金世宗初年即已存在，其职能为储存地方军需。

金章宗时期，有了固定的负责军需供应的机构——户部和转运司。两个机构的具体分工为户部负责统计各州县应负担的军需数额，转运司负责运输军需。章宗年间对北方草原民族的战争中，西京路转运使焦旭负责军需，"公讳旭……迁西京路转运使……规措西南路军马粮草事。先是户部符下河东北路，起运粮草赴缘置用兵边鄙之处"④。"户部符下……"的字样说明，军兴之际由户部来规定各地应输军需数额。

此外，金人元好问为沁州刺史李楒所作墓志中的一段史料为我们考察章宗时期的军事后勤供应制度提供了线索，"君讳楒，字济川，姓李氏……明昌三年以岁歉……诏君充山东路劝农副使……使还，授中都路转运副使……丞相军北行，转运司例以正员督馈饷，同列方以从军为忧，而君自请焉。宰相重君之行，为改檄他员"⑤。上述史料中，"转运司例以正员督馈饷"一句为我们考察金代负责军需运输的机构提供了重要信息。"例"字的使用，说明在当时转运司负责运输军需已经制度化，而且必须"以正员督馈饷"，"正员"当指转运使或转运副使。李楒时任

---

① 《金史》卷87《仆散忠义传》，北京：中华书局1975年版，第1938页。

② 〔清〕张金吾编：《金文最》卷71《重修法云寺碑》，北京：中华书局1990年版，第1049—1050页。

③ 冯大北：《金代官卖寺观名额考》，《史学月刊》2009年第10期。

④ 〔清〕张金吾编：《金文最》卷86《中议大夫西京路转运使焦公墓碑》，北京：中华书局1990年版，第1259页。

⑤ 《元好问全集》卷16《沁州刺史李君神道碑》，太原：山西人民出版社1990年版，第474—475页。

中都路（都）转运副使，主动申请从军，可知转运副使亦可以"督馈饷"。金章宗末年，为了更好地保证军储供应，诏令除中都路外，其余诸路均以"掌审察刑狱、照刷案牍、纠察滥官污吏豪猾之人、私盐酒曲并应禁之事"①的按察使兼任转运使。史载："泰和八年十一月，省议以转运司权轻，州县不畏，不能规措钱谷，遂诏中都都转运，依旧专管钱谷事，自余诸路按察使并兼转运使，副使兼同知，签按察并兼转运副，添按察判官一员，为从六品。中都、西京路按察司官止兼西京路转运司事。辽东路惟上京按察安抚使司事，转运副使兼按察及签事依旧署本司事。辽东转运使兼按察副使，同知转运使兼签按察判官，添知事一员。"②

除了明确规定由转运司来负责军需运输，章宗承安二年（1197年），还在中央设置了制作军器的机构——军器监，"掌修治邦国戎器之事"③。在地方，金章宗泰和年间依然设有军资库。据《元好问全集》记载："君讳璋，字器玉，姓吴氏……泰和初，以六品诸司差监历城税，课最，迁济南军资库副使、转邓州草场副使。"④"泰和"为金章宗年号。从上文可以看出，金章宗时期济南即设有军资库，其负责官员有军资库使、军资库副使。其职能可由下一段史料中体现出来，"君讳某，字朋伯，族毛氏……大安初，北鄙用兵，选授昌平县军资库使。……库所贮金银，先备犒赏者，以钜万计。"⑤由此可知，军资库是用来贮存犒赏军士物资的机构。

卫绍王大安三年（1211年），金蒙战争爆发。中央政府在原有军需机构基础上增设军需库⑥。由于蒙古军队机动性强，屡屡劫掠金军军粮。故有大臣建议，由前线军队来全权负责军需，但是这个提议并没有被金宣宗采纳。史载："贞祐二年，（王扩）上书陈河东守御策……又曰：'按察兼转运，本欲假纠劾之权，以检括钱谷。迩来军兴，粮道军府得而制之。今太原、代、岚三军皆其州府长官，如令遄掌资储，则弊立革，按察之职举矣。'……书奏，不见省。"⑦此时，转运司虽然由按

---

① 《金史》卷57《百官志》，北京：中华书局1975年版，第1308页。

② 《金史》卷57《百官志》，北京：中华书局1975年版，第1308页。

③ 《金史》卷56《百官志》，北京：中华书局1975年版，第1275页。

④ 《元好问全集》卷29《显武将军吴君阡表》，太原：山西人民出版社1990年版，第674页。

⑤ 《元好问全集》卷28《潞州录事毛君墓表》，太原：山西人民出版社1990年版，第671页。

⑥ 《金史》卷56《百官志》，北京：中华书局1975年版，第1289页。按，军须库设立时间，《金史·百官志》署为至宁二年。金卫绍王至宁年号仅仅使用一年，故无至宁二年之称，暂且存疑。

⑦ 《金史》卷104《李复亨传》，北京：中华书局1975年版，第2295页。

察司官兼任,可以有效地征发地方钱粮,但是运输安全问题却不容忽视。故大臣建议,由帅府兼掌军资,派兵护饷,可以保证运输安全。金宣宗不仅拒绝了这个建议,而且将帅府自行筹措军粮视为犯罪。兴定五年(1221 年),统军大将仆散安贞以谋反罪被杀,在朝廷公布的罪状中有一条即为"自画因粮之计,乃更严横敛之期,督促计司,凋弊民力,信其私意,或失防秋"①。

自大安军兴之后,金军节节败退,蒙古铁蹄踏遍中原。金朝原有的军事后勤供应制度已经不足以应付当时的战争形势,故金朝政府根据形势需要作出了两点改变。一是派重兵护送军需物品。如,"贞祐二年春,中都乏粮,诏同知都转运使事边源以兵万人护运通州积粟,军败死焉。"②仅护送粮食的部队就达到一万人,可见金朝统治者已经认识到当时形势的紧迫。二是除了转运司外,其他机构如行六部等也开始参与军事后勤供应工作。考诸史料,大安三年之后,曾运输军需的机构有:(1)三司及行三司。史载:"大安三年,征陕西屯田军卫中都,以庸签三司事,主兵食。"③三司设于泰和八年(1208 年),职掌为"兼劝农、盐铁、度支"④,签三司事为其属官。据上述史料,大安三年陕西屯田军入援中都(今北京)之时,由三司官员负责其军食。另外,行三司也曾于金末参与军事后勤供应。史载:"(兴定三年)是岁七月,置京东、京西、京南三路行三司,掌劝农催租、军须科差及盐铁酒榷等事,户部侍郎张师鲁摄东路,治归德,户部侍郎完颜麻斤出摄南路,治许州,复亨摄西路,治中京实河南府,三司使侯挚总之。"⑤(2)行六部。有学者研究指出行六部的职能"为金朝末年执行军事任务的各军事机构提供军需物资,以保障军事行动的顺利完成"⑥。(3)行省。行省是行尚书省的简称,为中央尚书省的派出机构。自金章宗以降,"金政府每遇重大事情,都要设行尚书省以领其事,如巡边御敌、筹集军饷……"⑦,运输军粮亦是其职能之一。(4)行枢密院。据《元好问全集》记载:"君讳震,字威卿……兴定初,辟举法行,用荐者,除陈留令……归德行枢密院发民牛运粮徐、邳……使者怒而去。君力毕农种,粮运亦如期而办。"⑧

---

① 《金史》卷 102《仆散安贞传》,北京:中华书局 1975 年版,第 2246 页。
② 《金史》卷 100《张炜传》,北京:中华书局 1975 年版,第 2216 页。
③ 《金史》卷 92《卢庸传》,北京:中华书局 1975 年版,第 2041 页。
④ 《金史》卷 55《百官志》,北京:中华书局 1975 年版,第 1244 页。
⑤ 《金史》卷 100《李复亨传》,北京:中华书局 1975 年版,第 2217 页。
⑥ 杨清华:《金宣宗朝行六部设置考》,《学术交流》2008 年第 8 期。
⑦ 孟宪军:《试论金代的行省》,《辽宁师范大学学报》1995 年第 5 期。
⑧ 《元好问全集》卷 21《御史程君墓表》,太原:山西人民出版社 1990 年版,第 549 页。

根据上引史料，程震担任陈留县令期间，归德行枢密院曾派遣使者到其辖地征发农民的耕牛，用来运输军粮。考证《金史》相关记载，"兴定三年……复亨举陈留县令程震等二十九人农桑有效，征科均一，朝廷皆迁擢之。"①可知，程震担任陈留县令是在兴定三年（1219 年）左右。由此，金宣宗兴定年间，行枢密院也是负责运输军需的机构之一。

哀宗末年，国土日蹙，金朝部队的供给主要以部队搜刮百姓物资为主，毫无制度可言，由此导致人民日益困疲，乃至国亡。

<h1 style="text-align:center">三</h1>

军需供应的内容及来源是研究军事后勤供应制度的一个重要方面。有学者专门著文从这个方面论述金代军需供应制度。文中指出，金代军需主要包括粮草、马匹、军器三个方面。其中粮草供应形式有五种，分别为以战养战、自备、屯田、调拨、购粮。马匹供应形式包括以战养战、国家供养、括马、市马及进贡之马、鼓励养马。军器则为设立军器监等机构来制造②。虽然前人归纳总结基本完整，但依然有补充的必要，下文拟就上述军需内容及来源问题作些许补充。

除了上述军需内容，金朝在历次战争中还有其他的军需物品供应出现，如金章宗承安元年（1196 年），金朝对蒙古用兵，曾用羊来代替粮食，并取得了良好效果。史载："承安元年，大盐泺之战，杀获甚众，诏赐金币。既而右丞相襄总大军进，安国为两路都统，大捷于多泉子。襄遣安国追敌，金言粮道不继，不可行也。安国曰：'人得一羊可食十余日，不如驱羊以袭之便。'遂从其计。安国统所部万人疾驱以薄之，降其部长。"③与普通粮食相比，羊具有行动便捷、耐食用的优点。金朝都统完颜安国因地制宜，在追击反叛游牧部落的战斗中以羊为军食，行动迅疾，一举大败敌人，并招降了反叛部落的部长。

再如贞祐二年，金宣宗将首都迁往南京（今河南开封）后，"刍粮调度，仰给河南，赋役频繁，民力疲弊"④。加之军户南迁，粮食供给捉襟见肘，金朝政府为了解决军食问题，曾用枣栗菜根等作为军食供给部队。史载："是时，甫经兵后，乏兵

---

① 《金史》卷 100《李复亨传》，北京：中华书局 1975 年版，第 2217 页。

② 王磊：《试论金朝的军需供应制度》，吉林大学硕士论文，2006 年。

③ 《金史》卷 94《完颜安国传》，北京：中华书局 1975 年版，第 2094 页。

④ 《金史》卷 104《移剌福僧传》，北京：中华书局 1975 年版，第 2297 页。

食,伯嘉令输枣栗菜根足之,皆以为便。兴定元年,知河中府……"①在军粮极度缺乏的情况下,用枣栗菜根等作为替代品,也不失为一个好办法。所以,"皆以为便"。

在军器供应方面,金初曾在山东地区设置通货场,从南宋商人手中购买制作军器的各种物资。宋朝降人、曾任金朝行台左丞相张孝纯就秘密上书南宋朝廷:"臣尝谓箭杆、鳔胶、丹漆与夫羽毛、皮革、筋角、铅铁之属,此军器之所资,戎事之大利也。自南北梗绝,金人所患不能前往。比年以来,南海巨舰大舶,首尾连属,过山东沿海州军贩卖者不可胜计,而金人各于逐处置通货场,既且不扰,又复诱之以重利,此物多藏万数,浩瀚制造兵器,不便贼。臣重为陛下忧之,未识国家何以不为禁?"②

金朝初年,曾大量收买南宋商人贩卖的制作军器所需物资。后来张孝纯向金朝政府建议,开放贸易的过程中会有大量南宋奸细趁机混入金境,金政府这才停止从南宋购买军用物资。

以掠夺为主,以战养战的军事后勤供应方式在太宗时期基本绝迹,自此之后,金朝军事供应主要为赋敛于民。粮食、马匹、制作军器的各种物资等等,都是从百姓手中取得,征收的标准则为物力。史载:"公讳某,字公理……再调寿张主簿。时北鄙用兵,科役无适从。公差次物力,为鼠尾簿,按而用之。保社有号引,散户有由帖,揭榜于通衢,喻民所当出,交举互见,同出一手,吏不得因缘为奸。自是,为县者皆取法焉。"③这段史料没有明确标属时间,据有学者推测,"当是卫绍王大安末至崇庆间(1211—1212 年)事,时值蒙古南下,金朝边境频频告警,文中所称'北鄙用兵'显然就是指此而言的"④。由此可知,用兵之际,县级行政单位按照物力来向县民分配其所要承担的军需任务。寿张主簿张公理为了避免奸吏趁机渔利,于是制作"鼠尾簿",按照物力标准将"民所当出"明白列出,并将之张贴于通衢闹市,使平民知晓自己应该负担的数量,这就杜绝了官吏因缘为奸的可能。由此可见,民间承受军需征发的标准是物力。制作"鼠尾簿"这个方法,广为其他地方官员所采用。

兵兴之际,临时征发军需给普通百姓带来了沉重负担。军期紧急之际,民间

① 《金史》卷 100《完颜伯嘉传》,北京:中华书局 1975 年版,第 2210 页。

② 阎凤梧主编:《全辽金文》,太原:山西古籍出版社 2002 年版,第 1073 页。

③ 《元好问全集》卷 20《资善大夫礼部尚书张公神道碑铭》,太原:山西人民出版社 1990 年版,第 531 页。

④ 刘浦江:《金代"通检推排"探微》,《中国史研究》1995 年第 4 期。

甚至"销毁农具以供军器"①,给正常的生产生活带来了破坏性的影响。金章宗曾诏谕臣下说:"比以军须,随路赋调。司县不度缓急,促期征敛,使民费及数倍,胥克又乘之以侵暴。其令提刑司究察之。"②并且为了杜绝胥吏趁机渔利,规定"因军前差发受财者,一贯以下徒二年,以上徒三年,十贯处死"③,处罚相当严重。

除了提供战争所需物资,军需运输的任务也落到了平民头上,"军旅之用,飞刍挽粟之役一出于民"④。金朝军需运输方式分为水运和陆运,对南宋战争中两种方式均可采用;征讨金国北方的游牧部落时,必须采用陆运的方式。如此,则平民需要提供马、驼等运输工具。如章宗泰和六年(1206 年),北征蒙古,即大规模征发民间骆驼用来运输军粮。史载:"以北边粮运,括群牧所、三招讨司猛安谋克、随纠及迭剌、唐古部诸抹、西京、太原官民驼五千充之,惟民以驼载为业者勿括。"⑤

为了保障军事后勤供应及时,金朝政府还制定了一系列相关法令。如立法惩罚不能及时征发军用物资的官员。史载:"时南征调发繁急,民稍稽滞,有司皆坐失误军期罪。"⑥结合《金史·高霖传》中上下文来看,"南征"指的是金章宗泰和年间南征宋朝。当时,军需赋敛于民,有关部门未能按期完成者,均以失误军期的罪名被处罚。金朝后期,这个法令有所缓和,对官员的惩罚有所减轻。据史料记载:"乌林荅与本名合住……新制科买军器材物稽缓者并的决,与奏:'有司必督责趣办,民将不堪,可量罚月俸。'从之。"⑦考证乌林荅与本传,其请求皇帝对于未能如期科买军器材物的官员从轻处罚的奏折上于贞祐二年之后⑧。由上文可知,金朝政府于贞祐二年之前制定法令,严厉处罚科买军器材物不力的官员已经产生了负面效应。乌林荅与上奏认为,在如此法令重压下负责官员肯定会越发严酷地剥削百姓,如此一来百姓将不堪重负,并建议采用"量罚月俸"的方式来惩罚办事不力的官员。这个建议被政府接受。

另外,金政府还立法惩罚在运输军需过程中以权谋私的官员。史载:"贞祐四

---

① 《金史》卷 100《李复亨传》,北京:中华书局 1975 年版,第 2217 页。
② 《金史》卷 10《章宗本纪》,北京:中华书局 1975 年版,第 241 页。
③ 《金史》卷 107《高汝砺传》,北京:中华书局 1975 年版,第 2351 页。
④ 《金文最》卷 80《单州乌延太守去思碑》,北京:中华书局 1990 年版,第 1168 页。
⑤ 《金史》卷 10《章宗本纪》,北京:中华书局 1975 年版,第 235 页。
⑥ 《金史》卷 104《高霖传》,北京:中华书局 1975 年版,第 2290 页。
⑦ 《金史》卷 104《乌林荅与传》,北京:中华书局 1975 年版,第 2292 页。
⑧ 《金史》卷 104《乌林荅与传》,北京:中华书局 1975 年版,第 2292 页。

年,诏'……转运军储而有私载……其罚并决。在京犯至两次者,台官减监察一等治罪,论赎,余止坐,专差任满日议定。若任内曾以漏察被决,依格虽为称职,止从平常,平常者从降罚。'"①由此可见,金宣宗贞祐四年(1216年)规定,在运送军储过程中夹带私人物品的官员要受到处罚。如果重复犯法,监察官员也要受到处罚。

在军器制造方面,金政府亦颁布法令确保其质量。宋人对此深有感触,"虏中军器上皆有元监造官姓名、年月,遇有损害,有误使用,即将元监造官依法施行,断不轻恕。所以虏酋器具一一如法"②。如此一来,既有明文规定,又能按图索骥,将责任落实到各位监造官,使其不敢不尽心尽力,以保证军器质量。宣宗兴定元年(1217年),鉴于当时战争形势的需要,下诏"州、县官虽积阶至三品,坐乏军储者,听行部决遣"③,进一步明确当前要务为军储,即使官阶高至三品者,如果供应不力,行部也有权惩处。

结　语

有金一代,军事后勤供给制度始终处于变化发展中,金朝历代皇帝根据形势变化不断对其作出调整,体现了女真人善于学习的良好习惯。

从金太宗年间设立汉地枢密院,熙宗设立行台尚书省来协调汉地治理与军事制度的矛盾,海陵、世宗两朝不置常设军需官员,到金章宗时期以转运使随军出征负责运输军需,再到金蒙战争爆发,以行省、行枢密院、行元帅府、行六部等机构负责军需,政策的灵活变化将女真族传统的因才任使、不拘一格的政治理念体现得淋漓尽致。

根据现有形势灵活调整军事后勤供给制度,不仅使得金朝政权能够在短时期内迅速适应多民族、跨地域的复杂情况,建立起行之有效的统治秩序;而且为与宋、蒙古战争,以及平定契丹族叛乱的战争提供充分的后勤保障,为金政权的稳固和发展作出了贡献。金朝末年,机动灵活的蒙古军队对金朝的军需运输构成了巨大威胁,金朝君臣群策群力,以新的军需供给方式维持军队所需,并在首都南迁、领土剧减的情况维持了金政权二十余年。但是金代军事后勤制度亦有其弊端,为

---

① 《金史》卷45《刑志》,北京:中华书局1975年版,第1025页。
② 〔宋〕华岳:《翠微先生北征录》卷8《治安药石》,贵池刘氏唐石簃刊贵池先哲遗书本。
③ 《金史》卷15《宣宗本纪》,北京:中华书局1975年版,第328页。

了让前线军士免除后顾之忧，"一军充役，举家廪给"①，给军需供应带来了巨大压力。金宣宗兴定三年，行平凉元帅府事石盏女鲁欢上书说："所在官军多河北、山西失业之人，其家属仰给县官，每患不足。"②明确指出了金代军事后勤供给的弊病，以及随之而来的影响。

① 《金史》卷 107《张行信传》，北京：中华书局 1975 年版，第 2370 页。
② 《金史》卷 116《石盏女鲁欢传》，北京：中华书局 1975 年版，第 2542 页。

辽金交替期的渤海人

罗永男[①]

一　序　论

公元 926 年渤海国被契丹灭亡,之后的渤海遗民分化成秽貊系渤海人和肃慎系女真人,受辽朝"因俗而治"民族政策的影响,他们被编入各个地区的州县和属国属部,探寻着各自生存的方法。因为他们在辽朝的统治下反复进行着服从与抵抗,所以一直是辽朝契丹统治者警惕的对象。但是渤海人始终如一地坚持开展复兴运动,最终以失败告终,而与此同时女真人则完成了王朝的交替。那么,辽金交替时期的渤海人对于女真人有着什么样的态度?只有通过渤海人的形迹才能探明他们的方向,也就是说渤海人的形迹是非常重要的参考方法。

二　辽代女真与渤海人的区分

有关女真族的族源,通常认为是"肃慎—挹娄—勿吉—靺鞨—女真—满洲"的系列族谱。因此可以说女真的称呼是根据时代变迁而来的。例如《松漠记闻》中记载:"女真即肃慎国也。东汉谓之挹娄,元魏谓之勿吉,隋唐谓之靺鞨。……

---

① 罗永男,大韩民国外国语大学历史文化研究所。

其属分六部,有黑水部,即今之女真。"①即在中国东北地区的种族最早出现的称呼为肃慎,汉代以后称为挹娄,南北朝时期称为勿吉,隋唐时代称为靺鞨,宋辽金元明时代称为女真,从明末(17世纪初)至今使用的称呼为满洲(满族)。现在虽然有一部分人提出了不同意见,但是大部分研究者还是倾向于这种说法的。

那么,所有的勿吉族与靺鞨族都属于女真族的范围吗? 根据《北史》中的《勿吉传》与《隋书》中的《靺鞨传》记载,勿吉和靺鞨所有的七种部落名称是相同的。其中《隋书》所载七种部落如下:

> 靺鞨,在高丽之北,邑落俱有酋长,不相总一。凡有七种:其一号粟末部,与高丽相接,胜兵数千,多骁武,每寇高丽中。其二曰伯咄部,在粟末之北,胜兵七千。其三曰安车骨部,在伯咄东北。其四曰拂涅部,在伯咄东。其五曰号室部,在拂涅东。其六曰黑水部,在安车骨西北。其七曰白山部,在粟末东南。胜兵并不过三千,而黑水部尤为劲健。②

在这里所出现的七部不能全部称为肃慎。由于当时的中原人把东北地区统称为靺鞨,因此该地区的民族构成中其实也包含了秽貊系。关于靺鞨的族属,有人认为是夫余系的,还有人主张粟末靺鞨是夫余的后裔。关于黑水靺鞨,有人认为是属于通古斯族,还有人认为是属于秽系。如日本学者野开三郎提出粟末部和白山部是属于秽貊系靺鞨,沃沮东秽是白山部,夫余地区的部民称之为粟末部。③权五重指出沃沮东秽是高句丽的另一种族部落。秽貊和靺鞨在文献中的记载,表明二者存在前后的关系,这一事实说明两者之间有关联。并且由于夫余国的领域是以松花江流域为中心,因此粟末靺鞨可以理解为秽貊族。④ 另外,孙进己也主张粟末靺鞨西侧的一部分被勿吉争夺,大部分地区一直附属于高句丽,所以粟末靺鞨自身也可以称为秽貊族。⑤

据《旧唐书》中的《靺鞨传》记载:"其白山部,素附于高丽,因收平壤之后,部众多入中国。汨咄、安车骨、号室等部,亦因高丽破后奔散微弱,后无闻焉,纵有遗

---

① 洪皓:《松漠记闻》,载于《全宋笔记》第三编七,郑州:大象出版社 2008 年版,第 115 页。

② 《隋书》卷 81《东夷·靺鞨传》,北京:中华书局 1976 年版,第 1821 页。

③ 〔日〕野开三郎:《靺鞨7部考》,《史渊》第 36·37 合辑,1948 年。

④ 权五重:《靺鞨의種族系統에 관한試論》,《震檀学报》49,1980 年。

⑤ 孙进己:《渤海民族的形成发展过程》,《北方文物》1994 年第 2 期。

人,并为渤海编户。唯黑水部全盛,分为十六部,部又以南北为称。"①之后,大祚荣以靺鞨人和部分"高丽余种"为基础建立渤海国。该国不是血缘共同体,而是由地区共同体中的秽貊族和肃慎族所构成的多民族国家。但只有黑水部属于半独立形态和渤海国并存,此后被编入唐朝的羁縻府州,最终接受渤海国的统治。他们隶属于渤海国的政治共同体下,时而相互协作,时而反目成仇,经历了200年,但自始至终并没有形成共同地区、共同语言、共同经济、共同文化为基础的同一民族。所以渤海国灭亡以后,那里的人分化为渤海人和女真人。那么,历史上所称渤海人和女真人的真实面目是什么呢?

渤海国的属民一直是由秽貊族和肃慎族两个民族并存构成的,因此被称为渤海人的共同体是在靺鞨人的基础上融合了高丽余种而构成的。因为拂涅、铁利、黑水部侵略渤海,渤海国灭亡之后出现了兀惹、铁骊、女真等名称,也就是说渤海的遗民不能完全称作为渤海人。

另一方面靺鞨族是辽朝时期与渤海人相区分的女真的统称。《金史》和《大金国志》记载的全部女真,可称之为广义的黑水靺鞨后裔,这是因为渤海人分离以后的靺鞨被称之为黑水靺鞨,而女真祖先是隶属黑水靺鞨范围内的,例如在《旧五代史》和《五代会要》等典籍的唐代后期朝贡记事中就记载了与黑水靺鞨相关的内容。可是从唐朝后期长兴三年(932年)以后中国的史料中,就用女真的名字把黑水靺鞨等代替了,这是依照契丹人与中原人的意愿,黑水靺鞨逐渐被称之为女真。因此辽代的女真不仅是黑水靺鞨,还应该包括组成渤海人的肃慎种族。辽末金初以完颜部为中心形成了一个民族共同体,但是渤海人并没有融合到这个叫做女真的民族共同体里,他们在金代一直维持着被称作渤海人的民族称呼,参与了金的建国,并在金代的政治、经济、文化等方面表现得很活跃。

三　女真的兴起和渤海人的态度

在辽代最受歧视对待的民族主要由熟女真和生女真构成的女真人,前者被编入辽的户籍,后者没有被编入辽的户籍。在渤海国被契丹灭亡后,靺鞨族一部分强制占据了辽的领地而被称作熟女真,一部分在高地上生活被称为生女真。生女真居住在粟末江北边和宁江州的东边,现为松花江的下游和黑龙江合流的地区,

① 《旧唐书》卷199《靺鞨传》,北京:中华书局1975年版,第5359页。

这一地区以前属于黑水靺鞨部。下面是《金史·世纪》中关于女真族来源的记载：

> 金之先,出靺鞨氏。靺鞨本号勿吉。勿吉,古肃慎地也。元魏时,勿吉有七部……隋称靺鞨,而七部并同。唐初,有黑水靺鞨、粟末靺鞨,其五部无闻。……黑水靺鞨居肃慎地,东濒海,南接高丽,亦附于高丽。……其后渤海强盛,黑水役属之,朝贡遂绝。五代时,契丹尽取渤海地,而黑水靺鞨附属于契丹。其在南者籍契丹,号熟女直;其在北者不在契丹籍,号生女直。生女直地有混同江、长白山,混同江亦号黑龙江,所谓"白山黑水"是也。①

与上述内容一样,因为女真也曾经是隶属高句丽和渤海的靺鞨后裔,所以在思想意识里女真人是把渤海人当成自己的同族。金太祖完颜阿骨打在打败辽军以后,称女真与渤海本同一家,把渤海人吸纳到自己的阵营里,大体可以从中发现女真人对渤海人的认识。

但是有些人认为二者并非血缘关系,只是地理位置相邻,他们根据各自的理解,有时合作,也有时处于敌对状态。例如,大延琳在东京(今辽宁辽阳)登基之后,把国号称之为"兴辽","时南、北女直皆从延琳"②,相反"女直遣使献所获乌昭庆妻子"③。辽末高永昌叛辽建大渤海国以后,消灭了金阿骨打的兵力。因此金朝女真统治者始终把渤海人看成狡猾的同盟者④。渤海人由于只是单纯地进行反辽斗争,没有警惕女真人,最终渤海人被金朝女真统治者征服。因此,渤海人期待依靠女真人的力量进行渤海民族的复兴,结果这些努力都以失败的悲剧告终。⑤ 为此,我们必须考察女真人兴起的由来。

女真人的兴起源于辽朝契丹统治者把东丹国的渤海人向南迁移,因为东丹国位于辽朝的东北方向,相对难于控制,于是辽太宗耶律德光就把东丹国民南迁。这样就使以前渤海国的统治地区逐渐闲置空旷下来,从而也就给了黑水靺鞨兴起

---

① 〔元〕脱脱等:《金史》卷1《世纪》,北京:中华书局1975年版,第1—2页。
② 〔元〕脱脱等:《辽史》卷17《圣宗本纪八》,北京:中华书局1974年版,第204页。
③ 〔元〕脱脱等:《辽史》卷14《圣宗本纪五》,北京:中华书局1974年版,第159页。
④ 朝鲜民主主义人民共和国科学院历史研究所编:《朝鲜通史》,平壤:科学院出版社1958年版。
⑤ 刘肃勇:《渤海流民与金朝的政治关系》,《北方民族》1990年第1期。

的机会。当时女真人的完颜部还没有形成部落,只是属于女真部落的一部分,或者是属于一个部落联盟。东丹国民南迁以后的女真人情况,典籍是这样记载的:"或臣于高丽,或臣于契丹,叛服不常;辽国谓之羁縻酋而已。"①

在辽兴宗与道宗时期,女真完颜部落逐渐形成,在隶属女真部落的同时,也取得了辽朝廷代理人的资格。完颜部落兴起的时候,他们所征服的是东北全部地区,开始逐渐摆脱了契丹人的蔑视和虐待。从辽朝末年开始,女真势力逐渐加强,完颜阿骨打以索要背叛女真的纥石烈部人阿疎为借口,寻找到了反辽斗争的导火索。之后的辽天庆四年(1114年)九月,阿骨打进军攻打宁江州,高仙寿带领渤海军队取得了胜利。这时候,因反抗女真而在战场上被擒获的渤海人梁福与斡答剌等被金太祖放走,他们伪装逃回,"招谕其乡人曰:'女直、渤海本同一家,我兴师伐罪,不滥及无辜也。'使完颜娄室招谕系辽籍女直。"②阿骨打的这种做法更进一步地削弱了辽朝的统治。

宁江州战役之后,女真对辽战争取得了一系列胜利,逐步摆脱了辽朝的控制,建立了金国。在渤海人杨朴的支持下,完颜阿骨打于天庆五年(1115年)登基称帝,国号"大金",并且建立了年号。《契丹国志》记载:"是时有杨朴者,辽东铁州人也,本渤海大族,登进士第,累官校书郎。先是高永昌叛时,降女真,颇用事,劝阿骨打称皇帝,改元天辅,以王为姓,以旻为名,以其国产金,号大金。又陈说阿骨打曰:'自古英雄开国受禅,先求大国封册。'"③金朝在建国初期需要进行各方面的建设,也相应地制定了朝廷的礼仪和制度,其中有很多与辽朝汉人韩延徽、大蒙古国契丹人耶律楚材等类似的渤海人,在金初的历史上起到了重要作用。如高桢,当渤海人高永昌在东京(今辽宁辽阳)发起反辽军事起义的时候,渤海人高桢也是起义军中的一员,但其最后向女真将帅投降。《金史》记载:

> 高桢,辽阳渤海人。五世祖牟翰仕辽,官至太师,桢少好学,尝业进士。斡鲁讨高永昌,已下沈州,永昌惧,伪送款以缓师,是时,桢母在沈州,遂来降,告以永昌降款非诚,斡鲁及进攻。既破永昌,遂以桢同知东京留守事,授猛安。……天眷初,同签会宁牧。及熙宗幸燕,兼同知留守,封戴

---

① 《三朝北盟会编》卷3《政宣上帙三》,上海:上海古籍出版社2008年版,第15页。
② 〔元〕脱脱等:《金史》卷2《太祖本纪》,北京:中华书局1975年版,第25页。
③ 〔宋〕叶隆礼:《契丹国志》卷10《天祚皇帝上》,贾敬颜、林荣贵点校,上海:上海古籍出版社2014年版,第126页。

国公,改同知燕京留守。魏王道济出守中京,以桢为同判,俄改行台平章政事,为西京留守,封任国公。①

通过上述分析和论述,可以看出在金朝的建立过程中,女真统治者积极利用渤海人,而渤海人也给予了充分的协助和配合,体现了两者的合作关系。作为少数民族的女真人需要同盟者的援助,而渤海人也需要强大的保护者。二者均憎恨契丹辽朝,为了剿灭契丹辽朝,女真和渤海的合作意识是很容易达成一致的。因此,金朝建立后,女真统治者非常信任渤海人,这完全可以和辽朝时期作为统治者的契丹人与被视为"异种同类"的奚(库莫奚)人的关系相提并论。

四 渤海人的表现

由于在宁江州、出河店、护步荅冈等战役中辽兵战败,使被统治民族女真人的反辽士气大振,在他们的迅猛打击下,多民族的辽朝迅速走向崩溃。那么,在辽金政权交替的 12 世纪初期,渤海人的表现如何呢? 大致有三种类型:

第一,与高永昌一起建立新政权。女真人的兴起和金朝的建立,也刺激了渤海人的反辽斗争。天庆五年(1115 年)二月,饶州的渤海人古欲等自称为王,反抗辽朝,但 5 个月后被镇压。之后,渤海人高永昌在东京再一次展开反辽斗争。渤海人之所以不断起来反抗辽朝的统治,就是因为辽朝所实行的民族歧视和压迫政策引起了公愤。高永昌在占领东京城之后,称"大渤海皇帝",改元"隆基"②(应顺③),并短时间内攻占了辽东 50 余州,声势浩大,令辽朝非常恐惧,在沈州与宰相张琳所率辽军进行了 30 多次的拉锯战。

高永昌曾派遣使者挞不野等向完颜阿骨打请求增援,希望合力灭辽,结果遭到完颜阿骨打的拒绝:"同力取辽固可。东京近地,汝辄据之,以僭大号可乎? 若能归款,当处以王爵。"④高永昌没有办法只得纳金印银牌,"愿去名号,称藩"⑤。

---

① 〔元〕脱脱等:《金史》卷 84《高桢传》,北京:中华书局 1975 年版,第 1889 页。
② 〔元〕脱脱等:《金史》卷 71《斡鲁传》,北京:中华书局 1975 年版,第 1632 页。
③ 〔宋〕叶隆礼撰:《契丹国志》卷 10《天祚皇帝上》,贾敬颜、林荣贵点校上海:上海古籍出版社 1985 年版,第 121 页。
④ 〔元〕脱脱等:《金史》卷 71《斡鲁传》,北京:中华书局 1975 年版,第 1632 页。
⑤ 〔元〕脱脱等:《金史》卷 71《斡鲁传》,北京:中华书局 1975 年版,第 1632 页。

但是投降女真的渤海人高祯认为高永昌不是真实的投降,而是想让对方放松军事戒备。因此,金军没有停止进攻,高永昌在首山大败,带领五千士兵逃亡到长松岛。高永昌的结局,据《金史》记载:"东京人恩胜奴、仙哥等,执永昌妻子以城降,即宁江州所释东京渤海人也。……未几,挞不野执永昌及铎剌以献,皆杀之。"①这里值得注意的是,在渤海人中并没有形成一致的集团信念。在渤海国灭亡200年以后,他们表现出多种形态的动向。如大公鼎、高清明等部分渤海人,他们一直站在辽朝的立场,镇压高永昌的叛乱;而高祯、杨朴等部分渤海人,背叛了高永昌,投降于金朝。大概大部分渤海人在权衡了高永昌和阿骨打之后,判断高永昌的大渤海没有胜算,因此转而投降金朝。由此导致渤海人共同体的实力被分散,渤海的复兴运动最终以失败告终。

第二,积极参与金朝的建国。正如前面所提到的高祯、高庆裔、高六哥、张玄素、王政、杨朴、张浩等渤海人,在投降金朝后,他们寻找到了自己的人生出路。这其中主要有两个原因导致了他们投降金朝:首先,"契丹时不用渤海,渤海故此深恨契丹,女真兵兴,渤海先降"②。辽朝统治下的渤海人一直是契丹统治者警惕的对象,也是歧视对待的对象。因此渤海人在辽金交替之际,虽然自己没能建立王朝,但依靠实力强大的金朝可以来确保自己的利益和地位。其次,完颜阿骨打有效地运用了怀柔政策。当渤海人意识到不能接受高永昌统治的时候,他们很容易地接受了阿骨打的政治煽动,最终选择了投降金朝,与高永昌的大渤海成为敌对关系。随着女真人的胜利和渤海人不断参与到女真建国过程中,渤海人保证了在新王朝中自身的地位和利益。正是从金初开始,两个民族间的关系日渐紧密,使得渤海人在金朝享有较为优越的地位。

第三,机会主义出身的郭药师。对于郭药师其人,在《金史》里有如下记载:

> 郭药师,渤海铁州人也。辽国募辽东人为兵,使报怨于女直,号曰"怨军",药师为其渠帅。……辽帝亡保天德,耶律捏里自立,改"怨军"为"常胜军",擢药师诸卫上将军。捏里死,其妻萧妃称制,药师以涿、易二州归于宋。……药师深尤宋人,而无自固之志矣。宗望军至三河,药师等拒战于白河。兵败,药师乃降。③

①〔元〕脱脱等:《金史》卷71《斡鲁传》,北京:中华书局1975年版,第1633页。

②《三朝北盟会编》卷98引赵子砥《燕云录》,北京:中华书局1975年版,第725页。

③〔元〕脱脱等:《金史》卷82《郭药师传》,北京:中华书局1975年版,第1833—1834页。

根据以上史料,结合相关典籍的记载,可知在北辽的"常胜军"投降于宋朝之后不久,保大五年(1125 年)天祚皇帝被金兵俘获,辽朝经过了 9 帝近 220 年灭亡了。辽朝灭亡后,金和宋分管了燕山 6 州,北宋朝廷让郭药师来管理那些地方。在金军的全面进攻下,宋朝期待"常胜军"能够取得胜利,但是内部矛盾和得不到宋朝的支持,导致郭药师被完颜宗望打败,郭药师投降。完颜宗望占领燕山之后,让郭药师留守燕京,给予金牌,并赐姓完颜氏。反复背叛辽和宋的郭药师是一个机会主义者,他通过随完颜宗望进军开封再一次证明了背叛者的身份。正是由于他在投宋期间详细地了解了宋朝的虚实,在攻宋时充当了向导,因此完颜宗望率领的金军以最短的时间凯旋。宋朝对郭药师以及常胜军的评价是否定的,在《宋史》里被记载为奸臣,相反在《金史》里被记载为功臣。《金史》记载:"郭药师者,辽之余孽,宋之厉阶,金之功臣也。以一臣之身而为三国之祸福,如是其不侔也。魏公叔痤劝其君杀卫鞅,岂无所见欤。"[1]另外,我们还可以推断,怨军即常胜军当是以在辽东地区召集的渤海人为骨干,在辽金交替的混乱时期,对于这些由于投降背叛而被视为机会主义者来说,他们是为了身家性命而迫不得已才选择了站在强者的一边。但是女真统治者对这些人并不放心,因此完颜宗望虽然解除了常胜军的武装,把他们放归乡里,但最终还是全部杀害以免除后患。

在辽金政权交替的过程中,被统治民族根据各自所处的地位,对未来的理解有着不同。在辽—宋—金的三角关系中,燕云地区的汉人和东京地区的渤海人运用不同的方式为自身寻找出路。由于汉人和北宋有着密切的关系,因此一直保持着亲宋反金的路线;相反渤海人由于地缘关系,和正在形成中的女真政治共同体保持着密切关系,奉行亲金反宋的路线。渤海国被契丹灭亡以后,渤海人深受辽朝的歧视和压迫,因此他们渴望通过反辽斗争来摆脱遭受歧视和压迫的现状,在新兴强大的女真政权面前,渤海人曾试图依靠金朝的力量来进行民族复兴,但最终的结果还是没能够建立自己的王朝。

五 结 论

在辽朝的统治下,渤海人和女真人曾以称作渤海的政治共同体为媒介,拥有

---

① 〔元〕脱脱等:《金史》卷82《郭药师传》,北京:中华书局1975年版,第1835页。

共同的意识和反辽情绪,这一点具有非常重要的意义,值得注意。在《金史》里有"金之始祖讳函普初从高丽来"等记载和金太祖完颜阿骨打提出"女直、渤海本同一家",从中可以看出女真人对渤海人的认识。这种认识表现了女真人将渤海人视为同盟者,而渤海人也试图依靠新兴金朝的力量进行民族的再建。

金朝建立后,渤海人在各个方面给予了女真统治者充分的协助和配合,使女真统治者对他们的信任逐渐加深。宋人赵子砥的《燕云录》记载:"有兵权、钱谷,先用女真,次渤海,次契丹,次汉儿。"①这段资料清楚地反映了金初的民族关系,这种民族歧视政策至少持续到金朝中期。渤海人通过军功、通婚、入仕等方式巩固了在金朝的政治地位。在金朝的九位皇帝中,海陵王、世宗、卫绍王、宣宗等四人的母亲都是东京辽阳府渤海人,这一点令世人瞩目。

---

① 《三朝北盟会编》卷98引赵子砥《燕云录》,北京:中华书局1975年版,第725页。

红袄军首领时青、时全生平考释与评价

曹文瀚①

一 序 言

红袄军是金元之际因成吉思汗南侵、华北社会动荡不安的情况下人民自发组成的,是以应对局势的武装团体中最具代表性的一支。自初代首领杨安儿及刘二祖崛起,到李璮败亡为止,长达半世纪的时间,活跃在山东、河北、淮海一带。红袄军对当时金、宋、蒙三方的政治、社会以至文化皆有重大的影响。20世纪中叶起,随着孙克宽及赵俪生对红袄军最重要的首领李全之重新评价,以及农民战争史研究的盛行,使得红袄军从叛乱分子变成代表农民利益的英雄人物,相关研究论述大幅增长。但整体说来,在红袄军个别首领研究的部分,多集中在李全、李璮父子身上,他们父子固然是红袄军中最具代表性的人物,影响亦最深远。然而红袄军中尚有众多重要人士是过往较少被研究者重视的,这些人士的影响力虽不如李全、李璮父子,但也不应轻忽,且须从更多的角度来观察,方可对红袄军的组成、分合、与时势的相互关联及影响等作出更进一步的了解。本文的研究标的时青即为其一。

时青是红袄军第二时期中的刘(霍)系重要领袖之一,被李全杀掉后,李全才将以红袄军为主体的忠义军全部纳入自己麾下。且李全淮海之乱期间,南宋将时青与彭义斌并列,为他们俩追封立庙,这显示出在南宋统治者眼中时青是较有或

① 曹文瀚,河南大学历史文化学院。

就的一位忠义军将领。此前除姜锡东《宋金蒙之际山东杨、李系红袄军领导人及其分化考论》一文中提及时青外,并未见其余论及时青的文章,且该文仅对时青生平做简单的叙述,未有深入的探讨。① 本文以时青为研究对象,兼及时青叔父时全。

今日能见有关时青及其叔父时全事迹的记载主要在《金史·时青传》(以下简称《时青传》)。另在《宋史·李全传》中对时青在宋朝的事迹也有相对丰富的记载。此外,如《宋史》的《贾涉传》《乔行简传》《赵范传》《陈韡传》《黄师雍传》,以及《宋会要》《齐东野语》《刘克庄集》中亦有些许关于时青的记载,考虑到篇幅问题,此处不将原文列出。以下依《时青传》记载为主,辅以其余史料,对时青、时全的生平进行考释。②

二　初起自保与加入红袄军

时青据《时青传》所载为滕阳人,与叔父时全同为红袄军,杨安儿、刘二祖失败后,投降金朝,成为金军的一分子。③

这段记载有一些地方需要商榷,首先据后来时青与纥石烈牙吾塔的通信中所言:“青本滕阳良民,遭时乱离,扶老携幼避地草莽……乞假邳州以屯老幼。”④可知时青原以自保起家,非一开始就意图为乱,不然成员中不会有老幼。这是当时自保团体共有的现象,红袄军中这种例子亦不少。如石花五与夏全投降金朝时,除有壮士二万人外,又有老幼五万口。⑤ 又如纥石烈牙吾塔破马耳山的刘二祖军时,曾招降胁从百姓三万余人⑥,这些“胁从民”当中固然可能有本为社会秩序的破坏者,在见机不利下投降金军,但应当也有不少是真的在被威胁的情况下,被迫从乱者。本文的自保团体,概念约同于黄宽重的自卫武力,黄宽重对自卫武力的定义如下:

---

① 姜锡东:《宋金蒙之际山东杨、李系红袄军领导人及其分化考论》,《中国史研究》2015年第 1 期。

② 时青生平同时涉及宋金双方的编年,本文除史料引文外,以宋朝编年为主,视情形附金朝编年。

③ 《金史》卷一一七《时青传》,北京:中华书局 1975 年版,第 2565 页。

④ 《金史》卷一一七《时青传》,北京:中华书局 1975 年版,第 2566 页。

⑤ 《金史》卷一〇三《完颜霆传》,北京:中华书局 1975 年版,第 2271 页。

⑥ 《金史》卷一〇二《仆散安贞传》,北京:中华书局 1975 年版,第 2245 页。

在社会纷乱,政权不稳的时期,由于朝廷无力维护地方安全,百姓为了自保,往往自动成立防卫组织,自行筹措财源、兵器和建立防御据点……这种民间武装力量坊守险要据点的情形,长期存在于中国传统社会,是务农的百姓据以自卫的基本形态……这些不同的民间武装团体,因自主性强,不受官府约束,当中央政府势力强大,往往是被压制和取缔的对象。但是,一旦社会秩序崩解、政权受到威胁,政府无力控制局面,对待民间武力的政策便发生改变。①

金末华北社会的概况恰是自保团体形成的温床,故自保团体成为这个时期社会动乱中的一大特点,时青、时全大体上应该也符合这个定义。就此来看,时青、时全的集团组成,或是以滕阳的时氏宗族为核心,再加上滕阳的乡人集合而成。其后为求生,成为红袄军的一员。唯据《宋史》所载:"刘二祖起泰安,掠淄、沂。二祖死,霍仪继之,彭义斌、石珪、夏全、时青、裴渊、葛平、杨德广、王显忠等附之。"②时青所加入者可能是刘二祖集团的继承者霍仪,非刘二祖本人。结合以上说法来看,时青、时全初起如同李全一样,或非红袄军,而是在日后发展过程中因缘际会,才成为红袄军的一分子。③

三　时青投宋及其战功

霍仪失败后,时青与时全降金,时青成为金朝义军,时全则为金朝的吏员。宋宁宗嘉定十年(金宣宗兴定元年,1217 年),时青为义军万户,时全已从吏员转为行枢密院经历官。此年宋朝开始招忠义军:

（应）纯之见北军屡捷,密闻于朝,谓中原可复。时频岁小稔,朝野无事,丞相史弥远鉴开禧之事,不明招纳,密敕珏及纯之慰接之,号"忠义军",

---

①　黄宽重:《民间自卫武力》,载于《南宋地方武力—地方军民间自卫武力的探讨》,台北:东大图书股份有限公司 2002 年版,第 143 页。

②　《宋史》卷四七六《李全传上》,北京:中华书局 1977 年版,第 13817 页。

③　李全初起不能视为红袄军之说参见孙克宽著《蒙古初期军略与金之崩溃》,载于《元代汉文化之活动》,台北:中华书局 2015 年版,第 71—72 页。

就听节制。于是有旨依武定军生券例，放钱粮万五千人，名"忠义粮"。

次年冬，时全经过东平时见到时青，时青告诉时全他将叛入南宋。时全故意不将此事上报金朝廷。不久之后时青叛金入宋，宋人置之于淮南，屯于龟山，有数万军民。① 因《宋史·贾涉传》有记载时青参与了发生在嘉定十二年（金宣宗兴定三年，1219 年）的宋金之战：

> 金太子及仆散万忠、卢国瑞等数十万大入，且以计诱珪等。涉虑珪等
> 为金用，亟遣陈孝忠向滁州，珪与夏全、时青向濠州，先、平、德广趋滁、濠，
> 李全、李福要其归路，以傅翼监军。②

加上时青与石珪曾同为红祅军霍仪部的一分子，故虽然史料未载，但时青有可能参与嘉定十二年初爆发的南渡门事变。③《时青传》中提及时青屯驻的龟山应是南渡门事变前李全曾屯驻的淮阴龟山，也就是盱眙龟山。④ 南渡门事变后的宋金战争，南宋在忠义军的奋战下击败金军。此役时青与石珪、夏全共同行动，屡破金军，解安丰之围。⑤

嘉定十三年（金宣宗兴定四年，1220 年），金朝泗州行元帅纥石烈牙吾塔遣人招时青。纥石烈牙吾塔为什么会这样做，与金朝中央政府面对局势的恶化采取的

---

① 《金史》卷一一七《时青传》，北京：中华书局 1975 年版，第 2565 页。

② 《宋史》卷四〇三《贾涉传》，北京：中华书局 1977 年版，第 12208 页。

③ 有关南渡门事变笔者已在《红祅军首领研究系列——石珪》一文中做过分析及说明，此处不再详论。参见曹文瀚：《红祅军首领研究系列·石珪》，河南省历史学会 2016 年年会暨大禹文化研讨会会议论文。另可参见李天鸣：《宋元战史（一）》，台北：食货出版社 1988 年版，第 19—20 页。

④ 王象之《舆地纪胜》中，淮阴未见龟山，但盱眙有龟山，于县北三十里处。又苏轼曾至龟山，留有《龟山》诗，并说明他所到的龟山是南朝宋文帝遣将拒魏太武帝处，据清人查慎行考证，苏轼所至的龟山在楚州西南一百八十里，盱眙县北三十里处。即是《舆地纪胜》所载的盱眙龟山。又淮阴与盱眙虽在行政区划上分属楚州及泗州，但实际上两县相连，中以洪泽湖为界，盱眙龟山即在洪泽湖西南处，故盱眙龟山当即是淮阴龟山。〔宋〕王象之：《舆地纪胜》卷三九《楚州》，北京：中华书局 1992 年版，第 6—8 页；〔宋〕王象之：《舆地纪胜》卷四四《盱眙军》，北京：中华书局 1992 年版，第 5 页下。〔清〕查慎行：《苏诗补注》卷一八《龟山》，载于影印《文渊阁四库全书》本第 1111 册，台北：商务印书馆 1986 年版，第 21 页。

⑤ 《宋史》卷四〇三《贾涉传》，北京：中华书局 1977 年版，第 12208 页。

应对措施,即九公封建有关。有关九公封建,可参见唐长孺、王颋及都兴智等人的著作,此处不论。① 大体而论,九公封建是金朝义军制度进一步的衍生物②,值得注意的是,当时青回书欲求邳州,且纥石烈牙吾塔上奏朝廷后,于同年十月封时青为滕阳公,仍为本处兵马总领元帅兼宣抚使。③ 也就是说此时从金人的角度来看,他们是将时青封为九公之外的第十公,故金宣宗封公的名号非止九种。唯时青目的似在邳州,使金朝怀疑时青的降意,遂不予邳州。邳州既无法取得,时青复为宋军。此为《金史》明载,代表金廷亦知此事。因此时时青复为宋军,自然失去金朝所封的"公"之身份。④

嘉定十四年(金宣宗兴定五年,1221 年)正月,时青与李全袭破泗州西城,但守城期间屡被纥石烈牙吾塔所败,时青更被流矢射中眼睛,其众亦多受创,防御工事逐一毁坏,最终在二月底退兵。⑤ 次年金朝以时全、讹可率军攻宋,攻固始县时,时全得知宋朝命时青率军抗金,但隐匿其事。同年五月,时全矫称密诏"诸军且留收淮南麦",遂下令人获麦三石以补充军用,讹可及诸将力劝无用。军队留在淮南三日,讹可告知时全若淮水暴涨,恐不得归,时全不听。当夜大雨,隔日淮水暴涨,才建设桥梁,将军队送回淮北,期间为宋军所袭,惨败。宣宗下诏诛时全。⑥ 此役即是刘克庄《忠肃陈观文神道碑》里提及的堂门之捷。⑦

---

① 参见唐长孺:《贞祐南迁后的河北砦寨与九公分封》,载于《山居存稿》,北京:中华书局 1989 年版,第 494—523 页;都兴智:《论金宣宗"九公封建"》,《北方文物》2009 年第 1 期;王颋:《兴定反镇——金末封建与九公起灭本末》,载于《西域南海史地探索》,北京:中国人民大学出版社 2010 年版,第 1—16 页。

② 初代九公为沧海公王福、河间公移剌众家奴、恒山公武仙、高阳公张甫、易水公靖安民、晋阳公郭文振、平阳公胡天作、上党公完颜开及东莒公燕宁。九公败亡后又有继任者,如沧海公张进、河间公移剌中哥、易水公张进、晋阳公郭栋及平阳公史咏。《金史》卷一一八《苗道润传》,北京:中华书局 1975 年版,第 2574 页。《金史》卷一一八《燕宁传》,同上,第 2591 页。

③ 《金史》卷一一七《时青传》,北京:中华书局 1975 年版,第 2566 页。

④ 《金史》卷一一七《时青传》,北京:中华书局 1975 年版,第 2566 页。

⑤ 《金史》卷一一七《时青传》,北京:中华书局 1975 年版,第 2566—2567 页。《宋史》卷四七六《李全传上》,北京:中华书局 1977 年版,第 13823 页。

⑥ 《金史》卷一一七《时青传》,北京:中华书局 1975 年版,第 2567 页。

⑦ 王颋误以涡口大捷为堂门之捷,但涡口大捷为嘉定十二年事,堂门之捷为嘉定十五年事,故非同一场战役。参见〔宋〕刘克庄撰,辛更儒笺校:《刘克庄集笺校》卷一四六《忠肃陈观文神道碑》,北京:中华书局 2011 年版,第 5762—5763 页;《宋史》卷四七六《李全传上》,北京:中华书局 1977 年版,第 13819—13820 页;王颋:《牝鸡司晨——蒙古女行省杨妙真生平考》,载于《西域南海史地探索》,北京:中国人民大学出版社 2010 年版,第 22 页。

四　堂门之捷后的时青

《时青传》对时青、时全的记载到此为止，此后则须依其他史料以行增补。按《宋史·李全传》，宋理宗宝庆元年（金哀宗正大二年，1225 年）四月甲午，时青使人伪装为金军，夺李全田租并伏骑八百，李全不知此为时青所为，隔日率兵度淮中伏击，李全与刘庆福俱重伤。① 此事应与彭义斌与李全因许国事反目有关，考《宋史·赵范传》及《宋史·李全传》，许国亡后，李全与彭义斌反目，并被义斌所败，投降义斌。但义斌知李全非真心投降，故致书沿江制置使赵善湘及知扬州、淮东安抚副使赵范，意图合谋讨李全，时青、夏全、张惠及范成进等四总管亦致书提议讨李全。因此赵范提议以四总管兵之半数，配合南宋及彭义斌的军队合攻李全，但为史弥远所阻止而失败。② 此时河北情势因武仙叛蒙，弑杀蒙古河西路兵马都元帅史天倪一事产生变化，武仙寻彭义斌为援，义斌率军北上，与蒙古军战于内黄五马山，败亡。③ 其后李全使人说得时青，时青遂附李全，并移屯淮阴。④

时青附李全后不久，李全即被蒙古大军困于青州长达一年⑤。按《齐东野语》载，时淮南盛传李全已被金军所擒或已身亡。⑥ 故宋朝廷欲借机图李全余党。但徐晞稷畏懦，遂以刘琸代之，彭昰代刘琸知盱眙，刘琸欲除李全在淮东残留势力之举引发了夏全之乱。⑦ 有关夏全之乱，《宋史·李全传》与《齐东野语》所载大致相同，但细节却有不同处，若结合来看，刘琸初任知楚州时，时青、夏全

---

① 《宋史》卷四七六《李全传上》，北京：中华书局 1977 年版，第 13829 页。

② 《宋史》卷四一七《赵范传》，北京：中华书局 1977 年版，第 12505—12506 页。《宋史》卷四七六《李全传上》，同上，第 13826—13827、13828 页。

③ 参见《宋史》卷四七六《李全传上》，北京：中华书局 1977 年版，第 13830 页；《元史》卷一四七《史天倪传》，北京：中华书局 1976 年版，第 3481 页；《元史》卷一五五《史天泽传》，同上，第 3567—3568 页。

④ 《宋史》卷四七六《李全传上》，北京：中华书局 1977 年版，第 13830 页。

⑤ 《宋史》卷四七六《李全传上》，北京：中华书局 1977 年版，第 13831 页。

⑥ 〔宋〕周密撰，张茂鹏点校：《齐东野语》卷九《李全》，北京：中华书局 1983 年版，第 161 页。

⑦ 《宋史》卷四七六《李全传上》，北京：中华书局 1977 年版，第 13831 页。

为四总管之二,时青自附李全后,屯军淮阴,夏全则留在盱眙。① 《宋史·李全传》载刘琸怨时青移屯叛己,又畏夏全狡猾,皆不欲用。然而彭膏认为自己无能力镇住夏全,乃激夏全立功之心,于是夏全、时青联合率众入楚城,势不容却,刘琸不得不与二人合谋欲除以李福、杨妙真为首的李全余党,并令夏全出兵攻之。《齐东野语》则载刘琸至楚州后不久,夏全率军来,刘琸对夏全曾有救命之恩,故刘琸留夏全为助,并未言及时青。但夏全在杨妙真的计谋下,转攻刘琸,琸不得已以十万贯犒军求和,夏全方开门让刘琸逃至扬州。夏全放琸后,为杨妙真所拒,意杨氏欲图己,率众大京后欲归淮阴,但在淮阴被时青击败,所掳之物尽为时青所得,夏全遂趋盱眙,且为张惠、范成进所阻,且其母、妻尽遭惠、进所杀,终狼狈归金。② 就双方史料所见,可知时青并未参与夏全之乱,唯时青在夏全之乱前可能曾移屯楚城,但或许是被刘琸说服,遂归淮阴。故有后来夏全在淮阴被时青击败一事。

夏全之乱后不久,忠义军又爆发李福与刘庆福之争,李福以刘庆福与曾是金朝九公之一的张甫欲背宋投金的名义设计杀刘、张二人,刘、张二人皆死。③ 不久之后李福等人又为忠义粮谋害知楚州姚翀,姚翀虽为国用安所救,但仍死于明州。④ 姚翀之死代表的是南宋"忠义军"政策的全面失败,自此南宋"弃淮

---

① 姜锡东以时青在 1223 年后李全成为时青名义上的上司,实质上司为彭义斌,彭义斌死后,时青拒绝金朝的拉拢,附李全。笔者以为此说不当,时青在屯军淮阴前,长期屯军盱眙,刘琸为直属上司,与夏全、张惠及范成进为同僚,与义斌只有因李全杀许国一事有合作关系,并无上下级关系。这一点在彭义斌及四总管是各自遣官致书,建议讨伐李全时赵范所述及其余相关记载,以及论及刘琸与四总管之间的关系的相关文献可证。时青附李全后,方从盱眙移屯淮阴,故南宋以刘琸为知楚州,欲图李全时,《宋史》记载刘琸怨时青"移屯叛己,不召也"。参见姜锡东:《宋金蒙之际山东杨、李系红袄军领导人及其分化考论》,《中国史研究》2015 年第 1 期;《宋史》卷四一七《赵范传》,北京:中华书局 1977 年版,第 12505—12506 页;《宋史》卷四七六《李全传上》,同上,第 13830—13832 页。

② 《宋史》卷四七六《李全传上》,北京:中华书局 1977 年版,第 13831—13832 页。《宋史》卷四七七《李全传下》,同上,第 13835—13836 页。〔宋〕周密撰,张茂鹏点校:《齐东野语》卷九《李全》,第 161—162 页。

③ 《宋史》卷四七七《李全传下》,北京:中华书局 1977 年版,第 13836—13837 页。李福以刘庆福与张甫欲背宋投金事参见〔宋〕周密撰、张茂鹏点校:《齐东野语》卷九《李全》,第 162 页。

④ 《李全传》载姚翀为郑衍德所救,但当时郑衍德应当与李全同在青州,故采《齐东野语》的国安用说。参见《宋史》卷四七七《李全传下》,北京:中华书局 1977 年版,第 13837 页;〔宋〕周密撰,张茂鹏点校:《齐东野语》卷九《李全》,第 163 页。

保江"："朝廷以淮乱相仍，遣帅必毙，莫肯往来。始欲轻淮而重江"，改楚州为淮安军，仅羁縻之，并有剿除分屯之意。① 此时因再无忠义粮可用，导致国安用、阎通、张林、邢德、王义深合谋欲除李福及杨妙真。李福及李全次妻刘氏亡于是役，杨妙真易服逃往海州。国安用等人斩李福及刘氏之首，送与南宋朝廷。② 朝廷遂檄彭義、张惠、范成进、时青，并兵往楚州消灭李全集团留于楚州者。但彭義不敢自决，张、范则提兵入楚州，与国安用等人商议将楚州的军队分为五，分由国安用五人所掌，并准备抗衡李全。张、范将此议上报朝廷，但朝廷却认为应由时青规划、负责此事，遂檄时青而不及张惠与范成进。时青对此甚为惶恐，密遣人将这段时间的事通知李全，并拖延此事，张惠与范成进遂归盱眙。③ 但若依《齐东野语》的说法，在分屯之说已定之时，江阃所遣赵瀹夫剿杀之兵适至，李全余党认为被张惠及范成进出卖，欲杀之，两人遁归盱眙。④ 如此看来时青得到省檄应是张惠及范成进逃回盱眙、李全余党群情激愤之时，故"青亦恐祸及，密遣人报全于青州，迁延不决"⑤。时青的选择虽然导致他后来遭李全所杀的下场，但以当下的情形亦属自保之道。

李全得到时青的密报后，极为悲愤，断一指表示回到南方必叛宋，让大元大将同意李全南下，遂承制授山东、淮南行省，专制山东，而岁献金币，自此李全正式成为蒙古的汉人世侯之一。⑥ 十月丙辰，李全与大元张宣差并通事数人至楚州。李全至楚州后，王义深逃至金朝，国安用杀张林及邢德以求李全饶恕，李全重掌他遗留在淮南的势力。⑦ 隔日李全邀时青前来，时青率子同至，交出省檄给李全，并言："我素推尊相公，岂肯为此！"⑧但时青实在拖延，按《宋史·黄师雍传》载："李全反状已露，师雍密结忠义军别部都统时青图之，谋泄，全杀青。"⑨所谓"反状"，当指李全至楚州时"服大元衣冠，文移纪甲子而无号"⑩，代表李全时已为蒙古军，

---

① 参见《宋史》卷四七七《李全传下》，北京：中华书局 1977 年版，第 13837 页；〔宋〕周密撰，张茂鹏点校：《齐东野语》卷九《李全》，第 163 页。

② 《宋史》卷四七七《李全传下》，北京：中华书局 1977 年版，第 13838 页。

③ 《宋史》卷四七七《李全传下》，北京：中华书局 1977 年版，第 13838 页。

④ 〔宋〕周密撰，张茂鹏点校：《齐东野语》卷九《李全》，第 163 页。

⑤ 《宋史》卷四七七《李全传下》，北京：中华书局 1977 年版，第 13838 页。

⑥ 《宋史》卷四七七《李全传下》，北京：中华书局 1977 年版，第 13839 页。

⑦ 《宋史》卷四七七《李全传下》，北京：中华书局 1977 年版，第 13839 页。

⑧ 《宋史》卷四七七《李全传下》，北京：中华书局 1977 年版，第 13839 页。

⑨ 《宋史》卷四二四《黄师雍传》，北京：中华书局 1977 年版，第 12658 页。

⑩ 《宋史》卷四七七《李全传下》，北京：中华书局 1977 年版，第 13839 页。

不再是宋朝的"忠义军"。至于"谋泄",据《齐东野语》载:"(李)全遣张国明入朝禀议,嫂书至,朝廷未有以处之,会时青亦遣人至,国明遂遣人报全,全遂杀青。"①

《宋史·李全传》载,在时青将省檄交与李全后,"全亦恶青反复"②,此必然是张国明通知李全后,此事种下李全对时青的杀机。不过数日,时青亦被李全所杀,其势力被李全接收,其中半数给胡义,另半数应是给时青部将王海③,自此李全尽得淮安、海州及涟水等处。"辛酉,与(青)登城南楼饮,杀青,驰骑往给青妻,言青病,见与祷禳。青妻至,尽杀之。遂并青军,擢小校胡义为将,徙其半于涟、海。"④

此后李全攻宋,直至宋理宗绍定四年(1231年)败亡为止,一直是南宋的心腹大患。李全败亡后,胡义率领包括时青余众在内的一部分李全残党在沂州一带活动,曾欲降宋而不成,后附杨妙真及李璮,掌有沂、滕等地。⑤ 王海则与董友一同行动,可能后来与杨妙真一同回到山东。

五 时全事迹的考释

时全原是红袄军出身,投降金军后仅数年就升至高官,升迁之快令人讶异,这与金末政治局势有相当关系。纥石烈执中死后,术虎高琪因杀执中有功,拜平章政事,此后至嘉定十二年(金宣宗兴定三年,1219年)底被金宣宗诛杀为止的七年之间权倾一时,如《金史·术虎高琪传》载:"高琪自为宰相,专固权宠,擅作威福,与高汝砺相唱和。高琪主机务,高汝砺掌利权,附己者用,不附己者斥。"⑥

---

① 〔宋〕周密撰,张茂鹏点校:《齐东野语》卷九《李全》,第163页。
② 《宋史》卷四七七《李全传下》,北京:中华书局1977年版,第13839页。
③ 王海在时青死后曾与李全起冲突,并意图寻求宋人支持,南宋朝廷自此方知时青身亡,但南宋似未支持王海,故王海最终仍降于李全,并与董友一同行动。唯时青亡后黄师雍何以不告知朝廷时青已死,这点不无疑问。参见〔宋〕刘克庄撰,辛更儒笺校:《刘克庄集笺校》卷一四六《忠肃陈观文神道碑》,北京:中华书局2011年版,第5764页;《宋史》卷四七七《李全传下》,北京:中华书局1977年版,第13849页。
④ 《宋史》卷四七七《李全传下》,北京:中华书局1977年版,第13839页。
⑤ 密珍长期为胡义的部下,但后来在修建祖茔时却去恳求行省李公,此李公当为李璮,故可知胡义投宋不成后应是成为杨妙真及李璮的部众。参见曹文瀚:《石刻史料的价值论析:以民国〈临沂县志〉收录的两块元碑为例》,北京大学第十三届史学论坛会议论文。
⑥ 《金史》卷一〇六《术虎高琪传》,北京:中华书局1975年版,第2345页。

又按《归潜志》所载:

> 贞祐间,术虎高琪为相,欲树党固其权。先擢用文人,将以为羽翼,已而台谏官许古、刘元规之徒见其恣横,相继言之。高琪大怒,斥罢二人。因此大恶进士,更用胥吏。彼喜其奖拔,往往为尽心,于是吏权大盛,胜进士矣。又,高琪定制,省、部、寺、监官,参注进士,吏员,又使由郡转部,由部转台省,不三五年,皆得要职。士大夫反畏避其锋,而宣宗亦喜此曹刻深,故时全由小吏侍东官,至为金枢密院事、南征帅。①

可知术虎高琪当权后,原欲与进士出身的文人合作,但许古、刘元规等谏官不与高琪合作,反而上奏高琪过于恣横,高琪因此改与胥吏合作,导致金末吏权大盛,对金末的政治、文化环境造成深远的影响。时全正是因附高琪而起,在术虎高琪及宣宗的重用下,一个曾为"红袄贼"的时全,权势竟大幅跃升,兴定二年时全已是枢密院经历官,为从五品;嘉定十四年(金宣宗兴定五年,1221年)正月时为同签枢密院事,为正四品。在枢密院的地位仅低于枢密使、枢密副使及签书枢密院事②,甚至还曾担任过时为枢密使的金哀宗之师:"末帝……少为黠吏时全所教,用术取人。"③刘祁曾言金朝近习之权甚重,南渡之后愈见明显④,时全正是其中一个代表。我们也可以从时全的例子中,看到一个金末汉人非常制的升迁之道。

时全兵败后被宣宗诛杀一事,李浩楠曾做过分析,怀疑是宣宗、哀宗权力冲突的结果⑤。此说颇有见的,但笔者提出另一可能。前文已述,时青入宋时,时全既知却未阻止;又嘉定十四年时全得知袭破泗州西城之人为时青后,时全甚为高兴,杀其人以灭口;嘉定十五年时全与讹可率军伐宋,不久得知时青受宋诏与时全兵相拒,时全匿其事,后又矫称密诏收麦,导致军留三日,使金军覆没于淮水。而且兴定四年牙吾塔招时青时的书信往来,竟未提及时全一字。上一段提到时全升迁

① 〔金〕刘祁撰,崔文印点校:《归潜志》卷七,北京:中华书局1997年版,第71页。本文该段文字中部分标点与原书不同。

② 金代枢密院官员品阶参见《金史》卷五五《百官志一》,北京:中华书局1975年版,第1239—1240页。

③ 〔金〕刘祁撰,崔文印点校:《归潜志》卷一二《辩亡》,第137页。

④ 〔金〕刘祁撰,崔文印点校:《归潜志》卷七,第78页。

⑤ 李浩楠:《金末义军与晚金政治研究》,河北大学硕士学位论文,2010年,第64—65页。

之速,以及兴定年间他在枢密院的地位,牙吾塔却完全未提此事,不知是牙吾塔不知时全和时青的关系抑或有其他因素。综合以上种种,令笔者获疑时全可能是死间。所谓死间,为《孙子兵法》五间之一,其义为:"死间者,为诳事于外,令吾闻知之,而传于敌间也。"①又言:"昔殷之兴也,伊挚在夏;周之兴也,吕牙在殷。"②中国史上最具代表性的"死间"过去看法或许各有不同,但自《纵横家书》及银雀山汉简《孙子兵法》出土后,当以苏秦为首③。苏秦为燕王间谍,成为齐国臣子,一方面顺应齐愍王意图灭宋强齐的欲望,由燕助齐攻宋,削弱齐的国力;同时离间齐、赵关系,使燕可藉秦、赵之力攻齐。最后虽被齐王车裂而死,但却使燕国得以率联军伐齐,灭到齐国仅余莒、即墨二城。若非田单复国,齐国也许早在灭宋后不久就一同上路,而不是苟延残喘到秦始皇时才灭亡④。就《时青传》见时全所做所为,亦颇似苏秦,一方面借助术虎高琪和宣宗、哀宗的信任迅速升至高位,又不断隐匿时青的讯息。尤其元光元年一役,金军损失惨重,李天鸣指出:"这是金军侵宋的最后一次较大规模的攻势。"⑤可知此役对金朝打击之重,此役时全应负责任最大,尤其讹可与诸将皆劝时全的同时,已提到军留三日可能会面临的危机,时全仍力拒之,这一点加上时全当时已知时青率宋军相抗,令人不得不怀疑时全此举是否故意为之,若然时全应是死间。宋人将堂门之捷归功于陈韡措置有方⑥,但实际上时全才是堂门之捷真正的最大功臣。唯时全何以欲为死间?受限于史料,难以得知。

① 〔春秋〕孙武撰,〔三国〕曹操等注,杨丙安校理:《孙子兵法》卷下《用间篇》,北京:中华书局1999年版,第295页。

② 《孙子兵法》卷下《用间篇》,第300—301页。

③ 杨宽:《马王堆帛书〈战国纵横家书〉的史料价值》,载于马王堆帛书整理小组《战国纵横家书》,北京:文物出版社1976年版,第162—171页。银雀山汉简《孙子兵法》在"周之兴也,吕牙在殷"下增加"燕之兴也,苏秦在齐",此为后人新增,代表对战国以迄西汉的兵家而言,苏秦作为间谍的成就不下伊尹和姜尚。参见杨宽:《战国史》,台北:商务印书馆1997年版,第375页。

④ 杨宽:《战国史》,台北:商务印书馆1997年版,第374—375页。

⑤ 李天鸣:《嘉定十五年至宝庆三年的宋金战事》,载于《第三届海峡"两岸宋代社会文化"学术研讨会论文集》,杭州:浙江大学出版社2013年版,第96页。

⑥ 〔宋〕刘克庄,辛更儒笺校:《刘克庄集笺校》卷一四六《忠肃陈观文神道碑》,北京:中华书局2011年版,第5762—5763页。

六 时青的评价问题

赵俪生曾以时青在宋金之间反复叛顺五次,称其反复叛顺无常①。孙克宽认为在忠义军的战绩中,唯李全和彭义斌可称,时青、夏全则被评为首鼠两端之徒②。夏全姑且不论,李全和彭义斌曾使南宋短暂取得山东,甚至问鼎河北,确有莫大功勋。但时青真否如此不堪?《时青传》记载又止于嘉定十五年(金宣宗元光元年)时全败亡为止,但时青直到宝庆三年方死于李全之手,且在李全攻宋后,南宋下诏为时青追封立庙,此应是乔行简提出的建议:

> 时青者,以官则国家之节度,以人则边陲之大将,一旦遽为李全所戕,是必疑其终为我用,虑变生肘腋,故先其未发驱除之。窃意军中必有愤激思奋之人,莫若乘势就淮阴一军拔其尤者以护其师,然后明指杀青者之姓名,俾之诛戮,加赠恤之典于青,则其势自分,而吾得藉此以制之,则可折其奸心而存吾之大体。③

并为南宋朝廷施行:

> 时青以忠守境,屡立骏功;彭义斌以忠拓境,大展皇略,亦为逆全谋害,俱加赠典,追封立庙。④

南宋所为固然是针对李全之乱的政治操作,但乔行简指出时青之死是因为李全怀疑时青心向南宋,前文所言"谋泄"一事即可为证。同时追封立庙者除时青外唯彭义斌一人,并皆以"忠"为名。夏全之乱时,不愿叛宋,自焚而亡的张正忠反无此机会⑤,代表在南宋朝廷心中,忠义军诸首领中最足以作为楷模与榜样者

---

① 赵俪生:《南宋金元之际山东、淮海地区中的红袄忠义军》,载于《赵俪生文集》(第1卷),兰州:兰州大学出版社2002年版,第217页。

② 孙克宽:《南宋金元间的山东忠义军与李全》,载于《蒙古汉军与汉文化研究》,台北:私立东海大学1970年版,第24页。

③ 《宋史》卷四一七《乔行简传》,北京:中华书局1977年版,第12492页。

④ 《宋史》卷四七七《李全传下》,北京:中华书局1977年版,第13844页。

⑤ 《宋史》卷四七七《李全传下》,北京:中华书局1977年版,第13836页。

唯此二人。同时这也代表时青的功劳亦不少，不然不会拿来与彭义斌相较，若以实际案例来看，如前文提及嘉定十二年初与石珪共抗金军多有斩获，十四年破泗州西城，十五年堂门之捷皆是。且泗州西城一役，《宋史·李全传》虽以李全为主，并言李全连续被牙吾塔击攻二日后即遁归，但若以《金史》的记载，时青与牙吾塔却是打得相当惨烈，与《宋史》对李全的描写完全不同。① 除此之外，查《宋会要》可知嘉定十二年八月时青与石珪、夏全在嘉山"剿虏获捷"，特转修武郎并特升差京东路兵马钤辖②。十三年十二月八日又"近因剿虏，屡曾获捷，忠勇可嘉，特转一官"③。十六年（金宣宗元光二年，1223 年）初时青再度因"不时过淮，剿虏破塞，屡获胜捷，又诏特转两官"④。可知嘉定十二年至十六年间，时青所立军功不少，此后或因宋金战争规模不若以往，未再见及功劳，但足以证明就算时青所立功勋可能不如李、彭二人，亦不应过于贬低。

时青被评为首鼠两端之徒一事，必须考虑到赵俪生的说法。赵氏并未明确指出是哪五次，以时青生平而论，嘉定十一年（金兴定二年，1218 年）叛金投宋及牙吾塔的通信可视为三次，另两次不知意指何事，或为时青密报李全淮南事及李全下淮南后的"谋泄"事。叛金投宋自不必提，牙吾塔的通信始于金方欲招时青，且观时青目标应在取得邳州，丕不似李全明确表达拒绝之意，但至少未见时青有率金兵侵宋事，反而在封滕阳公后不到两个月又再度率军攻金⑤。至于时青密报李全淮南事及李全下淮南后的"谋泄"事，乍看又是一件首鼠两端事，但时青密报起于李全被困于青州后，南宋意图翦除其势力，却处置不当，使淮南的李全集团处于激愤之中，时青自认无法安无方密报通知，却未想到李全见密报后，一怒之下反宋之心大起。待李全南下，时青发现不对，只能虚与委蛇，并通知南宋，未料被张国明得知，以致身亡。李全之怒，本属情理，但因此反宋，似超出时青预期，尤其李全

① 参见《宋史》卷四七六《李全传上》，北京：中华书局 1977 年版，第 13823 页；《金史》卷一一七《时青传》，北京：中华书局 1975 年版，第 2566—2567 页；《金史》卷一一一《纥石烈牙吾塔传》，同上，第 2457 页。

② 〔清〕徐松辑，刘琳、刁忠民、舒大刚、尹波等校点，《宋会要辑稿》（以下简称《宋会要》）兵 20《军赏三》，宋宁宗嘉定十二年八月二十一日，上海：上海世纪出版股份有限公司、上海古籍出版社 2014 年版，第 9037 页。

③ 《宋会要》兵 20《军赏三》，宋宁宗嘉定十三年十二月八日，同上，第 9038 页。

④ 《宋会要》兵 20《军赏三》，宋宁宗嘉定十三年十二月八日，同上，第 9038 页。

⑤ 金朝封时青为滕阳公在十月底，十二月八日时青再度率军攻金。《金史》卷一六《宣宗本纪下》，北京：中华书局 1975 年版，第 354 页。《宋会要》兵 20《军赏三》，宋宁宗嘉定十三年十二月八日，第 9038 页。

过去曾扬言:"宁作江淮之鬼,不为金国之臣",更将父母兄嫂之骨从潍州迁至淮南,以誓不复北向①。蒙古与李全又有杀母兄之仇,且李全是在弹尽粮绝的情况下投降蒙古,难言当时他是真心归蒙。又如李全投降时,蒙古军将领多认为:"全势穷出降,非心服也,今若不诛,后必为患。"②后李全亦是以断指示归南必叛,方得蒙古军主帅同意南归,代表蒙古也对李全的忠心不无疑虑。③故时青此次的行为,可能是时青自认无法安抚李全余党,又对李全态度误判所产生的结果。再参照时全的"死间"事迹,笔者以为时青确有首鼠两端之实,但其心为何,仍有再思考的空间。

七 小 结

本文通过现存史料,将时青、时全的生平予以考订。就时青、时全行为所见,乍看之下似如赵俪生及孙克宽所言的首鼠两端之徒,但除南渡门之变时青可能有参与外,未见时青有实际率军攻击南宋的行为,反而屡次助南宋抵抗金军。甚至南宋意图分化忠义军时,竟欲以时青统率李全余党,唯时青判断失误,引李全南归,反致身死。时全虽在金任高官,却极有可能是死间,更使金军在金末的金宋战争中损失惨重。南宋为时青追封立庙,将其与彭义斌并列,固然有政治上的考虑,但生前既曾欲以时青率李全余党,死后又为其追封立庙,这代表在当时的宋人眼中时青确是忠义军中较足以信任,并且是李全之乱时可用以作为其他忠义军榜样的将领之一。

---

① 《宋史·李全传》载李全在嘉定十二年还潍州上冢,当即此事。〔宋〕周密撰,张茂鹏点校:《齐东野语》卷九《李全》,第 158 页。《宋史》卷四七六《李全传上》,北京:中华书局 1977 年版,第 13820 页。

② 〔明〕宋濂等撰:《元史》卷 119《字鲁传》,北京:中华书局 1976 年版,第 2937 页。

③ 《宋史》卷四七七《李全传下》,北京:中华书局 1977 年版,第 13839 页。

金代的德政去思碑

王明荪①

一　前　言

德政碑记、去思碑记、遗爱、政绩、善政等碑记,都是同样性质的书写碑记,是对于官员政绩表达颂扬、感念之意,多以地方官员为主要对象,由地方士人、耆旧、百姓发起的一种行动,也是地方民意的表达方式。但初期因人立碑铭的风气约东汉以后渐行兴盛,尤以作为送死之具,公、私立碑,生碑述功德等,所在可见。历代以来朝廷禁弛及议论不定,到唐代规范立碑,有其申请程序、奏闻审查、条件、标准等。宋代大体应承唐制,即有法令规范,但私刻的情形亦存在,似乎法禁与民间行为有模糊地带。② 及至金代,尽有淮北宋朝旧壤,对于德政碑尚未见到有何规范或禁令,通常看来,似未有如唐、宋时的法令及请立的规则,所见有《大金国志》载:"职官在任,虽有政绩,百姓不得立碑建祠。若去,思而建立者听。"③只规范职官在任时不得建祠立碑,离任则不在规范内。若《大金国志》所载可靠,则金代应已无唐、宋时申请、审核等程序规定,而开放给民间社会自行定夺,这是相当大的转变。

近十年来对德政碑的研究颇引起注意,有陈雯怡、刘馨珺、杨俊峰、仇鹿鸣

---

① 王明荪,台湾中国文化大学史学系。
② 参见陈雯怡:《从朝廷到地方——元代去思碑的盛行与应用场域的转移》,《台大历史学报》2014 年第 54 期,第 58—66 页。
③ 〔宋〕宇文懋昭撰,崔文印校证,《大金国志校证》卷 35《职官立碑建祠仪》,北京:中华书局 2001 年版,第 503 页。

等人,就唐、宋、元各朝代分别有所探讨,而关于辽金时代则尚未见及。①

辽代部分笔者尚未收集到德政去思碑,金代则初计 19 篇。其中有"勋德碑"2 篇,其一为元好问所作,但今仅见残碑文数行,略言张柔初起时对抗贾瑀、张甫、王之冒的勇略与胆识。记述极简,残篇不全,故未列入本文中讨论。② 另一为王若虚所作。元好问为金末元初满城张柔的功绩颂德而作,即《顺天万户张公勋德第二碑》③。详述张柔在元初的战功、安抚流亡等事迹,但他在金亡前十余年已降于蒙古,当不能计入金代的"勋德"。到此,通计金代德政去思之碑为 17 篇,本文暂以这些碑文为讨论主题。又本文所据碑文数据以《全辽金文》为主,以其集中、方便之故。该书所收各文已经整理,且本文采用以史料着重于整体的叙述,故未详于版本校勘字句。文中所述事迹多依碑文记载,间或更动少数字句。

二 德政去思碑的书写

金代的德政去思碑有十余通,碑主与书写的事迹内容先整理如下。

(一)《和顺县令马公德政碑》④

碑主:和顺(山西和顺)县令马克礼,字和甫,中都人。任期为世宗大定十四
　　　年至十七年(1174—1177 年)。

作者:严坦,生平不详。立碑于大定十九年。

事迹:振举干纲,剔厘弊政。惟公生明,以宽济猛。听断以法,无好恶之私;照

---

① 关于唐、宋德政碑探讨,陈雯怡前揭文中已有述及,此处不再赘述。陈雯怡文中说所见金代去思碑有近 20 篇,但尚未见到研讨的论文发表。元代部分收集 300 余篇,和笔者过去收集的相当,我收的其中有些是"生祠记",或专门书写"平寇记"之类的功绩。不过陈雯怡已发表前揭的专论研究,另外还有相关的《从去思碑到言行录——元代士人的政绩颂扬、交游文化与身份形塑》,载于《中研院史语所集刊》第 86 本,2015 年,值得参看。

② 此残碑为苏天爵《国朝名臣事略》卷 63《万户张忠武王》所收,台北:台湾学生书局1969 年版,第 165—166 页;言取自《潭南王公极勋德碑》,载于《全辽金文》中册,太原:山西古籍出版社 2002 年版,第 2515—2516 页。收录此残碑题为《万户张忠武王勋德碑(残)》。

③ 阎凤梧主编:《全辽金文》下册,太原:山西古籍出版社 2002 年版,第 3036—3043 页。张柔列入《元史》卷 147 传中。

④ 参见《全辽金文》中册,太原:山西古籍出版社 2002 年版,第 1712—1714 页。

察情伪,如神明之鉴。使愚盲之夫,安生而得所;权豪之子,遁迹以吞声。其奉法循理,不矜功,不伐能,抚字有方,劝课有术。不为利回,不为义疚,专以德化为理。不任刑罚,下亦无犯。家弦户诵,而人蒙其休,物被其泽,政平讼理,而无叹息仇恨之声。公之为人,奢俭有度,刚柔适宜,德行温淳,文章茂美。博古通今,学优则仕。有廉、平、忠、孝之德。设坛祷神除避虫祸,去免风灾,显示公之德、神之灵、民之福。县民千余人曾连名状告,留公久任,公再三劝谕,终不令往。民乐其政,歌其德,沐其恩,服其化,乃刻石记事。

(二)《长子县令乌公德政碑》①

碑主:长子(山西长子)县令乌塘,字子秀,任期约世宗大定九年至十一年(1169—1171年)。

作者:刘丙,长子人。立碑于大定二十一年(1181年)。

事迹:访民疾苦,改革前弊。旧政有讼牒约数百余,公不浃旬,剖析真伪,曲尽其情,人人悦服而去。慑服豪右,矜扶贫弱,善良受赐,奸猾胆裂,听理词讼,略无少曲。奸狱衰息,蚕谷屡登。累年逃户,往往复业。夏秋纳税,县吏乡胥,得以为奸,公不容人兼并之手,戒敕人户亲纳,并躬自监押入州仓,计之常岁,省民粟二万余石。军器常课物料,当数余万贯,公于市积钱购之,不五百千已足其数,亦躬监押赴州库,库吏不得肆没。又办偷砍桑树案之明断,村民改契卷婚赖妗母案之训戒等,是以德义化民,以经术而饰吏事。县民思善政,恐无闻于后,乃刻石传世。

(三)《西京副留守李公德政碑》②

碑主:西京(山西大同)副留守李晏,字致美,泽州高平人。世为名儒,皇统六年(1146年)进士及第,以秘书少监出佐西京,《金史》有传。③ 任期为世宗大定二十二年(1182年)正月至十一月。

作者:边元忠,陈留(河南开封)人,为李晏门下士。立碑于大定二十二年。

---

① 参见《全辽金文》中册,太原:山西古籍出版社2002年版,第1725、1726页。

② 参见《全辽金文》中册,太原:山西古籍出版社2002年版,第1769、1770页。副留守为从四品官阶,参见《金史》卷57《百官志三》,北京:中华书局1992年版,第1305页。

③ 见《金史》卷96,第2125—2127页,传中未言及其任西京副留守后有德政碑之事。

碑文后附铭。

事迹:未及视事,而闻风者惧。于僚属则敬而有礼,于吏士则宽而有制,民间秋毫无所犯。以廉而言,是私门请谒,一切罢去,贪污之俦,亦自敛迹。以能而言,是簿书鞅掌,阅目无遗,狱讼平理,断决如神,抑豪消贼,人皆俨然望而畏之。以循而言,钦乃攸司,慎乃出令,不矜功,不伐能。以良而言,好古博雅,内刚外温,诲人不倦,后学新进而教化一新,士君子莫不中心诚服,能和光同尘,殊无骄贵气。以其来迟而去速,父老王玘等数十百人,以公之德政,岂无赞扬,因而立碑。

(四)《澄城县主簿李公去思碑》①

碑主:澄城县(陕西澄城)主簿李完,字全道,朔州马邑(山西马邑)人,进士及第,由石州司侯授澄城主簿。后以政绩仕至南京路按察使。任职澄城时为世宗大定二十三年(1183年)春。《金史》称其"有遗爱,民为立祠"。

作者:王山甫,生平欠详,立碑于大定二十三年。碑文后附歌咏。

事迹:振举颓风,革以前弊。县民豪族大姓,贿赂县僚,贫民无所控诉。公谕教以仁明正理,使人革心不欺诳,虽被刑而莫不服。由是上下恬熙,利用殷富;乃兴建学校,崇尚儒雅,增大县学规模。平日抚民以恩,使民以信。自是风俗淳厚,政简讼稀,日与士大夫饮酒赋诗。以朝廷遣使察有政绩,遂调为定襄令。县士民刘玠等,各出家赀,立祠南门外,树碑纪实,以示去思之意。

(五)《高陵县令张公去思碑》②

碑主:高陵(陕西高陵)县令张翱,字子翔,淄川(山东淄川)人,大定十三年(1173年)进士,曾任狄道、高陵、北海三县令,东京留守推官。立碑时任解盐副使。任高陵县令时约在世宗大定二十五年前后。

作者:张建,字吉甫,号兰泉老人,蒲城(陕西蒲城)人。章宗时召为宫教,应

---

① 参见《全辽金文》中册,太原:山西古籍出版社2002年版,第1803、1804页。李完《金史》有传,见卷97,第2155、2156页。

② 参见《全辽金文》中册,太原:山西古籍出版社2002年版,第1826—1828页。

奉翰林文字。《中州集》有小传。① 立碑时为明昌五年(1194 年),时距张翱去职已 8 年,而高陵县令已更换。碑文后附铭。

事迹:初莅职时即教诲毁夺妆奁,以及妯娌不睦事件。任期断讼不下数十百,皆使人修省改过。焚祷亢旱,诲谕惰学。深得上级官长信用其廉能,而委以权行幕职缺事。朝廷遣使廉察备得其善政而拔擢升迁。县人曹璋率父老绘图像、构祠堂以瞻望。其得民心不忘德政如此。

(六)《单州乌延太守去思碑》②

碑主:单州(山东单县)刺史乌延公锐,隆州(吉林农安)人,功勋家世,弱冠登进士第。自刑部员外郎迁单州太守。在任约章宗泰和年间(1201—1208 年)。

作者:张某(佚名)。立碑于大安元年(1209 年)。

事迹:民有诉其水患者,曲加矜恤,转覆上司,获免租税,而民得以安。当金宋交兵时,军旅之费,飞刍挽粟之役,应办者尤多,公知民之难,特申行部,得以减免。发养驿马于民,公温言劝谕,勘令秣食羸瘦者,不逾月而肥,人亦无苦于鞭答者。漕运船五百余,挽夫千余人,值大河流渐,遂为申覆,俟春正起运,大减其半,使民力不疲而官事办。上尽忧国之心,下拯爱民之意。迨金宋和平,百姓息肩,即劝课农桑,敦孝弟,别长幼,未期年而风俗丕变。朝廷选良吏,授为户部郎中,复过斯邑,邑人攀辕遮道,歌咏其德,邑中耆宿欲传其德,乃刻石于官厅之侧。

(七)《故叶县令刘君遗爱碑》③

碑主:叶县(河南叶县)县令刘从益,字云卿,应州浑源(山西浑源)人,祖为金初词宗南山翁刘撝。刘氏子孙多由科第入仕。从益大安元年进士及第,任监察御史,得罪权臣而去,后为叶县令。从益博学,精于经学,长于诗,有《蓬门集》。子祁(京叔),作《归潜志》。《金史》有《刘从益

① 参见元好问:《中州集》,载于影印《文渊阁四库全书》本,台北:商务印书馆 1983 年版,第 1 页。

② 参见《全辽金文》中册,太原:山西古籍出版社 2002 年版,第 2135、2136 页。

③ 参见《全辽金文》中册,太原:山西古籍出版社 2002 年版,第 2262、2263 页。

传》,传中载其政绩及德政碑事。① 在任约哀宗正大初年(1224—?年)。

作者:赵秉文,字周臣,号闲闲,滏阳(河北磁县)人,大定二十五年(1185年)进士及第,为金代名儒,通四部之学,工于书画艺术,主盟文坛三十年,著作多种,《金史》有传。② 碑文后有辞《悼骚》,又有墓铭。哀宗正大四年(1227年)立碑。

事迹:下车修学讲义,耸善抑恶。励而教之,惠而安之,奸吏恶少,望风革面。以扰攘之后,户减三之一,田不毛者千七百顷,而赋仍旧,乃请于大司农,减二万石,③民赖以济,流民自归者数千。未几,被召,百姓诣请留,不果。授应奉翰林文字,踰月以疾卒。县民闻之,以端午罢酒乐哭之;明年乞铭立碑。

(八)《宁晋县令吴君遗爱碑》④

碑主:宁晋(河北宁晋)县令吴微,字公妙,咸平平郭(辽宁开原)人,承安二年(1197年)进士第,初任建州军判,以廉超授宁晋县令。任职约章宗承安、泰和之际。

作者:王若虚,字从之,号慵夫,河北藁城人,与吴微同年进士,为金代名儒,以经义、诗文闻名,善议论,有《滹南遗老集》传世。《金史》有传。⑤ 立碑时间欠详,或在泰和年间。

事迹:下车以来,赋役以平,刑罚以清,奸宄不遏而惩,仁廉不率而兴。刚柔适中,缓急得所,勤故不废事,简故不扰民,明无不察,毫发莫欺,而其宽也又足以有容,政是以和,而克用义,此其大凡也。民求书前宰吴君之政而立碑。

---

① 参见《金史》卷126《刘从益传》,第2733、2734页。
② 参见《金史》卷110《赵秉文传》,北京:中华书局1975年版,第2426—2429页。
③ 以《金史》本传所载"田不毛者万七千亩有奇",减赋"为减一万",见第2733页。
④ 参见《全辽金文》中册,太原:山西古籍出版社2002年版,第2470、2471页。
⑤ 参见《金史》卷126《王若虚传》,北京:中华书局1975年版,第2737、2738页。

（九）《真定县令国公德政碑》①

碑主：国公，佚名，云中（山西大同）人，曾任府参军时已得民祠像碑颂。复任
真定（河北正定）县令。任职时间欠详，当在章宗或其后时。

作者：同前王若虚。

事迹：国公明敏人也，既下车哗者以静，悍者以柔，冤者有以告，听断如神，官
无留事，偶异政焉。其去也，其民舍之而不忍，挽而留之而不得也，思有
以纪其遗爱而示其攀恋之心。未至而人徯之，既至而人安之，去则思之
而不能忘。故独论其能得斯民之公心，与夫所至皆然者以见之。

（十）《澄城县令艾公遗爱碑》②

碑主：澄城（陕西澄城）县令艾元老，字长卿，大兴（北京）人，以父荫入仕，章
宗承安三年（1198 年）任县令。

作者：孙镇，字安常，绛州（山西绛县）人，承安二年进士，曾任同州教授，陕县
令；著作已佚，《中州集》有小传。③ 立碑于承安四年。

事迹：公勤于职，宽而能断，严而不苛，申明条约，检束胥吏，待僚属以礼，驭民
以信。修固城隍、明置里堠，不阅月，治绩告成。于是兴弊举废，修县
署、佛刹、道观，其修学校、治斋舍，择贤子弟教育作成之。卜地新建唐
相郑国文贞公（魏征）庙。④ 朝廷大比天下，公亲参校新旧籍删定租税，
人服其公平。每风雨愆期，公诣佛图澄洗肠泉，默为民祷，感应至三年
无风雹之灾。前主簿马丙亨遽逝，遗孤贫苦未聘娶，皆为之婚配而还乡
里，百姓以之有古风。赒济往来贫客，轻财重义。百姓等以公离任，思
其遗爱，皆以为古之循吏，有去思者，有生为立祠者。于是专祠于文贞
庙之东，书之于石。

---

① 参见《全辽金文》中册，太原：山西古籍出版社 2002 年版，第 2742、2743 页。

② 参见《全辽金文》下册，太原：山西古籍出版社 2002 年版，第 2637—2639 页。

③ 见《中州集》卷 7，第 18 页上。

④ 孙镇另作有《澄城县重修唐相郑国文贞魏公庙碑》，叙述艾元老修庙经过，参见《全辽
金文》下册，太原：山西古籍出版社 2002 年版，第 2636、2637 页。

（十一）《干州刺史抹撚公德政碑》①

碑主： 干州（陕西干县）刺史抹然公，佚名，天雄显族，世家大名，博学通敏，尤深于易学。泰和年任翰林应奉，迁真定府，判户部员外郎，磁州刺史，迁干州。任职约在宣宗贞祐初年（1213—1216 年？）。

作者： 武曦，生平欠详。碑立于贞祐五年（1217 年），碑文后有颂词。

事迹： 宾礼贤德，发摘奸伏，吏民神其政，莫或敢犯，此公之政行以义则然也。比年旱蝗蔽天，可为骇惧，然未为灾难，此公之政感以信则然。敌入塞为寇，公拒之，贼不敢近，以完其城，又土贼作乱，至于四郊萧然，公设乡兵乃定，此公政勇于武者也。以虏寇去而恐复至，于是高城垒、浚池隍，以至楼橹干䦆，戎器战具，一切缮完，无不犀锐，减蠲民疾，措之安地，此公之政智于文者也。其义、信、武、文，已足为美，流恩泽，布主德，平政理颂，帅以身之，使就田里之安，而无愁怨之心，虽古之能吏未有最此者。公长于治人，而不自矜其能，勇于弭寇，而不自伐其功。州人异公德政之美，不可无记而传之不朽。

（十二）《登封县令薛侯去思颂》②

碑主： 登封（河南登封）县令薛居中，字鼎臣，临漳（河北临漳）人，泰和三年（1203 年）进士③，初任滏阳县主簿，迁王屋县令，再任登封县令。任职于宣宗兴定二年（1218 年）。

作者： 元好问，字裕之，号遗山，秀容（山西忻州）人，为金代名儒，有诗、文集留存。《金史》有传。碑文后有颂词。④

事迹： 前县令适为飞语所被，群小焰焰，如梦丝沸縻，侯来则退悍卒、并冗吏、决留务、释滞狱，不旬日，县中无事。即召里胥三老，详审纤细，着为成籍，按次而用赋税。贷逋赋以宽流亡，假闲田以业单贫，敛役均配，权衡必平，宽以期日，不复强责，计以追胥之费之半而公上给矣。方春劝耕，

---

① 参见《全辽金文》下册，太原：山西古籍出版社 2002 年版，第 2754、2755 页。

② 参见《全辽金文》下册，太原：山西古籍出版社 2002 年版，第 3275—3277 页。

③ 原碑文未载籍贯，又言"泰和中进士乙科"，今据薛瑞兆《金代科举》（北京：中国社会科学出版社 2004 年版）补入，见第 175 页。

④ 参见《金史》卷 126《元好问传》，北京：中华书局 1975 年版，第 2742、2743 页。

慰以农里之言,而勉之孝弟之训,恳切动人。大概侯之治,仁心以为质,不屑屑法禁。人有犯,薄示之辱,教以改过而已,痛绳老奸宿恶,终不以为夸也。故吏畏而爱,民爱而畏,上官不敢挠以事,宾客不敢干以私。教化兴行,颂声流闻,四外之人,莫不以为乐土。于是民刻石颂德,以致其去思之心。

(十三)《奉国上将军南泽州刺史左公德政碑》①

碑主:南泽州(泽州,山西晋城)刺史左泌,字长源,河北蓟县人,父左企弓为辽末金初大臣,后为平州张觉所害,《金史》有传②。泌为左企弓长子,随父归金朝,从宋王宗望南伐,以功知祁州,历任泽、湿二州刺史,后任陕西路转运使,封戴国公。泌性夷澹,好读老、庄,年六十一即请致仕,时人高之。见《金史》本传。③ 任职泽州时为皇统元年(1141年)。

作者:程莘,凤台(山西晋城)人,河阳县令。立碑于皇统三年,碑文后有颂词。书碑者为李偲,定州安喜(河北定县)人,天眷二年(1139年)进士,仕至陕西西路转运使,其为政颇体恤民情,以便民为务,史称其为能吏。《金史》有传。④

事迹:推诚废钩距,用简而蠲细苛,涤除民瘝,不严而治,甚得为郡之体。请雨祠庭而获嘉应,岁则上熟,民无流逋。逐盗逃散,民用奠居。造铠仗而民涉艰险远适,公请就州营造既免远适,省费十倍。秋税纳粟,公以良规免民劳扰而省费。守城堳埒之役,公以良规大省民力民费。又以清俭自处,使贪墨敛迹。州民恋恋之情,虽公去而不释也。

---

① 见《山右石刻丛编》卷19,载于国家图书馆善本金石组编《辽金元石刻文献全编》(第一册),北京:北京图书馆2003年版,第128—130页。
② 参见《金史》卷75《左企弓传》,北京:中华书局1975年版,第1723、1724页。
③ 参见《金史》卷75《左泌传》,北京:中华书局1975年版,第1726页。
④ 程莘见前《山右石刻丛编》编者胡聘之按语。李偲书碑题为"陇西李偲",当书其郡望,其传记见《金史》卷92《李偲传》,第2042、2043页。

(十四)《芮城县尉纥石烈昭信德政碑》①

碑主:芮城(山西芮城)县尉纥石烈昭信,生平欠详,或由国子生入仕。任职
  在章宗泰和三年至五年(1203—1205年)②,因母逝而离任。

作者:许安上,芮城人,号南国居士,与兄安世俱登承安中进士第③。安上曾
  任宁州襄乐(甘肃宁县东北)县令。碑文后有铭。书碑并题额为芮城
  主簿权县事杨处仁,生平欠详。

事迹:以清白端勤为己任,遏浇浮以猛,植良善以宽,吏不可犯,民不忍欺。上
  司委之监纳,于军有补,于民罔伤,规画之功出自谈笑,较本州诸邑,以
  芮为治最。境无追胥,俗用不扰。父老等伤其去而见思,绘公之像于北
  塔寺,时而享之,示不忘德也。芮之父老缕数政术之为可纪,以号一时
  之良吏,纪实以德宜矣。

(十五)《蒲城崔朝请去思赞》④

作者:本文为前揭(五)作者张建所作,张建为蒲城人,记其县令去思之德政,
  但仅见"赞"词,未见碑文,所写"崔朝请",当为散官阶,姓崔,名字不
  详。金制"朝请"应是从五品上的朝请大夫,而县令职在诸县为从七
  品,剧县不过正七品⑤,最高赤县是从六品,所以朝请大夫绝非当时县
  令之阶,或崔公自后升迁至朝请大夫,此去思赞应是往后追作,然则或
  此崔公之名字即"朝请"乎? 以作者生平时间而言,崔县令任职推测在
  章宗时期。

事迹:由赞文中可知是民或有讼,公与折衷,察见伪情,断适轻重。祷则霑霈,
  赐我丰穰。公出于亩,熙熙童叟,饷其作劳,挞彼游手。公诣县庠,士子
  遨翔。谈书咏诗,文风载扬。凡此数者,得之舆议。序而赞之,无一

---

① 见《山右石刻丛编》卷23,载于国家图书馆善本金石组编《辽金元石刻文献全编》(第
一册),北京:北京图书馆2003年版,第225、226页。
② 见胡聘之按语。
③ 参见前揭《金代科举》,第173页。
④ 参见《全辽金文》中册,太原:山西古籍出版社2002年版,第1828页。
⑤ 金代散官阶见《金史》卷55《百官志一》,北京:中华书局1975年版,第1221页,县令职
见卷57《百官志三》,同上,第1314、1315页。

字愧。

(十六)《澄城县主簿赵公德政碑》①

碑主：澄城县（陕西澄城）主簿赵规，字君模，中都安次（北京）人，家世官宦，
以荫补为县主簿。少好学，通经史、工草隶，善词章。任职于大定九年
至十一年（1169—1171 年）。

作者：无名氏，立碑于大定十一年。碑文后附诗歌。

事迹：公首引滞狱，听词察色，悉得其情，人服其精敏。乘间出阡陌，召告耆老
勉以力田。时雨不旸，饥馑荐臻，公乃集士民款谕，人知复有生意。工
匠远役，出己财以支不能自给者，为流寓而归之嫠妇察争回其宅土。分
布弓兵擒俘山贼，党羽散去，境内晏然。豪宗侠族之家，畏威莫敢犯，舞
文弄法之吏，率皆不能欺。听讼必尽两辞，徐以理察之，人无怨言，奸民
猾吏皆敛手。民恳军人戎牧，公下令严行禁约，寨主虽粗暴武人，服公
之刚正，戒其军不可犯之。父老称颂德美奔告于下走云，劝课农桑，恒
敏于树艺，安集疲氓，使免于流亡，明足以察奸慝，义足以恤贫乏，威足
以憎强梁，勇足以破枭贼。禁断浮丁之目，削除逐波之名，杜塞请托之
门，阻绝奸邪之路，行一尉而众善萃于躬，于是县民愿立祠塑像，纪功金
石，以传不朽，公劳禁罢去。然其县境之民辏集而莫能止，以知而不传
非仁也，故有德政碑之作。

(十七)《元氏县令高仲伦德政碑》②

碑主：元氏（河北元氏）县令高仲伦，辽东人，生平欠详。任职于承安四年至
泰和元年（1199—1201 年）。

作者：吕鉴，赵郡人，生平欠详。立碑于泰和二年春。碑文后有赞词。

事迹：穷治贪吏之奸，简听得情，偿民物之直。有强豪者炎其势以逼于寒素，

---

① 参见《全辽金文》下册，太原：山西古籍出版社 2002 年版，第 4060—403 页。此碑题称
"主簿"，但碑文述为县尉，若澄城为下县，尉由主簿兼领，其兼领见《金史》卷 57《百官志三》，北
京：中华书局 1975 年版，第 1315 页。但前揭（四）澄城主簿李完去思碑中说"以万户之繁剧"，
则澄城当为上县，故本碑题或有误，当作县尉为是。

② 参见《常山贞石志》卷 15，载于国家图书馆善本金石组编《辽金元石刻文献全编》（第
三册），北京：北京图书馆 2003 年版，第 238、239 页。

炽其党以烁于微弱,公削势破党,俾无所措手足于民。公精于听断,受责者不以为冤,得申其情者不以为私好,故政平讼理,凛凛然有古君子之风。其前,人厌追胥而境多盗贼,其后则民无苦患。以俸余筑亭于城隅,以接待来士,接之以礼而燕犒其间。又留心学校,故民皆化。以所传及谣歌,采而为记。

三 德政去思碑的分析

(一)碑主与作者的分析

由以上 17 件德政去思碑的碑主所任的官职来看,以县级官职居绝对多数,主官县令占 10 位,主簿 1 位,县尉 2 位,共有 13 位,占全部的 76%,州级官员 3 位,占 18%,最高官员为西京副留守,从四品高官,有 1 位。看来地方官,尤其是县级主官的县令,是德政去思碑最主要的对象,地方上临民、亲民的县令是朝廷第一线的地方官员,也是国家最基层的管理机构。《金史》上对县令职官的说明是:"掌养百姓、按察所部、倡导风化、劝课农桑、平理狱讼、捕除盗贼、禁止游惰,兼管常平仓及通检推排簿籍,总判县事。"[①]

亲民之职以世宗时官员常德辉所说包括州刺史、县令[②],到晚金宣宗兴定二年(1218 年)彰化军节度使张行信说县丞、主簿也是亲民之职[③],这都是认知到州、县级地方官直接亲民的位置,而县级官员不止首长县令,佐贰的丞、簿、尉同样应视为亲民官职[④]。因此县是全国普遍设立的基层行政单位,天下之民皆领于县级。"掌养百姓"是首要之务,治理或者说管理地方以安天下之民,最为亲临人民的政府官僚即在于此,其为政良否直接反映人民对政府朝廷的观感,民心的爱憎好恶也在其中可见。以金代而言,前引《金史》对县令执掌与功能很可以看出其

---

① 参见《金史》卷 57《百官志三》,北京:中华书局 1975 年版,第 1314 页。
② 参见《金史》卷 54《选举志四》,北京:中华书局 1975 年版,第 1194 页。此为世宗大定七年左右,清州防御使常德辉上言所说。
③ 参见《金史》卷 58《百官志四》,北京:中华书局 1975 年版,第 1354 页。
④ 参见前揭《澄城主簿赵公德政碑》所说:"其为县邑亲民之职者,不独责成于长贰,惟尉亦然"。

地位及对人民的重要性如何,此无需再赘言。①

关于碑主的出身、地方人士的告留、立碑及碑文的发起等,今综合作表列之如下(见表1):

表1 出身、告留、立碑表

碑主	出身	告留	立碑相关情形
碑(一)	不详	有	郭祥等千余人请立碑
碑(二)	不详	不详	县人请立碑(近10年后)
碑(三)	进士	有	王玘等地方人士请立碑
碑(四)	进士	不详	士民刘玠等立祠立碑
碑(五)	进士	不详	先有绘像立祠,后立碑(8年后)
碑(六)	进士	不详	邑中耆宿请立碑
碑(七)	进士	有	李若愚乞铭
碑(八)	进士	不详	县民乞碑文
碑(九)	不详	民挽留	前任职他处曾有祠像,民请碑颂
碑(十)	荫补	民挽留	先立祠,后共立专祠请立碑
碑(十一)	进士	不详	州人请立碑
碑(十二)	进士	不详	民请立碑
碑(十三)	荫补	不详	州人王处广、田璋请立碑
碑(十四)	学校	不详	县父老等绘像立祠,县父老请立碑
碑(十五)	不详	不详	地方舆论

---

① 关于金代县级单位及其职官功能等参见郭威著《金代县制研究》,长春:吉林大学史学硕士论文,2007年。

碑主	出身	告留	立碑相关情形
碑(十六)	荫补	不详	先曾不允民立祠像,县民请立碑
碑(十七)	不详	不详	梁国材请立碑

由上表可知碑主出身除去不详 5 人外,最多的是进士出身,共有 8 人,约占全数的一半;荫补的有 3 人,由学校出仕的有 1 人。金承宋制,基层县官多科举出身。因有德政,人民有告留的举动,但确知者仅 3 件,而人民自发挽留的有 2 件,其他不详。立碑的情形全是地方士民发起,充分显出民意的表现,还有五六件是绘像立祠来表达民意。另有些请碑文的地方人士代表可得知其姓名。

金代德政去思碑主要对象以县令为主的县级官员,正说明亲民官与百姓之亲。其次的州级亲民虽不如县,但所辖仍不算广而不及亲民,如前面常德辉所说,州刺史也应是亲民职,如碑(六)单州辖四县,六万余户;碑(十一)干州,辖四县,二万余户;碑(十三)泽州为上州,所辖较广,有六县,近六万户。[①] 一般中级州大约管辖四个县。当然,德政碑的对象倒不在于哪一级的州县,而在于官员的"德政""遗爱""去思"的意义。这些德政去思碑主要任职的时间,最早的是碑(十三):在金初熙宗时,其他在世宗时有 6 位:碑(一)、碑(二)、碑(三)、碑(四)、碑(五)、碑(十六);章宗时有 6 位:碑(六)、碑(八)、碑(十)、碑(十四)、碑(十五)、碑(十七);宣宗时有 2 位:碑(十一)、碑(十二);哀宗时 1 位:碑(七);不详时间有一位:碑(九),但也在章宗或其后时。总体看来,金代中期世宗、章宗时所见最多,都占去三成余,共占七成之多,是否说明金代盛世时期吏治要求较严,亦颇为澄清,且较可见德政之遗留。

关于作碑文者,与碑主间关系,有数据可寻的约几种。其一为地方关系。如碑(二)长子县令乌塘,作碑者刘丙为长子县人,可以说代表地方为其父母官作碑。碑(十三)泽州刺史左泌,作碑者程莘,为凤台人,及泽州治所的山西晋城人,情形同上。碑(十四)芮城县尉纥石烈昭信,作碑者许安上,为芮城人,情形同上。碑(十五)蒲城崔朝请,作碑者张建,为蒲城人,情形同上。其二为旧谊、交友关

---

① 单州辖县、户数见《金史》卷 25《地理志上》,北京:中华书局 1975 年版,第 591 页。干州见《金史》卷 26《地理志下》,同上,第 642、643 页。泽州见《金史》卷 26《地理志下》,同上,第 638 页。

系。如碑(三)西京副留守李晏,作碑者边元忠,为李晏门下士,当属旧谊。碑(七)叶县令刘从益,作碑者赵秉文与从益及其父刘汲皆有交游。碑(八)宁晋县令吴微,作碑者王若虚与吴微为同年进士,是同年旧谊关系。碑(十)澄城县令艾元老,作碑者孙镇,二人有三十年旧谊。以上两种关系不只是德政去思碑的书写关系,可见于在其他书写上如神道碑、墓志铭、行状、谱、传、先德、先茔碑,以及诗、文序跋赠和等等,都可见到这种士大夫间往来交游的社会文化表现,这是中国传统的社会活动关系,也就是传统文化在人际间于金代的一种延续。文化圈的延续,实际上是士人文化圈的维持方式及在其时的发展,说明女真政权统治的华北地区,社会中士人文化圈仍是传统的延续。

社会活动透过不同的关系形成颇为繁复的网络,大部分的各种关系经继续漫延扩张,形成的网络也随之扩大、重叠,这在古代宗法伦理型社会成为不可避免的现象。除去血缘、姻缘、地缘为主要的基础外,往往又有同学、同年、同事、师生、幕僚、世交等等关系,而传统文化赋予士大夫间在文学或文化上的因缘,也是重要的文缘关系,他们以个别访游之外,又有诗文酒会,或结为诗文社群,形成士大夫重要的生活形态,也是塑造社会关系的方式。就德政碑主与作者关系来看,即使有些数据欠明,大体应不出这些关系。

在碑主与作者关系里,较有代表性的是碑(七)刘从益与赵秉文,前文中言及刘从益世为文学仕宦,在士大夫间浑源刘氏颇负盛名,父刘汲,进士第,号西嵒老人,其文即李纯甫作序,元好问评其"诗质不野,清而不寒,简而有理,澹而有味",喜浮屠,深于性理之说。① 刘从益家世自易进入士大夫社会网络中,加上他本人同是进士、官僚,集上世数代文学声誉,当是士大夫们乐于结缘的对象。赵秉文年长于从益,他们何时结交为友不甚清楚,据从益之子刘祁《归潜志》所记,有不少信息透露出从益与秉文的交游,"余(祁)赴试开封,先子(从益)以诗送之,且寄赵闲闲(秉文)、雷希颜(渊)"。从益罢御史,闲居淮阳,种竹自娱作诗寄赵秉文,秉文也种竹,且有诗赠从益,从益又和其韵作诗。另外李瀚游围城与僧人德超论乡里名家而有诗,从益见诗和之,刘祁以见示赵秉文,秉文和从益诗,从益又和之以诗。后从益由叶县令召入翰林,诸公会集,共赋诗,赵秉文作七律长诗有"迩来云卿(从益字)后秀出,论事观书眼如月"之句,从益也作诗以会雅兴。但月余后,从益以疾而逝。赵秉文作《挽刘云卿》诗:"人物于今叹渺然,如君才德几人全。忠言唐介初还阙,道学东莱不假年。黄壤苦埋经世志,青毡未了读书缘。西园酬唱

---

① 见《中州集》卷2,第30—32页,有《刘西嵒汲》小传。

空陈迹,泪洒南风擘素笺。"①

从益、秉文的交往显然其来有自,并非泛泛文人唱酬之交而已。据刘祁说其父从益是进士及第时就结识赵秉文的,秉文赏识从益的政事作为。贞祐南渡后,又赏识从益的"直名",后来推荐从益入翰林,"相得甚欢",曾对同僚说从益是替代他在翰林地位之人,又说从益为政当为本朝第一。当从益过逝,哭之甚哀。为文以祭,为诗以挽,又取朝廷士大夫所做挽词亲书写成轴卷寄付刘祁,"至于新修叶县县学诗及先子惠政碑,皆公笔也"②。所说的新修叶县县学即刘从益出任叶县令时修县学的文教措施,也显现其政绩及养士教化之功。"惠政碑"即本文所收的德政碑。

(二)碑文作者对行德政的认识

金代德政碑有三分之二都载县级官员,以县令主掌的县政如前所述知其职责何在,副佐的簿、尉则协助掌推治理。碑文所陈述的事迹是具体可证德政之处,此容后文分析。碑文作者要对官员职责所在而称其为德政,有哪种说辞或引论来加强官员身份地位的重要性,用以突显出施政治理为德政的必要性,这种重要性及必要性可看出他们对行德政的认知。以下所述出处参见各碑文,不再注出处。

在(一)马克礼德政碑作者严坦来看,他首先以为君王为民而设置官吏,人民是依赖官吏而得治理,官吏则是受君王所付的责任来导引人民有好的生活。官吏若能得人任用,则法平政成,否则致使王道弛败。故大体上贤者在位,能尽心治理,"则民赖其利,物荷其恩"。因此明主不敢私授,忠臣不敢虚受,古来治官有法,为在人任官,但多是得人寡、失人多。亲民之吏以县官为急,所谓"诸县之寄,出宰百里,民之师帅,所使承流而宣化者也。若师帅不贤,则主德不宣,恩泽不流,与奸为市,民受其殃"。他又引唐代马周所说:"欲令百姓安乐,惟在县令,县令既众,不能皆贤,须妙选其德而擢升之。"严坦说出设官治民、任贤尽治的关系,以及

---

① 见刘祁《归潜志》卷7,北京:中华书局1997年版,第78页;《归潜志》卷9,第93、94页;《挽刘云卿》诗,见赵秉文《闲闲老人滏水集》卷7,载于吴重熹辑《九金人集》(第一册),台北:成文出版社1967年版,第26、27页。《闲闲老人滏水集》中收录另首《和刘云卿》,即刘从益围城诗,赵秉文所和之诗见《归潜志》卷7,第17页下、第18页上。此外,有《和种竹》卷7,第18页,《至日次刘云卿韵》卷7,第19页。但其他与从益赠和诗,载于上述《归潜志》中,未见于《闲闲老人滏水集》。

② 见《归潜志》卷9,第106、107页。所说"新修叶县县学诗"恐是《学记》而非"诗",见《滏水集》卷13,第18—20页。

县令亲民的重要性,行德政就是任贤的成果,可以得到承流宣化的收获。

在(五)张翔德政碑的作者张建来看,他引司马迁《循吏传》为说,以为奉法循理之吏不求近功,然有爱民之诚心,使民阴受所赐,岁月久后,民知其爱心,故思之无已。不像沽名钓誉之徒,内既有所不足又急于得名,专于苛察督责,以求当世之名,则不可能有爱民之心,久之情态俱露,谤亦随之。故而若是良吏,不伐其功,人所以高其功,不矜其能,人所以称其能。及离任后,人思其德政,绘其像而思事之,此谓之良吏。张建分别循吏(良吏)是爱民而不求名,俗吏是好名而无爱民,进而以苛察督责彰显其能,急于求名得名,这是沽名钓誉之徒,要以赫赫之名来遮人耳目。在这篇碑文中,张建实际上提出了两种政治文化,有好名求名的官吏,有爱民不求名的官吏,当然其作风不同,也与人格、理念的差异有关。因此,张建的德政观念未必在于赫赫之名,而在于有爱民之心的政绩。另外,不矜能、不伐功而有爱民之心的说法,在武曦作抹撚公德政碑中也有同样的看法。

(九)国公德政碑,在碑文作者王若虚看来,天下的治理以地方守令为重要。其中又以县令为重,其于民为最亲,是理乱之原,故一县得人,则一县得治,各县都能得人治理,则天下太平。他又说"力可以得天下而不可以得匹夫之心,事固有非人之所能强致者",人民虽愚昧但心灵中也有清楚的地方,民心有同然的好恶,口中有同然的毁誉,若能够让人民心悦诚服,则可以使之俯首听命。无法勉强民心民意来毁誉官员的作为及声名,因此能得人心公心,是为政得失的衡量标准。王若虚一则说明县令的亲民身份,以及县令在国家治乱上的地位;二则说明民心不可欺,民意有好恶,同时也指出德政碑是出于民意的表达。县令的身份地位在(十)艾元老德政碑的作者孙镇及(十七)高仲伦德政碑中都有类似的看法。而在(十六)赵规德政碑中,作者还将亲民之职官扩及县尉。

德政碑的作者通常是以记写德政的事迹为主,即由事迹的叙述来理解其德政所在。立论说碑主官职在政治结构中的身份地位及行德政的必要性并不常见,要依作者行文的思考及书写的形式而定。换言之,这个部分并非书写德政碑的必然程序。若通过作者这种形式的书写,同时可反映出他们对行德政的认知。略过这个部分并不妨碍碑主的德政及去思的善政佳绩,但若有这个部分的论说,如举出的上述例子至少可以看到:其一,县令亲民的重要地位与国家治乱有着直接关系;其二,爱民之心重于好名、求名的虚誉;其三,民心表达地方的公意。

德政碑的书写还是有些个别的例子,如碑(三)李晏碑文作者边元忠,他开宗明义论四事,廉、能、循、良形成四种特色的官吏,"廉"是"吏有不为利回,不为义疚","能"是"才足以经济,智足以决断","循"是"奉法遵职,履正奉公","良"是

"明国家大体,通古今之时务",以此四者其一,即是地方治最,何况四者兼具。这种论述对碑主而言,是恭维极至,故而分别将碑主李晏的施政配置到这四种美德政绩之中,而请立碑文的代表也强调李晏确为"古之良吏"①。碑(十四)纥石烈昭信碑文作者许安上,开笔说为政的要领方法是"明"与"断",所谓"明则不胶于曲直,临事迎刃而解。断则不惑于予夺,遇疑即见机而作",若临政以明、断,则事无不济、政无不成。在作者看来,纥石烈昭信的德政即基于具有这两种才智品格,允为"一时之良吏"②。许安上作碑与边元忠作碑都除去书写具体德政的政绩何在之外,还略论为政要领及"良吏"的质量。而边元忠分类优良官吏的四种类型,也大约将中国古来贤能官吏的模范类型都置于其中了。

(三)事迹

德政碑必然是对政绩的描述,说明所施政绩对地方的贡献及影响,反映出人民所受的利益与恩惠。由记述的事迹组成的政绩有许多项目,除去碑主个人的学术、教养、品格及其特质之外,这些政绩可以简表标示如下(见表2):

表2 德政内容表

碑主	讼狱	教化	劝课	豪吏	赋役	行政	贼寇
碑(一)	√	√	√	√			
碑(二)	√	√	√	√	√		
碑(三)	√	√		√		√	
碑(四)		√		√			
碑(五)	√	√					
碑(六)		√	√	√			
碑(七)	√			√	√		

① 见前揭《西京副留守李公德政碑》。
② 见前揭《芮城县尉纥石烈昭信德政之碑》。

碑主	讼狱	教化	劝课	豪吏	赋役	行政	贼寇
碑(八)	√				√	√	
碑(九)	√			√		√	
碑(十)	√	√	√	√	√		
碑(十一)							√
碑(十二)	√	√		√	√		
碑(十三)			√		√	√	√
碑(十四)			√		√		
碑(十五)	√	√	√				
碑(十六)			√	√		√	
碑(十七)	√	√		√		√	√
综计	13	12	9	10	9	8	4

上表中显示出各政绩表现的事迹项目不同,但不论项目落在哪些政绩上,也不论政绩的多寡,都是能让地方人士获得利益而视之为德政的。大体看来居最的是关于司法方面,也就是讼狱的问题。若讼狱平理,无冤无滞,听讼尽辞尽理,公允明断,则民无冤情,犯者心服,豪强悍吏不能得逞,这就是值得称颂的德政。地方官府本身率之以法理公正,明察平断是首要条件,故而碑主在这方面都是受到颂扬的。其次则与豪吏这项目有关,地方豪族势家及奸猾胥吏最易"干涉"司法,以及赋役课督等方面,这是读史者都知道的社会现象,因此抑豪族猾吏也与德政相关,它被颂扬的事迹数量居前。若能使"豪宗侠族之家,畏威而莫敢犯;舞文弄法之吏,率皆不能欺,为之屏息"①就是重要的德政。尤其吏员协办文书及管理官物,又及赋税征收事务,自北宋以来屡多弊端,奸猾胥吏牟利枉法几成常态,若管

① 见前揭《澄城主簿赵公德政碑》。

理轻忽,造成民怨不能免,此亦为北宋法令及官箴中所经常提出的问题[①],金承北宋之社会治理方式,吏员的问题似仍旧未改,成为地方政治社会极遭民怨的弊端。在德政碑中也常出现澄清吏弊是德政的政绩,应该可以说明这一点。

在德政颂扬的描述里居其次多数的是行教化,包括兴学养士,重视地方教育,敦品励学,还有导之以德的地方管理方式。如"专以德化为理"而"不任刑罚,下亦无犯"[②],"以德义而化民,以经术而饰之吏事者矣"[③],"乃兴建学校,崇尚儒雅","平居抚民以恩,使民以信,德政熏浓,散为和气之浃洽,自是风俗淳厚,政简讼稀"[④]。凡此都是行教化为本而为民所颂扬,在儒家思想为主流的社会德治为至高标准,以不专任刑罚为理想,教化推行则民风淳厚、社会和谐,这也是人民所盼望的德政。

与抑豪强猾吏相当数量的德政是劝课农桑及赋役,这是社会基层生活所重,同时关系到国家赋税。农桑为民本业,农业社会基本生活所依赖,地方守令原则是"掌养百姓",故而劝课是重责要务。有如"抚字有方,劝课有术"[⑤],"方春劝耕,遭田父野叟于途,慰以农里之言,而勉之孝弟之训,恳切至到,人为感动"。劝课在澄城赵规的碑文中有相当详尽的记述,颇为难得[⑥]。在赋役方面,主要是减轻民户负担及免除兼并弊幸。如长子县令乌塘,对夏秋二税革除县吏乡胥之弊,以省民粟,兵器常课也大减民户负担[⑦]。单州刺史乌延公锐,为民请命,减免应办粮车、粮草,为漕运船夫减免其半,"民力不疲而官事办,公之施为,皆此类也"[⑧]。叶县令刘从益,以户口减而赋仍旧,于是申请上司,得以减赋,"民赖以济,流民自归者数千"[⑨]。登封县令薛居中在劝课外又有赋役的公平慎重政绩,"一粟之敛,一夫之役,均配周及,权衡之必平,锱铢之必分也",又能"宽以期日,不复强责,计

---

① 参见林煌达:《北宋吏制研究》,台中:中兴大学历史研究所硕士论文,1994年。

② 见前揭《和顺县令马公德政碑》中册,第1713页。

③ 见前揭《长子县令乌公德政碑》中册,第1716页。

④ 见前揭《澄城县主簿李公去思碑》中册,第1803页。

⑤ 见前揭《和顺县令马公德政碑》中册,第1713页。

⑥ 见前揭《登封县令薛侯去思颂》下册,第3276页。赵规见《澄城主簿赵公德政碑》下册,第4060、4061页。此碑记述碑主召耆老、集士民的告谕,是地方亲民官推行政务的言语,官民互动以直接面对实务处理的好材料。

⑦ 见前揭《长子县令乌公德政碑》中册,第1725、1726页。

⑧ 见前揭《单州乌延太守去思碑》中册,第2135页。

⑨ 见前揭《故叶县令刘君遗爱碑》中册,第2262页。

以追胥之费之半而公上给矣"①。劝课、赋役在不同的方面都直接关系到民生的苦乐,现实又切身,其良否自为人民所重。

行政的政绩在于公正及不扰民,以清简正直受到颂扬。如西京副留守李晏"于僚属则敬而有礼,于吏士则宽而有制,民间秋毫无所犯","钦乃攸司,慎乃出令,不矜功,不伐能,亦无过行"②。宁晋令吴微是"刚柔适中,缓急得所,勤故不废事,简故不扰民"③。登封县令薛居中是"吏畏而爱,民爱而畏,上官不敢挠以事,宾客不敢干以私"④。芮城纪石烈昭信是"境无追胥,俗用不扰"⑤。

至于德政中寇贼项较为特殊,并非地方皆有,如泽州左泌,逐盗南山,盗贼逃散,使民安居,为民所颂的政绩。⑥ 澄城县有横山贼,县尉赵规分布弓兵,突袭巢穴,生擒贼首,党羽散去,使境内安然,扫贼安民,是"勇足以破枭贼"的政绩⑦。

另外一件是乾州刺史抹撚公,碑文作者武曦誉之为"义、信、武、文"的四大政绩,其中说"武"即是御敌破贼之功。当宣宗贞祐南渡,华北屡陷于蒙古兵燹,干州幸赖抹撚刺史完保地方,是御敌保境之功。又因地方诸县有土贼乘隙作乱,至于四郊萧条,人迹断绝,抹撚公设乡兵定乱。此外又高城浚池,完缮楼橹战具以备。⑧ 这些都是州人称颂为德政的项目,能保境安民。生命可安全,生活得保障,自是地方士民所首先要注重的,当无需多言。

四 德政立碑与考课法

在前面表 1 中,有地方人士告留的情形,也有士民挽留之事,但都未成功。似乎朝廷并不依民意来留任原官,朝廷自有其考课及遣官任职制度,因此几乎全都升迁他职而去。如单州刺史乌延公锐,"朝廷选公卿之良吏,知公之为政如此,待

---

① 见前揭《登封县令薛侯去思颂》下册,第 3275、3260 页。
② 见前揭《西京副留守李公德政碑》中册,第 1769 页。
③ 见前揭《宁晋县令吴君遗爱碑》中册,第 2471 页。
④ 见前揭《登封县令薛侯去思颂》下册,第 3276 页。
⑤ 见前揭《芮城县尉纪石烈昭信德政之碑》,第 226 页上。
⑥ 见前揭《奉国上将军南泽州刺史左公德政碑》,第 128 页下。
⑦ 见前揭《澄城主簿赵公德政碑》下册,第 4061 页。
⑧ 见前揭《干州刺史抹撚公德政碑》下册,第 2754、2755 页。

以不次,加少中大夫,授户部郎中。复过斯邑,邑人攀辕遮道,歌咏其德"①。虽然碑文中未言及是否有告留之事,但朝廷自依其法升迁良吏,士民只有遇乌延太守复过地方时,争相瞻望欢迎,歌咏德政,发动立碑,刻石于官厅之侧,使"今后之为民师帅者,得以劝焉"。这是地方人士采取的地方活动。其中有朝廷的制度对待良吏,有地方士民对待官员的德政方式,简要而完整地进行了朝野的互动。又如和顺令马克礼,县民以其到任,"已逾一考,惟恐有迁除之报",于是有郭祥等千余人,"连名状告,留公久任",马克礼谦逊阻止,而郭祥等欲赴州告留,经再三劝谕,终不令往。其后县民"咸曰:'公之治迹,无能以名,莫可得而报也,恐后世无传焉。如能使百代之下,闻其德如见其人,岂不美哉!'命工刻石以纪其事,示民感戴不忘尔"②。这是社会民间告留未成的情形,立碑是为感恩传事,既为敦励后来,也是地方美事。

高陵县令张翱,朝廷遣使廉问,得知其善政,不几年,三迁其职。在他去任县令后,曾有"邑人曹璋率父老,绘公之像,构祠堂而事之,朝夕瞻望而不忘其德",这是地方民间自发的举动,已有立生祠的感恩行为,而后才有作者友人赴试来京,请求碑文,应是受县民所托而请,当时已距张翱离职8年后了③。真定令国公,他任县令前曾为府参军,声誉卓然,胜于前后任者,民间已经为他绘像立祠,也立碑颂。任真定令又有异政善绩,士民挽留不得,倡议立德政碑的县民,为报其恩德,传于后而请碑文的撰写。看来国公任职真定令前已有善政佳绩,曾得到民间立生祠碑颂的对待,但尚未见及这部分的德政碑。④ 澄城县令艾元老,因秩满而归,县民留之不得,有"百姓苏居仁等思其遗爱,皆以为古之循吏",于是有去思者,有生为立祠者。后来县民共同议立专祠于魏征祠庙之东,"使邑人春秋瞻拜而奉之"。艾元老在任时曾兴修魏征祠,是地方教化的盛事,附祠碑于魏征祠旁,极有意义。地方士民对本地纪念的重视及意义的认定是自发的行动,也颇有自主性。另外,对德政的感恩,以艾元老的例子来看,民间士民可以自发地来立生祠,而后共商议事再合立为专祠,这个过程应是民间较主动,官方或许共同参与来完成。芮城尉纥石烈昭信,先是由父老进仪(义)副尉李下等人"伤其去而见思,绘公之像于北塔寺,时而享之,示不忘德也",同时请许安上为其作德政碑文。⑤ 同是绘

---

① 见前揭《单州乌延太守去思碑》中册,第2136页。
② 见前揭《和顺县令马公德政碑》中册,第1713、1714页。
③ 见前揭《高陵县令张公去思碑》中册,第1827、1828页。
④ 见前揭《真定县令国公德政碑》中册,第2472页。
⑤ 见前揭《芮城县尉纥石烈昭信德政之碑》,第226页上。

像为祠祭，再请作文立碑，为民间父老发起，而领导者是曾有过九品官阶的父老。澄城尉赵规，由县民发起"愿立祠塑像，纪功金石，以传不朽"，经赵规榜禁罢去所愿，但县民辏集所愿而不能止。碑文作者以为有德政而不知是为不智，知而不传是为不仁，于是有作文立碑的完成。① 叶县令刘从益，后被召往中央，"百姓诣省请留，不果"，但从益任职翰林，逾月而死。"县民闻之，以端午罢酒乐，为位而哭"②，仍是告留未成，而死后民间感念祭祀。

告留或挽留地方官虽多未达到目的，有些碑文也并未记载是否有告留或挽留，但应是地方士民所共同的期望，尤其是县级亲民官。所谓地方父母官，直接影响士民生活，看德政碑的事迹及立碑的过程当可知道。但地方社会的祈盼与朝廷制度有其差距，朝廷选举任官有考课、升黜，不可能完全依民意而为，也就不可能满足地方的良情美意。让民闻能以善政功绩为念，立祠、作碑来纪事传世，也是地方社会表达良情美意的方式，多少可满足些民心民意。

依德政的事迹与立碑的过程来看，政绩得到民心，以民意而立碑建祠，虽然立碑时间有早、晚些许差距，但都是离任后立碑或绘像立祠。在官员考课上而言，其政绩应皆符合善最的标准。金代考课法具体成熟时间当在章宗时，在泰和四年(1204年)定考课法。此前已有对官员的考核、廉察，不过在泰和制定出准唐令的"四善十七最"之制，"四善"是指德义有闻、清慎明着、公平可称、勤恪匪懈。"十七最"在地方官的县令、丞、簿、警巡使、副、录事、司侯、判官等同样有所要求，以共有的五项(最)来考核；另有十二项则是其他职官的考核。五项是："一曰礼乐兴行，肃清所部，为政教之最。二曰赋役均平，田野加辟，为牧民之最。三曰决断不滞，与夺当理，为判事之最。四曰钤束吏卒，奸盗不滋，为严明之最。五曰案簿分明，评拟均当，为检校之最。"③这些考最的规定直接促成升迁。如果县令以下，凡三最以上有四善或三善者为上，升一等，即有三最加上四善或三善可升官一等。若三最以上有二善者为中，可减两资历，三最以上有一善为下，可减一资历。到宣宗兴定元年(1217年)时，有"辟举县令法"，考核六事，即田野辟、户口增、赋役平、盗贼息、军民和、词讼简。六事备为上等，升职一等，兼四事为中等，减二资历，其次为下等，减一资历，否则为不称职，罢而降

---

① 见前揭《澄城主簿赵公德政碑》下册，第4063页。

② 见前揭《故叶县令刘君遗爱碑》中册，第2262页。

③ 见《金史》卷55《百官志一》，北京：中华书局1975年版，第1227、1228页。另参见《金史》卷54《选举志四》，同上，第1209页。

之。① 章宗、宣宗的考课法差异基本不大，章宗定"四善十七最"是全面官职不同的善、最标准，用意在于奖励升迁之法；宣宗是对基层县令的考核，有奖有惩，条列六事，简明确实。金代地方官考课非本文所论，它与监察、廉察、铨选等制度结合，以多种方式进行，还有一些灵活的运用，但对地方基层官员考核相当重视，这都是其特点。②

以宣宗的六事考课县令，田野辟、赋役平为章宗的牧民之最，词讼简当为判事之最，盗贼息、军民和还不易找到相应之最，而此二项列入宣宗贞祐南渡之后的"辟举县令考核"，应是受晚金时局的影响。华北社会动荡，强敌入侵，而河南社会扰攘，都需要民间社会的安定。而严重影响地方治安的盗贼问题及军民关系都被列入重要的地方政治之中，这是晚金时社会普遍面临的问题，故在此际的县令考核中当可理解。户口增减或可在牧民之最中相关。若以前文列出德政碑的事迹记述来看，以及前文表2参考，讼狱可为判事之最，教化可为政教之最，豪吏可为严明之最，劝课与赋役可为牧民之最，行政可为检校之最，这"五最"可以说在德政碑主身上几乎都可看到三最或以上。"四善"的记录则可从碑主事迹里读出，大体都可满足三四善。当然，德政碑未必全然可与地方官考课符合，也未必能掌握其一致性，如泽州左泌在熙宗时还未有考课法规等。干州抹撚公当在贞祐时，局势动荡，御敌寇、除盗匪、整战备，对地方生民保全功莫大焉，仅此就值得士民感念作碑。毕竟德政去思碑是地方士民最直接亲身的感受，他们只是身受，并无意于对官员考课，只不过民间视之为德政的政绩，却相当符合地方官员考核的善、最标准。

五　结　语

述功德之碑的风气约起于东汉，往后各朝对公、私碑的看法及禁弛不定。唐、宋时有立碑申请、核准的规定及程序，但德政去思碑之数量并不多。金继北宋除在任时不得立碑外，尚未见如唐、宋时的立碑规则，可以说是对德政去思碑采取开放的态度，成为社会活动及民意的表达。在本文所收17篇碑文来看，都是由地方社会民间发起，建碑或立祠。立功德碑可以说是北宋社会活动的一种

---

① 见《金史》卷55《百官志一》，北京：中华书局1975年版，第1228、1229页。

② 金代对地方官的考核参看卢希《金代地方职官考课制度》，长春：吉林大学历史学硕士论文，2008年。

延续。

德政去思碑的碑主有三分之二是地方基层的县级官员,而又以亲民主管的县令为主,最高官是西京副留守的从四品官位,州级刺史有 3 位,很符合地方性州县级与民间的直接关系。碑主任官及立碑多在金世宗、章宗的盛世时期,占去七成。碑主的出身,以进士居多,占去全数的一半,由学校出仕的 1 位,荫补出任的有 3 位,另外 5 位出身不详。进士在官僚群中是有令人注意之处,而进士出身初任官以判、丞、簿、尉、令等基层为主,是以多见进士资浅者为县级正、副官,若勤政爱民树立政绩,也易于获得民心,则以地方民意有立德政去思之碑。

碑文作者与碑主的关系上,可知者不外两种:其一是地方关系,即作者为地方人士,易受托于地方士民之请而撰文;其二是旧谊或交友关系,以同年及旧友的社会关系易于受托及接受撰文。这两种关系是传统社会常见的关系网络,尤其是士大夫之间甚为重视,也是他们社会生活的一部分。这种士人文化圈或者文化社群关系本为传统社会的一部分,在金朝的华北社会承继未断。至于碑文作者对德政的重要与必要性有其看法,首先多强调县级官员尤其县令亲民的身份地位,以地方治理关系着国家治乱。其次强调爱民之心重于好名、求名之心,因德政而得名是出于爱民的本意。其三强调的是德政碑出于民心,表达地方公意。这些是对德政碑意义的阐释,也是其理论性之所在,故而不宜将德政去思之碑仅视为歌功颂德而已。

在德政碑事迹的内容上,是碑文主要的书写,否则不明其政绩作为无以知德政去思碑的由来。换言之,德政碑的基础所在是职责的落实,以行动为准,不全在于倡导而已,碑主实践的有效性,成为民意的反映及民心所在。大体上被表扬的以讼狱司法居最,有 13 个碑都言及。其次为地方的教化德治,有 12 个碑言及。对于劝课有方及抑服豪族、猾吏,都有 9、10 个碑列述所为的政绩。赋役均平及为民减免负担有 9 个碑为之弥颂。行政循规守法、清简而不扰民,有 8 个碑加以揄扬。较个案的是御除盗寇,有地方的特殊性,但保境安民是大功绩。各碑主或具几项政绩不等,但都是地方士民认为有德政的感受。若将这些德政的政绩放在金代对地方官员的考课上来看,五等(项)的善最或考县令的六事,这些被地方人民视为良吏或循吏的碑主,基本上都合乎考课内容及标准。实际上金代的良吏或循吏绝不止这些立有德政碑的碑主,而德政碑的有无也不是决定良吏、循吏的标准。如以《金史》所载,还有《循吏》专传,收 20 余人事迹,另有列姓名者近 20 人,而在传中仅记三人有为立碑建祠者,在列姓名未作专传者其中提到登封薛居中、叶县刘从益,即本文中所见的德政碑主。① 又如《光绪山西通志》载富平人张敏,为大定四年进士,初任解州判官,"调闻喜令,有惠政,民为立碑"②,可见张敏亦有德政去思之碑,但碑文未见及。故知循良之吏或有无立碑,或知有立碑但未必皆得见存。

从立碑的过程来看,全然是地方士民自动发起的自愿行为,或有倡导者,如州、县民、士人、耆老等,间有记载姓名者。地方社会有些曾记录下告留、挽留的行动,但也都未能达成,应是朝廷考课、选举有法,而未能如地方士民所盼。还有些碑主在离任后,民间为感念恩泽,也有自行绘像立祠的情形,然后再求得作者书写碑文,立其德政之碑。上面这些都说明德政碑与地方社会、民间的关系,显现出民间的自主性,以及地方社会民意活动的运作与表现。在金朝而言,似乎也乐于让民意得以表达,地方社会的美事得以建立。这是一种官民心理上的补充平衡作用,官方的考课选举有法,民间的感念去思立碑,在此可以塑造形成。

通过德政碑具体的书写,可以看出不仅是碑主的尽职守责,往往是在于除弊兴利而能突显出其德政。因此碑文所述,反映出金代的地方社会问题,以及一些弊端的所在,如司法狱政、豪强猾吏、教化、赋役等等,对于金代地方政治及社会能有进一步的了解。德政碑塑造了碑主的形象,基本上是民意的表现。至于是否有溢美之词恐在所难免,即事迹与文学修辞间的距离是不易完全区隔的,不论是有意或无意的书写,其"可靠性"如何是容许质疑的,但我以为碑主的事迹在细节上或有出入,对于整体而言应不至于有多大的虚构及影响。

---

① 参见《金史》卷128《循吏列传》,北京:中华书局1975年版,第2757~2775页。立有碑祠的三人是孙德渊、女奚烈守愚、王浩,但立碑的碑文未见及。《金史》说列姓名之中,张天纲、李献辅、张特立三人有传,实际上,宋九嘉、刘从益也有传,都在《文艺传下》中。

② 参见《光绪山西通志》卷106《名臣录六》,《续修四库全书》本,上海:上海古籍出版社2002年版,第41页上。

金源郡王神道碑碑文的记事特点

王久宇①

金源郡王神道碑,乃是金朝大定年间为一批开国功臣建立的功德纪念碑。碑文记载了碑主人的生平事迹,而且在成文时间上比元朝修成《金史》时更接近碑主人的生平活动,因此碑文具有特殊的史料价值。在迄今发现的四通金源郡王神道碑(完颜希尹碑、完颜娄室碑、完颜斡鲁碑、完颜忠碑)中,目前可见的完颜希尹碑和完颜娄室碑二者的碑文最为详实。尽管此二碑已经毁佚,但几经辗转传抄留下了极为宝贵的碑文资料,其中完颜希尹碑还留下了多种拓片资料。作为记述历史人物生平事迹的文字资料,金源郡王神道碑相比于正史中的人物传记,以及其他碑文资料有着自身独有的记事特点。本文结合希尹和娄室二碑的情况②着重归纳这些特点,以期对它们更有效地利用。

一 突出墓碑主人的历史功绩

金源郡王神道碑作为一种功德纪念碑和所有纪念碑文一样,突出墓碑主人的历史功绩,实在正常不过。但从娄室碑和希尹碑的情况看,它们都是尽可能地发现人物所参与的每一个历史活动的意义。例如,娄室碑文记载了完颜娄室从十四岁被乃父推荐给穆宗盈歌开始,一直到天会八年去世的历史活动。其中包括娄室

---

① 王久宇,哈尔滨师范大学历史文化学院。
② 本文所引完颜娄室碑文和完颜希尹碑文均转引自陈相伟、张中澍等校注的《金碑汇释》,长春:吉林文史出版社1989年版,下文不再单独注释。

直接参与的平叛、伐高丽、伐辽、攻宋等重大历史事件的绝大部分行动。碑文评价娄室参与这些活动的历史功绩,一般集中概括于碑文末的"铭曰"中。如在评价娄室伐辽功绩时,文曰:"天讨有罪,生此虎臣。靡坚不摧,靡强不蹈。"在评价娄室去世前仍忍着病痛率军力战时,文曰:"王身厉疾,威犹靡及。以死勤事,虽疾亦力。劲敌何有? 力战乃克。"同样,希尹碑文记载了完颜希尹从最初随太祖阿骨打联络移懒河部石土门兄弟开始,此后在招降铁骊兀惹诸部、攻打宁江州、创制女真文字、招降奚部、伐辽、攻宋等诸多重大战略行动,以及平定耶律余睹反叛、平定宗隽宗磐反逆等事件中,都立有大功。

当然,希尹碑文的"铭曰"中,对于希尹及其家族先辈的评价较之娄室碑有了更多的溢美之词。例如,对其前辈的评价:"忠出一门,世济其美,邢公之孙,戴公之子。维时戴公,硕大孔武。弘济艰难,佑我世祖。"对希尹随太祖阿骨打伐辽建功的历史活动,文曰:"武元载祎,从以周旋。奉命有光,料敌无前。"两通碑文在对碑主的评价方面之所以措辞有较大差别,即虽然都能充分歌颂两位碑主人的历史功绩,但相对而言娄室碑文更为朴实简洁,希尹碑文更多溢美之词,想必原因也十分简单,主要在于:希尹碑立碑撰文之际正值希尹孙完颜守道位居太尉左丞相之时,这一点碑文中也已提及。撰文者为当朝左丞相祖父树碑立传,多些溢美之词也是人之常情,在所难免吧。

二 注重记述人物的家庭出身

二者碑文对于碑主人的出身及祖先的记述较为丰富,有的可与正史相互印证,有的远比正史要更为详尽。

希尹碑文有关其家族自曾祖至父亲欢都的事迹记述为:"自曾祖□完颜部,名与昭祖同讳,以其贤明,昭祖与之为友,国人皆称之曰贤某,赠开府仪同三司三司邢国公。祖劾逊,事□□□祖,赠开府仪同三司戴国公。父桓笃(即欢都),事世、肃、穆、康四朝,数有大功,见任如手足。自世祖尝曰:'吾有桓笃,何事不成?'赠开府仪同三司戴国公。"这段碑文关于希尹出身的记述虽然字数不多,但其中既有与正史相互印证的部分、也有正史中没有提到的内容,更有其内容可订正正史之误。其一,希尹曾祖石鲁、祖父劾孙、父欢都(碑文记为"桓笃")的基本事迹皆可与正史相互印证,内容详见《金史》的《希尹传》《欢都传》等,在此不一一赘述。其二,碑文中的"自曾祖□完颜部"一句,透露了一个重要的信息,即无论那个缺字为何,这句话都在告诉我们,希尹家族是在曾祖石鲁时代也即金昭祖石鲁时代才与"函普—绥可—石鲁—阿骨打"一系的完颜部建立某种联系。结合下文"昭祖与之为友"的字样可知,希尹家族在曾祖石鲁时期与"函普—绥可—石鲁—阿骨打"一系的完颜部只是一种密切的联盟关系,其家族是不姓完颜的,到希尹祖父劾孙时才完全归附了完颜部,家族成员才以完颜为姓氏。其三,碑文提到希尹父欢都"赠开府仪同三司戴国公",与《金史·欢都传》的记载差别较大。《欢都传》记载,欢都于"明昌五年赠开府仪同三司"①,而成文于金朝大定年间的碑文已经记载"赠开府仪同三司",可见金廷最晚也于大定年间就已经对欢都追赠了"开府仪同三司",所以在此处碑文足以订正《金史》之误记。

娄室碑有关其出生前家族发展情况之记述是《金史》所不载的。"王讳娄室,字斡里衍,与国同姓。盖其先曰合笃者,居阿注浒水之源,为完颜部人。祖洽鲁直,赠金吾卫上将军,以财雄乡里。枝属浸蕃,乃择广土徙雅挞濑水。拿隣麻吉等七水之人皆附丽焉。父白答,赠金紫光禄大夫,事世祖为七水部长。时乌蠢谋寇乱者搆为凶恶,金紫公与同部人阿库德协心一力拒之,以付世祖。"这段碑文记载字数虽不是很多,但却补充了《金史》中完全没有的信息:其一,娄室家族之所以以金朝皇族完颜为姓氏,是因为当年娄室先祖合笃生活在阿注浒水(《金史》称为"按出虎水")之源,并于此加入完颜部成为部人。如按下文所记,娄室"父白答,赠金紫光禄大夫,事世祖(劾里钵)为七水部长"的情况向前推算,合笃加入完颜部的大致时间是金朝四世祖绥可徙居按出虎水之后,即在昭祖石鲁时代前后。这个情况也说明,"函普—绥可—石鲁—阿骨打"一系女真完颜部迁居按出虎水之前,合笃这一部族女真人原本不姓完颜。此一信息的获得也有助于我们理解金朝建国前女真完颜部发展的历史情况。其二,娄室的先祖(或曾祖)名为合笃,祖父洽鲁直,洽鲁直被追授金吾卫上将军的名分,此亦为《金史》所不载。其三,为适应本部族规模发展壮大的需要,娄室祖父洽鲁直曾率所部迁徙到雅挞濑水。其四,迁徙至雅挞濑水后,拿隣麻吉等七水部都归附了洽鲁直。其父白答,为七水部长,事世祖。由碑文可以推断,合笃及洽鲁直时期,娄室家族与"函普—绥可—石鲁—阿骨打"一系女真完颜部之间是一种比较密切的联合关系。

---

① 〔元〕脱脱:《金史》卷68《欢都传》,北京:中华书局1975年版,第1594页。

三 强调具体事件的细节过程

娄室碑文和希尹碑文相比于正史传记和其他墓志碑文有所不同,它不是大致罗列主人生平的主要事迹概况,而是对于历史事件过程记录得极为详细,特别是涉及碑主人参与的重大历史事件或涉及有关对碑主人重要历史评价问题的事件。碑文叙述极为详尽,包括语言的直接引用、过程细节的形象描述、前因后果的交代等。例如,娄室碑文在记述娄室等人参与黄龙府之战时就颇费了笔墨。在黄龙府之战前,阿骨打召集众将商议攻取方略,碑文中详细记录了完颜娄室为阿骨打建言献策的细节,显示出娄室卓越的军事谋略。娄室建言:"黄龙,辽之银府,所以围边者,拒守甚坚。若不行遏其巡属,使绝外援,则未易可拔,请试效之。"按碑文所记,阿骨打采纳了娄室所献方略。首先讨平了"自辽水以北、咸州以西暨诸奚部城邑",之后阿骨打又遣娄室一军驻扎黄龙府东南,扼守敌军出入之咽喉要道,"且巡其邻堡,凡有以应援者,使不得交通,度城中力屈可攻,使驰奏"。碑文又载,在围攻黄龙府的战斗中,"王攻东南隅,选壮秉苊倚梯,望其楼橹,乘风纵火。王乃毁民家、堞,趋士力战,至火燃靴伤足而不知"。在各路军马打击之下,金朝军队终于攻陷了黄龙府。据碑文记载,黄龙府之战后金太祖完颜阿骨打表彰了此役立有大功的完颜娄室,"赏御马一,奴婢三百,仍赐誓券,恕死罪"。碑文记载的黄龙府战役中娄室的战前谋划、讨平黄龙外围、扼守要道、率队火攻、火燃靴伤足而不知,以及战后受奖等情况,不仅完全为《金史》所不载,而且碑文详细具体地描述了完颜娄室等攻陷黄龙府的战争场面,是难得的形象化的历史资料。

再如天辅六年(1122 年)的天德之战,当斡鲁、娄室等伐辽诸军在天德地方会师之际,"夏国王使李良辅将兵三万来救辽,次于天德之境"①。碑文也记:"闻夏人出兵三万援辽"。在敌众我寡、形势危急之际,金军统帅内部发生了意见分歧,《金史》对此的记述是:"时久雨,诸将欲且休息,娄室曰:'彼再破我骑兵,我若不复往,彼将以我怯,即来攻我矣。'乃选千骑,与习失、拔离速往。"②似乎此次商讨定策的过程极为简单顺利,但依照碑文记载,此时金军统帅内部不仅发生了何去何从的意见分歧,而且局面相当严重,甚至出现彼此拔刀相向的状况,争吵的双方分别是宗室付古乃和完颜娄室。按碑文记载,当时的情况是:在敌众我寡的情势

---

① 〔元〕脱脱:《金史》卷 71《斡鲁传》,北京:中华书局 1975 年版,第 1634 页。

② 〔元〕脱脱:《金史》卷 72《娄室传》,北京:中华书局 1975 年版,第 1650 页。

下,诸将纷纷主张退守休整等待援兵,此时只有完颜娄室主张主动出击。针对娄室的这一意见引发的争吵,碑文记曰:"宗室付古乃诃之曰:'尔安轻举?我军既寡,马力疲甚,将何以交战?'王曰:'制敌如救烈火,一后其时,反为所乘,则难益为功,宜必迎战。'付古乃拔佩刀勃然曰:'诸帅皆不欲,尔敢咈众邪?'王厉声曰:'我独与战者,非为身计,盖国家大事耳。阿昆乃欲屈忠勤之志,而沮诸军之气乎?'亦挺刃相向,诸帅大惊,起扞之。"通过碑文的这段记述,可见当时娄室与付古乃之间争吵得相当激烈,火药味十足。也据碑文和《金史》记载,娄室的意见得到了主帅斡鲁的坚决支持和落实,并最终取得了此役的完全胜利。当然,碑文肯用大段的文字记载当年的争吵,用意是明确的,即突出完颜娄室在形势极度险恶的战争环境下勇于力排众议、坚持己见的作风,事实证明娄室的选择是正确的。而这些情况,在《金史》的常规文字表述当中是很难明显看到的。

另如有关完颜希尹于天眷元年(1138 年)罢相、天眷二年(1139 年)复职之事。《金史》载,希尹于"天眷元年,乞致仕,不许,罢为兴中尹。二年,复为左丞相兼侍中,俄封陈王。与宗干共诛宗磐、宗隽。"①《金史》的这段记载,因叙述过于简略,读来令人费解。其中没有交代希尹为何于天眷元年请求"致仕",只是说"不许,罢为兴中尹"。似乎希尹罢相并降为兴中尹是因为他请求"致仕",但情理上无论如何解释不通。此外,天眷二年(1139 年),希尹复职为左丞相兼侍中,不久又被封为陈王。这个过程记述也很突然,因为文中也没有交代具体的原因,只是后续文字记录了"诛宗磐、宗隽",似乎希尹复职与此二人有某种关联,语焉不详。而希尹碑文对天眷元年至二年间希尹经历政治沉浮的来龙去脉有较详细的说明。首先,关于希尹"乞致仕,不许"。碑文记载,在征伐"萌古斯"的战争中,宗磐因处理所缴获的战利品不当,受到了太傅宗干的反对,故而"宗磐以王(希尹)为矫诏,讼辩于帝前。王乃表乞还政,帝未有以答。太傅进曰:'希尹自祖宗世服劳,今且有请者,正畏谗惧罪而。'诏不允其请。"这说明希尹"乞致仕"并非无缘无故而是有隐情的,具体乃是因为宗磐进谗言诬陷其"矫诏",希尹因"畏谗惧罪"而"表乞还政",即所谓"乞致仕"。其次,关于希尹"罢为兴中尹"。碑文记为:"会东京留守宗隽、左副元帅挞懒来朝,皆党附宗磐,同力以挤王,出为兴中尹。"可知希尹"罢为兴中尹"乃是因为宗磐同党宗隽、挞懒等人的排挤,并非因"乞致仕"。第三,关于希尹天眷二年"复为左丞相兼侍中"。碑文是这样记载的:"宗隽代为左丞相,令人告发王(希尹)北征日多私匿马牛羊。奏,遣使鞫之,无状,告者伏口。

---

① 〔元〕脱脱:《金史》卷73《希尹传》,北京:中华书局 1975 年版,第 1686 页。

明年,召还,拜尚书左丞相,封许国公。"可见,针对宗隽一派的诬告,熙宗派人调查后认定希尹并无贪匿马牛羊的罪状,翌年将希尹召还复职。第四,关于希尹"封陈王,与宗干共诛宗磐、宗隽"。希尹碑文记载:"宗磐蓄不臣之心,连结党与。宗隽与之同恶。王与太傅揣之,阴为之备。已而,宗磐等反逆事发,朝则执之于殿阁内。诏诘之,伏罪。王举措闲暇,而宗磐等已正刑典。以定乱功,进封陈王。"如按照碑文所载,由于希尹和宗干联合共同平定了宗磐一派的反逆,以定乱有功被封为陈王,应是"诛宗磐、宗隽"在先,"封陈王"在后。可见,《金史》的记录不仅有含糊其辞且所列事件有前后顺序及因果关系错乱之误,碑文则能够补充和订正正史不足,并顺其事、尽其详。

此类方式的记述在碑文中比比皆是,不一而足。

四　明确历史记述的时间概念

希尹碑文和娄室碑文向世人展示了极为明晰的时间概念,使观者对历史过程的了解建立在非常清晰的时序观念上,就史料而言也有校订正史的作用。

例如有关娄室的生卒时间,正史诸本中只有《金史》记载他"天会八年,薨"①。根据这条记载,读者不能判断出娄室去世时的准确年龄和出生时间。而碑文则明确地说,娄室"天会八年十二月九日卒于泾州回□之西原,年五十有三。"金太宗天会八年农历十二月九日,当为公元 1131 年 1 月 9 日。中国古人习惯以传统农历记录时间,以虚岁表示年龄,那么以完颜娄室天会八年去世时虚岁五十三岁推算,娄室当出生于公元 1078 年,即辽道宗大康四年。以此进一步推算碑文和《金史》所共同记载娄室二十一岁时候代父为七水部长,那一年应为 1098 年,即辽道宗寿昌四年。又如,碑文亦记载,金朝"大定十六年,天子思其功烈,诏图像太祖原庙。明年,大祫,配享太宗庙庭,谥曰壮义。又敕词臣撰次之,建碑墓隧。"据此,后人可准确推断,完颜娄室神道碑当建于大定十七年(1177 年)之后。

另如,有关希尹平反问题,碑文的记录是:"天德初,追封豫国王,谥曰贞宪,以雪其非罪。正隆二年,改封金源郡。大定十六年,诏图像衍庆宫。明年,配享太宗庙庭,命词臣撰次之以为铭。"这一记录与《金史》所载差别较大:其一,金熙宗于皇统三年(1143 年)为希尹有限度地恢复名誉,此事为碑文所不载。熙宗为希尹

① 〔元〕脱脱:《金史》卷 72《娄室传》,北京:中华书局 1975 年版,第 1653 页。

恢复的名誉为"仪同三司、邢国公",只是其曾祖父的封号,远不及希尹生前的"左丞相兼侍中""陈王"封号,所以说这是有限地为希尹恢复名誉。虽说"死非其罪",但终归有罪,想必这是碑文不载其事的真实原因。其二,海陵王为希尹彻底平反。《金史》记为"天德三年,追封豫王"①,碑文记为"天德初,追封豫国王",二者稍有差别,但碑文记录的海陵王天德年间追认希尹的谥号"贞宪",并以此"雪其非罪",碑文记录表明了海陵王时希尹彻底平反。这是《金史》不曾说清的。其三,关于两者记录都提到希尹谥号"贞宪"。《金史》说"大定十五年谥贞宪"②,而碑文说"天德初……谥曰贞宪"。二者差别极大,应以碑文为准,即希尹的谥号"贞宪"应为海陵时期追赠。其四,碑文中的"诏图像衍庆宫""配享太宗庙庭"等事,在《金史·功臣配享》中有所记录,可与碑文互为佐证。但"命词臣撰次之以为铭",涉及大定年间国家为表彰完颜希尹功业为其立碑撰铭之事,确为《金史》所不载。

综上可见,金源郡王神道碑碑文的记事特点非常适合作为史料追根溯源、订正史事,特别是碑文对于历史事件进程的细节关注,以及明确的时间概念更加提升了它的史料价值,为金史研究提供了极大的方便。

---

① 〔元〕脱脱:《金史》卷73《希尹传》,北京:中华书局1975年版,第1686页。
② 〔元〕脱脱:《金史》卷73《希尹传》,北京:中华书局1975年版,第1686页。

《儒门事亲》史料价值研究

李浩楠①

金代名医张从正(1156—1228 年),字子和,自号戴人,睢州考城人,侨居陈州宛丘。主要著有《儒门事亲》②等。张从正在中国医学史上享有盛誉,医术高明、医德高尚是一方面,更重要的他是"金元四大家"之一和"攻邪学派"代表人物,"张子和的学术思想在目前公认的七大学派(河间、易水、丹溪、攻邪、温补、伤寒、温热)中是较为独特的一家"③。学术界对其人及著作的研究,呈现"医强史弱"的特点。

"医强",是指中医学界对张从正及《儒门事亲》的研究相当重视,成果可谓"蔚为大观",从古籍整理到专著、综合研究、论文等一应俱全。④ 中医学界对张从正及《儒门事亲》的研究以从事中国医学史和中医各家学说研究者居多,他们的研究结合临床,见解独特,能发历史学者未发之覆,参考价值较高。

---

① 李浩楠,赤峰学院历史文化学院。
② 〔金〕张从正著,邓铁涛、赖畴整理:《儒门事亲》,北京:人民卫生出版社 2005 年版。
③ 萧国钢:《儒门事亲研究》,北京:中医古籍出版社 1998 年版,第 271 页。笔者按"温热"应为"温病"。
④ 因《儒门事亲》于中医临床有益,故点校本众多,除邓铁涛、赖畴整理本外,尚有徐江雁、许振国主编《张子和医学全书》(北京:中国中医药出版社 2006 年版)等,恕不一一列举。对张从正及《儒门事亲》的研究,专著类有萧国钢《儒门事亲研究》;对"金元四大家"进行综合研究者,主要有丁光迪《金元医学评析》(北京:人民卫生出版社 1999 年版)、程雅君《金元四大医家与道家道教》(成都:巴蜀书社 2006 年版);论文类,主要见钱超尘、温长路主编《张子和研究集成》(北京:中医古籍出版社 2006 年版),《张子和研究集成》共收录中医学界相关论文 330 篇。

"史弱",是指历史学者特别是从事金史研究的学者,对张从正及《儒门事亲》的关注度较弱。历史学者主要是利用《儒门事亲》补正金代人物生平及版本学研究等①,仅涉及《儒门事亲》的一小部分。

《儒门事亲》卷6至卷8为《十形三疗》,是张从正的医案选集,"共收病症139种,录病案162例"②。病案除记录患者主诉、现病史、既往史、婚育史之外,还记录了患者的官职、职业、籍贯、经济状况、生活习惯及与疾病相关的社会情况等,有些已经比较接近现代住院病历的书写。③ 以上病案在时间和空间上相对集中④,对于金末河南地区的研究有较高的史料价值。换句话说,即使这些病案的治疗及疗效有夸大之嫌⑤,但是关于治疗之外的记载是"无心插柳柳成荫",是可信的。在病案之外,中医理论的探讨方面,张从正多次使用传统中医的"取象比类"法,用自然界和社会上的客观事物进行类比,类比的对象无疑源于客观事实。笔者探讨《儒门事亲》的史料价值,主要体现在除医学史之外的史料价值上。

---

① 学术界使用《儒门事亲》补正金代人物生平者主要有:周惠泉《金代文学家李纯甫生卒年考辨》(《社会科学战线》1984年第3期)等;王庆生先生亦利用《儒门事亲》补正麻九畴事迹,见王庆生《金代文学家年谱》(南京:凤凰出版社2005年版,上册,第523—524页)。对《儒门事亲》的版本学研究,薛瑞兆先生认为《儒门事亲》不过3卷,中统三年(1262年)刊本将张从正等《儒门事亲》《直言治病百法》《十形三疗》三部医籍合刊为8卷。明代"嘉靖本"演化为15卷,统以《儒门事亲》名之。即除中统本8卷外,将《杂记九门》独立为卷九,又新增6卷。新增部分或掺入他人著述,或托名牵引缀合。参见薛瑞兆:《金代艺文叙录》,北京:中华书局2014年版,下册,第973—983页。

② 萧国钢:《儒门事亲研究》,北京:中医古籍出版社1998年版,第16页。

③ 关于住院病历书写,参见戴万亨主编:《诊断学基础》,北京:中国中医药出版社2003年版,第568页。

④ 从时间上来看,《十形三疗》"除少数为子和回忆早年治验,由编撰者追记补入外,大部分是其晚年治验的真实记录'。参见萧国钢:《儒门事亲研究》,北京:中医古籍出版社1998年版,第16页。关于张从正的医疗活动范围,萧国钢先生认为是以今河南省淮阳县为圆心,"约为北到开封、南达息县、东至舞阳、西及亳县的一个圆周地域",参见萧国钢:《儒门事亲研究》,北京:中医古籍出版社1998年版,第4页。笔者按"东至舞阳、西及亳县",应为"西至舞阳、东及亳县"。

⑤ 张大明先生认为《儒门事亲》所载张从正的汗、吐、下三法,"其所举病例皆效(笔者统计了书中所收此类病例约140个,均有效),并不符合临床统计学规律,可推测其入书病例是'择优录取'的,而此类病例并不能正确反映事实,以此种病例自夸其术也是不老实的,有违科学精神的"。参见张大明:《张子和"攻邪论"辨析》,载于钱超尘、温长路主编《张子和研究集成》,北京:中医古籍出版社2006年版,第950页。

一 金代杖刑史料

古代中医并不似现代医学,分科者众。医生常为"多面手",对多种疾病进行诊疗。故《儒门事亲》中有诸多对金代受杖刑者治疗的记载。

《十形三疗》中,涉及杖刑的病案有:

"新寨马叟,年五十九,因秋欠税,官杖六十,得惊气成风搐,已三年矣。病大发则手足颤掉,不能持物,食则令人代哺,口目张眨,唇舌嚼烂,抖擞之状,如线引傀儡,每发市人皆聚观,夜卧发热,衣被尽去,遍身燥痒,中热而反外寒,久欲自尽,手不能绳,倾产求医,至破其家,而病益坚。"①

"戴人出游,道经故息城,见一男子被杖,疮痛燃发,毒气入里,惊涎堵塞,牙禁不开,粥药不下,前后月余,百治无功,甘分于死。"②

除病案外,张从正亦对杖伤的病理、方药进行研讨。如"曾有邻人,杖疮发作肿痛。燃及上下,语言错乱,时时呕吐,数日不食,皆曰不救"③,张从正治愈之,并总结到"救杖疮欲死者,四十年间二、三百,余追思举世杖疮死者,皆枉死也"④。他主张"杖疮燃发,或透入里者",皆可用"木香槟榔丸"治之。⑤

学界前贤对金代杖刑有一定的研究⑥。但细究之,研究金代杖刑"原因""行

---

① 〔金〕张从正著,邓铁涛、赖畴整理:《儒门事亲》卷6《十形三疗一·风形·因惊风搐一》,北京:人民卫生出版社2005年版,第159页。

② 〔金〕张从正著,邓铁涛、赖畴整理:《儒门事亲》卷7《十形三疗二·外伤形·杖疮一百十六》,北京:人民卫生出版社2005年版,第215页。

③ 〔金〕张从正著,邓铁涛、赖畴整理:《儒门事亲》卷2《凡在下者皆可下式十六》,北京:人民卫生出版社2005年版,第62页。

④ 〔金〕张从正著,邓铁涛、赖畴整理:《儒门事亲》卷2《凡在下者皆可下式十六》,北京:人民卫生出版社2005年版,第63页。

⑤ 〔金〕张从正著,邓铁涛、赖畴整理:《儒门事亲》卷5《治病百法二·杖疮五十八》,北京:人民卫生出版社2005年版,第144页。

⑥ 学术界对金代杖刑的研究,主要有:傅百臣《金代杖刑管窥》(《北方文物》1986年第4期),姚大力、郭晓航《金泰和律徒刑附加决杖考——附论元初的刑政》(《复旦学报(社会科学版)》1999年第4期),陈昭扬《金代地方管理中的杖杀》(《台湾师大历史学报》第44期,2010年),陈昭扬《金代的杖刑、杖具与用杖规范》(收入台湾师大历史系、中国法制史学会、唐律研读会编《天圣令论集:新史料、新观点、新视角》,台北:元照出版社2011年版,下册,第73—96页),李玉君、何博《从金朝杖刑看女真族对中原文化的认同》(《北方文物》2013年第3期)。

刑原则""执行情况"者居多,而关注"杖刑之后"者绝少,《儒门事亲》的记载正好可以弥补这一缺憾。根据以上史料,金代受杖者在行刑后,身体痛苦,后遗症严重,病情迁延,病程长久。严重者可致手足颤抖、不能进食、恶心呕吐,甚者则有死亡之虞。以"新寨马叟"为例,丁光迪先生认为其病机为"因惊则气乱,气郁生涎,气火内郁,又引动肝风","中心是气、郁、痰、火四个字,而病属实证"①。病机复杂,又属痼疾,病程长达三年之久,治疗不易。故张从正言多"枉死",即死于误诊误治。《儒门事亲》的贡献是,作者以一个医学家的眼光向读者揭示了受杖者在行刑之后,遭受了长时间的、难忍的、较难治愈的身体和精神痛苦。

新寨马叟、一男子及邻人,以及张从正曾治"救杖疮欲死者,四十年间二、三百"等,绝大多数当系非官非士大夫之普通民人,这又像我们揭示了金代杖刑的另一面——百姓多艰。以"新寨马叟"为例,年近花甲,"因秋欠税,官杖六十"。这不禁让我们联想到金末"方今军国所需,一切责之河南。有司不惜民力,征调太急,促其期限,痛其棰楚"的事实②。只是在正史中不过是"痛其棰楚"四个字。而在张从正的笔下,则是一位老人在受杖之后患病三年,不能自理,痛苦不堪,就医无数,几至人财两空的惨痛事实。他们在受杖之后,难以自理,不能劳作,家庭收入从哪里来? 身体、精神痛苦又该拿什么来衡量? 家庭要为之付出多少诊疗费用? 在久治不愈乃至死亡的情况下,失去了顶梁柱,妻儿老小要依靠谁? 这一连串的问号提示我们,对于受杖人而言,杖刑绝非是一个个冷冰冰的击打数字,而是要经历身体痛苦、人财两空乃至付出生命代价的不菲考验。③

二 金代官制及制度史料

张从正为一代名医,求医者众,其中不乏官、吏等,故《儒门事亲》有涉及金代

---

① 丁光迪:《金元医学评析》,北京:人民卫生出版社1999年版,第163页。

② 〔元〕脱脱等:《金史》卷47《食货志二》,北京:中华书局1975年版,第1060—1061页。

③ 金代亦有质疑、否定杖刑者。刘祁认为,"省令史仪礼冠带,抱书进趋,与掾史不殊,有过,辄决杖,惜乎,以胥吏待天下士也"。参见〔金〕刘祁著,崔文印点校:《归潜志》卷7,北京:中华书局1983年版,第77页。元好问言,"高琪当国,专以威刑肃物,士大夫被捃摭者,笞辱与徒隶等。医家以酒下地龙散,投以蜡丸,则受杖者失痛觉"。参见〔金〕元好问编:《中州集》卷8《苑中小传》,北京:中华书局1959年版,下册,第422页。二者均从"刑不上大夫"的角度立论,但从行文来看,并不反对对"胥吏""徒隶"施行杖刑,是从狭隘的阶层利益角度否定的,以至于不如他们的普通百姓,不在关怀之列。

官制、制度者,可补史籍之缺。

左衙。本书载,"息城李左衙之妻,病白带如水"①,有"左衙"之说。石刻文献中,又有"差到面前人戴右衙"②。则金代,在地方上设有"左衙""右衙",可补史籍之缺。

蹙踘承应。"蹙踘张承应,年几五十,腹如孕妇"③。"蹙踘",当系"蹴鞠"通假,可知金代有从事"蹴鞠"的承应人,可补史籍之缺。④

酒务官。《儒门事亲》所载酒务官颇众,见下表1:

表1 《儒门事亲》所载酒务官表

篇 目	页码	酒务官
卷1《指风痹痿厥近世差玄说二》	第12页	陈下酒监魏德新
卷2《推原补法利害非轻说十七》	第67页	息城酒监赵进道
卷2《推原补法利害非轻说十七》	第67页	相台监酒岳成之⑤
卷7《十形三疗二·外伤形·足闪肭痛一百十九》	第216页	谷阳镇酒监张仲温

① 〔金〕张从正著,邓铁涛、赖畴整理:《儒门事亲》卷6《十形三疗一·湿形·白带七十九》,北京:人民卫生出版社2005年版,第193页。

② 〔清〕陆增祥:《八琼室金石补正》卷124《驼山都总管题字》,民国14年希古楼刻本,载于国家图书馆善本金石组编《辽金元石刻文献全编》(第一册),北京:北京图书馆出版社2003年版,第41页。时间为大定七年(1167年)。"面前",《夷坚三志己》卷4《张马姐》云"面前张马姐,亦胡人,面前者客将也"参见〔宋〕洪迈著,何卓点校:《夷坚志》,北京:中华书局1981年版,第3册,第1328页。

③ 〔金〕张从正著,邓铁涛、赖畴整理:《儒门事亲》卷8《十形三疗三·内积形·腹胀水气一百二十五》,北京:人民卫生出版社2005年版,第222页。

④ 关于金代承应人,参见关树东:《金朝宫中承应人初探》,载于中央民族大学历史系编《民族史研究》(第1辑),北京:民族出版社1999年版,第169—187页。

⑤ 原作"盐酒",误,据《张子和医学全书》第43页改。

篇　　目	页码	酒务官
卷 10《撮要图·金柜十全五泄法后论》	第 257 页	商水县白堤酒监单昭信①

"陈下"当指陈州,商水县为陈州属县,"相台"当指彰德府(相州),"息城"当系息州或新息县,谷阳镇为亳州卫真县下辖之镇。② 以上地区设置的酒务官皆不见于《金史》,可补史籍之缺。⑤ "陈下酒监魏德新,因赴冬选"④。"冬选"当系《金史》中的"季选"在冬季进行者。⑤ 又"酒官杨仲臣,病心气痛。此人常好饮酒,初饮三、二杯必奔走,跛懒两足,三、五十次,其酒稍散,方能复席,饮至前量。一醉必五、七次"⑥。以酒官身份而好饮酒,大概亦属其"特权"之一也。

致仕制度。白姓患者:"息城边校白公,以隆暑时饮酒,觉极热,于凉水池中渍足,使其冷也,为湿所中,股膝沉痛。又因醉卧湿地,其痛转加,意欲以酒解痛,遂以连朝而饮,反成赤痛,发间止,且六十年。往往断其寒湿脚气,以辛热治之,不

①　薛瑞兆先生认为嘉靖本《儒门事亲》新增 6 卷,新增部分或掺入他人著述,或托名牵引缀合,《金代艺文叙录》,下册,第 978—979 页。但以本条史料为例,商水为陈州属县,《金史》卷 25《地理志中》,第 596 页。正位于前引萧国钢先生所论张从正行医范围之内。笔者认为这段记载系张从正撰述。"酒"原作"酒",据《张子和医学全书》改,第 123 页。

②　宋代,"相州"别称"相台"。参见桂始馨:《宋〈相台志〉修纂略考》,《中国地方志》2007年第 11 期。相州入金仍称原名,明昌三年(1192 年)升为彰德府。参见《金史》卷 25《地理志中》,北京:中华书局 1975 年版,第 606 页。关于息州及新息县,参见《金史》卷 25《地理志中》,同上,第 596—597 页。谷阳镇,参见《金史》卷 25《地理志中》,同上,第 595 页。

③　学术界对金代各级行政区酒务官设置的研究,参见周峰:《金代酒务官初探》,《北方文物》2000 年第 2 期。周先生使用的材料有《金史》《金文最》及金代官印等。

④　〔金〕张从正著,邓铁涛、赖畴整理:《儒门事亲》卷 1《指风痹痿厥近世差玄说二》,北京:人民卫生出版社 2005 年版,第 12 页。

⑤　"陈下酒监"可能系都监、同监等,中都都麹使司都监不过正八品。《金史》卷 57《百官志三》,北京:中华书局 1975 年版,第 1319 页。"陈下酒监"肯定不及正八品。金制"文武选皆吏部统之。自从九品至从七品职事官,部拟",参见《金史》卷 52《选举志二》,同上,第 1157 页。吏部每季铨选制度一直坚持到金末,如兴定元年(1217 年),"又诏,自今吏部每季铨选……",参见《金史》卷 54《选举志四》,同上,第 1196 页。

⑥　〔金〕张从正著,邓铁涛、赖畴整理:《儒门事亲》卷 6《十形三疗一·火形·心痛五十》,北京:人民卫生出版社 2005 年版,第 181 页。

效。或使服神芎丸,数服,痛微减。他日复饮,疾作如前,睾囊痒湿,且肿硬,脐下似有物,难于行,以此免军役,令人代之。"①

"边校"当系金代边防军或巡检司之军官,"校"可能因其阶官为"某某校尉"。白姓低阶军官病程"且六十年",即使以十余岁服役而论,年龄起码在七十岁以上,而且因病痛难忍才"免军役"。也就是说,如无病痛,致仕年龄可能还要推迟。结合学界前辈对金代致仕制度的研究②,"白公"可能因为所驻为边防重地,位轻责任重,所以出现了高年龄致仕的现象。

金代科举律赋。张从正曾用"书生命题"与"治病"进行比拟:"夫医之治病,犹书生之命题。如秋伤于湿,冬生咳嗽,是独以湿为主,此书生之独脚题也。风湿暍三气合而成霍乱,吐泻转筋,此犹书生之鼎足题也。"③这里的"命题"指金代词赋进士的选举程文。汪小洋、孔庆茂先生,以南宋淳祐元年(1241年)《声律关键》为例,指出"律赋的分韵与八股文的分股有异曲同工之妙。如何一层意思、一句题目,生发成相对应的两段文字,如'独脚题分上下两截'、'鼎足题分两脚在上'诸法,与八股文都是相通的"④。可知金代与南宋律赋程式无甚区别。按张从正的解释,"独脚题"分为两部分,偏重于一部分;"鼎足题"分为三部分,三部相合组成文章,成"三足鼎立"之势。

司天台属员、制度。按张从正所述,他亲自参观过"灵台",即司天台。"余昔访灵台间太史,见铜壶之漏水焉,太史召司水者曰:此水已三环周,水滑则漏迅,漏迅则刻差,当易新水。"⑤按前引萧国钢先生对张从正行医范围的研究,此"灵台"当指金朝迁都南京的司天台,而非中都司天台。按金制,司天台设有"漏刻科",

---

① 〔金〕张从正著,邓铁涛、赖畴整理:《儒门事亲》卷6《十形三疗一·湿形·湿痹七十七》,北京:人民卫生出版社2005年版,第192页。

② 张创新先生认为金朝官吏60岁致仕确定无疑,参见张创新:《金朝致仕制度浅议》,《史学集刊》1986年第3期。宁波先生认为金代老臣多复起用,甚至有70至80岁仍在位者,参见宁波:《浅议金代致仕官员重新被起用现象》,《北方文物》2008年第2期。武玉环先生认为金代官员大约为70岁致仕,也有大于或者小于70岁致仕者,参见武玉环:《金代职官致仕制度考述》,《吉林大学社会科学学报》2016年第1期。三位学者所用文献主要为《金史》、金代文集、笔记等,关注者多系高级官员,对中下级官员关注不够。

③ 〔金〕张从正著,邓铁涛、赖畴整理:《儒门事亲》卷1《霍乱吐泻死生如反掌说七》,北京:人民卫生出版社2005年版,第29页。

④ 汪小洋、孔庆茂:《论律赋的文学性》,《江苏广播电视大学学报》2003年第1期。

⑤ 〔金〕张从正著,邓铁涛、赖畴整理:《儒门事亲》卷3《水解三十》,北京:人民卫生出版社2005年版,第116页。

属员二十五人。① "司水者"当系漏刻科属员或小吏。同时,铜壶之漏水每循环三周,即换新水,这样的细节绝非能见于一般史籍,凸显了本段记载独特的史料价值。

三　金代经济史料

人类罹患疾病,除了自然因素外还有社会因素。在所有的社会活动中,经济活动无疑是最重要者,不少患者罹患疾病与经济活动有关。同时,张从正也不时用经济活动与医学理论"类比",故《儒门事亲》有相当数量的经济史料。

徭役史料。张从正以一个医学家的眼光,观察到了一些人的疾病与徭役之间存在关联性。他认为广义伤寒病因为"人之劳役辛苦者,触冒此四时风寒暑湿不正之气,遂成此疾"②。在他看来,徭役多在野外,身体疲乏,又不注意保暖、降温、防水、解渴等,极易遭受"风、寒、暑、湿"等"六淫之邪"的侵犯,而致疾病。又云:"及天下多故之时,荧惑失常,师旅数兴,饥馑相继,赋役既多,火化大扰,属阳,内火又侵"③,"扰攘之时,政令烦乱,徭役纷冗,朝戈暮戟,略无少暇,内火与外火俱动"④。此论系师承刘完素"六气皆从火化",但有自己的创见⑤。中心意思是战乱、赋役繁重之时,百姓易患热证。

在《十形三疗》中,张从正又以具体病案阐述以上观点。"一叟,年六十,值徭役烦扰,而暴发狂,口鼻觉如虫行,两手爬搔,数年不已"⑥。按中医理论解释,口鼻有阳明经脉分部,"患者口鼻奇痒,故其病位在阳明经,是阳明胃的问题。老人

---

① 〔元〕脱脱等:《金史》卷56《百官志二》,北京:中华书局1975年版,第1270页。后有小注"铜仪法物旧在法物库,贞元二年始付本台",同上,第1271页。可知直到金末,铜壶归司天台管辖。

② 〔金〕张从正著,邓铁涛、赖畴整理:《儒门事亲》卷1《立诸时气解利禁忌式三》,北京:人民卫生出版社2005年版,第16页。

③ 〔金〕张从正著,邓铁涛、赖畴整理:《儒门事亲》卷1《立诸时气解利禁忌式三》,北京:人民卫生出版社2005年版,第17页。

④ 〔金〕张从正著,邓铁涛、赖畴整理:《儒门事亲》卷1《疟非脾寒及鬼神辨四》,北京:人民卫生出版社2005年版,第21页。

⑤ 丁光迪:《金元医学评析》,北京:人民卫生出版社1999年版,第38—39页。刘完素"火热论"的核心是"当前天时是六气多火,而人病又多是急性热证",同上,第36页。

⑥ 〔金〕张从正著,邓铁涛、赖畴整理:《儒门事亲》卷6《十形三疗一·火形·狂二十七》,北京:人民卫生出版社2005年版,第170页。

总是焦急不安,肝火动,火乘阳明,阳明高热而发狂"①。可知金末沉重的徭役能使百姓达到"发狂"的程度。又,"汝南司侯李审言,因劳役王事,饮水坐湿地,乃湿气下行,流入胕囊,大肿,痛不可忍"②。"汝南司侯"固属官员之列,但普通百姓因徭役繁重,饮水后坐湿地而罹患此病,可能性是非常之高的。与其他论述金末徭役的史料相比,《儒门事亲》概括了徭役繁重对人体健康的伤害,而且对这种伤害的描述是非常具体和生动的。③

农业史料。张从正称,"余昔过夏邑西","会十月农隙,田夫聚猎,一犬役死"。④ 说明在金代河南部分地区,捕猎作为农业经济的补充而存在,猎物较为充足,这种情况的产生与金代河南地区长期存在大量荒地有密切关系。⑤ 同时,家犬或猎犬是农民打猎的重要帮手。

租佃关系方面史料。张从正言,泰和时,"遂平李仲安,携一仆一佃客,至郾城,夜宿邵辅之书斋中,是夜仆逃。仲安觉其逃也,骑马与佃客往临颍急追之。时七月,天大热,炎风如箭,埃尘幔天,至辰时而还。曾不及三时,往返百二十里"⑥,佃客因此患病。李仲安作为地主,带着仆人和佃客出门办事,但是奴仆却因种种

---

① 任应秋著,任延革等整理:《任应秋中医各家学说讲稿》,北京:人民卫生出版社 2008 年版,第 69 页。

② 〔金〕张从正著,邓铁涛、赖畴整理:《儒门事亲》卷 6《十形三疗一·湿形·疝六十八》,北京:人民卫生出版社 2005 年版,第 187 页。

③ 金末徭役史料一般多概括为"繁重""苛重"等,且"赋役"多并举。贞祐四年(1216 年),臣僚上奏,邓州"急征重役,悉出三县",参见《金史》卷 47《食货志二》,北京:中华书局 1975 年版,第 1061 页。元光元年(1222 年),把胡鲁对宣宗言:"盗贼之多,以赋役多也",参见《金史》卷 108《把胡鲁传》,同上,第 2392 页。元人认为,金末仅据河南,"以就尽之运,抗方兴之师,徭赋百至,犹不能支",参见〔元〕姚燧:《牧庵集》卷 20《资善大夫同知行宣政院事张公神道碑》,载于《四部丛刊初编》本,第 1 页 a。

④ 〔金〕张从正著,邓铁涛、赖畴整理:《儒门事亲》卷 2《偶有所遇厥疾获瘳记十一》,北京:人民卫生出版社 2005 年版,第 43 页。

⑤ 按金人言:"是时,河南、陕西、徐海以南,屡经兵革,人稀地广,蒿莱满野"(〔金〕赵秉文著、马振君整理:《赵秉文集》卷 11《梁公墓铭》,哈尔滨:黑龙江大学出版社 2014 年版,第 282 页)。金代河南存在众多荒地,而荒地的存在又成为野生动物的乐园。即使在金末大批移民涌入河南时,下邑(夏邑)距南宋较近,兴定四年(1220 年),温迪罕达言,因赋役沉重,百姓多逃,"砀山下邑,野无居民矣"(《金史》卷 46《食货志一》,北京:中华书局 1975 年版,第 1037 页),存在众多荒地的局面并未改观。

⑥ 〔金〕张从正著,邓铁涛、赖畴整理:《儒门事亲》卷 1《霍乱吐泻死生如反掌说七》,北京:人民卫生出版社 2005 年版,第 30 页。"觉其逃也",原作"觉其时也","临颍",原作"临颖",据《张子和医学全书》改,第 27 页。

原因而逃走,佃客遂与主人一同追赶。说明佃客除交纳地租外,还要随同主人出行及办理各种杂事等。而其他乞籍对金代租佃关系的记载,集中在地租和残酷剥削上。①《儒门事亲》的记载无疑又揭示了金代租佃关系的另一侧面。

交通史料。《儒门事亲》有关金代蔡河的记载:"近年,予之庄邻,沿蔡河来往之舟,常舣于此。一日,舟师偶觑败蒲一束,沿流而下,渐迫舟次,似闻啼声而微。舟师疑其人也,探而出之。开视之,惊见一儿,四、五岁许,疮疱周匝,密不容隙,两目皎然,饥而索食,因以粥饱。其舟师之妻怒曰:自家儿女,多惹疮疱传染,奈何私料此儿?沿蔡河来,其流缓,必不远。持儿一鞋,逆流而上,遍河之人,皆曰无此儿。行且二十里,至一村落,舟师高唱曰:有儿年状如许,不知谁是疮疱病死,弃之河中,今复活矣!闻酒邸中,饮者喧哗。有人出曰:我某村某人也,儿四、五岁,死于疮疱。舟师出其鞋以示之。其父泣曰:真吾儿也!奔走来视,惊见儿活,大痛流涕。拜谢舟师,喜抱儿归,今二十余岁矣!"②邹逸麟先生指出,金代蔡河仍有航运之利,但主要是出于军事需要。由于战争,一些供水渠道无暇维护和修缮,蔡河的水源和航运必然受到严重影响。③《儒门事亲》可补者有:"予之庄邻",显然指张从正侨居的陈州宛丘。"庄邻"系指庄、村等,可知濒临蔡河之村庄,有形成小型港口者。此"舟师",从上下文意来看,并非从事军用物资运输者,说明沿河仍有以船运为业者。舟师至一村落,高声叫唱,为"酒邸"中人所闻,说明蔡河的航运之便,吸引一些人沿河开设酒馆(酒肆)、邸店等。陈州宛丘位于蔡河下游,在境内入颍水,但"流缓"。邹逸麟先生所云"水源和航运受到影响"可得到验证。

气候方面史料。张从正在讨论"风邪"时,将其致病时间与当时气候进行类比,"故三月四月之交,多疾风暴雨,振拉摧拔,其化为冰雹。九月十月之交,多落木发屋之变"④。即农历三月四月之交,多暴风及冰雹,九月十月之交,亦多大风、暴风,这里显然是指河南地区的气候。而其他史料,多偏重于描述河南地区"温

① 王曾瑜:《金朝户口分类制度和阶级结构》,载于王曾瑜著《涓埃编》,保定:河北大学出版社 2008 年版,第 670—671 页。
② 〔金〕张从正著,邓铁涛、颜畴整理:《儒门事亲》卷 1《小儿疮疱丹熛瘾疹旧蔽记五》,北京:人民卫生出版社 2005 年版,第 25 页。"予之庄邻",原作"子之庄邻",根据《张子和医学全书》(中国中医药出版社 2006 年版,第 25 页)修改。
③ 邹逸麟:《宋代惠民河考》,载于邹逸麟著《椿庐史地论稿》,天津:天津古籍出版社 2005 年版,第 146 页。
④ 〔金〕张从正著,邓铁涛、颜畴整理:《儒门事亲》卷 1《指风痹痿厥近世差玄说二》,北京:人民卫生出版社 2005 年版,第 10 页。

暖"或"寒冷"①。

自然灾害方面史料。瘟疫，张从正云："余亲见泰和六年丙寅，征南师旅大举，至明年军回，是岁瘴疠杀人，莫知其数。昏瞀懊憹，十死八九，皆火之化也。次岁疟病大作，侯王官吏上下皆病。轻者旬月，甚者弥年。"②即泰和七年（1207年）及八年（1208年），河南地区曾暴发瘟疫。饥荒，张从正称，一病风痫妇人，"会兴定岁大饥，遂采百草而食，于水濒采一种草，状若葱属，泡蒸而食之"，此物俗称"憨葱苗"，实为"藜芦苗"。③ 泰和七八年间，河南暴发瘟疫，仅见于本书。兴定岁的饥荒，可能指兴定五年的"京东岁饥"，百姓有掘野生植物为食者，可见民生之艰难。④

贫富差异史料。在封建社会，人与人之间存在着财富上的差距。但是，不论穷人还是富人，难免都会患上各种疾病。而张从正通过临床实践和理论探讨，敏锐地察觉到他们之间的差异。以富人为例，张从正指出他们患病，似与贫穷之人不同，需要特别注意，"夫富贵膏粱之人病疟，或间日，或频日，或作热，或作寒，或多寒少热，或多热少寒"，并必须注意"忌口"（如羊肉等）；而贫穷人家，"以饮食疏粝、衣服寒薄、劳力动作，不可与膏粱之人同法而治"。⑤ "夫富贵之人，一切涎嗽，是饮食厚味，热痰之致然也"，服药亦须忌口⑥；而"夫贫难之人咳嗽，内外感风冷寒湿之致然也"⑦。在他看来，因为富人与穷人的饮食、穿着、劳动方面差异巨大，

---

① 关于金代河南气候的研究，参见程民生、程峰、马玉臣：《古代河南经济史》，开封：河南大学出版社2012年版，下册，第219—221页。

② 〔金〕张从正著，邓铁涛、赖畴整理：《儒门事亲》卷1《疟非脾寒及鬼神辨四》，北京：人民卫生出版社2005年版，第21页。

③ 〔金〕张从正著，邓铁涛、赖畴整理：《儒门事亲》卷2《偶有所遇厥疾获瘳记十一》，北京：人民卫生出版社2005年版，第44页。

④ 兴定五年，史载"京东岁饥多盗"，《金史》卷16《宣宗本纪下》，北京：中华书局1975年版，第358页。武玉环先生据此认为兴定五年发生饥馑，参见武玉环：《金代自然灾害的时空分布特征与基本规律》，《史学月刊》2010年第8期。金末诗人宋九嘉云，"饥民赢卒如流水，掘尽原头野荠根"，宋九嘉：《途中书事》，载于《中州集》卷6，下册，第312页。可知饥馑之年，百姓采野菜为食，并非罕见之事。

⑤ 〔金〕张从正著，邓铁涛、赖畴整理：《儒门事亲》卷4《治病百法一·疟十三》，北京：人民卫生出版社2005年版，第127页。

⑥ 〔金〕张从正著，邓铁涛、赖畴整理：《儒门事亲》卷4《治病百法一·一切涎嗽三十》，北京：人民卫生出版社2005年版，第133页。

⑦ 〔金〕张从正著，邓铁涛、赖畴整理：《儒门事亲》卷4《治病百法一·咳嗽三十一》，北京：人民卫生出版社2005年版，第133页。

故需"同病异治"。同时,富人月脑多,易患失眠,如"一富家妇人,伤思虑过甚,二年不寐,无药可疗"①。富人过爱小儿,娇生惯养,偏食现象严重,张从正指出了两例因偏食"紫樱"而导致的悲剧。"一富家女子,十余岁,好食紫樱,每食即二、三斤,岁岁如此,至十余年",遂患背疽,虽治愈,但终身无子。② 又"舞水一富家,有二子,长者年十三岁,幼者十一岁,皆好顿食紫樱一、二斤,每岁须食半月。后一、二年,幼者发肺痈,长者发肺痿,相继而死"③。在他看来,富贵家庭孩子往往"纵欲"而偏食。而其如此"偏食"的资本,正是其家庭拥有的经济实力。

与富人相比,张从正对贫穷之人颇有赞赏之处。张从正观察到,"富贵之家,衣食有余,生子常夭;贫贱之家,衣食不足,生子常坚","贫家之育子,虽薄于富家,其成全小儿,反出于富家之右"。他认为,这其中的合理性有"薄衣、淡食、少欲、寡怒"等④。张从正曾治愈一男子劳嗽,患者自称"家贫未尝服药",张从正则曰:"年壮不妄服药者易治",终治愈之。⑤ 在他看来,患者因贫穷买不起药,反而免受社会上的庸医所开热药、补药之害。在张从正的眼中,患者无论贫富皆是病人,需要用心治疗,但富人的不良生活习惯,如溺爱小孩、嗜食厚味、不爱劳作、多躁易怒、服用补药等,为疾病的治疗平添诸多障碍。而穷人多辛苦劳作,少怒及不挑食等,反而于治疗无碍。而且作为医生,自然希望患者"谨遵医嘱"。张从正针对富人的病例,一再强调忌口问题,可知背后不知是多少次苦口婆心的劝导。而贫穷之家,一无这种不良生活习惯,二也没有架子,尊重医生。这可能是张从正在本书中对贫穷之家颇有赞赏而对富贵之家颇有微词的原因。

工匠史料。张从正回忆道:"正隆间有圣旨,取汴梁诸匠氏。有木匠赵作头,铁匠杜作头,行次失路,迷至大宅乞宿。"⑥正隆时,金朝曾重修南京开封宫殿,征

① 〔金〕张从正著,邓铁涛、赖畴整理:《儒门事亲》卷7《十形三疗二·内伤形·不寐一百二》,北京:人民卫生出版社2005年版,第209页。
② 〔金〕张从正著,邓铁涛、赖畴整理:《儒门事亲》卷7《十形三疗二·内伤形·背疽一百八》,北京:人民卫生出版社2005年版,第211—212页。
③ 〔金〕张从正著,邓铁涛、赖畴整理:《儒门事亲》卷7《十形三疗二·内伤形·肺痈一百九》,北京:人民卫生出版社2005年版,第212页。
④ 〔金〕张从正著,邓铁涛、赖畴整理:《儒门事亲》卷1《过爱小儿反害小儿说九》,北京:人民卫生出版社2005年版,第35页。
⑤ 〔金〕张从正著,邓铁涛、赖畴整理:《儒门事亲》卷6《十形三疗一·火形·劳嗽四十一》,北京:人民卫生出版社2005年版,第177页。
⑥ 〔金〕张从正著,邓铁涛、赖畴整理:《儒门事亲》卷2《偶有所遇厥疾获瘳记十一》,北京:人民卫生出版社2005年版,第43页。

发大批工匠①。他们在征发途中迷路,说明征发要求工匠按时至所在地报到,但途中可能无人"押送"。本书亦见"修弓杜匠"和"南乡刀锯工卫氏"②。说明金代河南地区存在专门修弓及制造刀、锯的工匠,其中修弓工匠可能和金末战争频繁有关。

四 金代社会生活史料

许多疾病与人们的生活方式及习惯有密切联系,故《儒门事亲》中有一定数量的金代社会生活史料。

饮食史料。张从正对当世滥用热药的风气展开了猛烈抨击,谈到金代河南民众的饮食结构:"然有是说,热药亦安所用哉?慎言语、节饮食是矣。以日用饮食言之,则黍、稷、禾、麦之余,食粳者有几?鸡、豚、牛、羊之余,食血者有几?桃、杏、李、梅之余,食梨者有几?葱、韭、薤、蒜之余,食葵者有几?其助则姜、桂、椒、莳,其和则盐、油、醯、酱,常而粥羹,别而焦炒,异而烧炙,甚则以五辣生酢。而荐酒之殽,以姜、醋、羹羊。而按酒之病,大而富贵,比此尤甚;小而市庶,亦得以享。"③张从正从"药食同源"出发,观察到金代河南民众的饮食,从主食、肉类、水果、蔬菜到调味品、酒类等,性味上均属热性,在平时食用大量热性食物的前提下,在临床上使用热药进行治疗,岂非"以热治热"?张从正本意是抨击庸医用热药治病的不良风气,但"不经意间"向我们透露了金代河南民众的饮食结构,各类食物一应俱全,而且粳米、动物血液、梨、葵似不受民众的喜爱。张从正还提及,"又如北方贵人,爱食乳酪、牛酥、羊、生鱼脍、鹿脯、猪腊、海味甘肥之物,皆虫之萌也。然而不生虫者,盖筵会中多胡荽、芜荑、酱卤汁,皆能杀九虫。此二者,亦偶得服食法

---

① 关于南京宫殿的营建、修筑,参见王曾瑜:《金代的开封城》,《史学月刊》1998 年第 1 期;周峰:《完颜亮评传》,北京:民族出版社 2002 年版,第 191—196 页。除此之外,亦不排除张从正将天德时营建中都误记为"正隆"时的可能。

② 〔金〕张从正著,邓铁涛、赖畴整理:《儒门事亲》卷 8《十形三疗三·内积形·沉积疑胎一百三十四》,北京:人民卫生出版社 2005 年版,第 225 页;《儒门事亲》卷 9《杂记九门·病人负德,愈后吝财》,同上,第 237 页。

③ 〔金〕张从正著,邓铁涛、赖畴整理:《儒门事亲》卷 3《补论二十九》,北京:人民卫生出版社 2005 年版,第 115 页。

耳"①。"北方贵人"可能指女真贵族，张从正指出他们的饮食结构容易罹患寄生虫，但是他们在宴会中食用"葫荽、芜荑、酱卤汁"，按照中药功效，皆能杀虫，有合理之处。这条史料亦可补金代女真食俗记载之缺。西瓜，程民生先生引用范成大《西瓜园》诗，认为金代河南，特别是开封，"开始种植从西北传来的西瓜"②。张从正亦曾以西瓜入药，他的"女童"在"灄阳"患病，张从正认为其少阳经有"火"，"戴人恣其饮水、西瓜、梨、柿等"③。又，"东门高三郎"，病咳嗽及耳鸣，"戴人令先备西瓜、冰雪等物"④。"灄阳"即灄水之阳，为颍河支流。可知西瓜对于金末河南颍河流域的人民已不陌生。同时，西瓜的药用功能已被当时医家所注意。

火炕史料。本书有不少关于火炕的记载，但带有批判性。关于痹病治疗，张从正首先批评庸医治疗不辨寒热，一味辨为"寒湿"之证，服用热药及艾灸不说，还"蒸之、熨之、汤之、炕之"⑤，以热治热，自然久治不愈。李纯甫患瘟疫，医家误用巴豆，后用热药，"加之卧于暖炕"，不治而亡。他又提到，伤寒的治疗当有六禁，当汗之时"禁沐浴之火炕"⑥。张从正还批评富贵之家溺爱小儿，"见天稍寒，即封闭密室，睡毡下幕，暖炕红炉，使微寒不入，大暖不泄"⑦。因为按照中医理论，小儿为纯阳之体，再加以火炕之热，于身体健康不利。宋德金先生认为，金代火炕，"几乎遍及北方各地"⑧。从本书记载来看，火炕对于金朝最南的河南地区并非稀罕之物。火炕的主要使用对象是较富裕的人群，火炕的使用对于一些疾病的治疗有负面作用。

---

① 〔金〕张从正著，邓铁涛、赖畴整理：《儒门事亲》卷2《偶有所遇厥疾获瘳记十一》，北京：人民卫生出版社2005年版，第46页。

② 《古代河南经济史》，开封：河南大学出版社2012年版，下册，第236页。

③ 〔金〕张从正著，邓铁涛、赖畴整理：《儒门事亲》卷6《十形三疗一·火形·腰胯痛二十六》，北京：人民卫生出版社2005年版，第169、170页。

④ 〔金〕张从正著，邓铁涛、赖畴整理：《儒门事亲》卷6《十形三疗一·火形·劳嗽四十一》，北京：人民卫生出版社2005年版，第177页。

⑤ 〔金〕张从正著，邓铁涛、赖畴整理：《儒门事亲》卷1《指风痹痿厥近世差玄说二》，北京：人民卫生出版社2005年版，第12页。

⑥ 〔金〕张从正著，邓铁涛、赖畴整理：《儒门事亲》卷1《立诸时气解利禁忌式三》，北京：人民卫生出版社2005年版，第19页。

⑦ 〔金〕张从正著，邓铁涛、赖畴整理：《儒门事亲》卷1《过爱小儿反害小儿说九》，北京：人民卫生出版社2005年版，第34页。

⑧ 宋德金、史金波：《中国风俗通史》（辽金西夏卷），上海：上海文艺出版社2001年版，第315页。

赘婿史料。本书记载一赘婿患黄疸的病案，"一男子作赘，偶病疸，善食而瘦，四肢不举，面黄无力。其妇翁欲弃之，其女子不肯，曰：我已生二子矣，更适他乎？妇翁本农者，召婿意欲作劳，见其病甚，每日辱诟"①。韩志远先生认为，金代妇女的家庭地位，即"妻子从属丈夫"②。本书则揭示了"赘婿"生活的一面，可知金代部分家庭招男子作赘婿，有利用其劳动力的一面；女儿在家庭有一定的发言权，包括拒绝改嫁。与赘婿离婚后，妇女很难改嫁。赘婿家庭，丈夫、妻子、岳父之间构成一个三角关系。

五　其他金代史料

《儒门事亲》所载其他金代史料，主要涉及随军家属及金末移民方面。

随军家属史料。金代前、中期，驻防河南者主要是正规边防军——镇防军，以女真人为主。至金末，由政府官僚和地方豪强招募的，以汉人为主的"义军"，逐渐取而代之，且相当部分移驻河南。金朝政府为了掌控这些武装，实行了"纳质"制度③。张从正的患者有些是军人及其家属，"郾之营兵，秋家小儿，病风水"④。郾城为许州属县，金末许州设有行元帅府并有都尉司驻扎⑤。秋姓士兵，系汉人，其小儿随军。又，"戴人过醮都营中饮，会邻席有一卒说出妻事"。张从正治愈

---

① 〔金〕张从正著，邓铁涛、赖畴整理：《儒门事亲》卷6《十形三疗一·湿形·黄疸七十一》，北京：人民卫生出版社2005年版，第188页。"意欲作劳"原作"意欲作荣"，据《张子和医学全书》改，第94页。

② 张国庆、韩志远、史金波：《中国妇女通史》（辽金西夏卷），杭州：杭州出版社2011年版，第187页。

③ 《金史》编纂者认为，宣宗南渡后，"又谓无以坚战士之心，乃令其家尽入京师"，《金史》卷44《兵志》，北京：中华书局1975年版，第998页。天兴元年（1232年），三峰山决战前夕，金廷"起近京诸色军家属五十万口入京"，《金史》卷17《哀宗本纪上》，北京：中华书局1975年版，第384页。

④ 〔金〕张从正著，邓铁涛、赖畴整理：《儒门事亲》卷6《十形三疗一·风形·小儿风水十四》，北京：人民卫生出版社2005年版，第165页。

⑤ 兴定五年十月，金廷命"许州元帅纥石烈鹤寿"屯潼关，《金史》卷16《宣宗本纪下》，北京：中华书局1975年版，第359页。可知许州设有行元帅府。哀宗时，有"许州折冲（都尉）"夹谷泽（即樊泽），《金史》卷44《兵志》，北京：中华书局1975年版，第999页。

之①。"醮都",不见于《金史》,亦不见于《中国历史地名大辞典》②,应为"谯都"之误,即谯县,亳州治所③。亳州非金代前、中期边境"置兵之州"④,金末"亳,大郡,重兵所宿"⑤。士卒之妻随军,说明金末军人家属"纳质"可能时间上更集中于宣宗南渡之初及哀宗末期,地点上集中于开封附近。至于偏远地区,可能在宣宗及哀宗前期仍以家人随军为主。⑥

　　移民史料。张从正对金末移民的记载,主要集中在其经历及心理上。"青州王之一子,年十余岁,目赤多泪"。张从正诊断其为妊娠时受惊吓所致,其父云:"妊娠时在临清被围"⑦。估计应在金蒙战争时从青州逃亡,途中被围困于临清,整日心惊胆战。"一讲曾,昱德明,初闻家遭兵革,心气不足,又为寇贼所惊,得脏腑不调。后入京,不伏水土,又得心气,以至危笃。"⑧揭示了移民因家庭遭遇兵革及逃亡过程中遭遇"寇贼"而导致的心理问题,以及至新的所居地的"水土不服"。

---

　　① 〔金〕张从正著,邓铁涛、赖畴整理:《儒门事亲》卷8《十形三疗三·内积形·冷疾一百二十八》,北京:人民卫生出版社2005年版,第223页。

　　② 史为乐主编:《中国历史地名大辞典》,北京:中国社会科学出版社2005年版。

　　③ 金代,亳州治谯县,《金史》卷25《地理志中》,北京:中华书局1975年版,第595页。

　　④ 关于金代边境置兵之州及要州,参见《金史》卷44《兵志》,北京:中华书局1975年版,第998页。

　　⑤ 姚奠中主编,李正民增订:《元好问全集》卷18《通奉大夫礼部尚书赵公神道碑》,太原:山西古籍出版社2004年版,上册,第438页。赵思文就任集庆军节度使(亳州)为正大七年(1230年),但亳州成为重兵驻扎之地应追溯至金末南渡,特别是兴定元年(1217年)与南宋开战之后。

　　⑥ 兴定五年,金军南侵蕲州,宋人俘金军秦顺,据其自称,系潞州人,"有妻一人,子一人在家,各请官中麦二升"(〔宋〕赵与裦:《辛巳泣蕲录》,载于《丛书集成初编》本第3895册,北京:中华书局1985年版,第13页)。元光元年(1222年),金朝,"诏徙中京、唐、邓、商、虢、许、陕等州屯军及诸军家属赴京兆、同、华就粮屯"(《金史》卷16《宣宗本纪下》,北京:中华书局1975年版,第361页)。可知直到宣宗末期,中京、唐州等地驻扎军队,家属尚多随军。

　　⑦ 〔金〕张从正著,邓铁涛、赖畴整理:《儒门事亲》卷6《十形三疗一·火形·目暴五十四》,北京:人民卫生出版社2005年版,第182页。临清为恩州属县,《金史》卷26《地理志下》,北京:中华书局1975年版,第629页。

　　⑧ 〔金〕张从正著,邓铁涛、赖畴整理:《儒门事亲》卷6《十形三疗一·湿形·洞泄八十五》,北京:人民卫生出版社2005年版,第195页。

六 余 论

《儒门事亲》的史料价值绝不仅仅体现在中医史和金代医学史方面。《儒门事亲》通过"取象比类"及列举病案的方式,记载了金代的杖刑、官制、制度、经济、社会生活及其他史料。从张从正的主观来看,他更希望读者关注本书的中医理论探讨、病案中的辨证论治及方药等,绝不会想到这些史料会为史学家所使用。故其史料价值相当高,大部分可补史籍记载之缺。不仅《儒门事亲》,其他很多中医古籍恐怕亦有一定的史料价值。

《儒门事亲》的史料呈现出生动化、细节化、碎片化的特点。这些史料,描述非常生动,常常涉及一般人不能关注到的细节。而本书中对于金代史事的记载,又是碎片化的。这种记载方式,无疑同医生的专业训练和思维方式有关,中医理论强调整体,但也强调辨证精确。在经验医学时代,"无论是望闻问切,还是视触叩听,都需要悉心揣摩"[1],故医书对史事的记载显得非常生动化和细节化。由于医书重点阐述医理、方药等,其他史事并不是记载重点,所以它的史料是真实的。但仅仅通过医书是不能了解当时的社会,必须结合其他史料的记载,方能更加提炼包括《儒门事亲》在内的中医古籍的史料价值。[2]

---

[1] 王一方:《医学人文十五讲》,北京:北京大学出版社2006年版,第28页。

[2] 天津中医药大学魏延华教授对本文写作贡献良多,谨表谢忱。

金代顺化营和新市地望考

——《鸭江行部志》再释

张翠敏①

　　辽金时期大连地区经济发达、文化繁荣,除了苏州、复州这样比较大的州城外,还有县城和其他小规模城。目前现存的辽金城址仍有十余处。根据考古资料和文献记载,有些州县城能够确定位置,比如辽苏州为今天的金州,复州为今天的复州城。还有些比较重要的遗存,比如辽长城遗址,它是辽代重要通商口岸和海关;位于复州城的永丰塔,则是典型的辽代建筑。但是有些城址失考,如金代诗人、提点辽东路刑狱王寂,在他的作品《鸭江行部志》中提到的顺化营和新市就在其中。金之顺化营,即辽之顺化城,王寂在他的作品中明确指明方位,文献也有记载,但其具体位置尚不明朗。对于新市,文献多无记载,其位置不详。但根据王寂在辽东执行公务的行走路线推断,顺化营和新市当在大连境内,且学界已多无疑义。学者们针对辽金失考城进行了多方面研究和探讨,发表了不少可借鉴的研究成果,包括对顺化营和新市的研究。根据文献记载、对照考古资料及结合以往研究成果,我们认为顺化营当在金州或普兰店境内,现存的普兰店马屯北土城、金州的西马圈子和石城子城址可能性比较大。有学者认为,新市在碧流河口附近,推测有可能为庄河的马庙屯土城。

一　大连地区辽金时期州县城相关文献材料

　　《辽史》卷38《地理志二》载:“苏州,安复军,节度。本高丽南苏,兴宗置州。

---

①　张翠敏,大连市文物考古研究所。

兵事属南女直汤河司。统县二：来苏县。怀化县。”“复州，怀德军，节度。兴宗置。兵事属南女直汤河司。统县二：永宁县。德胜县。”“顺化城，向义军，下，刺史。开泰三年以汉户置。兵事隶东京统军司。”《金史》卷24《地理志五》载：“化成，辽苏州安复军，高丽地，兴宗置，皇统三年降为县来属。贞祐四年五月升为金州，兴定二年升为防御”。“复州，下，刺史。辽怀还军节度，明昌四年降为刺史。县二、镇一（归胜）：永康（倚旧名永宁，大定七年更）、化成。”从上述文献中可以看出，苏州、复州和顺化城在辽金时期的沿革及行政机构的变更。辽之苏州，金皇统三年（1143年）降为化成县，贞祐四年（1216年）升为金州，兴定二年（1218年）升为防御州。辽之来苏县，倚郭，与州同城，即苏州城。金代皇统年间将苏州降为化成县，归复州管辖，贞祐年间升化成县为金州。那么，辽苏州、金化成县和金州，即为今天的大连金州。来苏县位置明确，就在金州城内，但怀化县失考。辽之复州，辖永宁县和德胜县，永宁县倚郭，与州同城。金代改为永康县，即为今天的大连瓦房店复州城。辽之德胜县失考。辽之顺化城，开泰三年（1014年）设置，早于苏州、复州设置时间，金代改为顺化营，其地望有争议，尚未有定论。《辽史》卷38《地理志二》载：“镇海府，防御。兵事隶南女直汤河司。统县一：平南县。”平南县倚府，与府同城。镇海府地望也同样有争议。除了上述城址外，王寂在《鸭江行部志》提到的“新市”也同样失考。

金代的顺化营、新市及辽代的镇海府地望虽然一直没有定论，但学者们对这些失考城的研究一直没有间断，有关论点总结如下：

清代《盛京疆域考》：怀化在金州东，德胜在复州东南。“顺化（当在奉天府境）”，“镇海府（当在岫岩州境）”，“疑其地在今岫岩州滨海处”。①

李文信先生认为：“顺化军城在金州东北石河驿东土城子，遗址犹存。金改顺化营，见《鸭江行部志》。”②石河驿，今为金州石河街道，没有发现辽金城址，其东为金州向应街道。据考古调查资料，向应街道有辽金时期土城两座，二者相距不远，北边是城西村土城子，规模略大一些，有南北二门，面积约45000平方米。南面是后房身土城子，面积约35000平方米。二者都是辽代城，金代沿用。李文信

① 清代杨同桂《盛京疆域考》卷四：镇海府（当在今岫岩州境）统县一原志防御兵事隶南女直汤河司（文献通考契丹阿保机吞并女直虑其为患迁其豪右数千家于辽阳南而著籍焉谓之合苏馆即南女直也按今辽阳州东南五十里有汤河汤河有司盖辽尝置官以司女直也本志镇海府兵事隶南女直汤河司而府则名以镇海县则名以平南疑其地在今岫岩州滨海处）。

② 李文信：《李氏辽海丛书批注》，载于《李文信文集》（增订本），沈阳：辽宁人民出版社2009年版，第594页。

先生所指顺化营应该是这两座城中的一座,很有可能是指城西村土城子。

罗继祖先生的《读〈鸭江行部志〉小记》认为:"顺化营(在金县城南),新市(在今新金县碧流河附近近海处)"①。

冯永谦先生的《辽宁地区辽代建置考述》一文,对位于大连的顺化城、宁州、苏州、复州进行了考证:顺化城即顺化营,位置在复州和金州之间,即在普兰店南部。考订宁州不是瓦房店永宁城,而是复州北部土城乡的西阳台土城子。宁州统一县,新安县,倚郭。镇海府与苏州、复州相近,应在普兰店境内,确切地址待考。苏州即金州城,统来苏、怀化二县,来苏县,倚郭,与州同城。怀化县,待考。复州今复州城,统永宁和德胜二县。永宁县,倚郭,与州同城。德胜县,待考。② 作者按:西阳台属于瓦房店李官镇,有明代烽火台,但没发现城址。附近的土城乡有明代城两座。一个是土城,外包砖,又名"五十里寨";另一个是石城,大石块加砖筑砌,"二普"时还有遗迹,现已不存。

继而冯永谦先生又在《辽代失考州县辨证》一文中对辽代失考州县进一步考订,考证庄河城山菜园子土城为辽代镇海府所在地,金州亮甲店石城子为顺化城故址③。

陈忠远先生的《辽代苏州城址初探》,详细介绍了金州辽土城和西马圈子土城情况,认为苏州城即金州城,来苏县倚郭。西马圈子城有可能是辽代怀化县城④。并认为顺化营与瓦房店三台乡辽金土城有关。据考古调查资料显示,三台乡未发现辽金城址。

陈忠远、刘俊勇先生的《〈鸭江行部志〉沿途纪事杂考》认为,顺化营在瓦房店复州三台乡,新市在碧流河近海处,即庄河城山镇土城子(指的是菜园子土城)⑤。

贾敬颜先生《鸭江行部志》疏正稿,《辽东志》古迹门:"化成县,复州城内,今为军营","营城,金州城南,有土城一座"。作者按:明之金州城,即辽之苏州、金

① 罗继祖:《读〈鸭江行部志〉小记》,《社会科学战线》1988 年第 1 期,第 184 页。
② 冯永谦:《辽代失考州县辨证》,载于《首届辽上京契丹辽文化学术研讨会论文集》,呼伦贝尔:内蒙古文化出版社 2009 年版,第 102、104—105 页。
③ 冯永谦:《辽宁地区辽代建置考述》,《东北地方史研究》1986 年第 2 期,第 185 页。
④ 陈钟远:《辽代苏州城址初探》,《大连文物》1986 年第 1 期,第 22 页。
⑤ 陈忠远、刘俊勇:《〈鸭江行部志〉沿途纪事杂考》,《北方文物》2003 年第 3 期,第 93、94 页。

之化成县，"亦即今之金县城，彼营城者，其或寂所次之顺化营欤"①。

金州城到化成关之间没有发现辽金城址，大连湾的土城子村是辽长城的终点，有可能是辽金城址。如果顺化营指的是大连湾土城子，则不符合王寂记载顺化营方位，因此顺化营应在金州或普兰店境内。

上述观点都是根据文献或者王寂记载推论，尽管有所分歧，但多数学者有一个统一的认识，就是顺化营应在复州南金州境内。

《鸭江行部志》："丁巳次新市"，首次提到新市。有学者认为当在今普兰店一带，也有学者认为应在碧流河近海处。

大连地区发现辽金城址多处，除了金州城进行过发掘外，多数城址为调查材料，没有发掘，而且多已消失。据考古调查资料显示，到目前为止尚未发现明确的与顺化营、新市及怀化、德胜这些失考城具体位置有关的考古证据。

二　王寂在大连和岫岩行进路线梳理与考证

《鸭江行部志》记录了金明昌二年（1191 年）二月初十至三月十二日，提点辽东路刑狱王寂在辽东执行公务时所见所闻，对当时的风土人情、地貌、历史沿革有较详细记述。对其在大连行进路线和相关记载进行梳理，不难发现一些很重要的线索。王寂在农历三月初一进入大连瓦房店境内开始，至十二日到岫岩大宁镇的行程如下：

初一日，游西山，见石棚。

初二、初三在西山附近。

初四，三月壬子，行复州道中，是夕，宿于复之宝严寺。

初五至初七，王寂一直住在宝严寺。

初八，自永康至顺化营。

初九，宿于新市。

初十，宿于龙岩寺，庄河或岫岩境内。

十一日，至磨石山（岫岩大黑沙山）。

十二日，至大宁镇（岫岩）。至此王寂结束他的辽东之行。

1191 年农历三月初一，王寂从熊岳过浮渡河进入瓦房店李官镇境内，游览西

---

① 贾敬颜：《鸭江行部志》疏正稿（下），《北方文物》1989 年第 3 期，第 94、95 页。

山石棚(瓦房店李官榆树房西山,浮渡河南岸,"二普"材料有过记载,当时有两个大石棚。今石棚早已毁坏不存。)。初二、初三仍在这一带驻足。初四前往复州道(今瓦房店复州城),中途遭遇恶劣天气。"此地濒海,每春秋之交,时有恶风,或之连日。""是夕宿于复之宝严寺。"王寂描述农历三月复州恶风是大连地区沿海最常见的天气现象,王寂遇到这样的恶劣天气,心情自然不爽,作诗抒发心中的不快和郁闷:"禊饮年乡傍水滨,夹衣初试趁芳春,那知海上风沙恶,不似长安天气新。""癸丑(初五),是日清明节,意绪不佳。自念来日无多,崎岖道路。去岁清明,自广宁赴同昌。"初四至初七日王寂一直住在宝严寺(今复州城永丰寺)。"昏昏日转更作恶,瘦马侧行吹欲倒。津吏告奴无渡河,枯河连海翻惊波。"虽然他托借古诗《公无渡河》来抒发心中情绪,但说明王寂的交通工具是马,而且由于风沙太大不能继续前行,晚上留宿于复州的宝严寺。复州城南有复州河,"津吏告奴无渡河"一句是作者借助古诗词抒发因天气原因没有渡船而无法渡河的无奈郁闷心情,同时也道出了作者旅途之艰辛。"丙子,自永康次顺化营,中途望西南两山,巍然浮于海上,访诸野老,云此苏州关也。辽之苏州,今改化成县,关禁设自有辽,以其南来舟楫,非出此途不能登岸。"王寂客观地记录了当时化成关、顺化营的大致方位和地貌及沿革。化成关即辽之苏州关,是辽代的关隘、海关,位于大连盐岛村至大连湾土城子之间渤海和黄海连线最窄处。最新调查数据为长 5800 米[1],基本与黄、渤海最窄宽度 11 华里接近,始建于辽太祖二年。《辽史·太祖本纪》记载:"辽太祖二年(908 年)冬十月,筑长城于镇东海口。"这就是辽长城,具有地域特点和防御功能的长城,其目的是为了阻止女真通宋,同时也是辽的通商口岸、海关,辽与各国、各地使者往来要通过此关,金元之际废止。王寂"从永康(复州)次顺化营",中途西南方向望见海上两山,向乡老打听才得知是化成关。说明王寂是从复州向南或者东南行进,并且应走古驿路。在去顺化营的路上远望到海上苏州关,按照王寂提示的时间初八当天要到顺化营,中途看见化成关方向的两座山,说明他还没有到顺化营。王寂所谓从海上看见两山,应是从普兰店湾附近远望西南海上,所以王寂所指"中途望西南两山,巍然浮于海上",指的是化成关的大致方位,而非真正看到了化成关。

那么顺化营究竟在哪里?王寂记载的顺化营有三个条件,一是顺化营的方位应在金州和普兰店境内;二是西南方向能看到海上化成关方向的高山;三是顺化

---

[1] 见《大连市文物考古研究所长城调查报告》,待刊。

营在辽代为顺化城,应该是军城。金州、普兰店、黄海沿岸的辽金时期城址曾有:金州亮甲店石城子、亮甲店镇永锋村土城子、金州得胜镇魏家村前土城子、董家沟城址,庄河城山镇的菜园子城址、马庙土城子。金元时期的屯田城有杏树屯潘家村土城、原湾里街道北泉眼屯高城山山城、湾里街道西城子村城子屯的石城、湾里街道王官寨村王官寨屯的石城、登沙河街道姜家村小土城子屯土城、得胜街道林家村王家屯的土城、大李家街道城子村城山头山城。目前除了亮甲店石城子、西马圈子城、董家沟城、城山头城尚存外,金州其他的城址基本消失。其中石城子和西马圈子城比较符合顺化营条件。

西马圈子土城位于古驿路上,规模较小,位于金州北三十里堡西马圈子村西北,平面呈长方形,夯土筑成,南北长 120 米、东西宽 80 米,中间有隔墙将城分为南北两部分,有南北二门,门宽 2.75 米。始建于东汉时期,辽金时期沿用。城内出土大量陶瓷片和柱础,附近有辽金时期火葬墓群。从西马圈子城向西南可以看到海及化成关方位,所以符合顺化营的特征(见图一,②)。

石城子保存较好,位于金州亮甲店街道石城子村石城子屯东部,城址为南北

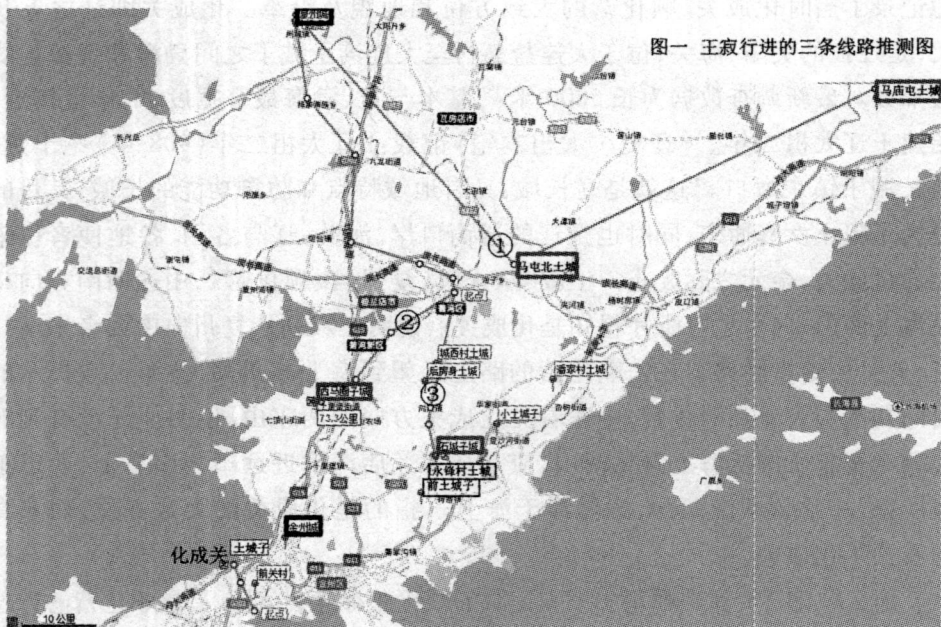

图一 王寂行进的三条线路推测图

图一

方向,呈长方形,长约165米、宽约162米,城内地势平坦,北高南低,高差约3米。南面与东面残存有护城墙,由大石块堆砌而成,内填土和碎石,墙宽1.3~2米,残高2.2米。除南墙残存约132米、东墙中段残存约38米墙基外,其余部分墙体均已不存在。据调查,城址原有西门,现已消失。《金州志纂修稿》载:"石城子,在城东四十八里石城子屯,地约四十余亩,四周砌石墙,高丈余,今已辟建庐舍,传称明时防倭之城堡。"经考古调查显示,石城子为辽金时期城址,非明代。石城子只有一门,符合军营设置,其西南方向可以望到化成关大致方位(见图一,③)。西马圈子城和石城子城在地理位置上符合顺化营条件,但从永康到这里路途较远,目前没有明确证据证明哪座城是顺化营。

普兰店发现辽金城址比较少,目前仅发现三座,只有一座位于普兰店湾附近,即马屯北土城址,位于普兰店市丰荣街道长山村马屯居民区北侧。城址呈方形,城墙夯筑,南北长约150米,东西宽约150米。普兰店是古代交通的重要枢纽,西南即普兰店湾,王寂从永康到顺化营和新市用了两天时间,然后便向东北方向岫岩境内进发,限于交通工具和路况,王寂不可能向南绕路太远。因此马屯北城址是符合顺化营地望的第一城(见图一,①)。从这里到新市距离更短,而且不绕路,西南可以看到普兰店湾,符合顺化城的方位。本文给出王寂从复州到岫岩有可能走的三条路线,其中①号线可能性比较大。

对于新市,辽金时期文献多无记载,按照王寂行进速度(骑马),王寂初八当天到达顺化营,初九他就住在新市。《明实录》曾有记载可以参考。《明太祖实录》卷235:洪武二十七年冬十月己巳,"辽东有倭夷寇金州,卒入新市,烧屯营粮饷,杀掠军士而去,诏以沿海卫所将校,不加备御命,都督府符下切责之。"《太祖实录》卷257记载:明洪武二十六年十月,朝鲜沿海居民假借倭寇之名而到中国沿海劫掠的事例,"有寇百余人,入金州新市屯劫掠。获其一人张葛买者,乃朝鲜国海州民,诈为倭国人服。辽东都司遣人械至京,上命宥之,遣还其国。"明代倭寇经常从海上侵犯辽东沿海,刘江抗倭大捷主战场就是在金州亮甲店望海埚沿海一带。文献提到新市在金州境内。

上述文献记载了明洪武二十六年和二十七年连续两年倭寇入侵金州新市烧杀掳掠情况,而且倭寇入侵新市杀掠是军士,这说明明代的新市是新兴的军城,很可能与金元时期屯田新建的军营有关。当时金州卫管辖范围:"明代金州卫东至黄海岸一百里,西至渤海湾三里,南至旅顺口一百二十里,北至普兰店九十五里。包括今大连市内四区、旅顺口区、金州区、普兰店市南部一部分、庄河石城岛、王家岛以及长海县,在面积上要远远大于今天的金州区"①,倭寇登陆一般都在黄海沿岸,因此明代的新市应该在金州卫黄海沿岸,而不在内陆地区。金元至明代在金州卫屯田设立的城较多,考古发现也证明了这一点。

1934年出版的《庄河县志》记载:"明及倭人之役,洪武初倭人寇辽东,帝命常遇春率师御之,战于本境,倭人败北,由毕利河(碧流河)窜去"。从文献记载来看,明代与倭寇的战役多发在黄海沿岸,金州、普兰店、庄河沿海是倭寇经常侵犯之地,所以明代为了防倭寇在辽东地区大修防御设施,烽火台、城堡、墩台等防御设施在大连地区分布很广。碧流河流域也是倭寇常犯之地,战斗经常发生。

符合新市方位的城址在黄海沿岸有几座,但碧流河入海口附近城最有可能是新市。据考古调查资料,碧流河入海口有两座较大辽金时期古城址,一个菜园子土城址,离海稍远,另一个马庙屯土城址,离黄海要近一些。

菜园子土城址,位于庄河城山镇菜园子村后甸子屯北,城墙为版筑。东北门处有石建筑痕迹。城墙边长500米,现仅存北墙和西墙,北墙残高2~3米,宽4~5米,西壁可见轮廓。城有二门,北门和南门,城外有护城河。该城始建于辽代,金代沿用。冯永谦先生认为菜园子城为辽代的镇海府。菜园子城规模比较大,设施完善,而且位置在碧流河东岸。碧流河是天然屏障,北依高山,离黄海不远不近,地理位置比较重要,因此菜园子土城为辽镇海府还是比较客观的。金代不见镇海府之名,镇海府有可能在金代被废。如果菜园子土城为金代新市,王寂肯定会在他的作品里提到,因为辽镇海府名气和影响很大,王寂不会忽视这一点。新市应是军城、新城,规模不大,甚至没有太大名声。所以菜园子土城为新市的可能性不大。

马庙屯土城址,位于庄河城山镇中和村土城屯东,夯土版筑。城址周长1680米,呈方形,南北东三壁已被夷为平地,现仅存西壁,残长约300米,残高1.2米。据1981年调查材料显示,当时城址地表以上完全损毁。据当地百姓介绍,城址为方形,边长400米,城墙厚5米,残高1~2米,城门两个。马庙屯土城位于碧流河东,距离黄海比较近,名不见经传。庄河的部分地区明代归岫岩管辖,因此庄河岫岩境内的新市有可能是马庙屯土城。

王寂离开新市,前往龙岩寺、磨石岭、大宁镇(今岫岩县城),这些地方全部位于岫岩境内(见图二)。庄河北部和岫岩境内多高山,路途崎岖艰险,所以王寂翻山越岭,速度自然慢了。从新市到大宁镇的距离不远,却走了三天,足以说明路途

---

① 孙玉:《写在地图上的明代金州卫》,《大连日报》2005年2月25日,B6版。

艰险。初十至十二日在去大宁镇途中，作者描述的都是奇山峻岭，风景绮丽，说明王寂走的是山间小路，符合庄河北部和岫岩多高山的地貌。

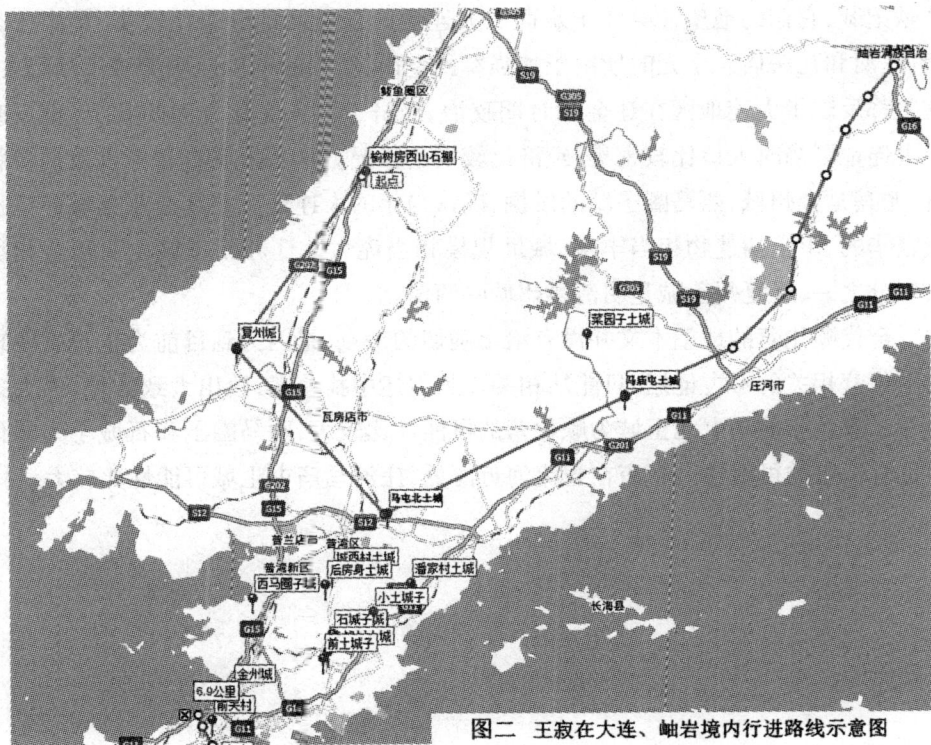

图二　王寂在大连、岫岩境内行进路线示意图

图二

三　结　语

《鸭江行部志》是一部价值非常高的地理著作、纪实文学作品、诗集，作者王寂用他特有的笔触，将他在辽东之行三十二天所见所闻、乡土民风、历史沿革、地理地貌等详细地记录在他的作品里，所以价值不言而喻。王寂在大连总共待了九天，寥寥数语将他所见所闻描述得清清楚楚，符合历史事实和地理特征。他所提到的瓦房店李官镇西山石棚、复州（永康）、顺化营、苏州、化成关、新市，与考古材料和当今地名、位置相符，尽管有些城已经失考，尽管还需要今后不断研究，特别

是新的考古发掘资料的公布,但经过我们的不断探索,这些失考城会逐渐出现在我们的视野。金代顺化营、新市及辽代镇海府、怀化、德胜,都是大连地区当时著名的城,经过千年风雨沧桑,文献没有记载确切位置,只有通过考古发掘和相关的文献记载,它们的地望才会浮出水面。大连地区辽金城址分布比较多,集中于金州、庄河和瓦房店。金元时期由于加强军民屯田,新兴的屯田性质的城不断增加。这些都反映了大连地区在辽金元时期政治、经济、军事、文化方面的状况,也反映了大连地区当时人口比较密集、经济比较发达状况。从考古调查和考古发掘资料看,尤其是金州城、西马圈子城的发掘,确认当年的大连地区尤其是州县城还是比较繁华的,出土的遗物相当丰富,城址规模相当庞大。辽苏州土城比明清金州城大三分之一,辽复州土城是明清复州城的两倍。

金代顺化营的地望本文并没有给出确切的地点,是因为到目前为止没有发现与顺化营相关的考古证据,只能从相关文献叙述中找答案,给出大致方位,供大家参考。普兰店的马屯北土城为顺化营的可能性比较大,西马圈子和石城子为顺化营也有一定的可能性。新市在碧流河近海处,庄河马庙屯土城可能性比较大。

《高夫人葬记》考释

李智裕　苗霖霖①

　　《高夫人葬记》收录于袁桷《清容居士集》中,该篇内容主要记述高昉生母高氏去世后为表示尊重、怀念而撰文记录高母生平事迹,类似墓志志文。② 高昉是元代著名人物,史书记载其祖籍辽东,以为官贤良著称,《新元史》中有传,但家族其他历史信息并未详细记载。③《高夫人葬记》由袁桷代作,推测高、袁二人关系非同一般。

　　袁桷,元代著名文人,出身于南宋官僚世家,《元史》中有记载,著有《清容居士集》五十卷。袁桷曾任翰林国史院检阅官,成宗初年建南郊,袁桷进上《郊祀十议》,享有盛名。④ 虽然《高夫人葬记》文字不多,略显简略,但言简意赅,客观地反映出高昉家族历史信息。其中部分内容颇具学术研究价值,对研究辽金时期渤海遗民高桢家族群体历史活动提供了不可多得的史料⑤,而且部分内容可与《金史》《元史》《新元史》互补,由此史料显得非常重要。笔者以为学界前辈没有进行系统考释研究,本人不避愚陋,尝试性地进行考释,以求抛砖引玉。需要说明的是,文章研究重点不是以高昉之母作为主要研究对象,而是以高昉家族脉络为主,其中高昉家族与金代高桢之关系。由于学识有限,本文不足之处在所难免,敬请方

---

① 李智裕,辽宁省辽阳博物馆;苗霖霖,黑龙江省社会科学院历史研究所。

② 〔元〕袁桷:《清容居士集》,北京:商务印书馆 1936 年版,第 19—20 页。

③ 〔民国〕柯劭忞撰:《新元史》卷 201《高昉传》,长春:吉林人民出版社 1995 年版,第 3075 页。

④ 〔明〕宋濂等撰:《元史》卷 71《袁桷传》,北京:中华书局 1976 年版,第 4025 页。

⑤ 李智裕、苗霖霖:《略论辽金时期东京渤海遗民高氏家族——以高模翰家族为主》,待刊。

家指正。为了方便阅读,文中《高夫人葬记》简写为《葬记》,全文附后,标点为后加。

一 高昉谱系和姻戚

《葬记》中虽然没有关于高昉族群属性明确记载,但还是有迹可循。通过考证,认为高昉家族应是辽金时期东京辽阳府渤海遗民右姓之一高氏后裔。根据《葬记》中记载:"吾宗世居辽阳,始祖当金时,以征辽功封太师,有子十人,皆拜节度使。"可知高昉祖先世代居住辽阳,在辽金之际也应是显赫人物,因讨伐辽国有功而被赐封为太师。结合相关史料判断,此人应为辽金时期东京辽阳府渤海遗民、著名人物高桢。高桢,《金史》中有传,年幼好学获得进士。在辽金之际渤海遗民高永昌割据辽东自立时,因其母在金国控制下的沈州,所以脱离高永昌政权而投奔金国。

辽末金初东京辽阳渤海人高永昌起兵反辽,"僭称帝,改元隆基"①。金太祖完颜阿骨打派斡鲁讨伐高永昌,高永昌"使家奴铎剌以金印一、银牌五十来,愿去名号,称藩。斡鲁使胡沙补、撒八往报之。会渤海高桢降,言永昌非真降者,特以缓师耳。"②由于高桢助金伐高永昌有功,"遂以桢同知东京留守事,授猛安"③。金太宗时期高桢的官职得到进一步提升,"十五年,加太子太师,提点河北西路钱帛事"④。由此可知,高桢被赐封太师应该为天会十五年,即公元 1137 年。金熙宗完颜亶时期,先封高桢为戴国公,后徙封任国公。海陵王正隆年间,高桢再次徙封冀国公,成为金代渤海遗民高姓士人代表人物。海陵王完颜亮时,"奚、霅军民皆南徙,谋克别术者因之啸聚为盗"⑤。海陵王任命高桢为东京留守平复动乱,后因高桢施政得力得到海陵王的信任,官职、爵位不断提升,由河内郡王"迁太子太保,行御史大夫,封莒王。策拜司空,进封代王,太子太保、行御史大夫如故"⑥。高桢死后海陵王悼惜之,并"遣使致奠,赙赠加等"。由此可见,作为渤海遗民高桢在

---

① 〔元〕脱脱等撰:《金史》卷 71《斡鲁传》,北京:中华书局 1975 年版,第 1632 页。
② 〔元〕脱脱等撰:《金史》卷 71《斡鲁传》,北京:中华书局 1975 年版,第 1632 页。
③ 〔元〕脱脱等撰:《金史》卷 84《高桢传》,北京:中华书局 1975 年版,第 1889 页。
④ 〔元〕脱脱等撰:《金史》卷 84《高桢传》,北京:中华书局 1975 年版,第 1889 页。
⑤ 〔元〕脱脱等撰:《金史》卷 84《高桢传》,北京:中华书局 1975 年版,第 1890 页。
⑥ 〔元〕脱脱等撰:《金史》卷 84《高桢传》,北京:中华书局 1975 年版,第 1890 页。

金朝初期曾得到多位皇帝器重,身居高位且有相当大的影响力。

《葬记》中记载高桢"有子十人,皆拜节度使",可知其后人仕历情况。子辈十人均官拜节度使,倘若记载无误这在金朝也是相当显赫的家族,因此可窥探高桢家族在有金一代也曾是名门望族。《金史》中对高桢后人记载内容笔墨不多难窥全貌,《葬记》内容可补史之缺。显而易见,往上追溯高昉先辈应是高模翰后人。"高桢,辽阳渤海人。五世祖牟翰仕辽,官至太师"①。牟翰即高模翰,是辽代渤海遗民高姓士人的杰出代表,其以军功入仕,奠定了高氏家族的基业。高模翰入辽后曾在辽东京辽阳府任职,因而其后代多自称辽阳人,这与《葬记》中记载"吾宗世居辽阳"相印证。另外,在山西地区曾出土高模翰后人《高为裘墓志》《高泽墓志》。有学者研究认为,根据墓志铭文记载,高模翰家族的第六代为高据、高和哥、高拱、高抃、高小和尚②、高干孙等六人。根据《金史》记载,高模翰为高桢五世祖,高桢当与以上六人同辈。③

根据《葬记》内容"金亡,太师子悉散轶,独曾祖岢岚州节度绍其宗"可知,由于金末战乱高桢后人散落且逐渐疏远,而高昉一脉得以延续传承。高昉高祖曾担任过岢岚州节度使一职。"岢岚州",古地名,治所位于今山西省岢岚县境。根据《金史》中记载,"本宋岢岚军、大定二十二年为州,贞祐三年九月升为防御,四年正月升为节镇,五月复为防御"④,可推知高昉高祖担任岢岚州节度使时间应在金大定年间。根据《葬记》中记载,金朝灭亡后,高桢后人由于战乱散落他处。高昉曾祖父高植曾担任洺州防御使一职。"洺州",古地名,治所位于今河北省永年地区。根据《金史》记载:"洺州,上,防御,广平郡。治永年。天会七年以守边置防御使。户七万三千七十。县九、镇四。"⑤高昉曾祖母为大氏,从姓氏上判断当为渤海遗民王姓,由此可知渤海遗民高姓群体中依然保留渤海遗民相互通婚习俗,确实是一新发现。

---

① 〔元〕脱脱等撰:《金史》卷84《高桢传》,北京:中华书局1975年版,第1890页。

② 参见向南编《辽代石刻文编·天祚篇》和《高为裘墓志》《高泽墓志》,石家庄:河北教育出版社1995年版,第609—612页。辽金时期贵族、上层士人大都有乳名,甚至有的汉人有契丹名、契丹人有汉名,从而造成这一时期一人多名现象的普遍存在,小和尚当是高永年之子的乳名。

③ 苗霖霖:《辽金时期渤海遗民高氏家族考述》,《北华大学学报(社会科学版)》,2013年第3期。

④ 〔元〕脱脱等撰:《金史》卷26《志第七》,北京:中华书局1975年版,第633页。

⑤ 〔元〕脱脱等撰:《金史》卷25《志第六》,北京:中华书局1975年版,第605页。

高昉祖父为高世荣,曾担任近侍局副使一职。近侍局,在金代名义上隶属殿前司,其主管官员为"提点"。其下还有近侍局使、副使及直长。根据《金史·百官志》记载:"近侍局。提点,正五品。使,从五品。副使,从六品。掌侍从,承敕令,转进奏帖。直长正八品。"①在金代近侍局是皇帝身边重要决策机构,虽然职级不高但由于受到皇帝宠信重用,对外压制朝臣干预朝政,尤其在金代中后期权力非常大。高昉祖父高世荣担任近侍局副使一职,推测应该是金代后期皇帝身边宠信之人。高昉生父高昂,八岁年幼时不幸丧父,由高昉祖母王氏抚养成人。高昂起初迎娶前元帅左监军郭巨济之女郭氏。郭巨济《元史》中有记载"陕帅郭巨济病偏枯"②,所患疾病顽症曾受到元代名医李杲的治疗。后来大名经历高用之膝下无子又将其女许配与高昂,即高昉生母高氏。根据《葬记》记载,高昂生前曾担任武陟县尉,由于恪尽职守、关爱百姓将当地治理良好,后因病不仕,退居树德,去世时五十九岁。高昂卒于至元甲申岁即 1284 年,高母卒于延祐元年即 1314年。因此从时间上判断,高昉祖父高世荣应为金代人,去世时间应为金朝末年与蒙古交战时期。

高昉作为家中独子,另有姐妹五人。五人中长女适梁从晦,大名等处管民提举。次女适李允中,万盈屯丞。另二女早卒。三女适李好义,承务郎齐河县尹。高昉有三子,即筠孙、寿孙、和尚,女儿一人。这与《新元史》记载高昉有二子,"子履,江浙行左右司郎中;恒,河间路总管府治中"内容有所不同。一孔之见,推测高昉三子筠孙、寿孙、和尚均为小名,其中一子很有可能不幸早亡而不被史书记载。

二　高昉仕历和生平

高昉,字显卿,元代著名人物,《新元史》中有传③。由于其博学多才最初以经世之学辟集贤院掾,其后受到何荣祖赏识得到提拔与重用。由于高昉为人干练正直,"平反冤狱,时论称之",且多有业绩和赞誉,多次升迁调任吏部主事、吏部郎中等。根据《新元史》记载,高昉曾担任礼部侍郎时奉命到浙江地区处理当地宗教纠纷事务,将侵占民众的田舍财物悉数归还,受到浙江当地百姓的称赞,其后担

---

① 〔元〕脱脱等撰:《金史》卷 56《百官志》,北京:中华书局 1975 年版,第 1255 页。
② 〔明〕宋濂等撰:《元史》卷 203《李杲传》,北京:中华书局 1976 年版,第 4542 页。
③ 〔民国〕柯劭忞:《新元史》卷 201《高昉传》,长春:吉林人民出版社 1995 年版,第 3075页。

任潭州路总管。元武宗即位后，高昉被朝廷召回担任中政院同知，拜中书省参政。至大二年（1309 年），因反对尚书省变更钞法，出任地方任江浙行省参政，进左丞。

延祐元年（1314 年），高昉被朝廷任命为中书参知政事，以母亲年老为由向朝廷请求归养其母。皇帝不允，改任高昉为集贤学士，商议中书省事。当年，高母不幸去世。第二年朝廷授官高昉为江南行台侍御史，又拜枢密副使，高昉皆不就。又过一年，高昉不得已接受皇帝任命担任中书参知政事。延祐五年（1318 年），进右丞。元仁宗去世前后政局不稳，高昉曾因直言遭到当时权臣铁木迭儿诬陷而险些被杀害，后经英宗皇帝核实才得以生还。

泰定初年，随着权臣铁木迭儿势力集团的瓦解，高昉等人冤情昭雪重新得到皇帝重用。高昉拜荣禄大夫、湖广行省平章政事，佩金虎符，节制诸军。当时两江地区岑毅、黄圣许等反叛作乱，高昉向朝廷请示，以前广西金提刑按察司事奥屯忽都鲁为本道安抚使，不久平定了叛乱。其后高昉被任命为江浙行省平章政事。天历元年（1328 年），高昉偕行省臣五人入觐，行至陵州不幸因病去世，终年六十五岁。至正中，朝廷追赠高昉为推诚效节秉义佐理功臣、光禄大夫、河南行省平章政事、柱国，追封魏国公，谥文贞。

三 《高夫人葬记》代作

《高夫人葬记》全文如下：

呜呼！我先考至元曰申岁七月十有三日不禄，昉时年二十有一。平居尝言："吾宗世居辽阳，始祖当金时，以征辽功封太师，有子十人，皆拜节度使。金亡，太师子悉散轶，独曾祖岢岚州节度绍其宗，是生大父讳植，为洺州防御使，妣大氏夫人。洺州生近侍局副使讳世荣。副使卒，吾时年八岁，妣王氏夫人寓殡于陕，因家焉。夫人鞠抚之讫，见其成人，初娶郭氏，前元帅左监军巨济之女。后来大名经历高用之无子，察吾气宇非凡近，遂以汝母归于我，医定居大名。而自洺州而下薨殡于陕者，皆葬于元城县之令公乡焉。"

先考讳昂，字冲霄，繇转运幕职拜朝城武阳县尉。能以慈惠抚其民，盗不敢犯。后谢病退居树德，自秘重，享年五十有九以终。昉初掾集贤，由院上中书，自中书累迁为左司郎中，出为潭州路总管。太夫人视聪明彻，总核靡密。昉尽服王事，一不使乱其志意，未几入为中政院同知，拜中书省参知政事。尚书省立后，除江浙省参知政事。至大四年，诏官二品，得赠二代，緻是副使得追赠嘉议大夫、大名路总管兼府尹、上轻车都尉，王夫人追封渤海郡夫人，先考赠中奉大夫、参知政事、护军渤海郡公，夫人封渤海郡太夫人。皇庆癸丑，昉升资善大夫，为江浙行中书省左丞，太夫人年益高，屡疏终养。延佑元年春，复召为中书省参知政事，奉夫人将北归，使者屡趣就道。又未几，改拜集贤学士，商议中书省事，乃不敢辞，遂侍夫人来京师。是岁十月十日，以疾终于正寝，享年七十有九。呜呼！昉不孝，先公亡恙时，不能以禄为一日之养，幸得奉先夫人以自慰，垂三十年，不自殒灭。祸罹慈亲，攀号诉慕，实无所容罪。将以是年十有一月某日，葬于先茔。日薄未得谒铭于当代，谨志其梗槩纳诸圹。男一昉，女五人：长适梁从晦，大名等处管民提举；次适李允中，万盈屯丞；二人蚤卒；次适李好义，承务郎齐河县尹。孙男三人：筠孙、寿孙、和尚。孙女一人。

孤子昉泣血谨志

　　附记：元代文献《高夫人葬记》是由辽阳市李大伟先生慷慨提供线索，在此表示谢意！

《永宁寺记》女真文碑文

——兼谈明代女真语与满语的关系

綦　岩①

　　永乐七年(1409 年)中国明朝政府设立奴儿干都指挥使司,作为管辖黑龙江流域及库页岛的最高军政机构。明成祖朱棣为了加强对这一地区的管理,派遣女真族宦官亦失哈为钦差巡视此地,宣谕抚慰百姓。永乐十一年(1413 年),亦失哈第三次巡视奴儿干都司,在奴儿干都司官衙所在地附近原有观音堂的基础上修建了一座供奉观世音菩萨的佛寺,即永宁寺。

　　《永宁寺记》碑原在永宁寺②中,其位置在奴儿干都司城西南、黑龙江与亨滚河交汇处对岸的江边石崖上,现属于俄罗斯联邦哈巴罗夫斯克边疆区。1904 年以后,永宁寺碑(碑有两块,一为《永宁寺记》,一为《重建永宁寺记》③)被沙皇俄国当局拆除,运往符拉迪沃斯托克(海参崴)斯维尔特兰大街 20 号阿尔谢涅夫博物馆。

　　《永宁寺记》碑为花岗岩质地,碑体轮廓清晰,碑顶凸凹不平,左侧顶部有三处凹陷。碑高 102 厘米,宽 49 厘米,厚 36 厘米,碑正面刻汉字 30 行,每行 64 字,额书“永宁寺记”;碑阴为蒙古文与女真文,是对汉文内容的简要翻译,各 15 行。

---

　　①　綦岩,黑龙江大学历史文化旅游学院。

　　②　永宁寺距特林村 2.4 公里,距黑龙江入海口 150 公里。特林因永宁寺,被称为“庙街”,即今天的俄罗斯尼古拉耶夫斯克。

　　③　明宣宗宣德七年(1431 年),亦失哈第十次巡视奴儿干都司时,见永宁寺已毁,便在第二年重建了永宁寺,又立一块石碑,铭刻《重建永宁寺记》碑文。此碑高 120 厘米,宽 70 厘米,厚 32 厘米。碑刻则相对简略,只有正面碑文,额书“重建永宁寺记”,刻字 30 行,每行 44 字,碑文全是汉字。

碑两侧均为汉文、蒙古文、女真文、藏文刻写的佛教"唵、嘛、呢、叭、咪、吽"六字真言。碑文中的汉文由明朝官员邢枢撰写,蒙古文由阿鲁不花书写,女真文由康安书写。本文主要研究对象为《永宁寺记》碑中的女真文部分。

清康熙绘制的满文《胡尔哈河入海图》中第十九幅是清代政府关于奴儿干永宁寺碑最早的记录。持不同观点的学者认为,杨宾的《柳边纪略》①、吴兆骞的《秋笳集》②、方拱乾的《宁古塔杂咏》③,分别为《永宁寺记》碑文的最早著录者。清末,历史地理学家曹廷杰是《永宁寺记》碑文研究最大的贡献者,正确地指出碑文时代及其内容,并利用碑文研究明代疆域及其民族问题。1900年,日本学者石泽发身(即大仓发身)出版《白山黑水》一书,对奴儿干永宁寺两座碑记作了介绍、转释。同年六月,内藤虎次郎在《历史和地理》杂志第一卷第四号上发表了《明东北边疆辨误·附奴儿干永宁寺碑记》一文,随后《读史丛录》收录其1929年再次发表的文章《奴儿干永宁寺二碑补考》④。20世纪30年代末,中国学者罗福颐、日本学者园田一龟两人,分别对《永宁寺记》碑文作了考证和校录,增补和订证了若干文字,分载于《满洲金石志》和《满洲金石志稿》。

前人研究多集中于汉文碑文考释及明代政府对奴儿干都司的管辖问题,本文在前人基础上把女真文碑文转译为罗马字母,试图将明代女真语与清代建州地区满语相联系,回译碑文中并未识别出的女真文,进而探究明代女真语与清代建州地区满语的关系问题,以深入探讨永宁寺的职能。

一 《永宁寺记》女真文碑文文本研究

《永宁寺记》碑文研究主要集中于汉文研究,多集中于文字的识别、碑文反映出的人物履历和东北民族关系等问题。《永宁寺记》的汉文碑文,在《东北边防辑要》中释文362字、《吉林通志》中释文468字、《黑龙江志稿》中释文897字、《内藤湖南全集》中释文900字、《满洲金石志》中释文946字、《明代奴儿干永宁寺碑

---

① 钟岩民、那森柏、金启孮:《明代奴儿干永宁寺碑记校释——以历史的铁证揭穿苏修的谎言》,《考古研究》1975年第2期,第35页。

② 丛佩远、赵鸣岐:《曹廷杰集》,北京:中华书局1985年版,第225页。

③ 李兴盛:《究竟谁是永宁寺碑最早的著录者》,《社会科学辑刊》1985年第5期,第79页。

④ 内藤虎次郎:《内藤湖南全集》第七卷,筑摩书房1970年版,第587页。

记校释》中释文 1025 字、《明代奴儿干都司及其卫所研究》中释文 1032 字,正文仍缺字 34 个。①

《永宁寺记》女真文碑文尚无专题研究。此女真文碑文无牌额,自右向左书写,15 行中第一、二、三、五、六、八、十行顶二格。女真文碑文有助于准确释汉文,但女真文碑文鲜有学者进行研究,本文将《永宁寺记》女真文碑文译为满文,根据满语与女真语的共性语法现象,再回译破解女真文碑文。

(一)明代奴儿干《永宁寺记》女真文碑文②

(1)dai mi haan ni alawa gi nuruge ni bua du i yong(ning) taila jisumeibie iwehe ilibure. dondici abha dee biemei genggiyen(ofi) doro ba dasimei,tenderu bieme ti (ofi) jiliweihun mudu ujejimei(ali mei tebu bie) gai.

(2)haan ni usiile du tumen itee ehe gi bandibuhai du etuhunlehi on urgunjele, goroonlohi nilma ili dahara.

(3)haan tebie abha i fejele taiping gi susai ania. juwan i jakun meiyen,seje dihai hulo ti jugu goro ilibume gurun ni nialma meihe tekdenbume dije,wei tao(seme isi). ai uliti julsi nuruge ni falia du do.[on]

(4)bo i gilemi udige abha i fejele taiping be dodibie,kekenglemei gedure tejele bua goro on i isimei dendeusuuei gisa.

(5)haan ni alawa gi ilan ceni ecibubie, ilge be gemu ehe gi tejei oluse.

(6)ejen ni mugilen du ilge ni ehe ose,hadaimahaieie. i lo uyun ania nienieori nuin guan isiha adi emu minggan chaohai nialma,orin sunja amba diha du tehu,nuruge ni bua du babie. dusi i hafan ilibu.[beise bithe]

(7)si gemu nusiba. bua i itee gemu ehe baha seme. nialma nuguru abha du shun ni dehei gese,doro goro nu urgunjie uliha. funcerei nialma dahabie,kekenglemei gene gisa.

(8)haan tasa duliburu daisibume ejehe doroo,etuweku bochao alibuwi. nialma

————————

① 杨旸、袁闾琨、傅朗云:《明代奴儿干都司及其卫所研究》,郑州:中州书画出版社 1982 年版,第 68 页。

② 根据钟岩民、那森柏、金启孮:《明代奴儿干永宁寺碑记校释——以历史的铁证揭穿苏修的谎言》一文女真文碑文校释整理的女真文词汇的罗马字母转写。文中"()"中词汇为破译新增的女真文词汇的罗马字母转写,"[]"为本句未完待接下句的部分。

jee bandiluhai bua du tumenhu hafan ilibu. jure sahai ilge be sahi ni seme buje. [yong-lo juwa ania tuweri nuin guan i]

(9)siha adi ba bubie,haisi dexi nuruge du isitala muderi tulihi ku i adi. haha he-he nialma du etuku baitaga ulin be aliba. sakdai siha amba oso gemu (ehe) urgunmei. daha du aci nialma udi aiin.

(10)haan ni mengguun ancuun ei i haciin ni ice gi taila rabie. bua i itee i sem-gunhe eie buru joeri buru eie,gemu sai du tuhini seme. [yonglo juwa emu ania boroeri nuruge ni furile man jing zhan ni]

(11)hausu erge du ta aliin bandiluhai dee biemei nuguru sainso,jule guanintang be halabie taira jisumei futici rabie. goro on etuhuni nialma kekenglemei jugute gisa. nialma urgun ehe doro . [siladosi]

(12)sokja du utala ilge be jilabie,ujejiru(usu wei) gese ai. jui omolo i jalan do isi dahabie ,husunburu be guaiy jonemei wan denderu gi bieha. ili bu gisa tumen ania do joburu fololu.

(13)da ming yonglo juwa emu ania uyun bia juwe juwa juwe innggi ili.

(14)nuin guan isiha jadasin jangtongr jangdinga.

(15)(guan) i dujihuei cienbaihu nuruga dusi arhai nialma i gebu sure han bithe de raha bie. juse bithe rahai nialma liaau dong ni juse kanga.

(二)明代奴儿干《永宁寺记》女真文碑文的满文对译①

(1)da ming han i hese ni nuruge i ba de yong(ning) juktehen weilembi wehe il-ifi. donjici abka den bime genggiyen (ofi) doro be dasime ,na den bime amba (ofi) jilihangga muduri ujeleme (alime tebumbi) kai.

(2)han ni usihin de tumen irgen elhe ni banjibuha de etumbi . hanci on urgun-jere,goro on niyalma dahara.

(3)han tembi abka i fejergi taiping ni susai aniya. juwan i jakuun meiyen,sejen jahuudai holo ci juguun goro ilibume gurun ni niyalma shangnaha jafabume jihei,wei ta (isimbi). damu amargi jergi nuruge ni aiman de dombi. [on]

(4)boo i gilemi ujise abka i fejergi taiping be dojimbi,hengni tembi hedume teile

---

① 文中"( )"中词汇为破译新增的女真文词汇的满文罗马字母转写,"[ ]"为本句未完待接下句的部分。

ba goro on i isime muterakuu kai.

（5）han ni hese ni ilan mari elcibumbi，irgen be geme elhe ni tehei ombi.

（6）ejen ni mujilen de irgen ni elhe ombi，damu wajirakuu. i lo uyun aniya niyengniyeri nuin guan ishiha jirgi emu minggan choohai niyalma，orin sunja amba jahuudai de tebure. nuruge ni ba de bumbi. dusi i hafan ilibumbi. [beise bithe]

（7）si gemu acuhuun. ba i irgen gemu elhe baha seme. niyalma tome abka de shun ni den i gese，doro goro de urgunjiha. funcere niyalma dahambi，hengni tembi gene gai.

（8）han yamen dolora daiselabume ejen jai doro，etuku bose chao alibumbi. niyalma songkoi banjihai ba de tumen hu hafan ilibumbi. jurgi sahai irgen be sahai ni seme buhai. [yonglo juwan aniya tuweri dolo guan i]

（9）siha jergi be bumbi，haisi deri nurege de isitala mudero tulergi ku i jergi. haha hehe niyalma de etuku aguura ulin be alibumbi. sakda ajige amba osohon gemu（elhe）urgunjime. daha de gebci niyalma ujimbi.

（10）han ni menggun aneun jirgi hacin ni ice ni juktehen weilembi. ba i irgen i shahuuruurakuu geli ururakuu，gemu sain de dahambi seme. [yonglo juwan emu aniya borori nuruge ni wargi man jing zhan ni]

（11）hashuu ergi de tere alin banjibuhai den bime sain，julergi guanin tang be halambi juktehen weiluembi fucihi baimbi. goro on etuhui niyalma hengni tembi ginggulembi gai. niyalma urgun elhe i. [ulgeci ebsi]

（12）de utala irgen be ilambi，ujere（rakuu）i gese. jui omolo i jalan de isimbi dahambi，huusunburerakuu jondome we mutere ni biha. tumen aniya de jondobure folon ilibumbi gai.

（13）da ming yonglo juwan emu aniya uyun biya juwe juwan juwe innggi ilimbi.

（14）nuin guan isiha jadasin jangtongr jangdinga.

（15）（guan）i dujihuei cienbaihu nuruga dusi arahai niyalma i gebu be han bithe de araha. juse bithe arahai niyalma liaau dong ni juse kanga.

（三）《永宁寺记》女真文碑文的汉译[①]

大明皇帝敕奴儿干地方修永宁寺造碑，伏闻天之德高明，故能覆帱，地之德博

[①]　根据《永宁寺记》碑汉文碑文与女真文碑文对照摘录节选。

厚,故能持载。圣人之德神圣,故能悦近而服远,博施而济众。我朝统一以来,天
下太平五十年矣。九夷八蛮,梯山航海,并肩接踵。东北的奴儿干吉列迷及诸野
人部落杂居,皆闻风慕化,未能自至。皇帝敕使三至其地,招安抚慰。君心以民安
为善。永乐九年春,特遣内官亦失哈等,帅官军一千余人,巨船二十五艘,复至其
地,设置奴儿干都司衙门。官吏和顺,民安故业,日升欢喜,余人服从而叩首。皇
帝授以署理官爵印信,赐以衣服,布钞。依土立兴卫所,收集旧部人民,使之自相
统属。十年冬,内官亦失哈等载至其地,自海西抵奴儿干及海外苦夷诸民,赐男妇
以衣服器物,给以谷米,皆踊跃欢欣。复以金银等物择地建寺,柔化斯民。永乐十
一年秋,奴儿干之西满泾站之左山高而秀丽。先是,已建观音堂,今造寺塑佛,远
近之人皆来尊崇叩首。亘古以来,未闻若斯,子子孙孙,世世臣服,永无异意。

大明永乐十一年九月二十二日立

内官亦失哈、扎达申、张童儿、张定安

官的都指挥、千百户、奴儿干都司之名字,载为汉文。女真文书写人辽东的女
真康安。

(四)《永宁寺记》女真文碑文补释

行　数	女真文	女真文罗马字母转写	对译满文的罗马字母转写	汉文解释
第一行	米	ning	ning	宁
第一行	乇厽斤	no - ong gi	tebume	承载,增加
第三行	朱失	isi bie	isimbi	到达
第九行	朱中肖	nan - ha - hong	elhe	平安
第十二行	肖仒	usu wei	rakuu	不
第十五行	杂	guan	guan	官

二 《永宁寺记》碑文折射出的女真语与满语的关系

(一)历史延续关系

女真文字是女真语的主要表现形式。完颜阿骨打反辽建立大金政权后的天辅二年(1118 年),命开国功臣、女真族著名学者、曾学习过契丹字和汉字的女真贵族完颜希尹和叶鲁等辈于汉字和契丹字,采取加笔、减笔、变形或者照搬等几种形式,并借鉴唐宋俗字,制成女真文字,即女真大字。"乃依仿汉人楷字,因契丹字制度,合本国语,制女真字。天辅三年(1119 年)八月,《字书》成,太祖大悦,命颁行之"①。熙宗(完颜亶)"天眷元年(1138 年)正月……颁女直小字"②。文字颁布初期,"百姓诰命,女直,契丹,汉人各用本字,渤海人同汉人"③,官方使用女真大字。皇统五年(1145 年)"五月戊午,初用御制小字"④。经一番修改后,女真大、小字并行使用,并在政治、文化生活中广泛地应用起来:女真文作为官方通用文字,用以撰写国书谕令和文诰,设立女真族学校,以教授女真文字、培养女真文字人才;设立女真进士科,以升擢选官;译述汉文经典,传播先进的汉文化;女真文字还应用于碑刻、符牌、铜印、画押、墨书题记或官印铜镜之边款等。但因女真贵族垄断文化,广大的女真低层人民并不可能人人都学会女真文字,加上女真文字本身固有的局限和弱点,普及起来十分困难。因此,当女真族与中原文化接触后,学习汉语和汉字的人逐渐增多。金亡以后,在元朝统治期间,女真族同蒙古族接触频繁,又有不少人学会了蒙古语和蒙古文,而真正会女真文的人便逐渐减少。明中期以后,女真文逐渐变成了一种死文字,其使用范围也仅限于女真族的发源地。明末,很多女真人已经不认识女真字,甚或不使用女真字了。

明末建州女真兴起统一女真各部后,其首领努尔哈赤于万历二十七年(1599 年)命学士额尔德尼、噶盖等以蒙古字拼女真国语,创制无圈点满文新字,也称老满文,颁行国中。从此,女真文彻底废止不用了,满文取代女真文。这种老满文字

① 〔元〕脱脱等:《金史》卷 73《完颜希尹传》,北京:中华书局 1975 年版,第 1684 页。
② 〔元〕脱脱等:《金史》卷 4《熙宗本纪》,北京:中华书局 1975 年版,第 72 页。
③ 〔元〕脱脱等:《金史》卷 4《熙宗本纪》,北京:中华书局 1975 年版,第 73 页。
④ 〔元〕脱脱等:《金史》卷 4《熙宗本纪》,北京:中华书局 1975 年版,第 81 页。

母比较简单,比女真文字易学,便于普及。但是也有弱点,它不能很好地记录音素较多的女真语音,致使部分字母"上下字无别。故'它、搭'、'特、德'、'扎、蜇'、'呀、耶'等字不分,均如一体。若平常语言,按其音韵,尚可易于通晓。至如人名地名,则恐有错误"。加上老满文属初创,字母尚不统一,变异较多,不大规范,进而大清天聪汗皇太极在天聪六年(1632年)正月,命文士达海"可以原字头照旧书写,惟增加圈点,俾后学者视之,或有裨益于万一。如有错讹,仍能用旧字头证明"。皇太极颁布了新满文十二字头,规范了字母形式,较准确地区分了原来不能拆分开的语音。由于增加了圈点,使一些字音得以区别开来。同时还增加了一套拼写外来语(主要是拼写汉语借词)的字母。用这套字母写出的满文,称为新满文,或称有圈点满文。所以,清代建州满语与明代女真语的语音、语法基本相似,但写法完全不同。

(二)语言的变异关系

《永宁寺记》为辽东康安与海西亦失哈所立,故其方言为建州方言,即与清代规范满语十分接近。明代女真语与清代建州满语,在其发展历程中语音、语法及词汇方面均有所变异。

1. 语音方面

语音现象	所在碑文行数	女真语	满语	汉译
女真语词中di演变为满语词中ji	第一行	dondici	donjici	闻
	第二行	bandibuhai	banjibuha	生
	第四行	udigi	ujise	家奴的孩子们;野人们

但这种现象并不是绝对的,也有少数明代女真语与清代建州满语完全相同,例如第十二 jilamei(女真语)——jilambi(满语),汉意为"慈爱"。这使我们清晰地从侧面看出,明代是女真语特征不断消失、逐步蜕变为满语的过程。其中也有女真语词中 gi 向满语词 ji 演变的现象,例如,第六行 mugilen(女真语)——mujilen(满语),汉意为"心"。

语音现象	所在碑文行数	女真语	满语	汉译
女真语与满语词中 l – r 不分甚至脱落	第四行	fejele	fejergi	下面
	第五行	ilge	irgen	人民
	第五行	ehe	elhe	平安

2. 语法方面

语法现象		举例及阐释
副动词		ilibure(女真语)——ilifi(满语),汉意为"立"。女真语动词词根加 – bure 等于满语动词词根加 – fi,即顺序副动词,充当谓语,表示动作行为依次发生,强调动作之间时间上的先后差别。 dasimei(女真语)——desime(满语),汉意为"遮盖"。女真语动词词根加 – mei 等于满语动词词根加 – me,即并列副动词,用在句中作并列谓语或者状语,充当谓语表示动作,表示两个或多个动作之间是并列发生或者共同发生的关系
格助词	位置格	du do(金代女真语)——du(明代女真语)——de(满语),《永宁寺记》中 du 出现 14 次、do 出现 2 次,说明明代 do 已濒灭亡,且不再分阴阳性
	宾格	女真语 ba、bua、be do 转变为满语 be
	方向格	女真语 i、ni、gi 转变为满语 i ni
时态式	现在时	女真语 bie 转变为满语 mbi
	现在进行时	女真语 mei 转变为满语 me bi;女真语 mai 转变为满语 mahabi
	否定式	女真语 aiku 转变为满语 akuu

由此可见,女真语发展到明代并随后逐渐演变为满语的过程中,副动词功能变化不大,格助词表示方式由分散到统一,其阴阳性逐步弱化,词中高位元音 u/o 和低位元音 a 逐渐向中位元音 e 过渡,时态式的表示方式因而在句末。所以女真语发展过程中增加了鼻音的发音,说明满语在一定程度上是女真语口语化的

体现。

3. 词汇方面

明代女真语与清代建州满语在其发展历程中词汇变化具有以下特征：

第一，女真语多为单音节词，满语为音节词汇。例如，《永宁寺记》碑女真碑文第一行 mudu(女真语)——muduri(满语)，汉意为"龙"；第二行 nilma(女真语)——niyalma(满语)，汉意为"人"；第六行 ania(女真语)——aniya(满语)，汉意为"年"；第八行 bo(女真语)——bose(满语)，汉意为"布"。

第二，名词中词汇变化较大。例如方位名词，《永宁寺记》女真文碑文第三行 fejele(女真语)——fejergi(满语)，汉意为"下"；uliti(女真语)——amargi(满语)，汉意为"北(后)"；julsi(女真语)——dergi(满语)，汉意为"东(上)"；第十行 furile(女真语)——wargi(满语)，汉意为"西"，为迎合满语音节词汇的特征每个方位名词后都用后缀 -rgi 补音。

第三，基础词汇与亲属名词几乎不变。

第四，数词没有任何变化。

第五，动词的词根稳定，词缀变化较大。反映出北方少数民族动作的取向极易善变，进而反映出北方生存环境的恶劣与人居的迁徙性。

第六，形容词中情感词汇发生变化，体现出北方少数民族性格的不稳定性。

(三)文化的承继关系

语言与文化具有密不可分的关系。语言是文化的载体，文化是语言的内涵。女真语与满语的历史发展是在共同的地域文化背景下形成的。"白山黑水"的生态基础，采集渔猎与氏族聚居的文化习俗，神灵崇拜与萨满祭祀的精神信仰的继承性，是影响女真语与满语的语音、语法和词汇整体形式不变的主要因素。随着时间的推移，同一地域的生态基础、文化习俗、精神信仰也在悄然发生变化，多民族交往不断频繁，这种变化性是导致女真语与满语差异化的动力。所以，满语为辨识的女真语提供了破解的新途径。

三　余论——是寺非寺永宁寺

"寺"字本义为主外宾之事(鸿胪寺)的国家职能机构，但在不同时期有着不同的内涵。清代学者顾炎武曾指出："寺字自古至今，凡三变；三代以上，凡言寺

者,皆奄竖之名。自秦以宦者任外廷之职,而官舍通谓之寺。说文有寺,廷也。有
法度者也。此亦是汉时解耳。汉人以太常、光禄……为九寺。又变而浮屠之居
中,亦谓之寺矣。"①东汉末年佛教传入我国,西域白马驮经初止于鸿胪寺,遂取
"寺"为佛教布道场所,设立白马寺。隋唐时期,中原地区佛教用"寺"正式取代了
"伽蓝""阿兰若"等梵文的译音。

　　女真语"寺"用罗马字母表示为 talla,即梵文"伽蓝"的音译,并非采用同一时
期中原地区"寺"的发音,这说明女真人生活地区初期的佛教文化并非中原传入,
而是从蒙古地区传入的藏传佛教。随着金代统治者入主中原,女真民族不断汉
化。在汉化的过程中,中原地区的佛教文化传入女真人龙兴之地,逐步完成东北
地区佛教的本土化。明代永宁寺建寺时,东北地区的佛教既有大乘佛教又有小乘
藏传佛教,东北北部地区藏传佛教色彩浓厚于中原大乘佛教,南部反之。"寺"起
初在东北地区并未得到女真人的重视,《女真译语》中"佛"位于天文门第十位,仅
次于天、地,而且高于权力所有者的"汗",但"寺"位置却相当靠后,次序远在萨满
教宗教术语"楼子"的后面,这说明"寺"与"佛"在女真人心目中并非同一事物。
满语"寺"用罗马字母表示为 juketehun,本义祭祀,是中原儒家思想观念与佛教融
合的产物,是清兵入主中原以后对寺庙的称呼。而女真语"寺"的满语被译为"台
站"或"卫所",其原因有二:一是建立寺庙的目的是招抚百姓,巩固边防,这与卫
所的职能一致;二是从地理位置上看建寺地点皆为人口聚集的卫所或站台所在地
区附近。综上所述,《永宁寺记》碑深层含义为奴儿干都司卫所碑,永宁寺建立的
实质目的是明王朝统治的象征标志。

　　明代女真文与清代建州地区满文虽文字形态不同,但存在着语音、语法的相
似,故通过语音、语法和词汇的关系将明代女真文转化为清代建州满文,采用"回
译"的方式还原回汉文,进而破解女真文碑刻中不可识别的文字。在这一对译过
程中,寻找明代女真文与清代建州满语的历史延续性,语音、语法和词汇方面的进
化性,文化关系的继承性,进而可以为我们深入研究金代女真文提供一个新路径。
本文通过语言文化的视角解析,发现金代女真人甚至是明代东北地区佛教文化并
非汉族传入,而是从蒙古地区传入的藏传佛教,随后被清代统治者所继承,藏传佛
教信仰的纽带也是满蒙联姻、结盟的文化基础。

---

　　① 顾炎武著,黄汝成集释:《日知录集释(全校本)》卷二八,上海:上海古籍出版社 2006
年版,第 1594 页。

后 记

　　《辽金史论集(第十六辑)》所收文章是在黑龙江省绥滨县召开的第十三届中国辽金契丹女真史学术研讨会年会论文中精选出来的。本论集原准备在中国社会科学出版社出版,由于一些原因后转到黑龙江人民出版社出版,因而耽误一点时间。

　　女真人起源于我国的东部边疆地区,黑龙江的东部和俄罗斯的大兴安岭地区是靺鞨(女真)人早期活动的区域。第十三届中国辽金契丹女真史学术研讨会的会议研究议题有一项议程是研究金朝皇族完颜氏的起源问题,并以此为契机,进而研究金朝建立前的早期历史问题。议题虽然很重要,但黑龙江地处我国东部,研究的问题许多考古资料不在我们现在的国境之内,好多从事辽金历史考古工作的学者对此课题不十分了解,提交的相关论文不是很多,这为本论集相关议题的论文征集带来一定难度。辽金史学会研究的方向涉及辽金两朝的断代史和契丹、女真两个民族的民族史,兼及渤海、西夏史的研究,以后学会议题安排会相应地照顾到学会研究主旨所涉的方方面面。

韩世明

2017 年 10 月